孕育经典

PRENATAL EDUCATION BIBLE

胎教圣经

胎教就是给孕妇创造优美的环境，通过母亲与胎儿之间正常的信息交换，使胎儿在生命伊始就受到良好的宫内教育，促使胎儿的身心得到健康的生长发育，凡在孕期给予胎儿的各种教育皆称之为"胎教"。

第三版

张春改 刘大荭 / 编著

上海科学普及出版社

图书在版编目（CIP）数据

胎教圣经 / 张春改，刘大茬编著. —上海：上海科学普及出版社，2012.10

ISBN 978-7-5427-5472-1

Ⅰ.①胎… Ⅱ.①张…②刘… Ⅲ.①胎教—基本知识 Ⅳ.①G61

中国版本图书馆CIP数据核字(2012)第179462号

责任编辑　张吉容　丁　楠
统　　筹　徐丽萍　刘湘雯

胎教圣经

张春改　刘大茬　编著
上海科学普及出版社出版发行
（上海中山北路832号　邮政编码200070）
http://www.pspsh.com

各地新华书店经销　北京欣睿虹彩印刷有限公司
开本787×1092 1/16　印张22.75　插页16　字数600 000
2012年10月第1版　2012年10月第1次印刷

ISBN 978-7-5427-5472-1　　　定价：39.80元

目录
Contents

Chapter 1 优身受孕

- 002 **孕前检查预约健康宝宝**
  - 002 认识孕前健康检查
  - 002 孕前健康检查的项目
  - 002 孕前健康检查的对象
  - 003 筛检出异常状况怎么办
- 003 **解读胎儿染色体异常**
  - 003 为何宝宝会染色体异常
  - 004 什么是基因
  - 004 什么是染色体
  - 005 认识染色体异常
  - 005 染色体异常的分类
  - 005 预防胜于治疗
  - 005 第一胎有遗传病第二胎能生吗
- 006 **全方位做好孕育准备**
  - 006 孕前做好经期保健
  - 007 阴部卫生影响受孕概率
  - 007 维生素A酸会导致胎儿畸形
  - 008 有病需要孕前调理
- 010 不同体质的中医调理
- 012 什么是月经周期
- 013 什么是易受孕期
- 015 如何验孕
- 016 如何计算预产期
- 016 把握好最佳怀孕期
- 017 太胖或太瘦吗？当心不孕
- 017 孕育之前夫妻营养调整
- 019 怀孕前女性的营养贮备
- 020 储备叶酸
- 021 体弱妇女孕前饮食选择
- 021 助孕食谱

Chapter 2 胎宝宝第1个月

- 024 **胎儿发育和母体变化**
  - 024 胎儿发育
  - 025 母体变化
- 025 **优境养胎**
  - 025 什么决定了胎宝宝的性别

- 026 孕期这样分阶段
- 026 药物致畸不可忽视
- 026 早孕饮酒、吸烟对胎宝宝有害
- 027 孕妇做X线检查对胎宝宝有害
- 027 孕期接受免疫接种的注意事项
- 027 传统中医的受孕保健

028 胎教课堂
- 028 什么是胎教
- 029 妊娠1月的中医胎教
- 029 我国古代的胎养内容
- 032 爱是胎教的基础
- 033 胎教产生的是潜移默化的影响
- 033 胎教并不神秘
- 034 胎教能促进胎儿智力发展
- 035 胎教能促进胎儿大脑健康发育
- 035 胎教有利于胎儿的心理健康
- 035 胎教有利于完善胎儿的人格
- 036 胎教故事
- 036 心理游戏

038 准爸爸必读
- 038 该为妻子做点什么
- 039 "丰裕笼"的鼠后代更"聪明"

Chapter 3 胎宝宝第2个月

041 胎儿发育和母体变化
- 041 胎儿发育
- 041 母体变化

043 优境养胎
- 043 孕期冬春应防感冒
- 043 孕期服中药要小心
- 044 孕妇家中适合养宠物吗
- 044 孕期要注意外阴清洁
- 044 小心孕期出血
- 046 孕早期应立即去医院的情况
- 047 早期流产要不要保胎
- 047 黄体酮和维生素E能否保胎
- 048 致畸因素有哪些
- 050 电磁波无所不在
- 053 怀孕初期所需的营养素
- 054 孕吐强烈怎么办
- 055 妊娠呕吐的饮食
- 055 孕期食用调料须知
- 056 孕妇饮食禁忌
- 057 安胎食谱

058 胎教课堂
- 058 妊娠2月的中医胎教
- 059 中医论养胎儿之在胎与母同体

- 059　我国近代学者论胎养胎教
- 061　孕妇心理问题对胎宝宝的影响
- 061　音乐有益于舒缓紧张
- 062　美育胎教可贯穿孕期始终
- 062　美育胎教的内容
- 063　散步是孕妇最好的运动
- 064　精神压力和胎教效果
- 065　宁静的心情有利于胎教
- 065　什么是想象胎教
- 066　怎样进行冥想
- 067　胎教故事
- 068　心理游戏

069　准爸爸必读
- 069　人工流产的危害
- 070　应该注意的问题
- 071　在生活细节上多操点心
- 072　激发妻子的爱子之情

Chapter 4　胎宝宝第3个月

074　胎儿发育和母体变化
- 074　胎儿发育
- 074　母体变化

075　优境养胎
- 075　寝具布置以舒缓色调为主
- 075　女工妊娠期的劳动保护
- 076　安全使用塑料制品宝宝才健康
- 078　孕期不宜染发或烫发
- 078　孕期做家务应注意
- 079　早孕反应的自我调整
- 079　子宫肌瘤会影响胎儿吗
- 080　孕期要防肾结石
- 080　克服孕期感冒有妙招
- 081　O型血孕妇应注意什么
- 082　怀孕禁忌 Yes or No
- 084　怀孕初期饮食营养须知
- 085　怀孕及生产前，有些东西不能吃
- 087　蔬果食疗改善孕吐
- 088　改善害喜的中医妙方
- 089　要不要吃孕妇奶粉

092　胎教课堂
- 092　家庭和谐与胎教
- 092　胎儿情商的培养
- 093　胎教到底有没有效
- 094　16周以前胎教重点
- 095　胎教方式
- 095　胎教是爱
- 096　孕3月的中医胎教
- 097　胎教故事
- 098　心理游戏

101 准爸爸必读
- 101 关爱孕妻饮食10守则
- 103 准爸爸在胎教中的作用

Chapter 5 胎宝宝第4个月

106 胎儿发育和母体变化
- 106 胎儿发育
- 107 母体变化

107 优境养胎
- 107 什么时候能听到胎心音
- 107 怎样听胎心音
- 108 孕中期胎儿异常筛检
- 111 产检可以检查出所有异常吗
- 112 预防生出唐氏儿8问
- 114 做羊膜穿刺对母胎有害吗
- 115 教你看懂B超单
- 116 新居是胎儿杀手
- 116 孕期看电视注意事项
- 116 改善孕期便秘有绝招
- 118 孕期外出旅行注意什么
- 119 孕期健康性爱
- 120 孕期运动好处多
- 121 孕期怎样运动
- 123 孕期运动的选择
- 125 怀孕中期饮食营养须知
- 128 孕期科学饮食
- 128 补锌好办法
- 129 营养食谱
- 130 药膳食疗
- 130 提升免疫力的7大营养物质

133 胎教课堂
- 133 胎宝宝听觉发育
- 133 语言胎教的依据
- 134 语言胎教进行的时间安排
- 134 让胎儿接受自然的熏陶
- 135 胎儿的触觉发育
- 135 胎儿的视觉发育
- 136 艺术与胎教相结合
- 137 做一双爱心宝宝鞋
- 139 妈妈性格对胎宝宝的影响
- 140 孕4月的中医胎教
- 140 不要让胎儿因紧张而受伤
- 141 胎教故事
- 142 心理游戏

145 准爸爸必读
- 145 妻子妊娠期的心理变化

Chapter 6 胎宝宝第5个月

148 胎儿发育和母体变化
- 148 胎儿发育
- 148 母体变化

150 优境养胎
- 150 胎动次数的观察和计算
- 150 测量子宫底高度方法
- 150 估计胎儿发育的方法
- 151 胎儿宫内发育迟缓须谨慎
- 151 胎儿发育与孕妇体重
- 152 顺利孕期六大环节
- 154 当心孕期牙疾
- 156 10种远离孕期便秘的方法
- 158 坐马桶也是大学问
- 158 孕期患了阑尾炎怎么办
- 159 孕妈妈完美大全
- 163 孕妈妈必知的补血妙方
- 166 素食孕妈妈怎么吃
- 168 吃鱼好处多

169 胎教课堂
- 169 宝宝的感官发展
- 169 胎教重点
- 169 胎教方式
- 170 记忆的训练
- 171 听觉训练
- 171 游戏训练
- 172 语言对话的胎教
- 172 DIY宝宝围嘴
- 173 孕5月的中医胎教
- 174 胎教故事
- 174 心理游戏

176 准爸爸必读
- 176 关爱孕妻居家生活11守则

Chapter 7 胎宝宝第6个月

180 胎儿发育和母体变化
- 180 胎儿发育
- 180 母体变化

181 优境养胎
- 181 美孕妈9大穿衣术
- 183 产前衣物必备清单
- 185 孕中期要格外注意家中安全
- 186 要预防肾结石
- 187 要预防妊娠高血压综合征
- 188 准妈妈痔疮的对策
- 188 告别孕期腰酸背痛
- 191 瘦孕妈该这样吃
- 192 改善贫血这样吃
- 194 去水肿这样吃
- 195 孕妈妈菜谱黑名单

196	孕期妈妈钙健康

胎教课堂

198	第21～28周胎教重点
198	你和胎宝宝说什么
199	母胎传递爱美之心
200	孕妈妈营养不良影响胎宝宝
200	和胎宝宝一起旅行
201	实施胎教不可心太切
201	实施胎教忌懒惰
202	胎宝宝的感知能力
203	胎宝宝的听觉能力
203	运动能力的训练
204	孕6月的中医胎教
204	做快乐孕妈妈
205	什么时间进行音乐胎教好
205	选择适合的胎教音乐教材
206	实施音乐胎教不可损伤胎儿听力
206	胎教故事
207	心理游戏

准爸爸必读

209	给胎宝宝取个乳名
209	准爸爸要多和胎儿搭话

Chapter 8
胎宝宝第7个月

胎儿发育和母体变化

212	胎儿发育
212	母体变化

优境养胎

213	要预防低体重儿的降生
214	要预防娩出巨大胎儿
214	职场孕妈妈减压轻松法
216	什么是先兆子痫和子痫
216	为什么早产
217	早产的预防
217	准妈妈左侧卧位好
218	洋葱式穿衣法吸汗透气
218	产前做好乳房保健
219	孕妇的产前训练
220	及时治疗胎儿宫内发育迟缓
221	轻松挑选孕妇鞋
222	脐带血非存不可吗
224	炎夏慎防中暑和食物中毒
225	避"重"就"轻"少油炸

胎教课堂

226	科学地进行语言胎教
226	父亲也要参与到语言胎教中来

- 227 实施语言胎教要注意什么
- 228 愉快的声音有助于胎宝宝的脑成长
- 228 孕7月的中医胎教
- 229 如何培养胎儿的"艺术细胞"
- 230 经常与胎儿"对话"
- 230 胎宝宝最喜欢听父母的歌声
- 231 怎样给胎儿唱歌

231 准爸爸必读
- 231 孕产妇常见的心理症状

Chapter 9 胎宝宝第8个月

234 胎儿发育和母体变化
- 234 胎儿发育
- 234 母体变化

235 优境养胎
- 235 摆脱孕期水肿9大须知
- 237 妊娠8个月的孩子能活吗
- 238 宝宝血型怎样判断
- 239 胎位不正别慌张
- 242 孕期容易并发肾盂肾炎
- 243 孕期忌滥用补品
- 243 水果吃太多，肥胖上身
- 246 吃得健康而不发胖
- 247 孕妈妈当心血糖飙高

248 胎教课堂
- 248 抚摸胎儿与胎教
- 249 人类皮肤需要抚触
- 250 孕8月的中医胎教
- 250 胎儿的性格培养
- 251 心理游戏

254 准爸爸必读
- 254 取名字学问大
- 254 夫妻按摩，浪漫又解压

Chapter 10 胎宝宝第9个月

258 胎儿发育和母体变化
- 258 胎儿发育
- 258 母体变化

259 优境养胎
- 259 什么情况应立即去医院
- 259 呵护好孕妈妈的双足
- 262 睡眠会影响生产
- 263 产妇分娩住院必备物品
- 263 先到产房走一遭
- 266 "真阵痛"还是"假阵痛"
- 268 真假阵痛的应对措施
- 269 三大考虑打造完美婴儿房
- 273 怀孕后期饮食营养须知

275	药膳食疗	299	急产无法预知状况

276 胎教课堂

- 276 第29~40周胎教重点
- 276 孕9月的中医胎教
- 277 当心产前忧郁症伤害母子
- 280 孕妇紧张会影响胎儿的性格
- 280 成熟胎儿的生活
- 281 心理游戏

282 准爸爸必读

- 282 心理保健有助于优生
- 283 准爸爸产前需知
- 284 孕晚期丈夫应帮妻子做点什么

Chapter 11
胎宝宝第10个月

286 胎儿发育和母体变化

- 286 胎儿发育
- 286 母体变化

287 优境养胎

- 287 即将生产的三大征兆
- 288 早期破水的正确处理步骤
- 291 当心危急的胎盘早期剥离
- 292 当心危险的植入性胎盘
- 294 胎儿窘迫有多危险
- 297 胎儿脐带绕颈怎么办

- 299 急产无法预知状况
- 301 配合产程，分娩OK
- 308 认识剖宫产的准备与流程
- 311 分娩必然痛吗
- 312 认识产科麻醉
- 313 认识"器械辅助阴道生产"
- 315 用产钳、真空吸引器助产好吗
- 316 加压助产的利与弊
- 317 催生，不用怕
- 320 巨婴宝宝怎么生
- 322 高龄产妇与一般产妇的差异
- 322 过期妊娠的危害
- 324 医生的"私房话"
- 325 分娩前产妇吃点什么
- 326 药膳食疗

326 胎教课堂

- 326 分娩期的心理变化
- 327 产后的心理变化
- 327 中医论分娩
- 329 母亲的分娩情绪与胎教

330 准爸爸必读

- 330 待产时最依赖的人
- 330 爱、被爱与生产的力量
- 331 因为她需要我
- 332 陪产前要做功课
- 332 令人心疼又兴奋的一刻

- 333　爱与感激胜过恐惧
- 333　情感加温的好时机

Chapter 12
新宝宝养育是胎教的延续

335　新生儿的发育
- 336　新生儿发育状况
- 338　新生儿特殊的生理现象
- 339　新生宝宝的观察重点
- 340　新生儿的包裹

342　新生儿的喂养
- 342　给新生儿早开奶
- 342　母乳喂养的方法
- 343　喂奶时间和喂奶间隔
- 343　怎样判断宝宝吃饱
- 344　吐奶与溢奶
- 344　乳头较短平怎么办
- 344　乳头过大怎么办
- 345　奶胀可频繁喂奶
- 345　改善输乳管阻塞
- 346　乳腺炎要及时治疗
- 346　乳头酸痛破皮怎么办
- 346　乳汁不足怎么办
- 347　妈妈缺乳的饮食调理
- 348　喂食婴儿配方奶粉注意事项
- 348　人工喂养要注意补充鱼肝油
- 348　什么是混合喂养

349　新生儿早期教育
- 349　新生儿视力与运动能力发育
- 349　给新生儿选择玩具
- 349　延续新生儿的音乐感觉
- 350　胎教与早教的衔接
- 350　新生儿素质训练

Chapter 1
优身受孕

孕前检查预约健康宝宝
Yunqianjiancha Yuyue Jiankangbaobao

想生一个健康的宝宝,大家都知道要作产前检查,可是,却都忽略了优生的首部曲——孕前检查。透过孕前检查,能够了解许多夫妻本身潜在的疾病,尽可能避免异常胎儿的出生。

认识孕前健康检查

许多外表看起来很健康的夫妻,却可能某一方或是双方有隐性基因的疾病,如果等到已经怀孕,才开始作检查,往往会陷入"进退两难"的状况。此外,家族中若有已知的遗传性疾病(例如精神疾病等),更需要事先进行孕前检查及咨询,才能减少许多遗憾发生。

孕前健康检查的项目

虽然孕前检查有一些项目和一般的健康检查类似,例如身高、体重、血压、尿液等,但是,孕前检查会特别针对遗传性、传染性及精神性等疾病进行相关的检查,这些检查对于生育下一代有很大的影响。

一般医院的妇产科都有提供相关的检查,检查费用视检查项目及各家规定有所不同。检查项目如下:

❶ 个人健康咨询:职业、药物史、吸烟史、饮酒史、家族中是否有遗传性疾病、个人是否有某些疾病等。医生会根据个人提供的资料,特别注意某些检查的结果。

❷ 基本健康检查内容:身高、体重、血压、视力、色盲、听力鉴定、内外科身体检查、胸部X光检查、血液、尿液、粪便、血清生化、血清免疫、心电图、超声波、子宫颈抹片检查、甲状腺功能检查。

❸ 遗传性疾病检查:家族疾病史的检验。

❹ 传染性疾病检查:结核病、梅毒、淋病、肝炎、麻疹、艾滋病等。这些疾病很可能会影响怀孕的过程或垂直传染给胎儿。

❺ 精神疾病的评估:透过身心评估来确认是否有精神疾病等问题。

❻ 精液分析检查:了解精子的质量(有些医院会建议男方进行精子方面的检查)。

孕前健康检查的对象

一般已婚夫妻:已经结婚而且考虑生育下一代的夫妻,都最好接受孕前健康检查。

特殊已婚夫妻:如果家族中已有明确

的遗传疾病，或是个人本身带有某些疾病，则一定要作孕前检查及孕前优生咨询，才能避免生出异常宝宝。高危险对象如下：

1. 家族中有染色体异常者。
2. 家族中有代谢异常疾病患者。
3. 家族中有遗传疾病者。
4. 家族中有智障及发育迟缓者。
5. 家族中有精神异常者。
6. 本人有先天疾病或精神异常者。

筛检出异常状况怎么办

■ 先治疗，再怀孕

如果能够在怀孕之前发现问题，就可能做到早发现、早治疗。况且有许多疾病如果不先治疗就怀孕，很可能造成母亲及胎儿的危险，例如严重的高血压、糖尿病、红斑狼疮；或是直接将疾病传染给胎儿，例如肝炎、梅毒等。所以，这些疾病必须先经过治疗及控制，等痊愈或指数正常之后，才可以考虑怀孕。

■ 先了解风险，并加强产前检查

另外，有些遗传性的疾病，例如海洋性贫血、血友病、肌肉萎缩症、黏多糖症等，则可以通过孕前咨询及检查来计算发生的概率及风险，再与医生讨论是否适合怀孕。虽然遗传性疾病并不是每一胎都会发生，但是，夫妻若考虑要孕育下一代，事前的认识及加强怀孕后积极的产检是非常必要的。

■ 不建议怀孕生育的情况

有些时候确实可能有不适合生孩子的状况，例如母亲有非常严重的心脏病，无法负荷怀孕的过程；或是夫妻双方都有精神方面的疾病，遗传的概率过高；或是明显得知夫妻有基因缺陷的问题，例如双方都是同型基因的海洋性贫血基因携带者，一旦怀孕后对于母亲及胎儿危害非常大，故医生会建议不要生育。

解读胎儿染色体异常
Jiedutaier Ranseti yichang

孕育一个健康宝宝，是所有父母的期望，然而无可避免的，仍有2%~3%的先天性异常儿诞生，其中有20%是染色体异常所致。

为何宝宝会染色体异常

当携带着父母遗传因子的精细胞与卵细胞不期而遇，结合成受精卵，便启动了整个奇妙的生命孕育历程。在十月怀胎的过程当中，母体内的胎儿将会在种种环境因子和遗传因子的影响下，逐渐分化、成长。

所谓的环境因子包含甚广，但凡孕育胎儿的子宫结构和血液循环系统，以及母体本身的内分泌机能、营养状况，还有是否服用不当药物、遭受感染、被辐射线波及或受机械损伤等因素，均是环境因子影响的范围。而遗传因子指的是蕴藏在精、卵细胞核中带着特殊遗传信息的基因，以及储存基因的特殊仓库染色体两者而言。

在遗传因子与环境因子搭配良好的情况下，母亲才有可能孕育出健康、正常的小宝宝。只可惜生儿育女的美事，竟然有碰运气的成分，医学与人为努力只能发挥一小部分的影响力而已，所以我们必须了解医疗科技的有限性。人类与万物传宗接代依赖的几乎全为大自然的神奇力量与安排，纵使做了妥善的准备工作，仍无法杜绝2%～3%的先天性异常儿的诞生，这是生儿育女必定要冒的风险！

什么是基因

基因是人体最重要的遗传物质，它最基本的组成单位是脱氧核糖核酸（DNA），每个完整的基因至少含有数千个，甚至达百万个碱基配对（base pairs）。具遗传信息的基因只占DNA序列的1.4%，亦即基因与基因之间，甚至基因里面，都有不具意义的长串DNA分布。

人类的基因随意但有一定顺序，且都均匀地储放在23对染色体内，因此，每条染色体皆含有相当丰富的基因信息，只是个子大的染色体基因含量较多，而个子小的染色体（如21号染色体）基因含量少一些罢了。任何在显微镜下清楚可辨的染色体数目或结构上的异常，都影响到成百上千个基因功能的丧失、不正常的复制、过度表现或受到干扰。

什么是染色体

在任何一个人类的染色体组成中，其中一半的染色体是来自父亲，另一半的染色体是来自母亲。染色体是储存人类遗传信息基因的结构，位于细胞核内，当细胞不分裂的时候是看不到的，只有在细胞要开始分裂时，它们才会复制并聚缩成染色体的模样，经过特殊处理及染色后，在显微镜下清晰可辨。人类共有23对（46条）染色体，前22对叫做"常染色体"，依照大小次序及长短臂的比例，依序编为1号～22号染色体。最后一对为"性染色体"（sex chromosomes），因决定人类性别的主要基因位于这一对染色体之故，

染色体

正常男性带着XY性染色体，女性为XX。国际公认的男性染色体（又叫细胞核型）注记为"46，XY"，女性则注记为"46，XX"。

认识染色体异常

一般而言，任何种类的染色体异常均会造成程度不等的外观畸形、器官缺陷和智能障碍，而性染色体异常对智能的影响较小，但大多会有性器官构造异常、第二性征迟缓表现或不发育，以及生殖能力降低或消失的现象。

由于染色体异常会带给患儿不同程度的生理与智能上的缺陷，例如，先天性心脏疾病、肢体畸形、甲状腺功能问题、听力或视力缺陷等，所以，这些患儿在出生后就应接受特殊医疗检查或治疗。虽然许多染色体异常的发生，多由于突变，与父母无关，且再发率低，但是有些转位型的染色体异常则可能来自父母，所以遗传咨询极有必要性。

染色体异常的分类

染色体异常一般可分为：数目的异常、结构的异常，及混合有两种细胞核型的拼凑型异常。

❶ 数目的异常。当生殖细胞行减数分裂时，如果发生某个染色体不分离现象时，便会导致精子或卵细胞染色体数目的异常，受孕之后就成为染色体数目多了或少了的胚胎，从而生出畸型的小生命。常见的有：21-三体综合征（唐氏综合征）、18-三体综合征及X单体综合征等。

❷ 结构的异常。染色体构造有一处或多处以上的缺损、异常组合等情况，常见的有：染色体脱失、转位、倒转、复制、插入等。

❸ 拼凑型异常。较常见的拼凑型异常有46，XX/47，XX，+21的唐氏综合征拼凑体，45，X/46，XX、45，X/46，XY或45，X/46。一般来说，含有部分正常染色体细胞的拼凑体，其症状通常要比单一纯粹的染色体异常为轻。

预防胜于治疗

先天性疾病的防治之道无他，即预防胜于治疗。了解遗传的形式、认识先天性疾病的特性、计划性地生育，以及与医护人员保持密切的联系、定期的产前检查，并充分掌握现代医用科技所能提供的预防性措施，是减少甚至避免生下有先天性疾病下一代的有效途径。

第一胎有遗传病第二胎能生吗

第一胎生了患有遗传病的孩子，最好不要再生第二胎。如果坚持再生一个，要作好产前诊断和产前检查。

❶ 常染色体显性遗传病。第一胎患常染色体显性遗传病，第二胎患相同疾病

的可能性是1/2，经过产前诊断，诊断为健康胎儿则可保留。

❷ 常染色体隐性遗传病。第一胎患常染色体隐性遗传病，第二胎可能是正常儿，也可能是基因携带者，或者是病人，同样，经过产前诊断，也可保留健康胎儿，放弃病胎。

❸ 伴性X连锁隐性遗传病。如果父母健康，生下第一胎为伴性连锁隐性遗传病患儿，母亲一定是隐性基因携带者。第二胎可保留女胎，放弃男胎。

❹ 伴性X连锁显性遗传病。第一胎患病，其父母一方必是患者，如父亲是患者，则所生男孩均健康，第二胎可保留男胎，放弃女胎。如果母亲是患者，则无论男女胎均应作产前诊断，可保留健康胎儿。

❺ 多基因遗传病。这类病难以用产前诊断检查出来，因此，最好不要再生第二胎。

❻ 先天性心脏病、先天性智力低下。这些病可能由于母亲在妊娠期受到环境污染、病毒感染或服药等影响胎儿发育造成。由于这些原因造成第一胎病残的可放心生育第二胎。

全方位做好孕育准备

孕前做好经期保健

为了调养自己成为易受孕的体质，月经期间的保养和照顾也不容忽略。每位女性多少都会经历经前期紧张综合征带来的不舒适感。在每次月经期来到前，女性多会容易出现心浮气躁、情绪低落、胸闷、腹部发胀、食欲改变、脸上冒出青春痘、头痛等状况，而这些状况大部分都会在月经期开始后而逐渐好转。不过，当您发现上述症状变得比较严重时，就表示您的健康可能已经开始出现问题了。所以，如果能在每次月经来潮时更加注重身体调理，对女性子宫、卵巢的功能会有所帮助，对女性激素的分泌、受孕机会也都有正面的影响。

虽然现今不少女性因为忙于工作，或是觉得自己还年轻，经常忽略经期的保健，但是，只要从现在开始，细心调养接下来的每次月经期，对于提升免疫力、提高受孕机会都会有相当大的帮助！

阴部卫生影响受孕概率

女性阴部卫生，攸关骨盆腔各器官的功能，会直接影响女性的生育问题，因此，女性阴道保养也不容忽视。

白带几乎是每位女性都会有的状况，如果没有出现颜色变深、味道变重、有恶臭味的情形，平时只要保持清爽洁净、勤换干净的内裤，就可以了。

女性外生殖器疾病，较令人担心的属阴道炎。阴道内的乳酸菌是对抗各种真菌的主力，如果细菌入侵、乳酸菌受到破坏、女性本身的身体抵抗力降低时，阴道就很容易有发炎的情况。阴道炎在临床上发生的原因很多，譬如经由性交感染、免疫系统不良等。因此，建议有类似症状的女性，最好能到妇产科就诊，接受正规治疗。注重日常的保养清洁，应避免长时间穿着束裤或是太紧身的牛仔裤，让身体获得适当的放松。

此外，膀胱炎也是女性容易出现的问题之一。现今有不少女性上班族，因为忙于工作而习惯性憋尿，便成为膀胱炎的高危险群。建议最好能从自身的卫生习惯开始着手改善，并检视自己的清洁用品是否有不适宜的成分，是否清洁过度等，并且配合医生的指示用药治疗，才能彻底根治。

维生素A酸会导致胎儿畸形

■ 认识维生素A家族

维生素A是由胡萝卜素经由肠道吸收转化而成，维生素A会代谢成活性维生素A，在眼睛形成视觉讯号；维生素A在血液循环系统会以维生素A酯的形式存在，维生素A也可代谢成维生素A酸。

所以这些维生素A、活性维生素A、维生素A酯、维生素A酸都是同一个家族成员。以活性维生素A治疗夜盲症是众所周知的，维生素A酸在治疗皮肤疾病上也有很好的功效。

■ 维生素A酸治疗青春痘的妙用

维生素A酸主要的功能是：抑制皮肤的皮脂腺增生发育、减少皮脂腺的体积、降低皮脂的产生、使滤泡上皮正常化，这些作用使得皮肤不会阻塞、促进皮脂排除，而减少皮脂腺发炎的机会，因而预防和治疗了青春痘。

维生素A酸有卓越的疗效，必然广受大众的欢迎。但是"药"即是"毒"，必然有不良反应，例如：嘴唇、眼睛、皮肤干涩，以及夜间视力降低、头痛、背痛、高血压。但是这些微小的不良反应几乎被人们视做微不足道。

■ 维生素A酸致畸层出不穷

在20世纪70年代，维生素A酸这些特殊的功效，经科学的实验而加以证实。青春期的男女，多多少少都有青春痘的烦恼，因而求助医生治疗。有了维生素A酸，治疗青春痘就轻而易举。然而在美容圣品风行的20年间，流产率上升，也出现一些不寻常的畸形儿，包括小脑症、水脑症、智能不足、听觉或视觉障碍、耳朵发育异常、心室/心房中隔缺损，维生素A酸正是这些悲剧的主因。

■ 口服维生素A酸必须6周后才能怀孕

我们要注意口服维生素A酸的代谢时间，一般来说，经过6周的代谢，口服维生素A酸应该没有影响力了，所以治疗完青春痘后，一定要休息2个月经周期之后再怀孕，这才是安全的。

有病需要孕前调理

如果女性本身患有慢性疾病，在怀孕前更需要与医生做好详细的沟通，包括孕期可能会发生的不适情形，以及生产方式的建议，并且在医生的配合下控制病情。如果本身有定期服用药物的习惯，最好经医生确认后停用或是选择对胎儿安全性较高的药物来服用，避免对胎儿造成不良的影响。

■ 高血压患者调理重点

女性如果在怀孕之前，本身就已有高血压疾病，那么，在怀孕过程中，很有可能会引发妊娠高血压综合征或先兆子痫。因此，应和内科医生尽量配合，通过饮食及药物双管齐下来控制血压。

高血压患者的饮食原则还是以均衡饮食为主，主食类、蔬菜、水果、油脂、牛奶、蛋白质等食物都要摄取。有高血压的女性，要格外注意减少盐分的摄取。经常有应酬的准妈妈可能会比较麻烦，因为餐馆的菜油脂较高，盐分也很高，一不小心就会让血压悄悄上升。建议不妨多去可以提供现场烹煮的餐馆，在点餐时，先嘱咐老板盐和味精少放一点。吃自助餐的话，则建议准备一碗热水或热汤，可以先把多余的油脂和盐分过水，减少油脂，降低咸度，也能达到降低盐分摄取的效果。

高盐分食物要避免食用，譬如加工的罐头制品（各式酱瓜、面筋、豆腐乳等）、腌制类食品（香肠、腊肉等）、腌渍食品（水果干、蜜饯等）、泡面、泡菜，以及海产品（含钠量较高）。此外，食物的挑选和烹调方式也不能忽略。作料也要注意，譬如酱油、沙茶酱、番茄酱、辣椒酱都要避免食用。

妊娠高血压综合征的高危人群患病概率与常人比较如下：

有妊娠高血压既经史	6.3倍
多胞胎	3.6倍
怀孕之前体重太重（BMI＞24.2）	2.4倍
高龄孕妇（35岁以上）	1.8倍
第一胎	1.3倍
怀孕当中有尿道感染	4.8倍
职业女性（压力太大、过度疲劳）	1.9倍

■ 糖尿病患者调理重点

女性本身为糖尿病患者时，在计划怀孕之前，一定要做好持续性的血糖控制，并配合孕前健康检查、胎儿产前评估检查与监测，尽量让糖尿病可能引发的各种妊娠合并症获得改善。

对于本身有糖尿病的女性，最好能在计划怀孕前3个月开始，配合妇产科医生和营养师的规划先进行饮食调整，降低妊娠糖尿病的发生概率。此外，饮食控制加上每日适度运动、体重不要过高，都能得到不错的控制效果。

> **➕ 妊娠糖尿病高危人群**
>
> 曾有妊娠糖尿病史或糖尿病家族病史。
> 肥胖症（超过标准体重20%）。
> 曾生产过巨大婴儿（出生体重大于4000克）。
> 羊水过多或胎儿过大。
> 本身已有高血压的女性。
> 年纪大的女性（34岁以上）。

■ 乙型肝炎患者产后重点

乙型肝炎是病毒性肝炎之一，是由乙型肝炎病毒感染所致。传染途径主要是注射、输血或血液制品、密切的生活接触及母婴垂直感染。如果女性本身为乙肝患者，为了避免在怀孕过程中或生产时，胎儿经母体垂直感染乙肝病毒，胎儿出生之后，需按时接受乙型肝炎疫苗注射。

如果准妈妈本身是高传染性e抗原阳性，那么，宝宝需在出生24小时内接受乙型肝炎免疫球蛋白注射剂，然后再按时接受乙型肝炎疫苗预防注射。

■ 心脏病患者调理重点

如果女性本身是心脏病患者，在计划怀孕前，一定得接受妇产科与心内科医生的详细诊断，由医师依据女性本身的身体状况，给予专业建议。

心脏病患者怀孕最大的风险，就是因怀孕过程中的孕期变化导致心脏衰竭，影响准妈妈的生命安全，而状况严重者，可能还得提前终止妊娠，对准妈妈和家人的心理造成极大创伤。美国纽约心脏协会用来区分心脏病患心脏机能的标准如下：

I级：病人虽然有心脏疾病，但身体活动不受限制，平常的身体活动不致引起不适。这类病患没有心脏功能不全的症状，也没有心脏所引发的痛楚。

II级：病人有心脏疾病，而且身体活动稍受限制。这类病患休息时并无不适，不过进行平常的身体活动时就会有疲倦、心悸、咳嗽、呼吸困难及心绞痛。

III级：病人有心脏疾病，而且身体活动极受限制。这类病患在休息时并无不适，但只要进行轻微的活动，就会非常疲倦、心悸、咳嗽、呼吸困难及心绞痛。

IV级：病人有心脏疾病，任何身体活动都会引起不适。在静止时也会有心脏功能不全的症状，任何身体活动都会加剧身体不适。

基本上，大概只有I级和II级的病人可以怀孕，III级和IV级的病人平日就要做好避孕措施，不要怀孕。假如心脏科医生评估可以怀孕，则要和医生密切配合，如风湿性心脏病人接受人工心脏瓣膜置换后，假如怀孕则必须停用会引起畸胎的口服抗凝血药物，改成皮下注射抗凝血药物。此外，心脏病患者最怕感冒及其他感染，因此必要时要服用一些抗生素，而怀孕期间也要特别注意控制体重，别让体重成为心脏额外的负担。

因此，建议心脏病患者最好能在计划怀孕前3个月，甚至半年前，便开始和妇产科医生及心内科医生进行专业咨询，经过适当治疗之后，再开始怀孕。在怀孕过程中，准妈妈也该按时进行每一次的产检，定期追踪，才能成功孕育健康宝宝。

不同体质的中医调理

有些人怀孕很顺利，轻松度过孕期280天，生产当天痛一下，便快乐地当妈妈了。但有一些人却会碰到一大堆状况，轻微的可能只是吃不好、睡不好，严重的甚至有小产的可能。其实，这些不同的怀孕状况，可能都跟您的体质有关系。

■ 什么是体质

传统中医认为，体质就是指个体在遗传的基础上、在环境的影响下，在其生长、发育和衰老的过程中，形成的代谢、机能与结构上相对稳定的特殊状态。

■ 为什么要了解体质

因为体质往往决定这个人对某种致病因素的易感性，及其所产生的病变类型的倾向性。一个人容易得什么病，有什么结果，和体质有绝对的关系，例如，气虚者容易感受风寒，肠胃不好者易伤食，这些理论在中国古老的医书中都有写明。

■ 形成体质的因素有哪些

❶ 遗传。现代免疫学证明，遗传因素是天然非特异免疫因素中最明显且作用较强的一个因素，遗传对于抗体的种类、型别及血清含量都起决定作用。

❷ 环境因素。由于地域不同、气候不同、地理环境不同造成生物生态的明显地域性差异，得病情况也会因大环境的不同而有所差异。

❸ 年龄。人体的结构、机能与代谢是随着年龄而改变的，因此体质也常随着年龄而变化，例如中国的传统医书《灵枢·天年第五十四》便提道：人生十岁血气已通；二十岁血气始盛；卅岁血脉盛满；四十岁五脏六腑十二经脉，皆大盛以平定；五十岁肝气始衰；六十岁心气始衰；七十岁脾气虚、皮肤枯；八十岁肺气衰，魄离，故言善误；九十岁肾气焦，四脏经空虚；百岁，五脏皆虚，神气皆去，行骸独居而终。这些说明人体气血及内脏盛衰与年龄的关系，从生长、壮盛，以至衰老、死亡的过程中体质的特点，所以，人的体质与年龄有着密切的关系。

❹ 饮食。饮食对体质的影响非常明显，医生在临床上经常听到病人诉说吃了橘子后手脚冰冷等例子。可见，长期的饮食习惯会改变人体的体质，例如，长期的饮食不足，可以使人从正常体质转为虚寒型体质；长期的油腻食物，会使人肥胖成为湿型体质；不良的饮食习惯，例如暴饮暴食，会造成脾阳早衰，成为阳虚体质。可见饮食习惯对于体质的关键性影响。

❺ 疾病。疾病与体质互为因果关系，体质会决定疾病的类型，而生病也会

影响体质特征，尤其是慢性病对体质的影响更大。例如生产大出血后，若没有实时调养，往往导致日后气血两虚。而常期吸烟者的呼吸道长期受到烟熏，所以气管较弱，容易在老年时发展成慢性支气管炎，甚至从肺气虚型转成肺、脾两虚，或肺、脾、肾三虚。

❻ 性生活。古代名医张景岳曾说："色欲过度者多成劳损……"强调纵欲伤身。现代医学研究则认为性可令人情绪放松，精神愉悦。可见过犹不及都不是好现象，都可以影响一个人的体质。

❼ 运动。运动可以促进血液循环，促进新陈代谢，许多经常运动的人看起来往往比实际年龄年轻许多岁。但过度或单一的运动，反而会造成肢体伤害，医生在临床上就遇过一位年轻人，因为喜欢跑步，到最后膝盖酸痛，一检查发现膝盖已经老化到跟80岁的老伯一样了。

❽ 情绪。紧张、压力会影响免疫系统，让虚火上升，变成虚热体质。

■ 不同体质的特征及调养方法

根据中医理论及医生临床观察结果，将体质分为七大类型。正常体质的怀孕过程当然最为顺利，至于其他6种体质，如果只带有一点特征，怀孕过程应该也还顺利。但假如非常偏向某一种体质时，怀孕的概率已经不太大，万一怀孕，也非常容易出问题。

正常体质

特征：体壮力强，面色润泽，胃口好，不怕冷不怕热，口微干，大小便顺畅，舌象正常，舌头呈淡红舌、薄白苔、舌体柔软。

调养方法：早睡早起、中量运动、寒热的食物都可以吃。

生活禁忌：不要偏食，不要过量或长期大量吃某一种食物。

血淤体质

特征：肤色晦滞，嘴唇颜色暗，眼框暗黑，皮肤干干粗粗的，肚脐上四指左右的腹部容易胀，舌头呈青紫色，容易经痛，经血淤块多。这一类体质的女性容易长子宫肌瘤。怀孕时，会因为肌瘤使胎儿不易成长，增加流产风险。

调养方法：中度的运动，可多吃茄子、红苋菜、猪血、猪干、海带、虾等食物。

生活禁忌：不要吃果仁的外皮，例如花生膜。不要经常待在太冷或太热的环境，忌吃生冷类的食物。

痰湿体质

特征：体形肥胖，肚脐上四指处的腹部容易闷胀，口水甜甜黏黏的，整个身体常常觉得沉重，好像被一块布裹起来似的。容易拉肚子，嘴巴虽然干也不想喝水，胸闷昏眩，舌苔多。月经周期混乱，有时不来，有时经血量又太多。怀孕时非常容易害喜呕吐，产后容易发胖。

调养方法：多吃芦笋、荸荠、慈菇、香菜；多走路，做一些可以流汗、心跳加速的运动。

生活禁忌：不要吃伤肠胃，容易胀气的食物，例如番薯、马铃薯、芋头、汽水、橘子、海鲜等。

虚热体质

特征：形体瘦弱，口燥咽干，容易便秘，尿黄短少，容易口渴，睡不好，容易烦躁，喜欢喝凉饮，经常觉得耳鸣，舌头红、舌苔很少。经血量少，容易有月经延迟的情况，不易受孕。

调养方法：早睡晚起，可做些中量的运动，可吃些生菜色拉、果菜汁等清凉的食物，或者搭配西洋参、麦冬、六味地黄丸等药膳服用。

生活禁忌：不要吃过于寒凉的食物。

实热体质

特征：身体壮硕毛孔粗，面色红赤，容易便秘，尿黄赤，喜欢冷饮，怕热，舌头颜色红，舌苔厚，容易口干口臭，情绪高亢。经血量多，月经时常提早来。怀孕之后口干、口苦、口臭、牙龈出血、肿胀、便秘、怕热等症状会更明显。

调养方法：晚睡晚起，多吃一些生菜色拉、果菜汁、水果等清凉的食物。

生活禁忌：不要吃冰淇淋、辛辣食物、炸烤的食物，羊肉、火锅等也不要吃。

虚冷体质

特征：形体白胖，怕冷，脸色不红润，唇色淡，四肢冰冷，容易冒冷汗，大便稀，小便清长，容易掉头发、耳鸣，喜欢喝热饮。经血颜色淡。怀孕容易呕吐，生产后容易大量掉发。流产概率较高。

调养方法：早睡晚起、做一些散步等的微量运动。多吃有辛味的食物，例如姜、葱、蒜、辣椒、十全大补汤、八珍汤、高热量的巧克力等。素食者可以吃一些红毛苔、小麦草。

生活禁忌：忌吃生冷食物，例如冰凉饮料、白菜、瓜类、橘子等。

气虚体质

特征：脸色苍白，气短懒言，乏力晕眩，动辄出汗，手易麻。月经量少色淡，子宫有下坠感，受精卵不易着床，容易流产。

调养方法：早睡早起，早晨和傍晚的时候可多晒太阳，做些微量运动，不适合说太多话，能坐多坐，不要久站。可多吃一些生鲜类的食物，例如活鱼，或者当天现采的蔬果。也可用黄芪、人参等补气之药。

生活禁忌：不要吃加工食品，不可过量运动，也不要做一些需要经常讲话的工作。不要常吃感冒药，容易过敏。针灸不宜多做。

什么是月经周期

月经来的第一天到下一次月经来临的前一天为止，称为一个月经周期。每个人的月经周期不一定相同，一般来说在26～35天，大约70%的女性月经周期都是28天，但短的也有十几天一个周期，长的甚至两个月、一季、半年才来一次。

月经周期可分为两个阶段，第一阶段

称为滤泡期,是从月经来潮的第一天算到排卵日为止,这段期间是12～22天,因每个人的体质不同而有差异。第二阶段又称为黄体期,是从排卵日算到下一次月经来临的前一天为止。通常在排卵后的两周,也就是14天,就是月经来潮日。

月经期持续3～5天,到了第7天的时候,脑下垂体会分泌激素刺激卵子的发育,当卵子发育成熟后,卵巢开始分泌激素,让子宫组织逐渐增厚。一切准备就绪后,大约到整个周期的第14天,就会开始排卵。排卵后,成熟的卵子会从卵巢排出。如果在输卵管正好有精子进入,便会形成受精卵,开始怀孕。

排卵后,激素浓度会稍微下降,黄体素上升,目的是使子宫内膜持续增厚,以便让受精卵着床。因为黄体素上升,所以排卵后这段期间又称为黄体期。在黄体期如果没有受精,卵子经过1～2天就会萎缩,接着再过两周,增厚的子宫内膜就会自然剥落,又开始了下一次的月经,如此一再循环。

分泌物也会随着月经周期变化。由于激素的影响,一般女性分泌物的状况在一个月经周期中也会有不同的变化,例如月经过后10天分泌物较少,在排卵期前后三四天则有大量蛋清状分泌物。月经将来前则会有黄色较浓分泌物,至于褐色分泌物则是月经来前少量出血造成。

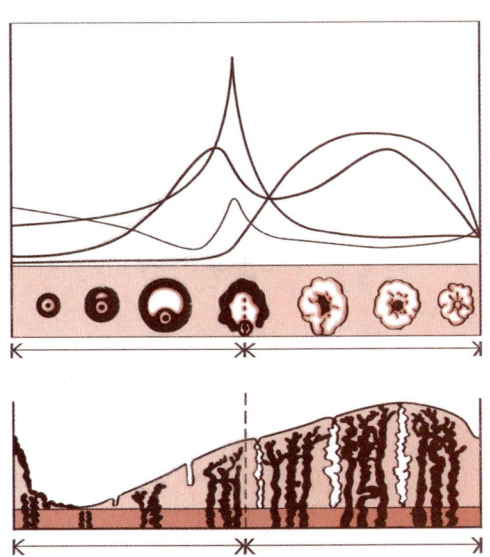

卵巢及子宫内膜周期性变化和激素水平的关系

什么是易受孕期

在整个月经周期中,只有一小段时间可能受孕,对于不想怀孕的人而言,这可是必须提高警觉、努力防范的时刻,因此叫做危险期。但对于期待怀一个小宝宝的人来说,这段期间可就是受孕率超高的受孕期啦!

根据前面所说,在整个月经周期中,卵子真正有受孕机会的只有排卵后的1～2天,但由于精子进入子宫后,大约可以存活3天,所以排卵前3天停留在子宫内的精子还是有机会与刚排出的卵子结合,因此必须将易受孕期向前挪3天,除此之外都是相对安全期。

■ 计算易受孕期的方法

方法一:

a. 月经第1天的日期－14=排卵日

b. 排卵日向前减3天，向后加1天＝易受孕期

例：以月经期30日来算

30－14＝16（排卵日）

16－3＝13（易受孕期第一天）

16+1＝17（易受孕期最后一天）

方法二：测量基础体温

排卵日之后的黄体期间，因为受到黄体素分泌较多的影响，排卵后体温会略为升高，因此有些人便会依据体温升高的情形来判断是否排卵，进而推断预产期。但医生认为，由于影响体温的因素很多，单以体温为依据，也容易误判。

基础体温又叫静息体温，是指人在睡眠6～8小时后，醒来尚未起床、进食、谈话之前所测定的体温。

妇女的体温不是恒定的，每月有周期性变化。一般在月经过后，体温维持在较低水平，称为低温期；排卵后，体温开始上升，维持14～16天，体温上升的幅度在0.4～0.5℃以上，这段时间称高温期；在月经来潮前一日，或来潮日，体温骤然下降，进入低温期。如果将每日测量的基础体温记录在表格上，然后将所标的点连在一起，可发现正常的成年女性基础体温曲线呈低—高—低的图形，称为"双向体温"，这表明有正常的排卵功能，并提示排卵日期。对于避孕的夫妇，还提示了性交的安全期。

但当卵子受精，即妊娠后，基础体温则无月经期的下降，而是继续维持在较高的水平，可在36.8～37.1℃。因此，测试基础体温也是判断妊娠的一种方法。

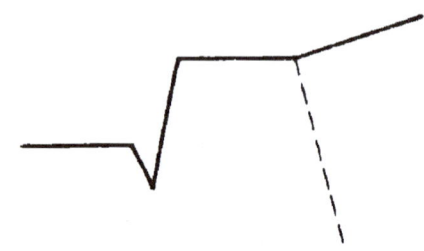

已受孕的基础体温曲线示意图

■ 测试基础体温的方法

❶ 早晨醒来不起床、不说话、不饮食，先测试体温（以口表为宜）。

❷ 每天早晨测试时间最好相同。

❸ 将测出的体温数标在体温表上。

❹ 将每日所标出点用线段连接起来，形成曲线。

❺ 要每日测试记录，不得中断。

正常月经周期的基础体温曲线

基础体温记录表

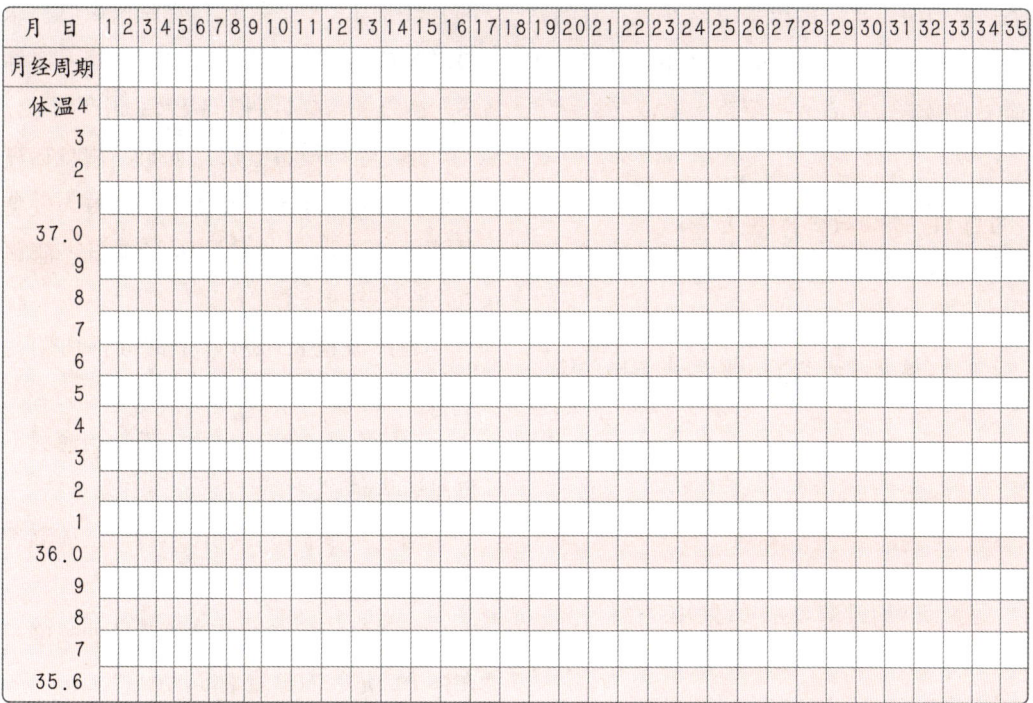

注：表中横栏数字是月经周期，月经第一天为1，以此类推。竖栏是体温数。每日将测得体温在相应交叉点上画一个圆点，一月后再把点用线连接起来。

在测试基础体温期间，如有感冒、饮酒、迟睡、失眠、服药等情况，应记录下来，如有性交，也要注明。

用口表测量体温的方法是，先将体温计甩到35℃以下，用酒精棉将体温计消毒（最好专用），将其放在舌下，5分钟后取出，查看水银柱处刻度。

如何验孕

❶ 到药店买验孕棒：药店都有验孕棒，只要把尿液滴在验孕棒上，便能立刻判断怀孕了没有。市面上卖的验孕棒除非过期，否则准确性很高，阳性反应一般呈"＋"或两条横线；若是阴性反应，则呈"－"或一条横线。

❷ 验血：怀孕之后，血液中的绒毛膜促性腺激素（HCG）会上升，因此可借此判断是否怀孕。

❸ 照超声波：直接用超声波看胎囊长出来了没有，这个方法还可以顺便估算预产期。

■ 验孕失准的原因

怀孕最初的一个星期，是空窗期，验

尿并没办法验出是否怀孕，此外，子宫外孕及葡萄胎也没办法用验孕棒分辨。有些女性太期待有小孩了，会让身体出现假性怀孕的现象，虽然从验孕棒上看似乎怀孕了，但其实没有。

■ 何时该怀疑自己怀孕了

觉得乳房肿胀、恶心、呕吐、嗜睡、饮食习惯改变，加上月经迟迟未来时，就该怀疑自己是否怀孕了，要尽快作相关检查来确定。

如何计算预产期

❶ 日期推算法。如果由排卵日算起，真正的怀孕期是266天。但由于一般人不知道自己的排卵日，因此以周期28天为标准，往前推14天就是月经来临的第一天。所以预产期就是最后一次月经周期的第1天＋280天＝预产期。

不过要数280个日子实在太辛苦了，因此简单的换算就是最后一次月经来临日的月份加9，日期加7就是预产期。

例如，最后一次月经在2月1日来，则预产期就是11（2＋9）月8（1＋7）日。如果最后一次月经是8月28日，预产期就是明年的6月4日（8＋9＝17，17－12＝5；28＋7＝35，5月35日就是6月4日）。

最后一次月经来临日加上280天，只适用于月经周期28天的女性。由于黄体期大多固定14天，容易有变动的其实是滤泡期，因此如果月经周期是35天，排卵日就在第21天（35－14），比起月经周期28天的女性多了7天。因此，若要从最后一次月经来临日期加起，就必须多加5天，最后一次月经来临日期＋287天＝预产期。

❷ 超声波检查法。如果不想自己算预产期算到脑子都发昏了，那么有另一个更简便的方法，就是到医院做超声波检查，让医生帮您算。

超声波检查可从几个部分推估胎儿周数：

胎囊大小，有程序可以通过胎囊大小算出怀孕周数。

胎儿头围长度，在怀孕12周以前测量最准。

双顶径，就是胎儿头骨额叶的长度，在怀孕20周左右测量最准。

其他尚有头围、腹围、腿骨长度可借以测出怀孕周数。

预产期算出来的误差，在一两周之内。基本上，愈早用超声波检查，愈能准确预测预产期。假如超过5个月以上才检查，由于每个胎儿成长发育速度不同，丧失了预测的基准点，因此误差会更大。

把握好最佳怀孕期

■ 最佳生育年龄

按照我国婚姻法规定，男子结婚不得早于22周岁，女子不得早于20周岁。这个年龄期，从生理发育和心理成熟度都是有利于人体健康的。只有在适当的年龄结婚，才可以"孕而育、育而子坚壮强寿"，保证受孕成功，胎儿发育正常，出生后身体健康。一般来说，怀孕与生育的最佳年龄段在24～27岁。

■ 最佳生育季节

如果我们细心观察，冬天出生的孩子智力水平普遍高于其他季节出生的孩子。一般来说，冬天出生的孩子，在半年时间内，通过先天的免疫期内，可以抗拒春流感及其他疾病的传染。而到夏天时，孩子已具有一定的生活能力，可以抵挡夏天的炎热和疾病。春天出生的孩子，在半年的先天免疫期内，可以抗拒夏天高温引起的不适，以及多种细菌的侵蚀。

从胎儿的发育来看，怀孕的最佳月份是4～7月。因为受孕后第3个月正是胎儿大脑皮质开始形成阶段。而大脑皮质纹沟的多少与深浅是形成孩子智力高低的物质基础。在这几个月怀胎，3个月后，孕妇食欲增加，瓜果、蔬菜供应充足，便于孕妇充分吸取维生素和矿物质，对胎儿摄取某些微量元素也有很大好处，有益于胎儿的健康成长和大脑发育。

太胖或太瘦吗？当心不孕

现代人爱美，非常注重身材，不论胖瘦女性，普遍都经常嚷嚷着要减肥。但过度减重可能使营养不均衡，更可能导致女性月经不规则、不孕甚至停经。另外，摄取过多的热量，不但使身材走样，更是引发其他疾病的根源。

对女性而言，卵巢的主要功能为排卵和分泌性激素，但卵巢的功能不是自发性的，而是受到脑下垂体和下丘脑的控制；相对的，卵巢所分泌的性激素也会回馈控制脑下垂体及下视丘的分泌机能，于是形成一个完整的"下丘脑（Hypothalamus）—脑垂体（Pituitary gland）—卵巢（Ovary）"轴，当性腺生殖轴H-P-O系统的功能被干扰，导致无排卵，就会造成月经不规则及不孕。

下丘脑释放性腺刺激素释放激素（GnRH），就能刺激脑下垂体分泌促卵泡刺激素（FSH）及促黄体生成素（LH），进而刺激卵巢滤泡中的颗粒细胞分泌动情素，并促进滤泡中的卵子成熟，同时还会促使子宫内膜增厚。

❶ 当女性体重过低。会造成脑下垂体分泌促卵泡刺激素及促黄体生成素不足，导致卵巢分泌减少，渐渐引发慢性不排卵及不孕症。

❷ 当女性体重过重。会造成体内雄性激素增加及女性激素不协调，导致多囊性卵巢综合征及多毛症，进一步导致慢性不排卵及不孕症。

孕育之前夫妻营养调整

准备孕育的夫妇所需要的蛋白质、脂肪、碳水化合物、维生素与矿物质，要比非怀孕的夫妇多，宜在专业人员指导下，掌握好所需营养的量。

养成良好的饮食习惯。不同食物中所含的营养成分不同，含量也不等。应当吃得杂一些，不偏食，不忌嘴，什么都吃，养成好的膳食习惯。

注意加强营养，特别是蛋白质、矿物质和维生素类营养素的摄入。各种豆类、蛋、瘦肉、鱼类等含有丰富的蛋白质；海带、紫菜、海蜇等食品含碘较多；动物性食物含锌、铜等元素较多；芝麻酱、猪肝、黄豆、豆腐乳中含有较多的铁；瓜果、蔬菜中含有丰富的维生素。孕前夫妇可以根据各自家庭、地区、季节等情况，科学安排一日三餐，保证营养的同时，注意不要营养过剩，注意多吃水果。经过一段时间健体养神的缓冲期，双方体内存储了充分的营养，身体健康，精力充沛，为优生打下坚实的基础。

应当避免各种食品污染。食物从原料生产、加工、包装、运输、储存、销售直至食用前的整个过程中，都有可能不同程度地受到农药、金属、真菌毒素和放射性核素等有害物质的污染，对人的健康产生严重危害。因此，在日常生活中尤其应当重视饮食卫生，防止食物污染。应当尽量选用新鲜的天然食品，避免含有食品添加剂、色素、防腐剂物质的食物；蔬菜要充分清洗干净，必要时可以浸泡一下；水果宜去皮后再食用，避免农药污染；尽量饮用白开水，避免饮用各种咖啡、饮料、果汁饮品。家庭炊具尽量使用铁锅或不锈钢炊具，避免使用铝制品及彩色搪瓷制品，防止铝元素、铅元素对人体的伤害。

强调营养，并不代表吃得越多越好，多吃会造成妊娠期母体体重过重，胎儿生长过大会给分娩带来困难。有不少人因为妊娠期饮食失调造成肥胖，产后数年仍不能恢复，而影响健康。而营养过剩，与糖尿病、慢性高血压、血栓性疾病的发病都有密切联系。

应当科学、合理地安排妊娠期的饮食，既满足孕产期的特殊需要，又不过量，以保证母婴健康。如不能掌握适量的营养物质的准确摄入和补充，最好找专业医生帮助。

■ 预备丰沃的身体以迎接宝宝

偶尔会碰到身材不错的年轻女性要求减重，算算BMI，只有21，但她仍认为自己太胖，所以对于轻重的认定，可以是很主观的。目前被使用于医学上的，以身体质量指数（BMI）最为普遍，当BMI介于19～24是最健康的状态；小于19，罹患消化道及肺脏疾病概率较高；大于24者，罹患心血管、糖尿及胆囊疾病概率随着指数愈高，概率愈大。

对育龄的女性而言，预备一个丰沃的身体，以便迎接受精卵的着床与发育，让整个孕产程顺利，应该是为人父母的共同希望吧！那么，如何定义身体的丰沃呢？

在怀孕前，BMI大于24的女性，应作计划性的减重；BMI小于19的女性，应当加餐增重。

如何计算BMI

BMI＝体重（kg）／身高的平方（m^2）

■ 孕前体重太轻为何对怀孕有影响？

导致孕前体重太轻的原因，可能是营养不足、不正确的饮食习惯、错误的审美观、不正常的作息，这些都会干扰正常饮食的摄取。原因如果没有找出，接下来的怀孕期营养摄取一定也会不足，造成恶性循环。

另外，除非有特殊生理异常，否则体重过轻一般都是摄取热量偏低，蛋白质的摄入量也可能过少，其他微量营养素也会有匮乏现象。值得注意的是孕前及怀孕初期，叶酸的摄取不足将导致胎儿神经管发育不全，可能有脊柱裂的畸形出现。

■ 太瘦的准妈妈应增加多少体重？

对于低体重（BMI＜19）的准妈妈，建议怀孕初期的3个月以增加2.2～2.7千克为宜，以后每星期增加0.5千克，即允许总孕期增加12～18千克。

■ 准妈妈太瘦，对胎儿有何不利？

研究显示，婴儿的出生体重与准妈妈孕前体重及孕期中体重增加量呈正相关，即孕前低体重妈妈比正常体重与超重的准妈妈更容易生出低体重（＜2500克）的婴儿，所以应鼓励太瘦的育龄女性积极增重。如果来不及增重到正常BMI就怀孕时，则必须留意怀孕期间营养的摄取及体重的增加量，务求达到建议量。

怀孕前女性的营养贮备

当今女性的营养不良，多数不属于吃不饱、吃不好的饥饿型，绝大多数出自饮食搭配不当、挑食、偏食、不良饮食习惯、为减肥而有意识地不当节食等原因引起的营养不良。

女性孕前饮食，主要是为孕早期的3个月贮备营养素，对于妊娠期很关键。

胎儿发育的重要时期是怀孕的前3个月，胎儿的各重要器官心、肝、肠、肾等都分化完毕，初具规模，大脑开始发育，胎儿必须从母体内获得足够而齐全的营养，特别是优质蛋白质、脂肪、矿物质、维生素。这些物质一旦不足，会妨碍胎儿的正常发育。而这些营养成分有的并不能随用随摄入，有一部分要依赖母体的贮存。

怀孕后1～3个月的胎儿发育关键期，正是母体妊娠反应时期。孕早期多数女性会出现恶心、呕吐、不想进食等早孕反应，严重影响充足营养的摄取。妊娠早期胎儿的营养来源，很大一部分只能依靠母体内的贮备，摄取母体怀孕前一段时期的营养贮备。

营养储备理念告诉人们，于胎儿有利的因素是：许多营养素可以提前摄取，能在人体内贮存相当长的时间。

例如，脂肪在人体内贮存时间能达20～40天，维生素A能贮存90～365天，维生素C能贮存60～120天，铁能贮存125天，碘能贮存1000天，钙能贮存2500天。

这种贮存能力，给女性在孕前提前摄取营养，为孕期作营养准备创造了有利条件。出自这种生理特点，怀孕前的女性提前3个月注意补充营养，对于体内营养素贮存、满足孕早期需要、优生优育极为重要和关键。

多数女性在怀孕后，都晓得阅读相关书籍，也了解需要补充哪些营养，哪些坏习惯要戒除，但是，很多养成已久的习惯，一时之间要改、要戒除，真的好难啊！譬如原本没有喝牛奶习惯的女性，在怀孕后，突然饮用牛奶或是奶制品，就会容易造成轻微腹泻；原本每日习惯喝上好几杯咖啡的女性，怀孕后一时之间要完全戒除，实在不容易。因此，在准备生育前，就可以开始采取循序渐进的方式，逐渐调整饮食习惯，给身体一点适应的空间。

储备叶酸

准妈妈若缺乏叶酸会有贫血、倦怠、情绪低落、流产、早产、生产困难等问题，胎儿则会出现生长迟滞、神经管缺陷、子痫等情形。那么如何才能摄取足够的叶酸呢？

■ 小小叶酸功用大

叶酸之所以叫做叶酸，是因为它最早是从菠菜叶中分离出来的。叶酸是一种水溶性维生素，常被称为造血维生素或维生素B_9，而其基本功能是扮演碳的供应源。叶酸在体内以辅酶的形态存在，会与维生素B_{12}并肩合作，参与体内细胞在分裂时核酸的合成，也与维生素B_6共同参与氨基酸新陈代谢的工作。

成人每天的叶酸需要量为200微克。想要怀孕的女性在怀孕前建议每天摄取400微克，怀孕期间每天则应摄取800微克，而哺乳妈妈仍应维持每天300~400微克的摄取量。

■ 缺乏叶酸的不良影响

叶酸缺乏症是一种很常见的营养缺乏症。肠胃疾患、癌症患者、贫血患者的叶酸需求量，比一般人要高。有一些长期食用减肥饮食者，更容易导致叶酸缺乏。

❶ 对一般人的影响。人体若缺乏叶酸，易造成生长迟缓、巨母红血球贫血、神经管缺陷及嗜中性白血球断裂，此外也会因为氨基酸代谢异常而产生高胱氨酸血症。

高胱氨酸血症是指当体内堆积太多高胱氨酸等有毒代谢物时，如不及时诊断、治疗并饮食控制，将影响智能，并造成骨骼畸形、痉挛、眼球水晶体脱位，严重者会造成急性血管栓塞及坏死，导致死亡。

❷ 对准妈妈的影响。如果准妈妈在怀孕期间缺乏叶酸或叶酸摄取量不足，母体会有贫血、倦怠、脸色苍白、晕眩、情绪低落、皮肤灰褐色素沉淀、呼吸急促等症状，同时也会导致胎盘自动剥落、自发性流产、早产、生产困难。

❸ 对胎儿的影响。准妈妈若缺乏叶酸，则胎儿会出现容易夭折、体重过轻、生长迟滞、神经管缺陷、罹患子痫或是贫血等情形。神经管缺陷是一种非常严重的胎儿发育异常，神经管是胎儿中枢神经系统的前身，在怀孕期间会分化为脑和脊髓。怀孕初期若因某种原因使得神经管无

法正常闭合，会造成脑部和脊髓发育的缺陷，如脊椎裂、无脑、脑组织突出等疾病。受到影响的胎儿会产生脑损害、残障甚至死亡。

脊椎畸型的婴儿在适当的治疗下，都能长大成人，但需要腿部支架、拐杖或其他装置协助行走，在学习上也可能出现失能现象，其中还有三成会出现轻重不同程度的智障。有一篇发表于新英格兰医学期刊的文章指出，妇女在准备怀孕或是怀孕初期，若能每天服用400～800微克的叶酸，则可有效地防止胎儿神经管缺陷的发生。

■ 多摄取富含叶酸的食物

许多食物都含有叶酸，许多维生素与矿物质补品中也都添加了叶酸质。而叶酸广泛存在于植物中，例如绿色蔬菜含有丰富的叶酸，此外，动物的内脏、啤酒酵母、豆类食品（如扁豆、豆荚）、柑橘类水果（如柳橙、橘子、柠檬、葡萄柚）等食物的叶酸含量也很丰富。

此外，富含叶酸的食品还包括：鲑鱼、鲔鱼、牛肝、麦芽、菠菜、鸡肉、牡蛎、全麦、大麦、米糠、小麦胚芽、小麦粉、糙米、香菜、猪肉、芦笋、牛肉、牛奶、奶酪、羊肉、胡萝卜、香菇、蛋、青豆、花椰菜、甜菜、西红柿等等。

■ 烹调窍门

蔬菜中的叶酸，会随着储存及烹调时间的延长而渐渐流失，因此摄取蔬菜中的叶酸应选择新鲜的蔬菜，减少烹调的时间，并估计好菜量，以免隔餐吃剩菜。

➕ 药物及酒精易影响叶酸吸收

人体对叶酸的吸收，很容易受到药物的干扰及影响，像是酒精、制酸剂胃药、阿司匹林、雌激素、口服避孕药、降胆固醇药、抗癫痫药、磺胺类药物。其中，酒精是叶酸的最大杀手，它会减低叶酸的吸收量，并增加叶酸的损耗，许多叶酸性营养不良的人，都有酗酒的恶习。

体弱妇女孕前饮食选择

体质较弱的妇女可在孕前进补，增强体质，为妊娠作好准备。

药补不如食补。食补平和、方便而有效。对于脾胃较虚弱的，可多食山药、莲子、薏苡仁、白扁豆等以补脾胃。血虚、贫血的妇女，可多食红枣、枸杞、红小豆、动物血、肝，补气补血。对于易疲劳、易感冒者，可多食用黄芪、人参、西洋参等。肾虚、痛经、腰疼者，可多食桂圆肉、核桃、猪腰等。

助孕食谱

蛋松仁海带

用料：松子仁，水发海带，鸡汤，盐，鸡精。

做法：松子仁用清水洗净；水发海带洗净，切成细丝。
锅置火上，放入鸡汤、松子仁、海带丝用文火煨熟，加盐，鸡精调味即成。

功效：每晚食用可补肾、益肺、润肠。

海带绿豆汤

用料：海带，绿豆，甜杏仁，玫瑰花，红糖。

做法：❶ 绿豆、甜杏仁洗净；海带洗净，切丝；玫瑰花洗净，装入纱布包扎紧。❷ 将海带丝、绿豆、甜杏仁一同放入锅中，加水适量，大火煮开，再小火烹煮，加入纱布包装的玫瑰花，材料煮熟后，将玫瑰花纱布包取出，加入红糖即可。

功效：健脾胃，补肾，有益于受孕。

鲜蘑核桃仁

用料：鲜蘑，鲜核桃仁，鸡汤，盐，料酒，白糖，水淀粉，香油。

做法：❶ 鲜蘑洗净，切去根部，入沸水锅焯烫后捞出，投入凉水，取出沥干。❷ 炒锅置火上，放入鸡汤、料酒、盐、白糖烧沸，再加入鲜蘑和核桃仁小火烧20分钟，水淀粉勾芡，滴少许香油，出锅即成。

功效：开胃理气，养血调经。

莲藕红豆炖排骨

用料：去皮鲜藕，红豆，肋排，葱段，姜片，盐，料酒，胡椒粉。

做法：❶ 鲜藕切薄片；红豆用冷水浸泡半小时；肋排洗净，进沸水锅焯去血水后捞出洗净。❷ 将鲜藕、红豆、肋排全部入锅，加适量水，放料酒、葱段、姜片焖烧1小时，加入盐、胡椒粉调味即可。

功效：强健身体，补脾益气。

红煨酥牛肉

用料：牛肉，葱段，姜片，八角，桂皮，白糖，料酒，酱油，香油。

做法：❶ 牛肉洗净，切成方块，放沸水锅里焯20分钟，焯去血水后捞出洗净。❷ 砂锅内先放葱姜垫底，再放入牛肉，加料酒、酱油、白糖、八角、桂皮、香油、清水淹没牛肉，然后用旺火烧沸，盖严砂锅盖，改用文火焖烧4～5小时至酥烂，端锅上桌。

功效：补充叶酸，补益气血。

玫瑰鱼片

用料：鱼肉，鲜玫瑰花瓣，鸡蛋，白糖，淀粉，植物油，葡萄酒，盐，胡椒粉。

做法：❶ 玫瑰花瓣洗净；鱼肉洗净，去皮切片，加鸡蛋清、淀粉、葡萄酒、盐、胡椒粉抓匀。❷ 锅内倒油，烧至四成热，放入鱼片，炸至淡黄色捞出。在汤锅内放适量清水，加白糖、玫瑰花瓣，熬至糖浆微稠，糖汁冒大泡时，放入炸好的鱼片，翻匀即成。

功效：疏肝和胃，调经，滋补强身。

Chapter 2
胎宝宝第1个月

· 准确计算排卵期，作好怀孕准备
· 理解"宁静养胎即教胎"
· 要乐观豁达，情绪稳定，勿大怒大悲
· 勿洗过热水浴（40℃以下水温为宜）
· 勿随便吃药，勿接受X线检查
· 按要求服用叶酸

胎儿发育和母体变化
Taierfayu He Mutibianhua

胎儿发育

女性从十三四岁卵巢发育成熟后开始排卵，每个月排出一个成熟的卵子。如果这个卵子与精子结合，便是受精卵，它将在子宫着床发育成胎宝宝。成熟的卵子直径约0.2毫米，是人体内最大的细胞。

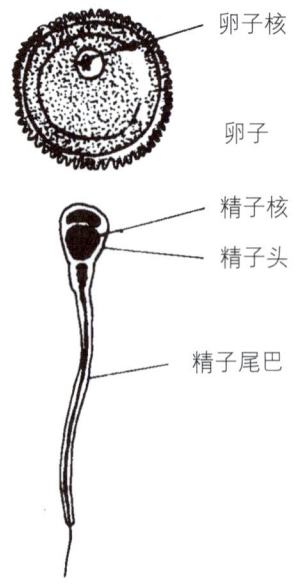

精子和卵子示意图

卵巢虽与输卵管很近，但却不直接与输卵管相连接。卵子从卵巢排出以后，可直接落入输卵管，也可能先落入腹腔，再进入输卵管。

成熟的精子很小，长约50微米，形

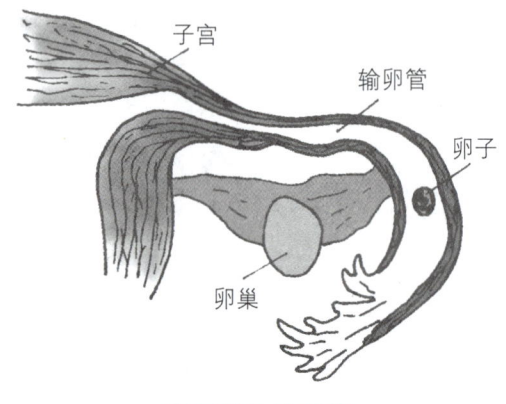

卵子进入输卵管

状像蝌蚪，拖着长长的尾巴。精子依靠尾部的摆动，向前移动得很快，速度为每分钟2～3毫米。成熟的精子从男性生殖器排出的过程叫射精。每次射精可有2～5毫升精液排出，内含1亿～2亿个以上的精子。

性交时，精液射入阴道后穹窿部，大部分精子在阴道的酸性环境中死亡，仅有小部分精子通过子宫颈，依靠尾部的摆动，在1小时内到达子宫腔，再过1～2小时，可到达输卵管。

精子经过子宫到达输卵管，然后一部分进入排卵一方的输卵管，一部分踏上歧途，进入了这次未排卵的输卵管。精卵相遇时，卵子像块磁铁，吸住了一大群精子。有许多精子能穿过卵子的表层，但最终只有一个精子深入卵细胞内，与卵细胞融合。

这个胜利的精子进入卵细胞后，便失去了自己的尾巴，头部的细胞核开始增大，一直增大到与卵细胞核大小基本相同为止。接着，两个细胞核逐渐靠近，然后接触，最后融为一体。这时，一个新的生命的第一个细胞诞生了。

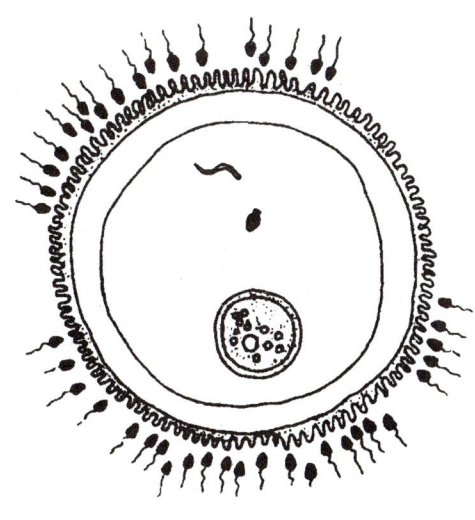

受精示意图

母体变化

怀孕周数的计算方法是以末次月经第一天算起。实际上，排卵、受精发生在末次月经第14天左右，也就是说，这个月的前半个月还没有受精，而真正意义上的怀孕是在着床以后，也就是说第3周才是怀孕的开始，孕妇外观上无任何变化，一般亦无自觉症状，常被年轻的父母忽略。

虽然大部分人没有怀孕的自觉症状，但也会出现个体差异。少数人在怀孕3周左右出现怕冷、发热、倦怠、睡不醒等症状，常误以为感冒了。子宫也无增大的表现，跟平时一样，约梨子般大小。基础体温从排卵开始持续为高温期。

优境养胎
Youjing Yangtai

什么决定了胎宝宝的性别

生殖细胞在减速分裂中，性染色体也只剩下一个，女性细胞中的性染色体是ＸＸ，因此分裂后所形成的两个卵细胞都是只有一个Ｘ染色体。男性的生殖细胞中的性染色体是ＸＹ，所形成的精细胞就有两种，一种含Ｘ染色体，一种含Ｙ染色体，在受精过程中，如果含Ｘ染色体的精子与卵细胞结合，受精卵的染色体就是ＸＸ，将来发育成为女性。如果含Ｙ染色体的精子和含Ｘ染色体的卵细胞结合，受精卵的染色体就是ＸＹ，将来发育成男性，因此胎宝宝的性别由精子决定。

受精卵成为男性或者女性的机遇是相等的，因为含X染色体和含Y染色体的精子细胞数是相等的，但是生男孩的机遇稍大于生女孩的机遇，男女出生比率是106∶100，这种生男较多的原因还不清楚，一般认为由于含Y染色体的精子比较轻，使它比含X染色体的精子能更快地接触和穿入卵细胞。在实践中，男孩在出生前和出生后都更易发生死亡，也更易发生异常。

孕期这样分阶段

整个孕期从末次月经的第一天算起，到分娩一共280天，共40周，28天算一个妊娠月，即孕月，每个孕月4周。医生习惯用孕周做计算，也用孕月（这个月不是日历的月）。

根据妊娠期各阶段的不同特点，一般将妊娠分为3个阶段：妊娠前3个月，即1~12周，称为妊娠早期；妊娠中期4个月，即13~27周；妊娠后期3个月，即28~40周，称为妊娠晚期。

药物致畸不可忽视

药物和有毒化学物质及污染的环境也可通过母体危及胎儿，药物被母体吸收后可通过3种方式对胎儿产生影响：药物没有变化地通过胎盘对胎儿产生等同于母亲的药效；药物在母体胎盘或胎儿体内形成药物代谢物质，从而对胎儿产生影响；药物改变了母亲的生理，使子宫内环境发生改变，从而导致胎儿发育畸形。母亲选择药物时，要遵医嘱，不可随意用药。怀孕时不宜使用农药或在有毒化工厂车间等环境工作，若疏忽这些情况可对胎儿造成难以弥补的危害。母亲煤气中毒也可危及胎儿。

早孕饮酒、吸烟对胎宝宝有害

孕前夫妻饮酒、吸烟均可使精细胞和卵细胞质量下降，影响优生，孕期饮酒可造成胎儿酒精中毒综合征。由于孕期饮酒后使胎儿发生酒精中毒，胎儿表现为体重低，怪面貌，鼻孔朝天，"人中"形成不良，有小头畸形，前额突起，眼裂小，鼻梁低而短，招风耳，小下颌，同时可伴有心脏和四肢的畸形。患此类综合征的胎儿有生理缺陷，还有精神障碍，如多动症、耳发育障碍、语言运动神经障碍、抽象思维困难、智力低下。酒精对胎儿的毒害与饮酒的时间和酒精量有关，妊娠早期，饮酒量越多，胎儿的器官畸形越明显。

孕妇吸烟除对本人健康有影响外，对胎儿也有危害。烟草在燃烧中产生的烟雾，含有1000多种化合物，其中500种对人体有害，主要是尼古丁、氰化物和一氧化碳等。尼古丁可作用于末梢血管，使血管收缩，血流供应障碍，引起缺血缺氧，易引起流产或早产，还可使胎儿发生先天性心脏病。父亲吸烟也有很大的危害性，可造成孕妇被动吸烟而增加胎儿畸形的发生率，国外统计父亲每日吸烟10支，胎儿畸形发生率为0.5%；每日吸烟20支，胎儿畸形的发生率为0.7%；约每日吸烟20支以上，胎儿畸形的发生率可上升为1.7%。

孕妇做X线检查对胎宝宝有害

X线是一种放射线，对人体具有一定的危害，特别是对胎儿。妊娠3个月以内，正是胚胎器官形成时期，照射X线有很强的致畸作用，可使流产、死胎发生率大大提高。在妊娠中期，胎儿的骨骼、神经、生殖腺等还在继续发育，因而也应避免X射线检查。

如果必须进行X线检查，应注意以下几点：

· 尽可能在妊娠晚期进行检查，这时胎儿各器官均已完成发育，很小剂量的X线摄片不致引起胎儿的变化。

· 如孕妇需要作X线检查时，应避开腹部，只照需要检查的局部。

· 如必须作X线检查时，最好作X线摄片检查，摄片的X线剂量远远小于透视。

· 在孕早期作过大剂量X线检查，特别是腹部检查的孕妇，可请医生作产前诊断，了解胎儿是否发生畸形。

孕期接受免疫接种的注意事项

免疫接种是将疫苗或类毒素等生物制品接种到人体内，使人体产生对传染病的抵抗力，来预防疾病。通常人们在免疫接种以后，常发生局部红肿等反应或全身发热、腹泻等反应。孕妇接种以后某些反应更为明显。但如果孕妇生活在疫区或特殊条件下，患病会伤害胎儿，甚至威胁孕妇的生命，这时要听从医生的指导，接受必要的免疫接种。例如以下几种：

❶ 狂犬疫苗：孕妇若被狗或其他动物咬伤、抓伤，怀疑该动物患有狂犬症，应立刻冲洗伤口，并尽快到防疫部门注射狂犬疫苗。

❷ 破伤风类毒素：孕妇如果有外伤，且伤口较深、较脏，或铁器刺伤，应注射破伤风类毒素，除了可以预防孕妇发生破伤风还可预防新生儿患破伤风。

❸ 流感疫苗：在流感大流行季节，孕早期可接种流感疫苗，以防孕妇患流感。

有些疫苗是孕妇禁用的，如水痘、风疹、麻疹、腮腺炎等病毒性减毒活疫苗，及骨髓灰质炎疫苗、百日咳疫苗等。凡有流产史的孕妇，均不宜接受任何防疫接种。

传统中医的受孕保健

中医自古对妊娠期的保健是十分重视的，其中不少在今天仍具有很高价值。

《褚氏遗书》说：合男女必当其年。男虽十六而精通，必三十而娶；女虽十四而天癸至，必二十而嫁。皆欲阴阳充实，然后交而孕，孕而育，育而为子，坚壮长寿。意思是说男女的结婚年龄要适当，古人认为男要30岁，女要20

岁，身体发育成熟，精力旺盛，此时孕育的孩子才是健康的。

古人还认为孕前要养精蓄锐，认真调理，并做到5个方面：一曰寡欲，二曰节劳，三曰息怒，四曰戒酒，五曰慎味。男子当益其精而节其欲，使阴道之常健。女子当养其血而平其气，使月事以时下。这是说孕前，应在身体、心理、营养上要作好充分准备。另外还提出在某些情况下不宜受孕：神力劳倦，愁闷恐惧，悲忧思怒，疾病走移，发赤面黄，酒醉食饱，病体方痊，女子行经。以上所忌，不可交合。益肾为精府，凡男女交合，肾气必为震动，肾主闭藏，肝主疏泄，二脏皆有相火，而其系上属于心，心君火也。怒则伤肝，而相火动，动则疏泄者用事，而闭藏不得其职，贵在息怒。酒能动血，人饮酒则面赤足红，是扰其血而奔驰也。一夜大醉，精随荡，故贵戒酒。浓郁之味，不能生精，夫妇之间情益密益浓，其时所孕之子必健全而贤明。

什么是胎教

胎教是指母亲通过自身的调节来给胎儿的发育提供良好的条件或直接对胎儿的发育施加有益的影响。胎教属于优生学的范畴，又是教育学的一个分支。胎教在形式和内容上，以其独特的风格形成了一个完整的理论体系，它把优生学和教育学紧密结合起来，开拓了一个新领域。胎教的具体内容包括两个方面。

❶ 优境养胎：优境养胎是指为胎儿创造一个美好的生活环境，使胎儿受到更好的调养调教。胎儿的生活环境可根据母体分为内环境和外环境。胎儿生活的内环境，包括母亲的精神状态、思想意识活动、母亲自身营养状况以及母亲的内脏器官、内分泌系统及母亲的自身品格和修养等。内环境直接作用于胎儿。

外环境是指母体之外的能够对母体产生影响，引起母体内环境发生变化，进而对胎儿产生影响的自然和社会环境。外界环境，正是通过对孕妇的眼、耳、口、鼻等感觉器官的刺激，以及大脑的思维活动，间接地对胎儿发生作用，对胎儿的成长受到影响。积极的、高尚的、乐观的事物给胎儿以有利的影响，消极的、低级的、悲观的事物给胎儿以不利的影响。孕妇与胎儿之间虽无直接的神经联系，但胎儿可通过母体中化学物质的变化来感受母亲的情感和意图。母亲的情绪会直接影响胎儿神经系统的发育和性格的形成，这正是优境养胎的原理。

❷ 胎儿教育：胎教的本意就是有意识地对胎儿进行教育。胎儿教育分为直接教育和间接教育。直接教育是指直接作用于胎儿使胎儿受到良好影响。如给胎儿听音乐，就是对胎儿的直接教育。间接教育是指通过对母亲的作用来影响胎儿，如孕期保健操，通过母亲做操来达到母胎同受锻炼的目的。

妊娠1月的中医胎教

古人说，妊娠1月孕妇要"饮食精熟，酸美受之。宜食大麦，毋食腥辛"，"不为力事，寝心安静，毋令恐畏"。妊娠1月时，还不能诊断是否受孕。但夫妻如打算生孩子，应早作计划，在计划怀孕前数月应戒烟戒酒，放松精神，劳逸结合，加强营养，避免各方面污染。

我国古代的胎养内容

我国古代胎教学说早已形成一套体系，它涉及婚姻、受孕、养胎、胎教等多方面内容，下面就我国古代养胎和胎教的内容加以简要介绍：

■ 避劣胎

关于生育，中医很重视先天，因为先天禀赋对孩子出生后的健康有着极大影响。《简明医彀》中曾指出：滋苗者，必固其根，伐下者，必枯其土。婴儿一生之强弱安危，其根全系于父母，可不慎欤。生儿育女一定要先根据父母的身体状况而定。

《妇人良方大全》中指出：凡欲求子，当先察夫妇有无劳伤痼疾，而依方调治，使内外和平，则有子矣。意思就是说若要生育，应当先观看夫妇二人是否有疾病，如果有"劳伤痼疾"，应先予治疗，待病痊愈后方能生儿育女，以免自己的疾病使后代发生先天性畸形。

古人为了避免胎儿的先天性畸形，对于在孕期患有不利于生育之疾的，主张实行堕胎。如《诸病源候论·妊娠欲去胎候》指出：此为妊娠之羸瘦，或挟疾病，即不能养胎，故去之。《妇人良方》中也说：若气血虚弱，无以滋养，其胎终不能成也，宜下之以免其祸。这里明确指出，孕期如有异常，应立即堕胎，以避免劣胎。

■ 谨用药

妇女孕期的合理用药，是防止胎儿畸形、保证胎儿健康发育的重要一环。早在古代的《神农本草经》一书中已经记载了水银、地胆、瞿麦等六种药物有"堕胎"、"破胎"作用。明代《育婴家秘》中说：妊娠有疾，不可妄投药饵，必在医者审度病势之轻重，药性之上下，处以中庸，不必多品，视其病势已衰，药宜便止，则病去于母，而子亦无损矣。这就明确地指出了孕妇能不用药者则尽量不用，确因疾病需要，应由医生根据病情及药性，要既去母体疾病，又无损胎儿健康，谨慎用药。《本草纲目》中记载的妊娠禁忌药就有85种之多，如乌头、附子、天雄、水银、铅粉、桃仁、牛膝、斑蝥、巴豆、大戟、皂角等。这些药物会导致流产或胎儿先天性异常，故孕妇不可轻易使用。

慎起居

人禀气血以生，胎赖气血以养。因而，孕期的劳逸应该适量，既不可贪图安逸，也不可过于劳累，按中医说法："不可太逸，太逸则气滞，不可太劳，太劳则气衰。若劳逸失宜，起居无规律，攀高负重，极易造成流产、早产或难产。"所以，"受胎之后，当宜行动往来，使血气流通，百脉和畅，自无难产。若好逸恶劳，好静恶动，贪卧养娇，使气停血滞，临产多难"。孕妇一定要把握劳逸的适度，"劳身摇肢，无使定止，动作伸屈，以运气血"，这会有利于胎儿发育和顺利分娩。大致的做法是："5个月以前宜逸，5个月以后宜劳。"

适寒温

大自然的季节有春夏秋冬之分，气候有冷暖之别。受孕以后，孕妇生理上发生了特殊变化，"血聚养胎"，抵抗力相对减低，很容易受气候变化的影响，感染疾病，这样就会影响胎儿的发育。现代医学已证实了小儿的许多先天性疾病与孕妇病毒感染等症有关。寒温，中医上指外感风寒及六淫之侵。六淫指由气候所引起的风症、寒症、暑症、温症、燥症、火症。"胎前感受外邪，感染伤寒时症，郁热不解，往往小产堕胎，攸关性命。"孕妇在妊娠期间应适寒温，避风邪，随时注意气候或环境的变化，以减少感受"外邪"的机会。注意补充必要营养，养成健康体魄，同时做到慎起居、适寒温，才能保证胎儿良好发育。

忌房事

我国古代胎教理论对妊娠期间的夫妻性生活，做了明确说明。古人认为，妇女孕后应"迁居别室另寝"，"令老妪伴宿，不与夫接"。这样就能"身心清静，不犯房事，临产自然快便，生子也必聪少疾"。《千金要方·备急》中也指出，妊娠三月……居必静处，男子务劳。《产孕集》中说：怀孕之后，首忌交合，盖阴气动而外泄，则分其养孕之力，而扰其固孕之和，且火动于内，营血不安，神魂不密，形体劳乏，筋脉震惊，动而漏下，早产、难产、生子多疾。《女科集》中则说：嗜欲一端，为害最重，三月前犯，能动胎产。三月后犯，使子不寿。

这些论述无非告诉我们两件事，一是怀孕后忌行房事，否则会破坏孕妇体内环境，扰乱胎儿的安宁，影响孕妇养胎，也影响胎儿的生长发育。二是孕期的头3个月和后3个月，也应当禁止房事。怀孕早期，妊娠反应常常给孕妇带来许多不适，恶心、厌食、嗜睡、疲劳等，孕妇和胎儿的营养常常供不应求，根本无暇光顾房事之欢。怀孕7个月后，孕妇腹大身重，行动诸多不便，而且胎儿即将入盆，阴道变短，房事会刺激宫颈而引起宫缩，导致早产。同时，房事中有可能将细菌带入孕妇体内，造成感染，严重的还会给胎儿造成感染。因此，怀孕前后两个时期，应忌行房事。

■ 节饮食

胎儿生活在母体之内，他的营养成分来源于母体。因而，孕妇的饮食状况，营养成分的平衡与否，都将直接影响到胎儿的生长发育。《万世女科》中说：妇人受胎之后，最宜忌饱食，淡滋味，避寒暑，常得清纯平和之气以养其胎，则胎之完固，生子无疾。这句话的意思是说，孕妇的饮食应以清淡平和为宜，鱼肉可以吃，但不可过食，应有所节制，且不可饥饱无常，或暴饮暴食。假如饥饱无度，嗜食厚味，致使饮食失常，这就可能使脾胃功能运转失常，进而影响胎儿的发育。

孕妇不能偏食，也不能过食，这些都会致胎儿生疾。如果孕妇饮食偏食，营养不足，会形成"胎怯"，胎儿出生后形瘦体弱，声低无力，呼吸气微，囟门大开，多病易亡。孕妇过食辛辣助火饮食，能使胎儿患"胎热症"，胎儿出生后目赤，肤红，多啼哭，易发热，易生疮。孕妇过食生冷食物，胎儿易患"胎寒症"，胎儿出生后面色发青，四肢不温，不吮乳，腹痛，腹泻。另外，孕妇饮酒对胎儿影响更大，可造成胎儿外貌丑陋畸形，神经系统发育障碍，因此自古就有"酒能伤胎"之说。

■ 调情志

妊娠是女性生理上的一个特殊变化过程，这种生理变化，也会相应引起一些心理上的变化。孕妇心理上的困扰和不良变化，会给胎儿造成不良影响。中医学认为，胎借母气以生，呼吸相通，喜怒相应，若有所逆，即致子疾。《增补大全要旨》中说：除恼怒，凡受胎之后切不可打骂人，盖气调则胎安，气逆则胎病。意思是说，孕妇一定要消除恼怒，不能动不动就大动肝火。母体气流不顺畅，必然危及胎儿的生存，久而久之，必然使胎儿受到伤害。《傅青主女科》中亦有"大怒小产"的论述，可见孕妇的喜怒哀乐，应适可而止，这样才能保持胎儿生长的良好环境。

孕妇应该保持情志舒畅，遇事豁达乐观，任何过激的情绪变化，都会给胎儿的发育带来不良的影响。孙思邈在《千金要方·备急》中谈道：妊娠三月为定形……卒惊、恐、忧、愁、嗔、怒、喜、顿、仆，动于经脉。可见，七情过激，都会影响到胎儿的定型和经脉的形成。医书《素问·奇病论》中明确指出：胎病，此得之在母腹之中，其母有所大惊，气上而不下，精气并居，故令子发癫疾也。《女科经论》中也指出：子烦是由怒气伤肝，或郁结不舒,触动血脉不安而致。所以古人主张调理情志,气血和平,宁静养胎。古人云:"欲生好子者,必先养其气,气得其养则子性和顺,无乖戾之习。"

■ 怀美心

孕妇怀抱着美好的愿望,胎儿的生长发育也会体现出良好的效果,这一事实,在我国古代就得到重视。我们的祖先十分重视形象感化对胎儿产生的影响,北齐徐之才在《逐月养胎法》中指出:妊娠三月名始胎,当此之时,未有定义,见物而物化……欲子美好,数视璧玉,欲子贤良,端坐清盏,是谓外象而内感者也。这充分说明了孕妇的饮食和一举一动、孕妇的知识修养和道德情操对胎儿的智力和品格的形成有着极其重要的影响。我们还可以从《寿世保之·妊娠》中看到类似的论述:其欲得女者,则簪珂环佩,弄珠玑;欲令子美好端正者,数视白璧美玉,看孔雀、食鲤鱼,欲令子多有智力者则多啖牛心,食大麦;令子盛结,则端心正坐清虚合一……是治外象而变者也。近代钱正阳在《钱氏儿科学》中谈道:欲子女之清秀,居山明水秀之乡,欲子女之聪俊者,常资文学艺书。这进一步说明了外界环境的优美、父母有较高的素养,都会给胎儿以积极的影响,这是古代胎教的一项重要内容。

■ 正言行

我们祖先很早就注意到孕妇的道德修养,性格品行,生活准则,以及所受的各种刺激,都会对胎儿的生长发育产生影响。为此,古人对孕妇的道德品行的规定是"子欲端正庄严,常口谈正言,身行正事";古人对孕妇的生活准则的规定是"端心正坐,清虚正一,坐无雅席,立无偏倚,行无邪径,目无邪视,口无邪言,心无邪念,无妄喜怒,无得思虑";为了避免意外事故发生,对胎儿产生不良刺激,古人规定孕妇"勿乘车马,勿登高,勿临深,勿下坡,勿急行"。孕妇严格遵守这些行为准则,必能育出美好、端正、贤良的子女。

我国古代关于养胎和胎教的理论和经验十分丰富,除以上所谈的十大部分外,还有男子养精,女子养血、养胎方法等内容。古代胎教是祖国医学和教育学的宝库中值得珍视的一部分,它为我国现代胎教学说打下了坚实的基础。

爱是胎教的基础

人们常常说,孩子是爱情的结晶。因此,胎教首先源于爱。

爱是胎教的基础表现为,父母实施胎教时必须充满着爱心。母亲只有用充满爱的心灵去养育胎儿,才能时刻关注胎儿的成长,并积极把爱付之于行动,与胎儿进行积极的交流和沟通。同时,在这样一个充满爱心的孕育过程中,母亲才能深切感受到胎儿的点滴变化,体验到从未有过的母爱,情感逐步得到升华,并能缓解和转移烦躁与不安情绪，从而产生出一种对胎儿健康成长极为重要的母子亲情。正是这种感情，给意识萌芽中的胎儿传递了一种爱的信息，为日后胎儿形成热爱生活、积极向上的优良性格打下基础。反之，孕妇若怀着怨恨和烦躁的心理，把孕育胎儿当做一种负担，就不能让胎儿感受到母亲深深的爱意和情感，胎儿的心智发育必然受到消极影响。所以，十月怀胎对孕妇来说不仅是一个孕育生命的生理过程，也是一段艰辛的心理历程，在这个过程中实施胎教，对胎儿的父母来说都是爱心和耐心的挑战。父母能否坚持下来，能否充满爱心地去与胎儿沟通、交流、感知，是胎教最终能否成功的关键。同时，父母实施胎教的爱心越强烈，胎教效果也就越好，爱心确是胎教的精神保证和基础。

胎教从孕前开始，胎教从爱心起步。

胎教产生的是潜移默化的影响

在胎儿教育实践中，像婴儿出生后能记得胎教时常听的音乐——这类明显的、直接出效果的现象并不多见，而且通常只有在音乐胎教中才有，光照、抚摸、语言等胎教的结果只表现为间接的效果，有的孩子身上甚至连间接效果也不明显，但对胎儿素质的潜移默化的影响还是可以在日后观察出来的。适当的胎教对孩子身体、智力的发展肯定是有积极意义的，它增加了对胎儿的良性刺激，给胎儿成长创造了更好的环境和氛围，为胎儿锻炼并增加了

自身发展的潜力，提高了胎儿的综合素质，这一点是可以肯定的。

胎儿在其不同的生长发育阶段，他的六种感觉能力——耳朵的听觉、舌头的味觉、皮肤的触觉、鼻子的嗅觉、眼睛的视觉和躯体的运动感觉，会处在不同的发育水平，有的在胎儿发育早期形成，有的则较晚一些。不同的身体发育阶段，其大脑的功能也处在不同的发展阶段，这些感觉能力的发展，大脑活动能力的发展，都要靠外界提供的信息来刺激，才能得到不断的发展。一般适当刺激越多，这些能力的发展就会越好，没有刺激，感官和大脑的发育发展都会受到延缓。

由于胎儿是在母体腹腔中成长的，他与母体的身体健康、心理状况、情感以及生活方式、生活环境存在着必然的联系，像环境胎教、情绪胎教、美学胎教、音乐胎教以及源自古代的气血胎教等，所有这些胎教方法的关注点都不在教育胎儿本身，而在于与胎儿有着千丝万缕联系的孕妇，包括母亲自身的调理和修养等，从而来影响胎儿的身体、智力和性格，所以说胎教产生的是潜移默化的影响。那种认为一经实施胎教就会造成看得见、摸得着的胎教效果的想法是不正确的。

胎教并不神秘

以前，由于人们对于胎儿在母体中的发育情况很不了解，所以大多数人认为胎教是不可行的，或者认为胎教是很神秘

的。随着科学的发展，特别是影像仪器的问世，在屏幕上显示的事实，揭示了胎儿在母体中的生长发育之谜，让人们对胎教有了更多的认识，事实上，胎教并不神秘，离我们也并不遥远。

"有喜了！"这个消息给热切盼望中的父母带来无限的喜悦和希望，这些希望就是最朴素、最原始的胎教。"噢，这一定是一个最好的孩子。""眼睛像你，嘴巴像我，啊，肯定是一个漂亮孩子。"沉溺在美好愿望中的孕妇兴高采烈，容光焕发，在盼望和等待中度过了280天的孕期生活。于是，她格外珍惜这次做母亲的机会，"慎起居、美环境、节饮食、戒酒浆"，以其博大的母爱关注着胎儿的变化，守护着胎儿成长。这就是一种极好的自然胎教。

相反，当一个未来的母亲不接受怀孕的情感需要，不欢迎即将到来的小生命，不愿意为此付出代价、承担责任，或者是对怀孕持模棱两可的态度时，妊娠期的9个月对她和她的丈夫来说无疑是一场痛苦的折磨。她的妊娠反应将十分强烈，恶心呕吐，疲乏不适，焦躁不安。她将不停地指责她的丈夫，抱怨他造成的苦难，唠叨着自己的不幸。于是，这种心理上和生理上带来的恶性循环，也将作为一种不良的自然胎教传递给她的胎儿。

显然，我们需要的是前一种胎教，并且在自然胎教的基础上加以升华，充实一些科学的胎教内容，使之成为父母能够送给孩子的最珍贵的礼物。

由此可见，作为胎教的实践，任何人都能够做到，而且所有的人也都在有意和无意中很自然地实践着。胎教并不神秘，问题的关键在于每一个孕妇是否具有高度的责任感和美好的愿望；是否能注意身心修养，保持良好的情绪；是否以极大的爱心对待生活，从中寻找美的感受，静静地等待着孩子的出生。

胎教能促进胎儿智力发展

孩子智力发展速度最快的时期是在4岁以前，不少神童培养成功的经验都表明胎教是很重要的一步。美国著名的心理学家布卢姆对千余名孩子进行12年的追踪检查后认为：如果以17岁时的智力作为100％，那么人的智力的获得，50％是在4岁以前获得的，30％是在4~8岁之间获得的，另外20％是在8~17岁间获得的，4岁以前完成的50％，应该包括胎教在内，也就是说，若是4岁前加强教育，就能使孩子的智力充分发挥。

幼儿具有很大的智力潜能（从胎儿时起），这与胎儿脑细胞的发育有关。人脑的神经细胞绝大部分是在3岁以前形成的，胎儿的脑神经发育从受孕后2周即开始分化，一直发育到3岁，出生后脑神经细胞急剧地生长出许多触突，互相联系，这时大脑主要的功能已基本完善。脑细胞存在着很大的潜能，一般人只利用了其1/4，还有3/4的潜能未被开发，如果从胎儿期就开始进行超前教育，就可能最大限度地开发智力的潜能。现代科学的发展，也证明了在妊娠期间对胎儿反复进行良性刺激，就可以促进胎儿大脑的良好发育。古今中外的大量事实也证明，胎教对促进人类智商的提高是至关重要的。

胎教能促进胎儿大脑健康发育

由于胎教的内容情感化、艺术化，融形象和声音为一体，从而可促进胎儿右脑的发育，使孩子出生后知觉和空间感灵敏，更容易具有音乐、绘画、整体和几何、空间鉴别能力，并使孩子情感丰富，形象思维活跃，直觉判断正确。同时，胎教给胎儿大脑以新颖鲜明的信息刺激，具有怡情养性的作用，从而又有利于胎儿大脑的健康和成熟。

此外，胎教还有利于胎儿大脑潜能的全面开发。由于胎教重视情感化和形象化，胎儿的语言学习和数字等知识学习变得容易，这样也就调动了左脑的功能，使左右脑功能得到互补，使胎儿出生后大脑的潜能得以更好发挥和利用。

胎教有利于胎儿的心理健康

胎教给胎儿的心理影响是积极的、能动的，不仅有利于胎儿感知能力的培养，而且有利于胎儿情感接受能力的培养，使胎儿未出世就容易在感知、情感等方面和父母相互沟通和交流。触摸胎儿时，胎儿能做出相应的动作；为胎儿播放音乐或唱歌时，胎儿能变得很安宁，这都是感知能力和情感接受能力的体现。这两种能力是基本心理功能，有了这两种能力，胎儿出生后在成长过程中就能更好地接受审美教育，具有想象、直觉、顿悟和灵感能力，并具有情感体验、调节和传达能力，使孩子心理得到健全发展。

胎教有利于完善胎儿的人格

胎教对胎儿的影响是整体性的，胎儿学习的结果也是整体性的，因此胎教有助于胎儿以及胎儿出生后精神素质各个方面的塑造，即有助于完善一个人的人格。人格又称个性，即一个人的各种心理特征的综合，或一个人的基本的精神面貌。人格的形成与人早期经验很有关系，如果一个人能够在人生的开始就受到整体性和审美教育，那么这种教育就会对一个人的心灵产生长远的、深刻的、潜移默化的影响，最终使这个人的人格趋向完善，并使这个人成为一个真诚、善良、美丽的人，成为能够自我认识、自我完善和自我实现的人。而胎教就是人生最早的审美教育，对一个人的发展起着开创性的作用，如人们常说的那样，良好的开端就是成功的一半。澳大利亚和我国的专家对胎教儿童的追访表明，经过胎教的儿童大都性格活泼、爱唱爱跳，而且身体健康、聪明好学，有的成为早慧儿童，有的具有艺术等方面的特殊能力。

胎教故事

近年来,国外出生前心理学的研究发展很快,出生前心理学认为胎儿具有思维、感觉和记忆的能力,尤其是胎儿7个月大以后更是如此。美国纽约大学教育中心托马斯·伯尼博士在他的著作中讲了一段真实的故事。

在巴黎的某医院,有一位叫托马蒂斯的语言心理学教授接待了一位名叫奥迪尔的4岁患儿。奥迪尔患有自闭症,不爱讲话,不论父母怎样启发开导都无济于事,只好送到医院求助于教授。开始,教授用法语和患儿交谈,她毫无反应。经过一段时间的治疗和观察,教授偶然发现了一个奇怪的现象:每当有人同这位小患儿讲英语时,她的兴趣就出现了,表示出既爱听又喜欢开口和别人交谈,每当这时病情就缓解了。教授发现了这一现象后,找来她的父母,了解他们在家里是否经常讲英语,可他们的回答是在家里几乎不讲英语。教授又问他们曾经什么时候讲过英语,这时患儿的母亲突然回忆起自己在怀孕期间曾在一家外国公司工作,因为那里只允许用英语讲话,所以她在怀孕时一直是讲英语。教授这时恍然大悟,说:"胎儿意识的萌芽时期是怀孕后7~8个月,这时胎儿的脑神经已十分发达!"

以上这段真实的故事告诉我们,由于胎儿意识的存在,因此孕妇自身的言语、感情、行为均能影响胎儿。

在我们日常生活中有少数孕妇为了一点暂时的身体不适而出现对胎儿的怨恨心理,这时胎儿在母体内就会意识到母亲的这种不良情感,而引起精神上的异常反应。许多专家认为这样的胎儿易患胃肠疾病,更容易疲乏无力、体质差等。因此孕妇应根除某些不良的意识,将善良、温柔,富于感情的母爱充分体现出来,通过各方面来爱护、关心胎儿的成长。

心理游戏

■ 你爱吃醋吗

你是个爱吃醋的妻子吗?请自己测验一下,下面8道题,各有a、b、c 三种答案,请选出最适合你自己的答案。

❶ 在电视上或电影中,看到丈夫欺骗妻子,在外面风流的情节时,你的反应如何?

a. 联想到一旦事情败落会怎么样;

b. 不往心里去,认为那不过是编出来的故事;

c. 心里很不痛快,自然也连带地想到自己的丈夫是否也如此。

❷ 你的一位女友对你说:"我觉得我丈夫好像在外头有情人。"你会如何反应?

a. 由衷地同情并安慰她;

b. 让她不要胡思乱想;

c. 想到也许自己的丈夫也是如此,只是自己没注意罢了。

❸ 假如丈夫告诉你,他在酒吧里很受人欢迎,你的态度如何?

a."真的,到什么程度?"很紧张地询问;

b."不要骗我啦!"脸色有点不好看;

c."你本来就很潇洒嘛!"毫不在意地说。

❹ 假如丈夫在睡梦中叫着你不认识的女人的名字,你怎么办?

a."他在说梦话。"完全不当一回事;

b.立刻叫醒他,让他给你说清楚;

c.第二天早上才若无其事地提那个名字。

❺ 丈夫不在家时,邮递员送来一封写给丈夫的信,字迹非常清秀,像是女性写来的,你会采取什么行动?

a.小心拆开,再不留痕迹地封起来;

b.丈夫回来后,在他面前拆开来一起读;

c.先征求丈夫的同意,才看内容。

❻ 在街上发现丈夫和一位你不认识的女性一起散步,你会怎么办?

a.当场问清楚那个女人是谁;

b.回家后再问;

c.除非丈夫对你说,你不主动问。

❼ 丈夫参加公司的旅行,拍了许多照片回来,而旁边站了一位很漂亮的小姐,你的反应如何?

a.问他"这个人是谁?"

b.以后注意丈夫的行动;

c.丢掉那些照片。

❽ 假如听到丈夫和女同事的一些流言,你怎么办?

a.去向丈夫的同事打听;

b.质问丈夫;

c.一笑置之。

请照下面的计分表,累积得分,计算出你的分数:

题	a	b	c
1	15	0	15
2	0	5	10
3	10	5	0
4	0	15	5
5	10	5	0
6	15	5	0
7	0	5	10
8	15	5	0

80~100分:非常爱吃醋,这样会给你带来许多不必要的麻烦。

60~75分:比较爱吃醋,要想生活得好,应该再收敛一些。

30~55分:非常标准,偶尔吃吃醋,但又不过分。

0~25分:非常难得的豪放的女人,但是,有时适当地表示出吃醋,也许会更可爱。

准爸爸必读
Zhunbaba Bidu

该为妻子做点什么

妊娠与胎教不仅是做母亲的事，和做父亲的关系也很大，夫妻两人接触最多，最亲密，做丈夫的一举一动，情感态度，都直接影响到妻子，也影响到妻子腹中的胎儿。做丈夫的应为怀孕的妻子注意以下几方面：

为妻子做好后勤工作

妻子孕期需要大量的、全面均衡的营养物质，以保证胎儿的健康发育。营养不足可直接影响胚胎的发育，可使胚胎的细胞数目以及胚胎的核糖核酸的含量减少，从而影响胎儿的生长发育及胎儿的智力。丈夫要关心体贴怀孕的妻子，多陪伴妻子，帮助和分担部分家务，使妻子能有充足的睡眠和休息时间。

适宜地调节妻子的情绪

胎儿的发育需要适宜的环境，还需要各种良性的刺激和锻炼。胎儿除生理上需要各种营养物质供给外，还需要与神经、精神活动有关的刺激和锻炼。丈夫对妻子可适度地开开玩笑。幽默风趣的会话会使妻子感情更丰富。陪伴妻子看戏剧片、与久别的亲人重逢，尽可能地让妻子情绪愉快，使妻子身体的内环境稳定，有利于胎儿的发育。

激发妻子的爱子之情

丈夫要多与妻子谈论胎儿的情况，多关心妻子妊娠反应的情况，与妻子谈论胎儿在母亲子宫中安详舒适、自由自在的形象。要经常和妻子猜想宝宝的脸蛋多么漂亮、眼睛多么明亮，增加母子生理、心理上的联系，增进母子的感情，消除妻子因妊娠反应所引起的不愉快以免她怨恨腹中的胎儿。实验证明，母亲与胎儿有着密切的心理联系，母亲对胎儿有任何厌恶的情绪或流产的念头，都不利于胎儿的身心健康。有个科学家发现，胎儿出生后，拒吃母乳，但不拒绝奶瓶喂乳和其他母亲的母乳喂养，经过追问究竟，其母怀孕时，多次厌恶胎儿，想要流产，直至出生时仍有这种念头，这种情绪使得胎儿在腹中对母亲产生拒绝的态度，出生后仍对母亲有警惕性，不肯吃她的奶，对新生儿心理造成了损伤。

做丈夫的对妻子要保持温柔的态度。若孕妇情绪不安，除影响胎儿身心健康外，还可导致胎儿发育畸形，引起脑积水、腭裂、唇裂等。

协助妻子进行胎教

怀孕第1周，胎儿教育已经开始，主要表现在母亲怀孕期间心情要平和、情绪要愉快，尽量避免抑郁、悲伤、烦躁、惊恐和愤怒，生活要有规律，环境清洁卫生，多欣赏自然风景。孕期第1个月的胎教重点是使母亲精神和心理愉快，身体健康，可对胎儿产生微妙的良性影响。

怀孕的1～3个月为孕早期，是胎儿大脑神经系统形成的关键期，神经系统是智能的物质基础，此期胎儿脑细胞快速分化和增长，因此神经系统需要高质量的营养，尤其是对优质蛋白特别敏感，早孕母亲应摄取足够的蛋白质、脂肪、碳水化合物、维生素和矿物质，营养种类要齐全。若孕妇营养不足，或有营养不良，不仅胎儿身体受影响，体重偏低，还容易造成胎儿脑细胞数量减少，分化不全，使孩子智能落后或终生低智，有时还容易造成流产、早产、胎儿畸形或死胎。要特别注意孕早期的营养。孕早期孕妇每天需要热能较多，可以少吃多餐，应该进食水果蔬菜、鱼、鸡、瘦肉、豆制品等食物。

"丰裕笼"的鼠后代更"聪明"

关于环境、胎教与优生，国外行为遗传学家从另一角度设计了一个被称为"丰裕笼环境"的实验。

饲养在"丰裕笼"里的大鼠，可以享受充足的美食、舒适的洞穴等，有好玩的云梯、转车、跳板、滑绳，有它们喜好啃咬的木头、磨牙的物品等。而对照组标准小笼里的大鼠，除充足的饲料和水之外，并无玩耍条件。两种饲养条件下的大鼠，其脑重量同神经递质有关的酶的比例、神经的解剖形态都有显著差异。

1970年，亨得逊研究"丰裕笼"鼠产下的544只小鼠的脑平均重量。他发现，鼠脑重量随着母体条件优化而增加，环境的复杂性不仅能增加脑重量，而且能增强其生存适应能力。专家们认为，基因决定遗传行为，这些基因在自然选择过程中受到优待，从而不断强化了祖辈的适应性行为。"丰裕环境"下的大鼠，其适应环境的遗传基因被强化了，所以其孕育的后代要比普通笼中的大鼠所生的后代更"聪明"。

这个实验告诉我们，母体在孕育下一代的过程中，如能获得优厚的生活条件和舒适的环境，则对子代的大脑发育、智力、体力都将会带来积极的影响。因此，从胎教角度考虑，丈夫及其家庭应为孕妇创造良好的条件，不放弃任何一种胎教优生措施。

Chapter 3
胎宝宝第2个月

- 居室宁静幽雅，环境优美
- 预防流感、风疹、传染性肝炎
- 避免接触化学物质和农药物品
- 避免登高等危险激烈运动
- 停经后切忌性交
- 停经后及时诊断是否妊娠

胎儿发育和母体变化

胎儿发育

到妊娠第2个月末时，胚胎已与胚外组织分开，胚胎已初具人形，先出现两条胳膊，然后出现两条腿。头大，脸出现轮廓，可分辨出眼、耳、口、鼻。骨组织开始骨化。胚胎重约2克，身长2~3厘米，头、体各占一半。

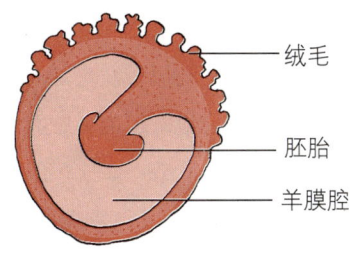

妊娠5周时的胚胎

在受孕后30天左右，胚胎对各种致畸因素最为敏感。到第3个月以后，敏感度下降，因此这一时期要特别警惕避免接触致畸因素。

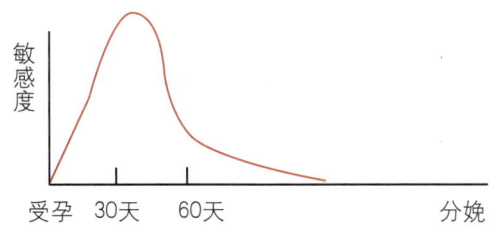

妊娠期胚胎致畸敏感度示意图

母体变化

基础体温没有下降且呈现高温期状态，预定日也没有月经来潮，特别是月经周期正常的健康妇女，月经过期1~2周还未来潮时，怀孕的可能性很大，应及时到医院接受检查。

这时候身体会出现一些不适症状，常见的有：胃部不适、食欲差、胃口改变、恶心、呕吐、小便频繁等，这些就是所谓的早孕反应，俗称害喜。

此外，还有身体易慵懒困倦、发烧、头晕、乳房发胀、乳头乳晕颜色加深、阴道分泌物增加等表现。这些都是怀孕初期特有的现象，不必过分担心。

孕妇腹部表面无明显的变化，子宫如鹅蛋大。

到妊娠2个月末时，已停经2个月，此时妊娠反应明显，可确诊妊娠。在作妇科检查时，可发现子宫颈发炎、变软，子宫体增大、柔软。作妊娠试验，尿妊娠试验阳性，或血绒毛膜促性腺激素（HCG）升高。作超声波扫描，可显示胎囊影像。孕8周时子宫如拳头大小，柔软。

孕妇在怀孕40天起到3个月，常出现恶心、厌食、呕吐、挑食、乏力等症状，这就是妊娠反应。这是胎儿在体内向母亲发出的信息，这是由于受精卵在子宫内膜着床后，孕妇体内血液中，绒毛膜促性腺激素水平的升高，还分泌溶蛋白酶溶解子宫内膜，受精卵囊胚由此植入子宫内膜即称着床，这些激素和子宫内膜溶解后，使母体内对这些新物质的出现引起的反应。妊娠反应属于正常生理现象，一般不需要治疗，有些孕妇晨起刷牙、饮水、进食时都会引起恶心呕吐。呕吐频繁时，丈夫应该帮助妻子，使她心理上得到安慰，帮助妻子做些清淡可口、营养丰富的食物，少吃多餐，可以有效地克服孕吐。此阶段胎儿正处于脑神经系统优先发育的阶段，是神经系统发育的关键期，需要优质营养作为充足的养分，绝不要因为孕吐而听之任之，一点食物也不吃。如果孕吐确实厉害，妊娠反映严重，体重减轻，可能属于病理现象，称为妊娠恶阻。正常妊娠反应是能够忍耐的，用心理感受进行调整，夫妻共同合作，可以度过早期妊娠反应。早期妊娠反应时，胎儿正处在胚胎期，需要母亲的营养全面均衡，在质量上要求高，但不需要增加很多量。在饮食习惯和口味上可能发生变化，要想方设法地更换花样和变换口味，做到想吃随时吃，少吃多餐，哪怕只吃一口也行，这样可以从为孩子不能不吃的想法，转变为想吃什么吃什么的欲望，为身体增加营养。在食物的选择上要注意，咖啡、红茶不宜饮用，因为咖啡因等对胚胎发育有不良影响。

有些孕妇从第2个月开始直至分娩，经常感到胃部不适，有烧灼感，出现心口窝痛，并在胸骨后向上放射，有时烧灼感加重，变成烧灼样痛，病痛的部位在剑突下方，医学上称为妊娠期胃灼热症。这是由于孕妇血液中孕激素的水平逐渐上升，高浓度的孕激素可促使食管下段的括约肌松弛，以致胃液反流到食管下段，含有胃酸的胃液刺激到食管下段的痛觉感受器，于是出现了烧灼感。一般轻微的为灼热，多数孕妇能够忍受，不需要药物治疗，如果胃烧灼加重，可在医生指导下用药，药物除能在食管下段及胃内形成保护层外，还可在胃内散发气体，降低胃内压力，减少胃液反流。为预防胃灼热症，孕妇在生活中应注意少吃多餐，若进食量多，或饮大量的液体积聚在胃肠，可使胃内压力增加，胃酸易反流到食管；禁烟戒酒，烟酒可影响胎儿的生长发育，而且致使发生胃烧灼感的机会增多；避免肥胖，肥胖者食道下段括约肌功能减退，比一般孕妇更容易发生胃灼热。孕妇要适当地进行体育活动；谨慎服药，某些药物具有增加食管下段平滑肌的作用，可诱发胃灼热症，如抗胆碱药和茶碱类药阿托品、胃复安等。

优境养胎

孕期冬春应防感冒

病毒性感冒是冬春季流行的常见病，轻者仅有鼻塞、流清水鼻涕、头痛和咳嗽；重症可发高烧并伴四肢酸痛等。感冒对普通人不会引起严重后果，但对孕妇来说，却有着较大的危害。

病毒性感冒致使流产、早产和死胎率高：过去人们以为孕妇患重感冒后流产、早产率高是因为咳嗽引起了子宫收缩，后来经过大量实验发现，感染过流感病毒的孕妇，早产率为未感染孕妇的1.5倍，流产及死胎率为1.8倍。对流产的胎儿组织进行分离培养，发现死胎许多重要器官里，都生存着大量的病毒，正是这些病毒破坏了胎儿组织的正常发育，带来致命的损害。被感染的胎儿月龄越小，出现的危害越大。此外，病毒性感冒时的高烧，也会严重损害胎儿。

❶ 导致胎儿畸形：专家们发现，许多孩子的先天性心脏病，与其母亲妊娠期患病毒性感冒有关。特别是在妊娠的前3个月内受到病毒感染，畸形儿的发生率更高。

❷ 对新生儿的危害：如果母亲在产前发生过病毒性感冒，也容易把流感病毒传染给胎儿，因而使新生儿也发病。新生儿发病迅速，往往有并发症，而且极易恶化。

病毒性感冒对妊娠妇女的危害是多方面的。因此，在冬春季节孕妇要尽量避免到人多、空气污浊的地方去，尽量避开患感冒的人。外出时，要注意空气流通，保持室内清洁。最好的预防方法是加强体育锻炼，多作做外活动，多晒太阳，提高机体对气候变化的适应性。同时，要增加营养，以增强体质。

孕妇患了病毒性感冒，也不要紧张，应及早休息，多饮水，多吃清淡的食物，避免滥用药。

孕期服中药要小心

孕妇不要随意服用中药，因为某些中药有堕胎的作用，可造成孕妇发生流产。

孕妇慎用的中药包括通经去淤、行气破滞、辛热滑利等药，如桃仁、枳实、红花、大黄、附子、半夏等。这些药物在一般情况下尽量不用。

孕妇忌用的中药包括逐水药和活血行血药，如巴豆、黑白丑、大戟、商陆、三棱、莪术、虻虫等。这些药毒性较强或药性较猛，妊娠期妇女绝对不可服用。

有一些中成药中，包含有孕妇忌用、慎用的中药，这些中成药一般在说明或用法上注明"孕妇忌服"字样。例如牛黄解毒丸、紫雪丹、跌打丸、至宝丹、开脑顺气丸、玉真散等，另外，防风通圣丸、藿香正气丸、蛇胆半夏末等，孕妇也要慎用。

有的人平时稍有不适，便自己选两种中成药服用，在妊娠期切不可这样做。如须用药，应到医院在医生指导下服用，以免对胎儿造成损害。

孕妇家中适合养宠物吗

很多人家中都养宠物，不过一旦发现自己怀孕后，宠物对自己及宝宝的健康是否有影响？尤其现今的宠物种类几乎是五花八门，到底需要注意哪些事项？

无论是哪一类的宠物，都可能会有无法察觉的人畜共同的传染病或是病原体风险。因此，在怀孕初期，孕妇尽量避免与宠物近距离地亲密接触。对于养狗的家庭来说，假使孕妈妈并无对狗毛产生过敏，且狗定期清洁和按时打预防针，影响不大。但是，对于爱猫一族来说，孕妈妈最好避免与猫咪直接接触，清理猫沙、整理猫屋等尽量避免，以免遭受弓形虫感染，对胎儿产生影响。在接触宠物后，一定要记得洗手，降低细菌感染的风险。

孕期要注意外阴清洁

妇女在妊娠期要特别注意个人卫生，应每日清洗外阴，防止发生各种生殖系统炎症性疾病。

阴道是内生殖器与外界相通的地方，细菌易于侵入。它的位置十分不利，阴道的后方便是肛门，粪便里有大量细菌，极易污染阴道。特别是有些孕妇患有外痔，大便后如不清洗，更易弄脏内裤，污染阴道及泌尿道。

健康妇女的阴道里有大量乳酸杆菌，这种细菌把阴道黏膜产生的糖原分解为乳酸，使阴道里的渗出液呈酸性，酸性环境可以有效地抑制致病菌和滴虫的生长，这是人的自然防卫功能。同时，阴道里有大肠杆菌、葡萄球菌、链球菌等在缺氧条件下才能生长繁殖的厌氧菌，以及需氧菌。这些细菌，在平时与人体和平相处，但是当人的抵抗力降低时，自然防卫功能遭到破坏，这些潜伏的致病菌便出来兴风作浪，造成感染。

因而，医生总是告诫孕产妇，平时一定要注意阴部保洁；发现白带增多又有异味要及时检查治疗；妊娠期尽量避免性交；胎膜早破要及时住院，预防和治疗感染。

小心孕期出血

孕期出血是许多孕妈妈非常关心的问题，这样的案例几乎每天在医院妇科都可以看到。一般而言，怀孕中出血大致可以区分为怀孕早期的出血和怀孕晚期的出血，各有其形成的原因。而在整个怀孕期都可能发生的出血，另有特别原因者，则归类于其他因素，以下作一些简单的介绍。

■ 孕早期的出血可能是流产征兆

怀孕早期的出血，主要是指在怀孕初期3个月发生的出血，常见的原因是流产相关的问题。除了生理性的胚胎着床出血外，怀孕早期有出血都可视为流产征兆，大部分的妇产科医生会利用超声波检查确认胚胎的位置。若确定着床是在子宫之内，而且胚胎囊完整，应该还没有真正流产，此时会请孕妇多休息，密切回访。这时服用一些辅助性的安胎药物，像天然黄体素也会有所帮助，这一类的情况，大多数孕妇会转危为安。

然而若出血量逐渐增加且伴有子宫收缩、排出胚胎组织，就是真正的流产了，此时已经无法保住胎儿。医生会检查胚胎组织是否完全排出，若子宫腔内已经没有残余的胚胎组织和胎盘，医生常会开出子宫收缩剂以减少子宫出血，再请孕妇多休息，准备下一次的怀孕。若组织没有排干净，会造成长期、不规则的出血。若症状持续太久，可考虑接受子宫内刮除手术以彻底解决。

流产常因胚胎未继续发育、萎缩卵、胎死腹中或染色体异常引起，但也有许多是找不出原因的。若重复发生连续3次以上的流产，则称为习惯性流产，有可能是免疫系统失调所造成，需另外安排抽血检验免疫因子及其他检查。

■ 怀孕晚期的出血

怀孕晚期（一般指怀孕28周以后）的出血，比较麻烦的是前置胎盘和胎盘早期剥离。

❶ 前置胎盘。前置胎盘是指胎盘挡在胎儿的先露部（胎儿身体离子宫颈最近的地方，一般是胎头）和子宫颈中间，如此在生产时胎儿就过不去了，而且胎盘受到挤压时会流血，这样的孕妇常在产前或生产阵痛时发生大量的出血。前置胎盘常常在产检中的超声波检查中发现，因此定期产检是非常重要的。

❷ 胎盘早期剥离。胎盘早期剥离是指胎盘在胎儿尚未出生前就已经从子宫内壁上脱落了。孕妇一般除了腹部会剧烈疼痛以外，常伴有大量的出血。这两种状况都是非常危险的，必须尽快剖宫生产，以挽救孕妇和胎儿的生命。

现已知妊娠高血压或子痫、高龄产妇、抽烟、饮酒和多胎次生产都是胎盘早期剥离的危险因素，因此需定期产检。

❸ 子宫破裂。此外，待产时若子宫收缩太强或频率太密，造成子宫破裂，也会有大量出血或休克的现象，必须立刻手术抢救胎儿并止血。子宫破裂很少发生，却不容易预防，只能靠生产中严密的监视。若不幸发生，正确诊断并及早处理是母胎均安的成功关键。

■ 引起孕期出血的其他因素

许多其他的因素也会造成怀孕中出血，包括子宫颈疾病、阴道外伤或静脉破裂、凝血功能失调等。

❶ 凝血功能失调：凝血功能失调所

引起的流血，必须先矫治其潜在原因，有时需配合输液或凝血因子治疗。

❷ 静脉曲张破裂或阴道外伤：如果出血量不是很多，可以靠局部压迫止血，并密切追踪观察即可，多量的出血则需手术缝合。

❸ 子宫颈疾病：包括炎症、息肉及肿瘤，在出血时可请妇产科医生内诊来判断。

❹ 炎症：可施行局部治疗，例如抗菌塞剂或电烧，亦可口服抗生素治疗（需选用安全的抗生素或塞剂）。

❺ 息肉：小的子宫颈息肉可靠压迫止血或电烧；息肉过大或出血持续不断，则需进行息肉摘除。

❻ 肿瘤：这是比较麻烦的，子宫颈癌时常引发多量且不易停止的出血，处理上常需根据癌症的分期，并考虑怀孕的周数作判断。一般而言，若疾病为良性的子宫颈上皮内肿瘤、原位癌症和显微侵犯癌，可以等待，等胎儿发育成熟再处理。但较后期、侵犯性强的癌症，若延误处理会影响孕妇的生命，则需尽快手术。若是早期怀孕，除低度恶性的肿瘤可以等到足月生产以外，医生大多会建议手术切除肿瘤，并同时终止妊娠。若怀孕到较大周数，胎儿已有存活能力时，手术切除与生产常同时进行。基本上，还是需要由有经验的专科医生经过谨慎评估后，再决定处理的方式和时机。因此最好的方式是定期接受子宫颈抹片检查，及早发现、及早治疗，以免在怀孕中并发而影响到母亲及胎儿的安全。

孕期出血是许多准妈妈所担心的问题。其实若经过适当的处理，情况能转危为安至足月才生产，绝大多数的胎儿是不会受到出血影响的。定期产检即在于评估母亲的怀孕和胎儿的发育状况，并预先侦测一些潜在的问题，若发现可及早预防或提早处置，因此产检是非常重要的。

若有出血现象，尽速就医检查，针对病因治疗才是正确之道。切勿道听途说、胡乱服药或接受非正式的医疗，否则延误就医时机，将会影响母亲和胎儿的健康。成功的怀孕在于孕妇、配偶、医护人员的共同参与，三方通力合作，当可一起顺利地迎接新生命到来。

孕早期应立即去医院的情况

孕早期，多数孕妇都会出现程度不同的早孕反应，如恶心、呕吐、乏力、头晕等，这是怀孕后体内一系列代谢变化和生理改变造成的。对早孕反应，目前没有什么特效的治疗方法。因此，一般的早孕反应不需要治疗。但如果出现以下异常情况，应引起孕妇及家属的重视。

❶ 孕早期突然出现小腹剧痛，并伴有恶心、呕吐，甚至发生晕厥，或有少量阴道流血。遇到这种情况，应考虑到宫外孕。特别是输卵管妊娠，管腔破裂，出血会很急，严重者在短时间内大量失血休克，甚至死亡。因而遇到这种情况，一刻都不要停留，立即送医院检查。

❷ 阴道流血伴有轻微腹痛，并有腰酸可能是先兆流产。出现这种情况要到医院检查，如果医生认为胎儿正常，经过休息和适当治疗，流血可停止。

❸ 一般的早孕反应是正常的，经过休息、饮食调理，绝大多数孕妇不影响生活和工作。但如果呕吐剧烈，不能进食，应请医生治疗，纠正电解质不平衡，以免影响母胎健康。

❹ 胎儿在宫内生长的速度有一定的规律性，子宫底的高度随妊娠月份而变化，孕妇体重也随月份增加。如果子宫增大速度与妊娠月份不符，有两种可能，一是子宫增大速度过慢，可能是胎儿发育迟缓或胎死宫内；一是子宫增大过快，可能是多胎妊娠、羊水过多或葡萄胎等，应请医生诊断。

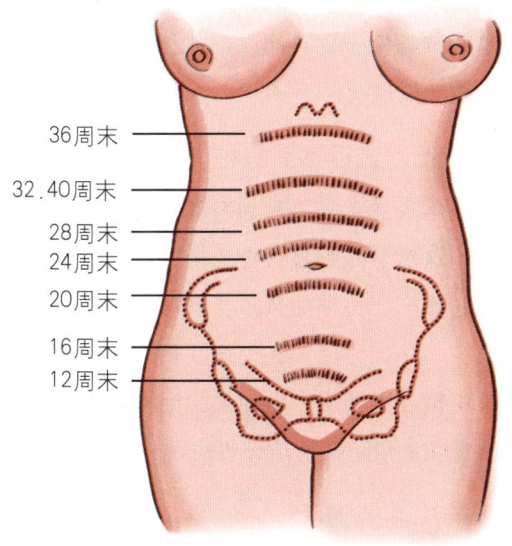

妊娠期子宫底高度的变化

早期流产要不要保胎

引起流产的原因是多方面的，有属于胚胎方面的，如孕卵发育异常，是早期流产最常见的原因，主要由于精子或卵子有缺陷，或两者都有缺陷所致。也可由于在胚胎分裂中，受到外界因素的影响，如有疾病、辐射等，使其胚胎分裂发生异常所致。也可属于母体方面的原因，如内分泌失调，早期妊娠时卵巢黄体功能不全引起分泌的孕激素不足，可以使子宫蜕膜发育不良，会影响孕卵着床及发育。甲状腺功能低下使甲状腺分泌不足，细胞新陈代谢降低，从而影响胚胎的发育。生殖器官的疾病，如双子宫和双角子宫、子宫肌瘤，尤其是黏膜下的子宫肌瘤也影响胚胎生长的环境而致流产。早孕有流产先兆，应注意休息，适当观察，进行保胎，但不可盲目无限期地保胎，应通过B超来确定胎儿发育情况以决定进一步的处理。由于流产的胚胎中有不少属于孕卵染色体不正常，因此自然流产是一种自然淘汰现象，不应保胎，对有流产先兆的孕妇，除因母亲疾病引起的可适当保胎，若疾病痊愈可继续妊娠，若症状不见好转不要勉强保胎，以免生出异常儿。

黄体酮和维生素E能否保胎

妇女在受孕后，卵巢中的黄体不萎缩地继续发育并分泌孕激素，即黄体酮，以维持妊娠的正常发展。黄体酮的作用一是在受精卵植入后，进一步促进子宫内膜发育成蜕膜；二是降低子宫肌的兴奋性，使子宫对兴奋子宫肌的催产物质的敏感性降低，使妊娠能够维持。在妊娠早期，胎盘未完全形成时，黄体酮由黄体分泌。胎盘形成以后，其所分泌的黄体酮占主要部分。在胎盘未完全形成时，由于某些原因引起子宫收缩，可导致子宫肌的兴奋性，使其收缩减弱，以防止先兆流产发展，起到保胎作用。注射黄体酮保胎，只用于孕妇体内黄体酮不足所造成的先兆流产，对于胎儿畸形等胚胎发育不良所造成的先兆流产，一般没有什么意义。使用黄体酮对胎儿发育会产生一定的影响，因而孕妇不要随便使用，要在医生指导下按一定剂量注射。

维生素E广泛存在于动物和植物体内。经动物实验人们发现，体内缺乏维生素E，可引起不育或流产。但人的生育与维生素E的关系怎样，维生素E能否治疗不育和先兆流产，这些并不十分明了。因此，临床上只是把维生素E作为一种辅助用药，如果发生先兆流产，还需全面检查，对症下药。

致畸因素有哪些

遗传、物理、生物、化学因素，都可以导致胎儿先天发育异常，后3个因素是可以预防和克服的。

■ 防弓形虫感染

孕妇在怀孕早期感染弓形虫可造成流产或死胎，后期感染可引起胎儿先天性疾病。因此孕妇不要吃生的或未煮熟的肉类；切生肉时不要让手接触口和眼，切后彻底洗手；不要玩猫及接触小动物，弓形虫常寄存在于猫粪内。

■ 防病毒感染

许多病毒感染后都会影响胎儿发育，甚至造成胎儿畸形。因此孕妇应避免到人群拥挤的公共场所；不要与病人接触；要注意个人卫生，勤晾晒衣服、被褥；勤洗手，不要吃小摊上的食物。

■ 避免放射性物质

胎儿对放射性物质非常敏感，因此孕妇应避免接触各类放射性物质。怀孕早、中期不要作X线透视检查，其他如放射性磷、碘等检查也不能作，就诊时应向医生讲明妊娠情况。

■ 最好不进行预防接种

常人在免疫接种后身体会发生各种反应，这对孕妇则显得更为明显，严重的可引起流产。另外如风疹、麻疹、腮腺炎等疫苗，孕妇忌用。狂犬病、伤寒疫苗要在医生指导下使用。但如果生活在烈性传染病疫区，预防接种是必要的。

■ 忌服某些中药

有的人平时不舒服便自己选几种中成药服用，在妊娠期切不可这样做，应到医院请医生指导。有一些中草药是孕妇忌服的。

第三章　胎宝宝第2个月

■ 服用西药要小心

西药是化学及生物制品，许多是对胎儿有害的，如四环素类、链霉素、磺胺类等。因此孕妇在孕早期尽量不要服药，或请医生指导。

■ 不要接触农药

有人认为孕妇只要戴上口罩、手套，喷洒农药后洗手就没危害了，实际上喷药时的细雾布满空间，它们会通过呼吸道，通过皮肤黏膜进入人体，从而对胎儿造成严重危害。

■ 慎用化妆品

怀孕期间，由于内分泌的变化，孕妇面部易生出粉刺、蝴蝶斑等，人也比怀孕前憔悴。但这只是一段时间的变化，不要用化妆品掩盖、修饰。化妆品可引起过敏，有些对胎儿有致畸作用。

■ 要避开噪声

噪声是一种污染，噪声刺激可损害胎儿听觉和神经发育，还会引起胎儿畸形、新生儿体重减轻，并且可引起孕妇子宫收缩，导致流产、早产，因此，孕妇应远离噪声。

主要致畸药对胎儿的危害

	药物	用药时间	致畸危害
镇静安定类	氯丙嗪 利眠宁	孕期 孕期 孕早期	视网膜病变 唇裂，脑、心、四肢畸形 唇裂，脑、心、四肢畸形
抗抑郁类	苯丙胺 丙米嗪	孕期 孕期	唇腭裂，骨畸形 唇腭裂，大血管异位，心脏缺陷，足畸形
抗惊厥类	苯妥英钠 扑痫酮	孕期	唇腭裂，指、趾畸形，心脏、面形异常
抗凝剂	双香豆素类	孕产期	软骨发育异常，神经萎缩，小脑畸形，脑出血
抗生素类	四环素类	孕期	白内障，指、趾畸形，长骨与牙齿发育不全，牙齿发黄
	链霉毒、庆大霉素、卡那霉素、新霉素、万古霉素	孕期	先天性耳聋
	多黏霉素、黏杆霉素	孕期	影响肾脏及神经
	氯霉素		耳聋，肢体畸形，脑积水
抗菌类	乙胺嘧啶 利福平	孕期	尿道畸形，肢体畸形，脑积水
	磺胺类	孕期	新生儿核黄疸及溶血性贫血
	呋喃坦啶	孕期	新生儿溶血症

（续表）

抗疟药	氯喹 乙胺嘧啶	孕期	脑积水，四肢缺陷，听神经缺陷
降血糖剂	甲苯磺丁脲 氯碘丙脲	孕期	唇腭裂，多发性畸形，低血糖
抗过敏剂	苯海拉明 扑尔敏 敏克静	孕期	唇腭裂，血胆红素增高，新生儿呼吸抑制
解热镇痛类	阿司匹林 非那西汀 消炎痛	孕期 孕期 孕期	神经系统、肾脏畸形 肾畸形，肝功能障碍 动脉导管早闭
激素类	口服避孕药 乙酚 孕酮 睾酮 激素	孕中期 孕期 孕中期 孕中期 孕中期	心脏缺陷 女孩阴道腺病或生殖器癌，男性化 男孩女性化 女孩男性化 腭裂，无脑儿，低体重儿

电磁波无所不在

我们所处环境中的电磁波真的那么可怕吗？其实不然，只要确切了解各类磁场的强度以及防范原则，就不必再为许多不实报道所困惑。

■ 利用导磁材料可减低磁场强度

自从人类开始使用电器产品后，只要使用就会有电磁场的产生，而至于多大的量对人体细胞会有影响，必须经长期的统计才能确定。依据世界卫生组织的建议值，一般人在24小时连续所处的环境中，以不超过$883×10^{-4}$毫特斯拉为标准。而通常在家中所测量到的电磁场多不超过$2×10^{-3}$毫特斯拉。

电磁场包括电场及磁场，电器产品只要插电就有电场，如静电即属于电场，而磁场则必须在使用中才会产生。要消除电场只需将电器产品接地即可，其目的在于消除电场及避免漏电造成危险；或是电器用品不使用时将插头拔除，即可消除电场。而要避免接触磁场则需利用导磁材料，让磁场范围缩小，如看电视时在电视正前方放一铁板，可使磁场集中在铁板上。

生活环境中所测的磁场其实并不大，只要低于$2×10^{-3}$毫特斯拉，并不需担心。依据瑞典标准，在单一家电产品正前方50厘米处以仪表测量，所得强度不能超过$2×10^{-3}$毫特斯拉，而我们在家中不可能只有一项家电用品，如客厅中同时有电视机、收音机、计算机等，总共不会超过10样，因此总量多半也会在$2×10^{-3}$毫特斯拉以下，当然如果能控制在$1×10^{-3}$毫特斯拉或更低就更理想，尤其对孕妈妈而言更要注意。

■ 保持50厘米距离，可免电磁波威胁

对于一般性家电，只要保持50厘米以上距离，磁场多在1×10^{-3}毫特斯拉以下，如看电视时保持此距离，大约也只有2×10^{-4}毫特斯拉。

那么，到底有哪些家电磁场比较强？

只要有转动的马达，磁场就比较强，包括冰箱、空调、洗衣机、果汁机、吸尘器、除湿机和电风扇等，要避开这些强磁场，仍以保持50厘米距离为安全原则，这样磁场都能控制在1×10^{-3}毫特斯拉以下。

最需注意的是电磁炉的使用，使用时其中心所测的电磁波可超过0.4毫特斯拉，是安全标准的5倍，因此使用时切记勿让炉面空着，并要保持50厘米以上的距离，只要锅子或茶壶离开炉面，一定要关掉开关。而如果在外面的自助火锅店用餐，最好手伸长些比较保险。

■ 注意家电摆放位置

另一项比较容易忽略的是电风扇，以前老式电风扇的背面多用铁壳，现在几乎都改用塑料壳，在它的背面所测的电磁波值可高达0.025～0.03毫特斯拉，所以使用时应尽量避免靠近电风扇后面。

家中有水族箱也要特别留意，水族箱上方的空气帮浦所释放的电磁波在0.08毫特斯拉左右，有些家中水族箱放置位置与书桌相对，小孩子看书时，头部刚好和空气转换器接近，可能接触较多的电磁波。此外，如果电视机后面墙壁为木板隔间，隔壁刚好是睡觉的床，超过0.01～0.02毫特斯拉的电磁波会穿透木板而影响睡觉的人。因此，家电摆放位置应该特别注意。其他电器如冰箱、洗衣机马达在后方，比较没有安全顾虑，而空调装置位置较高，也不需担心。

■ 上班孕妈妈更要小心防范电磁波

上班族孕妈妈要注意的是计算机摆放的位置，很多公司会把计算机排成一列，计算机后方刚好靠近另一排同事，而靠近计算机后方的人就比较危险，因为计算机终端机后方是电磁波最强的地方。

此外，孕妈妈在使用微波炉时应避免腹部靠近微波炉，因为微波炉遇到水才会使温度上升，所以孕妈妈腹中的羊水很容易因接触微波炉而造成温度升高，影响胎儿健康！此外，使用时若发现打开微波炉的门后，微波炉的门往下倾斜，代表关门后会不够紧密，可能有故障，必须立刻送修，以免电磁波外泄。小孩子也不可靠近微波炉，若因好奇让眼睛靠近注视微波炉，眼睛的水晶体因为没有血管，无法感觉到热，也不会散热，在近距离注视过程中很容易造成眼睛的伤害。

■ 勿受不实报道影响

有些危言耸听的报道既夸大又无根据，例如一位澳大利亚医生发表研究指出，手机里的SIM卡，含有混乱电磁场，会让人心跳异常、肌肉无力，如果长期接触，很可能引发心脏病、中风，甚至引发癌症。这根本是一种误导，SIM卡与

一般磁盘一样,当它离开手机后,只不过是一片微弱的磁铁罢了!至于使用手机是否也会受电磁波影响,其实,只要掌握"每次通话不超过30分钟,每天通话总共不超过2小时"的通话原则,并没有此顾虑。

又如有报道指出,住家顶楼架设天线造成住户身体不适甚至罹患癌症等,以科学观点可证实这些是不实的指控,因为天线释放的电磁波以侧面最强,楼下根本不可能受影响。根据电信公司请专家所作调查发现,在天线周围6米所测的电磁波量,根本不超过标准的千分之一甚至万分之一。

■ 少量X线不影响健康

在医疗当中,电疗所释放的放射线对人体的伤害比较大,它对细胞会有相当程度的伤害。至于X线片则要视张数而定,若只照一张腹部X线片或看牙医时照一两张并无疑虑,一般在3张以下没什么关系,5张以上就要注意,如果超过10张就会出现问题了!

有些女性不知自己怀孕,却已接受X线检查时该怎么办?

如果在最后一次月经来之前就无所谓,若在月经后就要考虑所照的张数,在怀孕初期接触大量放射线,通常会破坏胚胎而造成流产。至于是否可从产检中检查出胎儿的异常,这很难断定,因为放射线可能造成脑部异常或器官发育问题,在追踪过程中有些可以检查出来,有些则无法检查出来。如果已知怀孕又必须接受X线检查,必须穿上铅衣以加强保护。

■ 避免长途且经常性乘机

搭乘飞机也有暴露于高空辐射的问题。如果孕妈妈只是偶尔乘机旅行还是安全的,因为偶尔接触的辐射,对胎儿发育所造成的危险微乎其微,无须担心。但若是经常性乘机的怀孕的飞行员、空姐、领队或导游,可能会暴露于过量的辐射中,就必须多加斟酌,有时必须暂停自己的工作,以免影响胎儿的发育。

在飞行高度上,宇宙辐射远高于水平面,主要因为增多了被大气层吸收的一大部分辐射,因此,航行中接收到辐射的多寡,取决于飞行的高度。如果是一个短程、低高度的飞行,辐射暴露的程度就远低于长途的飞行。

■ 防电磁波衣可抵挡电磁波

有些防范措施是可以参考的,最简单的就是利用导磁性材料,如铁条(只要磁铁吸得住即可),或到五金行买铁皮,甚至工地中废弃的钢筋都可以,只要放置于马达转动处即可。

此外,防电磁波的围裙、衣服等,原理也是应用导磁性材料制作成很细的细网,再织入布料中,穿上它可挡掉电磁波。除此之外,有人会使用竹炭防电磁波,竹炭会有一部分导磁功能,但效果有限。至于用所谓的手机贴片来防电磁波,是没有效果的,甚至在计算机旁摆放仙人掌、水晶球等来防电磁波,也是毫无效果的。

生活环境中虽然离不开电磁波,但只要掌握一些保护原则,其实都是很安全的。

怀孕初期所需的营养素

为何在怀孕时期人们都一直强调各类营养素的重要性,而且不可偏食呢?原因是各种营养素都是相互联结的,彼此间更是相辅相成的。

■ 热量

主要来源是淀粉类食品,1克提供4大卡热量,既经济又实惠,容易取得又美味可口。所摄取的热能一定要足够,因为有足够的热能才能避免消耗蛋白质。

■ 蛋白质

主要来源包括鱼(海鲜品)、肉(家禽、家畜品)、蛋、豆(所有豆类制品)以及奶类,1克提供4千卡热量。未怀孕的女性所摄取的蛋白质是为修补体内组织用的,但孕妈妈是为了要供给胎儿、胎盘、子宫、乳房的发育以及母体血液容积量的增加所需要。此时,蛋白质摄取原是保留供给胎儿发育成长用的,若热量摄取不足的话,蛋白质将会被消化代谢来取代热能利用,这将会影响胎儿发育。

在实验调查中,蛋白质缺乏地区所生下的婴儿体重较为不足,生长发育过程更为迟缓。蛋白质对于贫血的预防及治疗是很有帮助的,怀孕以后血液量会一直增加,胎儿营养素的运输及废物的排出,都得经由血液来输送。因此,总热能及蛋白质的足量摄取,对胎儿的生长发育是极为重要的。

■ 铁

为避免贫血,除了要摄取足够蛋白质外,足够的铁也是重要的营养素。在怀孕前期若有贫血或担心贫血,铁质来源最好由食物来补充,因为食用铁剂比较容易引起恶心感,所以不建议服用铁剂。肝脏是很好的造血食物,但是有些人不喜欢吃肝脏,因为有一股腥味,可利用酒来消除腥味,或和与其他肉品一同烹煮,或是做成卤味,也可以与气味比较强的蔬菜一起烹调,像芹菜、洋葱、姜、葱、红萝卜等。

富含铁的食物:猪血、鸭血、瘦肉、深绿色蔬菜、蛋。

■ 镁

骨骼的形成不止只有钙,镁、磷也都扮演着重要角色。镁是钙和维生素C代谢时的必须物质,可以预防体内组织及血管壁上钙质附着。

富含镁的食物:各种干果类、深绿色蔬菜、玉米、葡萄柚、苹果。

■ 碘

怀孕期若严重缺碘,会引起胎儿痴呆症,幸好目前食用盐中都有添加碘,缺碘的可能性较低,但不能因为这样而忽略对碘的摄取。

富含碘的食物:海藻、海带、鱼类。

■ 维生素D

此时期孕妈妈只要适当照射阳光即可获得需要量。

■ 维生素E

具抗氧化作用，可延缓细胞老化、缓和疲劳并可预防流产，只要注意哪些食物中富含维生素E，并不忘摄取，就能有足够的摄取量，不需要额外补充。

富含维生素E的食物：油脂、绿色蔬菜、强化食品、高丽菜芽、花椰菜等。

■ 维生素B_1

可以稳定情绪，另外对肌肉、心脏活动、精神组织都有正常化帮助。怀孕初期的孕妈妈会因喜与忧而有精神亢奋与低落发生，应注意多摄取富含维生素B_1的食物。若有害喜现象可补充B族维生素营养剂，虽说B族维生素是水溶性物质，但一定要注意剂量，毕竟多吃无益。

富含维生素B_1的食物：酵母粉（健素糖）、麦片、花生、牛肉、牛奶、所有蔬果。

■ 叶酸

当细胞进行有丝分裂时，叶酸的需要量一定要足够，否则容易影响正常细胞的分化与成长，尤其是胎儿神经导管的成长。且体内红血球的制造（尤其是母体）及胎儿核糖核酸的需求量大增，当缺乏叶酸时容易造成胎盘早期剥离、自然流产，并与子痫前症有关联。叶酸缺乏也是形成孕妈妈巨细胞贫血的主要原因。

富含叶酸的食物：肝脏、瘦肉、蛋、深绿色蔬菜、红萝卜、南瓜、香蕉、全谷类、豆类。

■ 钙

怀孕前期所需的钙质不需要特别增加（在怀孕晚期才需要注意），只要平时正常摄取含钙食物就好。如果有抽筋情形或钙质缺乏时，非得要补充钙片，最好选择纯粹的磷酸钙，因为钙片通常会含有其他维生素或矿物质成分，为了避免其他营养素摄取过量，求教于医生或营养师则较为安全。

不管是平时或是怀孕期间吃各类食物，只要不偏食、不挑剔，既使在难熬的害喜阶段，身体中所需要的营养素，都不会有严重缺失的情形产生。在此恭喜准妈妈，您体内的胚胎正在快速地形成胎儿，再过不久就会有胎动的感觉了，会感受到那种幸福哦！

孕吐强烈怎么办

半数以上的孕妇，在怀孕5～6周时开始有轻重不同的恶心、呕吐、厌食、偏食等现象，在早晨起床及饭后比较明显。轻度的早孕反应是正常的生理现象，一般不会把吃进的食物都吐出来，所以要尽量多吃一些。饮食以简单、容易消化为原则，每日可多吃几餐，每餐食量不要太多。油腻食物和汤容易引起呕吐，可在起床前吃一点儿干的食物，如馒头片、咸饼干之类。吃饭时不要喝汤，在两餐之间喝些水。多数孕妇在午后稍舒服些，所以晚餐可丰富点，临睡前还可再吃些东西。早孕期间，不想吃不要勉强，想吃时多吃些，喜欢吃什么就吃什么，这样，可顺利度过早孕反应期。有的孕妇早孕反应强烈，一点儿胃口也没有，吐得浑身乏力，日渐消瘦，这是妊娠剧吐。由于呕吐剧烈，消化液也较多吐出，又不能进食进水，孕妇钾的摄入量不足，使血钾降低，出现低血钾症，表现为无力、精神委靡、昏睡，严重的甚至危及母胎生命。

对待妊娠剧吐，要注意以下问题：

❶ 妊娠剧吐与精神因素有关，因此怀孕以后要坚强乐观。做母亲是一件很幸福的事情，但也很艰难，要有承受一切的勇气。对早孕反应，要认识到它只是一种生理现象，要以良好的心态来对待。

❷ 争取多吃一点儿，不要因呕吐而拒食。孕妇为了自己也为了胎儿，想吃什么吃什么，能吃多少吃多少。自己可总结规律：吃什么会吐，吃什么不会吐，什么时候吐，什么时候好些。抓住一切时机，争取多吃一点儿。同时可多吃含钾多的食物，如香蕉、苹果、海产品、豆制品等。

❸ 适当休息，适当活动。呕吐剧烈者要卧床休息，必要时应输液补充营养。同时，还要适当活动，如散步等，使心情舒畅，转移注意力，增加饥饿感。

❹ 可试服治疗妊娠剧吐的药膳。

妊娠呕吐的饮食

大多数孕妇在孕早期有轻重不等的妊娠反应，常见症状有头昏、心慌、心率加快、食欲不振，甚至有明显的恶心、呕吐、偏食等。妊娠反应是生理性反应，在一般情况下不用治疗，因此，对待妊娠反应的最好办法是休息和调理饮食。传统调理孕吐的食疗方法如下：

❶ 生姜10克，橘皮10克，加红糖，煮开当茶饮，可缓解孕吐。

❷ 生扁豆75克，晒干研细，每次10克，米汤煮开送服。

❸ 甘蔗绞汁，加生姜末少许，做茶饮，有治疗孕妇口干、心烦、呕吐的作用。

❹ 橄榄捣烂，水煎服，可治疗妊娠早期食欲不振、心烦、呕心等。

❺ 糯米粥，随意食用。

❻ 柚子皮煎水服，可缓解孕吐。

❼ 干葡萄藤10克，水煎服。

孕期食用调料须知

调料即调味品，包括传统的调味品如香料、盐、酱等，以及制成品，如鸡精、沙拉酱、番茄酱等。食用制成品，要仔细阅读其配料，含防腐剂、色素的制品少用为好。

❶ 盐。许多孕妇晚期出现浮肿，可见足踝及小腿皮肤绷紧光亮，用手按压出现凹陷，长时间站立行走、中午不午睡则更加严重。这是因为孕妇体内内分泌变化，

导致水潴留；同时增大的子宫压迫下肢静脉，使血液回流受阻，下肢出现水肿。

平时口重的妇女，在孕期应注意饮食不宜过咸，特别是汤里不要放太多的盐，每天盐的摄入量在2～5克为宜。如果平时口淡，则按平常习惯即可。如果出现下肢浮肿，甚至出现妊娠高血压综合征，则必须按医嘱少吃盐。

❷ 酱油。酱油中含有18%的盐，孕妇在计算盐的摄入量时要把酱油计算在内。酱油中含有防腐剂。孕妇不必忌食酱油，但饮食以清淡为好。

有人说吃酱油胎儿肤色会变黑，这没有什么根据，不论酱油是发酵后的颜色还是糖色，都不会沉积到胎儿皮肤中。

❸ 大料、桂皮、花椒。有人研究认为天然调味品有诱发基因突变的毒性。孕妇的食物中，应尽量少用或不用这类调味品。

❹ 味精。第九届联合国粮食及世界卫生组织食品添加剂法规委员会决定，取消成人每天摄入6～7.5克味精食用限量的规定，但婴儿食品仍应慎用。味精可使食物味道鲜美，还含有一定的营养，没有证实其会产生毒素，因此孕妇只要食用适量，不必禁用味精。

孕妇饮食禁忌

• 甜味剂。包括白糖、糖蜜、糖浆等。需要调味的话，可使用少量天然砂糖。

• 糖果及巧克力。糖果中的香料和色素、巧克力中的咖啡因，以及它们含有的大量糖分，对健康无益。

• 可乐或人工添加的甜味果汁饮料。这些饮料里面所含的食用添加剂对胎儿健康有不利影响。孕妇应饮用百分之百的天然果汁、纯净水、矿泉水或直接吃水果。

• 咖啡、茶。香浓的咖啡、清新的茶香，为人们增添了许多生活情趣，并已成为人们日常生活的一部分，对于职业女性来说更是解除压力的良方。但是，想要怀孕或已经怀孕的准妈妈要注意了，在怀孕的前3个月，每天喝超过3杯咖啡或茶，会使流产的概率增加一倍！

• 罐头水果。罐头水果含有防腐剂。请选用新鲜的时令水果。

• 人造奶油。人造奶油含有色素以及添加剂，营养成分不高，并且这种氢化植物油对心脏血管危害很大，所以不吃为好。

• 冰淇淋、冰冻果汁露。热量高，含各种添加剂，应少吃。

• 花生酱、腌制物、沙拉酱、美乃滋、意大利面酱。这些食品热量高，含各种添加剂，应少吃。

• 涮火锅。吃涮火锅可能感染弓形虫，发生流产、死胎，或影响胎儿脑的发育。

• 蛙肉。孕妇吃蛙肉会增加母体和胎儿感染绦虫病的机会。

• 蟹、甲鱼。孕妇吃蟹、甲鱼，易导致流产。

• 龙眼。龙眼对于孕妇，特别是对早期孕妇来说，是一种禁果。中医认为，龙眼性温、味甘，甘温极易助火，动胎动血。食用龙眼会导致孕妇气机失调，引起胃气上逆、呕吐，日久则伤阴，出现热象，引起腹痛、见红先兆流产症状，甚至引起流产或早产。

除龙眼外，像人参、鹿茸、鹿角胶、核桃仁等性热的药物，孕妇也均应谨慎食用。

• 木薯。木薯容易导致胎儿畸形。

• 山楂。山楂对妇女子宫有收缩作用，如果孕妇大量食用山楂食品，就会刺激子宫收缩，甚至导致流产。

• 其他。如烟、酒等。

安胎食谱

鸡子粥

用料：鸡蛋，阿胶，糯米，盐，香油。

做法：❶ 将鸡蛋打烂搅散；糯米用清水浸泡一小时。❷ 锅内放清水，烧开后加入糯米，待煮沸后，改用文火熬煮成粥，放入阿胶，淋入鸡蛋液，开后，再加盐搅匀即成。

功效：养血安胎。适用于妊娠胎动不安，小腹痛，胎漏下血，先兆流产。

大艾生姜煲鸡蛋

用料：艾叶，生姜，鸡蛋。

做法：❶ 鸡蛋煮熟后去壳。❷ 艾叶、生姜与鸡蛋同煮，煲好后，饮汁吃蛋。

功效：温经止血，调经安胎。

乌贼鱼粥

用料：干乌贼鱼，粳米，盐，葱段，姜片，植物油。

做法：❶ 将乌贼鱼用水泡发，冲洗干净，切成丁块，粳米淘洗干净。❷ 炒锅放入花生油烧热，放入葱、姜煸香，加入清水、乌贼鱼肉，煮至熟烂，加入粳米，继续煮至粥成，再放盐即可。

功效：滋补养血，调经止带，养胎利产。适用于妇女血虚经闭、崩漏、带下，孕妇虚弱，生产亏虚。是妇女调经、止带、养胎、得产的养生保健佳品。

胎教课堂
Taijiao Ketang

妊娠2月的中医胎教

古人说，妊娠2月"毋食辛臊，居必静处，男子勿劳"，"儿精成于胞里，当谨护勿惊动"。妊娠2月时已能确诊妊娠，虽然孕妇因生理上的变化会产生种种不快，心情抑郁，好闹小脾气，但要注意"孕借母气以生，呼吸相通，喜怒相应"，为了孩子，应使自己情绪稳定下来。虽然早孕反应很不舒服，但为了孩子，要打起精神，尽量使自己愉快地度过这困难的一段时间。

王充《论衡》卷二《命义》中说，性命在本，故有胎教之法；子在身时，席不正不坐，割不正不食，非正色目不视，非正声耳不听。及长，置以贤师良傅，教君臣父子之道，贤不肖在此时矣。受气时，母不谨慎，心妄虑邪，则子长大，狂悖不善，形体丑恶。

徐春甫《古今医统大全》中说，古人胎养胎教之方，最为慎重，所以上古之人多寿多贤良，有以也。世之妇人妊子，既能如《列女传》所云矣，又要饮食清淡，饥饱适中，自然妊娠气清，身不受病，临产易生，子疾亦少，痘疹亦稀，此为气血贯通，所感明验。夫何后世风俗渐偷，鲜能悟道，男妇纵欲，无往弗胜，怀孕之时，殊不加意，以致临产气血乖张，不能顺应，生儿下地，惊搐无时，此盖胎中受毒，病种渊深，虽良医神剂，莫之能为。

万全《妇人秘科•养胎》中说，妇人受胎之后，最宜调饮食，淡滋味，避寒暑，常得清纯和平之气，以养其胎，则胎元完固，产子无疾。今为妇者，喜啖辛酸、煎炒、肥甘、生冷之物，不知禁口，所以脾胃受伤，胎则易堕，塞热交杂，子亦多疾。况多食酸则伤肝，多食苦则伤心，多食甘则伤脾，多食辛则伤肺，多食咸则伤肾，随其食物，伤其脏气，血气筋骨失其所养，子病自此生矣。

受胎之后，喜怒哀乐莫敢不慎。盖过喜则伤心而气散，怒则伤肝而气上，思则伤脾而气郁，忧则伤肺而气结，恐则伤肾而气下，母气既伤，子气应之，未有不伤者也。其母伤则胎易堕，其子伤则脏气不和，病斯多矣。盲聋、音哑、痴呆、癫痫，皆禀受不正之故也。

妇人受胎之后，凡行立坐卧具不宜久，久则筋骨肌肤受伤，子在腹中，气通于母，必有伤者。如恣情交合，子生下头上有白膜滞腻如胶，俗呼"戴白生"者，亦子母相通之一验矣。妇人怀胎睡卧之处，要人护从，不可独寝，邪气易侵，虚险之处不可往来，恐其堕跌。

中医论养胎儿之在胎与母同体

《育婴家秘》中说，天有五气，各有所凑，地有五味，各有所入，所凑有节适，所入有度量，凡所畏忌，悉当戒慎，资物以为养者，理固然也。以致调喜怒节嗜欲，作劳不妄，而气血从之。皆所以保摄妊娠，使邪不得干焉。苟为不然，方禀受之时，一失调养，则内不足以为守中，外不为强身……心气大惊则癫疾，骨气不足而介颅，脾胃不和而羸瘦，心气虚乏而神不足，是从风寒暑湿宜避之，五味之食则节之，七情之感则绝之……若夫不登高，勿临险，不独处暗室……勿姿肥甘之味，不啖瓜菜之物，勿游犯禁之方，所谓调护辅翼者，各有道也。如不利嗣息，或骄倨太甚者，动则成咎。说明受妊之后，宜镇静，则气血安和，须内远七情，外薄五味，大冷大热之物，皆在所禁，宜谨节饮食，勿过饮酒，食勿太饱，衣勿太温，使雾露风邪，不得投间而入，亦不得交合阴阳，触动欲火，勿多睡卧，时时行步，勿登高涉险，勿劳力过伤。否则小儿生后羸瘦多病。还说，母有所触，胎必感之。胎儿在孕期，母之寒热、温凉、饮食滋味，以及外感六淫，内伤七情，皆足以使胎儿遭受影响而发生胎病。因此妊娠期间要注意饮食起居，保持良好的心态，有利胎儿正常的生长发育，不致发生胎病。

《幼科金针》中说，人禀天地阴阳之气而得生，均赖父母精血以成形。若胎精气充足，则生下肌肉坚实，遍体红活，啼声洪亮，称为胎实。反之则胎弱。

郭子章《博集方论》中说，儿在腹中，必借母气所养。故母热子热，母寒子寒，母惊子惊，母弱子弱，所以有胎热、胎寒、胎惊、胎弱之证。古人又云："儿之在胎，与母同体，得热则俱热，得寒则俱寒，病则俱病，安则俱安，母之饮食起居，尤当慎密。"所谓"慎密"是要求妊母"节饮食，适寒暑，寡嗜欲"。妊娠期间由于胎儿在胞宫内仰赖母体的精气的滋养，孕母的气血精神与胎儿的生长发育密切相关，可见妊母的饮食起居不慎足以影响胎儿，甚至可造成初生儿胎寒、胎热、胎毒等疾患，因此母亲的饮食起居尤为重要，欲使小儿生后发育正常，身心健康，必须重视养胎。

《幼幼集成》中说，胎婴在腹与母同呼吸，共安危，而母之饥饱劳逸，喜怒忧惊，饮食寒热，起居慎肆，莫不相为休戚。所以善于养胎者，必调摄起居，以及保持思想上的愉快和安静，使胎儿不受母体影响而发生胎病。

我国近代学者论胎养胎教

中国近代学者对胎教也有较深的研究，比起古代，更具有系统性和思想性。

康有为在他的《大同书》中提出了胎教和胎教院的理论。他认为胎儿的性格、气质、品质、相貌、体质等与孕妇所处的地理位置有关，例如在都市中，在平原广阔、土地肥沃之地，人容貌长得丰满端正，白皙明秀；温寒带的人，由于胎受寒气，人生得肤色红白明秀。他认为应在平原广野、水泉环绕、临海受风、风景秀美的地方建胎教院，这些地方出生的孩子"丰颐、广颡、隆准、直面、河目、海口"，性格"广大、高明、和平、中正、开张、活泼，而少险波、反恻、悲愁、妒隘"。

在康有为想象的胎教院中，孕妇应"高洁、寡欲、学道、养身"，应欣欢爱，中正无邪，仪容不体现情欲之感，举止不出现儿女私情，没有爱和忧愁扰乱她的内心，这样生下的孩子便和平中正。在胎教院中，孕妇受到人们的尊重，孕妇的住所清洁整齐，每日有人给她们讲授分娩、育儿的科学理论，学习工艺、天文、音乐、图画。在胎教院中，终日乐声缭绕回荡，这些优雅的音曲可以涵养性情、启发神志。

康有为的胎教院虽然是乌托邦思想的反映，但他创建胎教院的观点可以说是一种创见。

近代学者蔡元培先生也作过类似论述，他说"我们要做彻底的教育，就要着眼最早的一步。虽不能溢出范围，推到优生学，但至少也要从胎教起点。我从不信家庭完美教育的可能性，照我的理想，要从公立的胎教院与育婴院着手。公立胎教院是给孕妇住的，要设在风景佳胜的地方，不为都市中混浊的空气、纷扰的习惯所沾染。建筑的形式要匀称、要玲珑，用本地旧派，略参希腊或文艺复兴时代的风格。凡埃及高压式、哥特的偏激派，都要避去。四面都是庭园。有广场，可以散步，可以作轻便的运动，可以赏月观星。园中奇葩花木，使四时均有雅丽之花可以悦目。选毛羽秀丽、鸣声诸雅的鸟类，散布花木中间，须避去用索系猴、用笼装鸟的习惯。引水成泉，勿作激流。汇水成池，蓄美观活泼的鱼。室内糊壁的纸、铺地的毯，都要选恬静的颜色、秀丽的花纹，应用与陈列的器具，要轻便雅致，不要笨重或过于琐巧。一室中要自成系统，不可混乱。陈列雕刻图画，都取优美一派，应用健全体格的裸体像与裸体画。凡有粗犷、猥亵、悲惨、怪诞等品，即使描写个性，大有价值，这里都不好收入。过度刺激的色彩，也要避去。备阅览的文字，要乐观的、和平的，凡是描写社会黑暗方面的，个人精神异常的，要避去。每日可有音乐，选取的标准与图画一样，刺激太甚的，萎靡的，都不取。总之，孕妇要完全生活在平和活泼的氛围里，才可避免不好的影响传到胎儿。这是胎儿的美育。"

我们在这里大段引录了蔡元培先生的著述，是因为虽然这是关于胎教院的论述，实际上很适于现代家庭，有些内容在家庭中是应该注意的。

孕妈妈心理问题对胎宝宝的影响

在人类的胎生期内，母亲的情绪、身心状况对胎儿的发育与成长都有很大的影响。日本明治24年发生大地震，死亡与流散者不计其数，很多孕妇当时路宿荒野，心理上始终处于惊恐万分、悲伤难过的状态中，结果生下的孩子很多都是不正常的。据观察，当母亲与别人吵架时，胎儿的活动增加，进行着所谓的"拳打脚踢"，似乎在帮助母亲，当母亲在喧哗的大街上行走时，强烈的噪声刺激会让胎儿感到不舒服，也会出现较剧烈的胎动。相反，当母亲高兴地去参加音乐会，听到悦耳的轻音乐时，胎儿也会感到心旷神怡。这时，母体会感到非常柔和而有节奏的胎动。由此可见，胎儿在母体内发育时期，即能感知外界的各种刺激。母体的喜怒哀乐，都会影响到胎儿。

为什么孕妇心境不好会使胎儿大脑发育不良与致畸呢？因为孕妇情绪的变化必然引起内分泌和血液成分的变化，从而影响胎儿的生长发育。在不良情绪状态下，肾上腺皮质激素分泌增加，这种激素随着血液通过胎盘进入胎儿体内，对胚胎的发育有明显的破坏作用，尤其是在怀孕早期3个月内，正是对胚胎某些组织发育的敏感阶段，如阻碍胎儿上颌骨发育，引起胎儿唇裂、腭裂等畸形。孕妇发怒时，体内会分泌大量的肾上腺素，引起血管收缩、血压上升，使子宫、胎盘血液循环发生暂时性障碍，造成胎儿一时性缺氧。经常发怒，胎儿就会发育迟缓或胎死宫内。

孕妇情绪稳定、心理健康，可使各腺体分泌的激素协调平衡，使正在发育的胎儿获得足够的氧气和营养，有利于胎儿的大脑和全身的正常发育。因此，整个孕期孕妇应该保持平静的心境、安定的情绪，以积极的态度迎接新生命的诞生。

音乐有益于舒缓紧张

据观察，孕妇在不同的妊娠时期有不同的生理与心理需要，往往也表现出不同的性格特点。一般在妊娠前3个月里，妊娠反应比较明显，抑郁和疲劳极为常见。在妊娠中期（即怀孕第4~7个月），孕妇的情绪大多是乐观的，这时的食欲较旺盛，精力也显得充沛。而到了妊娠晚期，孕妇的身子笨重，时常要想到分娩以及产后的问题，思想压力较大，焦虑现象也多。针对这些问题，灵活选择胎教音乐可大大提高胎教效果。

妊娠早期宜欣赏轻松愉快、诙谐有趣、优美动听的音乐，力求将孕妇的抑郁和疲乏消除在音乐之中。可以选听《春江花月夜》，《假日的海滩》，《锦上添花》，《矫健的步伐》等曲子，特别值得一提的是《春江花月夜》这支曲子。如果仔细体会这支和谐、优美、明朗、愉快的乐曲，就仿佛置身于春光明媚、鸟语花香的大自然中。这支乐曲的名称也令人心驰神往，春、江、花、月、夜，这五种事物体现了多么动人的良辰美景，构成了诱人探寻追求的艺术境界。

美育胎教可贯穿孕期始终

美育胎教法是指根据胎儿意识的存在，通过母亲对美的感受而将美的意识传递给胎儿的胎教方法。

人们通过看、听，体会、享受世界上各种各样的美，而胎儿是无法看到、听到、体会到这一切的，所以母亲要通过自己的感受，将美的感受经神经传导、输送给胎儿。

听，主要是指听音乐，孕妇在欣赏音乐时，可选择一些富含主题、意境饱满的作品，比如贝多芬的《月光奏鸣曲》、肖邦的《英雄》、维瓦尔迪的《四季》等。这些乐曲都有较鲜明的主题和性格，能促使人们美好情怀的涌动，也有利于胎儿的心智成长。

看，主要是指阅读一些优秀的作品和欣赏优美的图画。孕妇要选择那些立意高、风格雅、个性鲜明的作品阅读，尤其可以多选择一些中外名著。比如，我国现代作家朱自清和俄国作家屠格涅夫的散文，中国古代诗词及外国诗人普希金、雪莱等人的诗歌，西方著名作家雨果、托尔斯泰和我国现当代的著名小说等。孕妇在阅读这些文学作品时一定要边看、边思、边体会，强化自己对美的感受，这样胎儿才能受益。有条件的话，孕妇还可以欣赏一些著名的美术作品，比如中国的山水画、西方的油画，在欣赏美术作品时，调动自己的理解力和鉴赏力，因此而产生的美的体验一定会传递给胎儿。

体会，既指贯穿听、看活动中的一切感受和领悟，也指孕妇在大自然中对自然美的体会。孕妇在这个阶段也要适度走动，可到环境优美、空气质量较好的大自然中去欣赏大自然的美，这个欣赏的过程也就是孕妇对自然美的体会过程，孕妇通过饱览美丽的景色而产生出的美好的情怀，可以促使胎儿脑细胞和神经的发育。

美育胎教的内容

美育胎教也是胎教学的一个组成部分，它主要包括音乐美育、自然美育和感受美育。

■ 音乐美育

音乐美育是指对胎儿进行音乐美的培养，以此来达到胎教的目的，它主要通过孕妇的心理和生理两种途径来实现。从心理方面讲，音乐能使孕妇心情愉悦，产生联想，从而使情绪达到最佳状态，再由神经系统将这一信息传递给腹中的胎儿，使其深受感染。同时，安静舒缓的音乐也可以给胎儿创造一个悠闲的环境，使躁动不安的胎儿安静下来，让他意识到世界是多么和谐美好。从生理方面讲，悦耳的音乐能激起母亲植物神经系统的活动，植物神经系统控制着内分泌腺，使其分泌出许多激素，这些激素经过血液循环进入胎盘，使胎盘的血液成分发生良性变化，有利于胎儿健康的化学成分增多，从而激发胎儿大脑及各系统的功能活动，使胎儿感受到母亲对他的刺激（教育）。

■ 自然美育

大自然是无限美妙的，自然美包括日月星云、山水花鸟、草木鱼虫、园林田野等。孕妇力所能及地去接触和欣赏这些自然美景，可以大开眼界，增长知识，同时又是一种娱乐。但孕妇由于特殊的生理条件，不可能去登临巡礼、湖海浪游。即便是在居住的宅院当中也可欣赏到大自然的美景。如在室中摆几盆鲜花、喂养几条金鱼，在庭院养种一些绿草、栽植几株花木等。只要孕妇注意美的熏染，在小小的庭院之中照样可以欣赏到自然的美景。每遇节假公休时，在丈夫的陪伴下信步于街心绿地，邀游于清爽公园，或外出郊游等，岂不照样可以欣赏到大自然的美景吗？在农村地区，春天风和日丽，万物争荣；金秋季节，天高气爽，硕果累累，并有草地、树林、山峰、池塘等景物，只要有了审美的眼光，一切都能使孕妇赏心悦目，增添精神营养。

■ 感受美育

孕妇如果有优雅的气质、饱满的情绪和文明的举止，就能感受到来源于自身的一种美。这种感受确立了孕妇的审美观，也能将这种审美观传递给胎儿，使胎儿在母体内也得到美的熏陶。因此，专家经常告诫女性在怀孕期间，不仅要保持精神焕发，穿着整洁，举止得体，还要适当丰富自己的精神生活，例如，听音乐、看书、旅游、欣赏美术作品等，通过感受这些美好的行为来增加孕妇的生活情趣，丰富美的内涵，陶冶人的情操。

散步是孕妇最好的运动

散步是非常适合孕妇的运动，散步不仅有利于孕妇健康，而且能促进胎儿大脑发育，并具有胎教的功效。

孕妇散步的时候，氧气的供给量要比坐着的时候高2～3倍，散步还能使心情变得开朗。

观看大自然的景色、聊天，对孕妇无疑是一种美的精神享受。孕妇心情愉快，头脑清醒，有利于清除疲劳，并利于胎儿健康成长。医学研究表明：孕妇愉悦的情绪可促使大脑皮层兴奋，使孕妇血压、脉搏、呼吸、消化液的分泌均处于相互平稳、相互协调状态，从而有利于孕妇身心健康，同时改善胎盘供血量，促进胎儿健康发育。

虽然散步是孕妇最好的运动，但孕妇散步也不是毫无限制的。孕妇散步时要注意以下几点：

❶ 孕妇散步应选择风和日丽的天气，有雾、下雨、刮风及天气骤变时不宜外出，以免感冒。

❷ 选择在道路平坦、环境优美、空气清新的地方散步，也可选择乡间小路，由丈夫及他人陪同或自己缓慢而行。为了扩大胎儿学习范围，最好经常改变路线。

散步时，无论是看到什么，如车辆、商品、行人、植物，都可以将它们变成有趣的话题，细致地描绘给胎儿听。

可以给胎儿讲述大自然的风景变化和眼前的美好景观及父母对未来生活的憧憬等。

孕妇独自散步时，也可以给胎儿讲讲自己和丈夫的恋爱经过，让胎儿体会你们夫妻间的浓浓爱意。

妊娠的前3个月是胚胎、胎儿发育的关键时期，除了神经系统和泌尿生殖系统外，其他所有器官均在此时期形成，同时此时期也是胚胎、胎儿对外界有害因素最敏感的时期，所以孕妇最好不要常去嘈杂的集市和繁华的超市。那些地方人口密度大且大多通风条件欠佳，空气中有大量的细菌、病毒，会在不知不觉中侵害肚子里的胎儿。

精神压力和胎教效果

现在中年以上的人对多灾多难的1976年记忆犹新。1976年7月28日凌晨3时许，河北省唐山市发生了一场罕见的毁灭性大地震。这场意外的灾难和伤痛，给幸存者尤其是孕妇们带来了巨大的精神刺激。经过10年后的调查表明，这场灾难确实已经给母腹中的胎儿留下了"后遗症"。研究者挑选了350名1976年7月28日至1977年5月30日在唐山出生的儿童，地震组206名，对照组144名。虽然两组体检结果无明显差异，但智力测验结果表明，地震组的智力低于对照组。

由于人类神经系统进化程度高，如果在怀孕36周前脑发育时受刺激，易造成脑畸形；严重恐惧和长期悲伤，虽少见致畸，但能通过大脑神经影响下一代智能，普遍降低后代的行为水平。所以，孕妇应避免一切能引起精神紧张、焦虑不安的不良刺激，以防胎伤、胎损，给未出世的孩子留下隐患。

肯塔基大学医学院的帕希克瓦德教授的研究结果证明，女性在怀孕期间精神压力过大会对胎儿的神经系统造成不良的影响，并且可能会使胎儿以后猝发心脏病的危险有所增加。

教授对156名即将临产的孕妇进行了研究，发现那些表现最焦虑，而且社会知识最少的孕妇体内的压力激素分泌最高，胎儿的心跳频率最高。精神压力大的孕妇，体内胎儿的高频率心跳维持得最为长久，这暗示了胎儿对母亲的内心压力也提高了反应。这种长期由于母亲心理压力而增加心跳频率的反应，致使胎儿将来罹患心脏病及糖尿病的危险比正常人高。

另外，使用超声波测量513名孕妇腹中的胎儿头部、腹部和骨骼，同时观察和检测这些孕妇的生活压力和体内的压力激素水平。结论是：孕妇的高压力水平会阻碍胎儿的生长，而这种现象会早在怀孕的第2个月就出现。此外，压力激素水平高的孕妇可能引发早产儿，而且体重较轻。早产婴儿成年后罹患高血压及死于心脏病猝发的比例也比正常人高。

下面的实验表明：若是孕妇妊娠期间持续不安，可能会使胎儿胆小脆弱，情绪易于激动，行动呆滞等。

人的生理条件和情绪状态也是密切相关的。一个心情宁静、舒畅的母亲怀的胎儿和一个心情紧张、忧虑的母亲怀的胎儿，是生活在两个大不相同的天地里。两者血液中的化学成分、激素水平以及细胞的新陈代谢都不相同，这一切都取决于心理状态。因此，这些伴随孕妇情绪状态而出现的生理反应，必然会对她的胎儿造成影响。

宁静的心情有利于胎教

对一个怀有身孕的女性来说，其精神状态和心理情绪不好，不仅对自己的身体有害，而且影响胎儿的健康发育。因此，在孕期注意保持心绪宁静，对胎教十分重要。

早在2000多年以前，我国医学中就有"喜、怒、忧、思、悲、恐、惊"七情在疾病中发生作用的记载。我国古代的"胎教之说"也特别强调孕妇心境对胎儿的影响。因此人们主张，孕妇应心境平和，善于修身养性，喜怒哀乐有节制。"和调则胎安，气逆则胎病，恼怒则气不顺，欲生好子者，必须先养其气。"于是古人提出了"宁静即胎教"的主张。由此可见，注意心境宁静对优生优育大有益处。

现代医学证明，人在受到意外惊吓或忧郁沉闷时，其内分泌会发生变化，进而影响人的身体脏腑功能，甚至导致疾病缠身。例如，一个人突然遭到恐吓时，全身处于应激状态，内分泌迅速分泌一些激素，并作用于人体的各个系统，脸色会立即变白，手脚发软，心跳加速，血压骤升，语言结巴，两眼发直，这是因为心理应激反应而引起的全身性生理应变准备。当这种恐吓消除之后，突变的生理过程会逐渐平复，身体也会慢慢恢复到原来的状态。若是一个人经常受到这种强烈的刺激，如夫妻不和、吵嘴怄气、事业不顺等，很容易使生理反应过程变成病理过程，出现高血压、消化道溃疡等身心疾病。若孕妇心绪不好，更容易祸及大人和胎儿。

临床经验证实，妊娠10～15周，若孕妇情绪不安，且难以解脱，就可能导致胎儿发生唇裂或腭裂；若孕妇处于郁郁寡欢、闷闷不乐的心态中，有可能导致胎儿早产，或导致胎儿营养不足，发育不良；若孕妇受到惊吓而产生恐惧心理，也容易造成胎儿畸形或痴呆；若孕妇经常处于痛苦中，有可能造成胎儿先天疾病或反应迟钝。因此，在整个妊娠期间，孕妇不仅要控制自己的情绪，而且要善于调节自己的心绪，即便是遇到烦恼和挫折，也要千方百计地摆脱，随时保持精神愉快轻松，形成一个胎教的最佳环境。

什么是想象胎教

创造性审美想象，是一种能充分发挥和调动主观能动性的心理活动，使人的生活变得充裕和快乐。辩证法告诉我们，精神可以改变物质，意识可以反作用于存在，主观世界可以改变和创造客观世界。因此，人的主观能动性不可忽视。

想象胎教法主要是指孕妇利用母亲和胎儿之间情绪、意识的传递，通过对美好事物和意境的联想，将美好的体验暗示和传递给胎儿的方法。

因为母亲与胎儿具有心理与生理上的相通，从胎教的角度来看，孕妇的想象是通过母亲意念构成胎教的重要因素，并转化渗透在胎儿的身心感受之中。同时母亲在为胎儿形象的构想中，会使情绪达到最佳状态，促进体内具有美容作用的激素增多，使胎儿面部器官的结构组合及皮肤的发育良好，从而塑造出自己理想中的胎儿。在我们日常生活中看到许多相貌平平的父母却能生出非常漂亮的孩子，这与怀孕时母亲经常强化孩子的形象是有一定关系的。

在日常生活中，少数孕妇由于怀孕后的身体不适出现对胎儿怨恨的心理以及产生不好的联想感受，这时胎儿在母体内就会意识到母亲的这种不良感受，从而引起精神上的异常反应。许多专家认为，在这种情况下发育的胎儿出生后大多数会有情感障碍，出现感觉迟钝、情绪不稳、易患胃肠疾病、体质差等现象。因此，孕妇必须在妊娠期间排除不良的意识和联想，尽量多想些美好的事情，将善良、温柔的母爱充分体现出来，通过各方面爱护关心胎儿的成长。

怎样进行冥想

孕妇在日常生活中，可以想象自己向往和喜欢的事，如想着自己抱着未来的孩子，逗着他玩的情景。

孕妇自己置身于一个舒适的环境中，或是坐着，或是躺着。使身体完全放松，从脚趾开始，一直到头顶，想着一步步地放松身体的每一块肌肉，让所有的紧张从身体中流出。用腹部又匀又长地呼吸，慢慢地从10倒数到1，每数一下都觉得自己是更深地放松了。

当孕妇感到自己深深地放松了之后，开始想象自己逗玩孩子的情景。想象孩子是多么活泼可爱，自己的心情是多么愉快欢乐，使胎教成功的喜悦充溢在自己心头。

在大脑里保留这些美好的情景的同时，在内心对自己做一些十分积极的、肯定的陈述（出声或不出声都可以）。例如："我正在和可爱的孩子度过一个美好的晚上。""宝贝，我永远爱你，我们永远在一起。"在结束想象时，自己再说一段坚定的话："这美好的情景，多么和谐，多么令人满意。现在我充分感到了初为人母的幸福。"

孕妇要觉得这一过程是欢快有趣的，要坚持做下去，可以是5分钟，也可以是半小时。每天都反复做，或尽你所能地经常去做。要想练习创造性审美想象，就一定要做到深深的放松。孕妇的身体和头脑都深深放松了，脑电波就会真正产生变化，变慢下来。

放松最常使用的方法就是脑呼吸。脑呼吸是随简单的基本动作一起冥想的，即从脑运动开始。方法是首先熟悉脑的各个部位的名称和位置，闭上眼睛，在心里按次序感觉大脑、小脑、间脑的各个部位，想象脑的各个部位并叫出名字，集中意识，这样做可提高集中力，能清楚地感觉到脑的各个部位。刚开始做脑呼吸时，先在安静的气氛下简短做5分钟左右，在逐渐熟悉方法后，可增加时间。还可以通过脑呼吸和胎儿进行对话，想象一下肚子里的胎儿，想象他身体的各个部位，从内心感觉孩子，如借助超声波照片来看的话，孩子的形象更容易想象。与脑呼吸一起进行说话，或写胎教日记，会使胎儿和母亲更容易进行交流。

进行肯定的练习。让孕妇开始用一些更积极的表扬性的思想、概念来替代过去消极的、否定性的思维模式。这是一种强有力的技巧，它能在短时间改变孕妇对生活的态度和期望。可以不出声地进行，亦可以大声说出来，也可以写在纸上，甚至可以歌唱或吟诵。一天只要有10分钟有效的肯定的练习，就能抵消孕妇许多年的思想习惯。孕妇在自言自语时，要进行积极想象，选择积极的语言和概念，坚持下去，一个积极的现实就会被创造出来。

总之，在日常生活中，在此时期，母亲可以随时随地地想象孩子未来可爱的样子，如母亲悠闲地躺在躺椅上，就可想象娇儿绕膝的场景，想象着孩子在此种环境下的表现；当母亲在公园或其他环境优美的地方玩耍时，就可想象带着漂亮的孩子，穿着漂亮服装在公园玩耍的情景等。并且还可刻意地去想象孩子的皮肤、眼睛、鼻子、嘴巴等都要长成什么样子，性格是活泼的还是文静的等，这样久而久之，母亲就会通过意念进行胎教，从而塑造出心目中完美的孩子。

胎教故事

越来越多的人认识到，母乳是新生儿与母亲最自然的联结纽带。当胎儿刚刚娩出尚未断脐时，如果把新生儿放到母亲裸露的肚子上，新生儿会本能地嗅触母亲的肌肤，寻找母亲的乳头。非常有趣的是，一般新生儿的脐带都很长，足以使他趴到母亲乳房上吮吸。这种吮吸能刺激母体内分泌乳汁并帮助子宫收缩，有助于胎盘的娩出和乳汁的产生。可以说，吸吮母乳是每个婴儿天生的爱好和本领，或者说是一种本能。可是，有时也会有例外，我们不妨介绍一个令医学专家大感不解的实例。

一位名叫克里斯娜的婴儿，出生时身体健康，精力旺盛，但不知是何原因，每当母亲露出乳房喂她奶时，她总是转过脸去拒绝吮吸，她是患了什么病，还是另有他因？

费雷贝克尔教授观察到，在保育室的克里斯娜总是拼命地吮吸奶瓶里的牛奶，可到母亲喂奶时间时，克里斯娜仍然拒绝吮吸母乳，对母亲的乳房连碰都不愿碰，好像很厌恶似的。一连数日都是如此。

于是，教授作了一项实验：他对另一位刚生了孩子的母亲说明了克里斯娜的异常行为,希望她给克里斯娜喂奶。当熟睡的克里斯娜被这位陌生的母亲抱起时,她非但不拒绝,反而一下子就含住了乳头拼命地吮吸,和别的孩子没什么两样。

教授把这一现象告诉了克里斯娜的母亲,克里斯娜的母亲却茫然地说不出原因,因为她在妊娠期间并未患过任何疾病。当教授进一步追问她当初是否愿意怀孕时,她的回答解开了教授心中的谜底——克里斯娜的母亲说当初不想要孩子,并曾想过堕胎。由于丈夫执意不肯,才勉强生下了她。

费雷贝克尔教授是初次听到这番话的,但对克里斯娜来说却不是这样,她在胎儿时期就已感到母亲不希望生下自己,所以,出生数日后"记仇"的小克里斯娜便难以与母亲沟通,以至于出现拒吮母乳的奇怪现象。

这个很少见的现象提示我们,新生儿的情绪喜恶和行为在胎儿期已打下了基础,而这种喜恶与母亲的情绪以及是否高兴地接纳自己有相当的关系,一个"不受母亲欢迎的胎儿",对母亲自然也会产生拒绝心理,甚至不惜以拒绝吸吮母亲的乳汁来表达自己的不满情绪。由此也告诉我们:胎儿不是在感情上"任人宰割的玩具娃娃",人际关系的亲情融洽应从母亲和胎儿时代开始,否则母亲会喝自己酿就的苦酒。

心理游戏

■ 测测你的审美观

第一题:下面有10组由不同画面组成的图画。从每组中选择一幅最能体现该组左边那个词的含意的画。

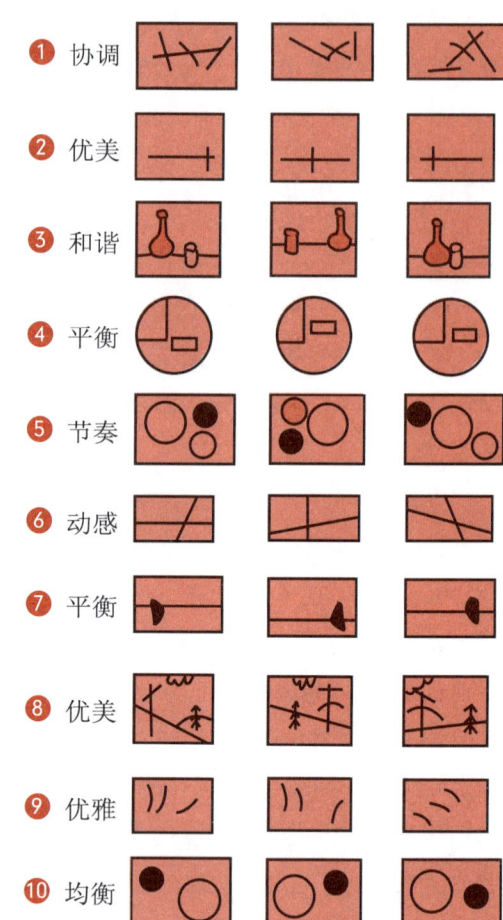

① 协调
② 优美
③ 和谐
④ 平衡
⑤ 节奏
⑥ 动感
⑦ 平衡
⑧ 优美
⑨ 优雅
⑩ 均衡

第二题:根据下列10组测验题,选择最佳答案。做完后,与第1部分一道核对答案。

① 某人身高1.63米,重91千克,怎么说他都是很肥胖的。你认为他该穿什么样花纹的套装呢?

a.大方格;b.暗细条子;c.间隔相当的粗竖条子。

② 再为他选一套最适宜的服装。

a.宽松、随便的;b.不宽也不紧的;c.贴身的。

❸ 为一间古色古香的房间，购置一套新式椅子和沙发，是否得体？

a. 是；b. 否。

❹ 假设你有一间长方形的房间，里面充满各种色彩，还挂有几块大花窗帘。你会用一块也有大花的彩色地毯与之相配呢，还是会选一块既素色的且不起眼的地毯？

a. 彩色的；b. 素色的。

❺ 画家的真正使命并不是仅仅去作画，而是"把握照向大自然的镜子"，也就是说，尽力、忠实地再现特定物体。

a. 是；b. 否。

❻ 在穿着方面，人们应该迅速接受最新款式的时装，假如它们货真价实的话。

a. 是；b. 否。

❼ 按照某一优秀古典建筑代表作（如希膜式或哥特式教堂）的式样建造起来的一幢建筑物，将是永远风雅的。

a. 是；b. 否。

❽ 在小房间里布置大家具，会使房间显得大些。

a. 是；b. 否。

❾ 矮个妇女穿齐腰短上衣，要比高个妇女穿齐腰短上衣好看。

a. 是；b. 否。

❿ 一般来说，要使悬挂着的大小形状不同的图画显得好看些，只有当：

a. 它们的镜框顶端连成一线时；b. 它们的镜框底端连成一线时。

答案：

第一题：❶ 第二图；❷ 第三图；❸ 第三图；❹ 第一图；❺ 第三图；❻ 第三图；❼ 第三图；❽ 第一图；❾ 第一图；❿ 第二图。

第二题：❶ b；❷ b；❸ a；❹ b；❺ b；❻ b；❼ b；❽ b；❾ b；❿ a。

得分计算与含义：

第1部分每对一题得3分。第2部分每对一题得2分。累计你的得分后，便可知你的审美观如何。

平均得分为28。

优秀：39～50分；良好：33～38分；一般：26～32分；较差：0～25分。

准爸爸必读
Zhunbaba Bidu

人工流产的危害

有的年轻妇女怀孕后因一些小事，不咨询医生便要求做人工流产。一般来说，头胎孕妇做人工流产还是以慎重为好。

❶ 没有生育过的妇女，子宫颈口较紧，手术时容易造成宫颈口的损伤。

❷ 人工流产手术是在子宫腔内凭医生感觉进行的，有可能造成一些不必要的损伤。

❸ 有些妇女手术后子宫内膜生长不良，或得了盆腔炎症，会影响再孕。

因此，年轻夫妇如不打算在近期要孩子，应采取安全可靠的避孕措施，不要把人工流产当避孕方法，把怀孕当儿戏。

应该注意的问题

妻子怀孕以后，家庭中会充满欢乐和希望，夫妻共同盼望着小生命诞生。但欢乐伴着甜酸苦辣，十月怀胎，伴着夫妻俩的艰辛。作为丈夫，应该为妻子做些什么？应该为可爱的宝宝做些什么呢？

■ 理解与更多的爱

妇女在怀孕以后，性情往往发生变化。本来是温柔娴静的，此时会焦躁不安，喜怒无常；原来是开朗好动的，此时会忧郁懒散。这是因为妇女怀孕后，大脑皮功能出现暂时的失调，兴奋和抑制不平衡，自制力减弱。所以她们或是趋向于抑制状态，表现为怠倦、嗜睡、对外界事物缺乏兴趣；或是趋向于兴奋状态，表现为易怒、激动、烦躁。总之，妊娠妇女在家中常常表现得特别挑剔，精神上更加脆弱。做丈夫的此时要理解妻子心理上的这种变化，不仅要避免与妻子发生冲突，而且要尽量迁就一些。在她感到身体不适时多加照顾，使她感到体贴与爱，在她懒散时动员她出去散散心。丈夫要尽可能多地抽时间和妻子在一起，和她一起谈谈孩子的相貌和孩子的未来。一起去散散步，看看轻松愉快的电影，使妻子得到更多的爱，使她因怀孕带来的心理负担得到平衡。

■ 帮助妻子料理生活

妇女怀孕以后，可以做较轻的家务事，但她往往照顾不了自己，需要别人的照顾。在妊娠早期，孕妇的口味十分怪，原来爱吃的，现在一看见就恶心；原来不爱吃的，现在却爱吃得不行。她可以忽然被什么味道所刺激而大吐，也可以吃起爱吃的东西没完没了。这时做丈夫的要理解妻子的这种生理反应，想方设法满足她的要求，帮助她寻找爱吃的东西，不要责怪她挑剔、娇气。

在妊娠早期，最好是丈夫下厨做饭，要选择清淡爽口，营养丰富，易于消化的食品，并注意少量多餐。有时可能千方百计为妻子搞来的食物，端到前面却被不屑一顾，这时也不要灰心，要尽可能多准备几种小吃、小菜，供妻子任意选择。

妊娠反应在怀孕3个月以后可自行缓解消失，这时妻子的胃口很好，食量大增，要注意给妻子增加营养，以满足孕妇和胎儿需要。所谓注意营养，不是在量上，主要是在质上，主要在于多种营养素的平衡摄入，而不在于高级与否。吃什么有利于孕妇和胎儿，做丈夫的还要找些书籍认真学习。

■ 注意事项

不要让妻子做过重的家务，如洗大件的衣物、搬重物、登高等。在妊娠早、晚期干重活易引起流产和早产。在妊娠早期，孕妇食欲不好，这时应尽量不让她做饭，以免烟熏呛后更加重厌食。妊娠5个月后孕妇腹部明显膨隆，身体沉重，不爱活动。这时，除应帮她多做家务外，要伴她出去散步活动。在秋冬季，更要抽些时间，多在室外活动，多晒太阳，以利于吸收紫外线，帮助皮肤合成维生素D，促进钙的吸收。另外，在妊娠期尽量避免性生活，特别是妊娠早期和妊娠晚期，更要小心谨慎。

在生活细节上多操点心

■ 衣着方面

衣着上不宜穿紧身衣服，如牛仔裤、紧身裤，紧身衣裤会影响子宫的血液循环，内衣内裤也不能过紧，应选用全棉制品，以保持舒适性和透气性，乳罩应采用软的非定型式样，这样既能起到保护和固定乳房的作用，又不至压迫和束缚乳房的发育。孕期不宜穿高跟鞋。

■ 饮食方面

孕第2个月出现早孕反应，因此不必在早孕期强迫孕妇增加营养，应保证热量和蛋白质的供应，以清淡为主。主食馒头稀饭，副食青菜豆腐和其他豆制品、鸡蛋等。如果反应不重可进食一点鱼。适当地吃些水果和冷饮，尽量避免选用带防腐剂和添加剂的食品。

■ 居住环境

居住环境应清洁卫生无噪声，有充足的新鲜空气，光线充足。早孕应适当增加睡眠时间，最低要每天保持8小时，睡眠不安、烦躁是会影响胎儿发育的。要平心静气，要坚持午睡。孕妇行走活动时，要时刻留意腹中的胎儿，不要一只手提重物，避免因剧烈运动和不平均地用力而造成流产，少去公共场所，不要接触猫狗等宠物，以免患传染病而流产，早孕2个月要禁房事以免流产。

■ 行走

切忌急速奔跑，可以慢慢走以免身体受到振动，可以用散步的方式适度地运动，注意安排活动和休息，不适宜作长途旅行，因为长途旅行的衣食住行等条件改变，会使身体的外环境改变而影响内环境。精神上的过度兴奋，体力上的过度消耗都会诱发流产。散步有利于优生，早孕期散步是最佳的运动方式。散步时应选风和日丽的天气，有风有雨不要外出，以免感冒，要选择平坦的道路和环境优美的地方散步，散步最好有家人陪伴，也可以带个小收音机听听轻音乐。孕妇的心情愉快，头脑清晰，有利于解除疲劳，有利于胎儿健康发育。

■ 洗浴

早孕要注意个人卫生，当然要多洗澡，但是洗澡时水温切忌过高。孕妇怀孕早期若接触过热的蒸汽浴、桑拿浴和盆浴可出现极大危害。专家研究证明，怀孕初期的孕妇若暴露在高温状况下，或经常洗热水浴，最易引起胎儿神经管发育缺陷，如无脑儿、脊柱裂、神经管发育异常等畸形。美国科学家对3万孕妇进行了调查发现，怀孕头2个月内，洗盆浴热水澡，其婴儿发生脑与脊髓缺陷的可能是其他孕妇的3倍。怀孕的最初2个月内，曾暴露在高温下达3次以上的孕妇，其胎儿易患神经管缺陷的可能性是其他孕妇的6倍以上，流产则更多。实验证明，发育中的神经系统最易受高温的损害，高温可造成细胞死亡，限制细胞的正常发育，损害微血管。美国科学家提出，在怀孕的头3个月，一定要避免泡热水澡，怀孕早期，任何促成孕妇体温升高、血循环过热，以及盆腔局部升温的因素，都对胎儿不利，主要是对胎儿的神经系统发育有害。怀孕早期的孕妇一定要避免发热、洗热水澡、腹部透热疗法、热水坐浴、高温作业和其他促使盆腔充血升温的一切不利因素，以确保胎儿正常发育。孕妇经常洗澡可保持身体清洁，促进身体的血循环，可消除疲劳，但是，洗澡时千万注意不要滑倒。孕妇洗淋浴最好，可避免盆腔感染，洗澡时间不可过长，以免引起疲劳。由于洗澡时浴室内空气较差，容易出现头晕现象，水温过热、过冷都有造成流产的危险，所以水温要适宜，防止洗澡后着凉感冒。

激发妻子的爱子之情

丈夫除了让妻子多看一些能激发母子情感的书籍或影视片外，还要常与妻子谈谈胎儿的情况，如询问胎动，提醒妻子注意胎儿的各种反应，与妻子一起想象并描绘胎儿在"宫廷"中安详、活泼、自由自在的形象，一起猜想孩子的小脸蛋是那么漂亮逗人，体形是那么健壮完美。你可别小看这些，要知道，这对增加母子生理、心理上的联系，增进母子感情都是非常重要的。尤其是丈夫要注意引导妻子去爱护腹中孕育着的胎儿，切不可因妊娠反应、妊娠负担或因肚子大起来影响了外貌、体形，面部出现色素沉着损害了自己的容颜等，就怨恨腹中胎儿。许多实验都证明，母亲与胎儿有着密切的心理联系，母亲对胎儿有任何厌恶情绪或流产的念头，都不利于胎儿的身心健康。

做丈夫的对妻子要始终保持良好的情绪。如前所述，孕妇的情绪能影响胎儿的身心发育。情绪过度不安，可能导致胎儿脑积水或腭裂、唇裂。在怀孕后期受到恐惧、惊吓或严重刺激，能引起胎盘早期剥离而导致胎儿死亡。若孕期经受长期情绪压力，胎动次数比正常胎儿多数倍，胎儿出生后不但体重轻，而且消化功能失调，喜欢哭闹，易受惊吓，不爱睡觉，此类孩子长大后，往往对环境适应性较差。

Chapter 4
胎宝宝第3个月

· 多聆听优美旋律，多读富有高尚格调的书报，保持良好情绪

· 避免不良情绪刺激（如：淫邪、凶杀、秽臭、噪声、邪念、丑陋、恐吓等）

· 保持良好心态，想吐就吐，不吐就多吃，顺其自然

· 避免孕妇情绪不佳，导致内分泌介质变化，影响到胎儿

· 避免性交

· 本月作一次全面产前检查

胎儿发育和母体变化
Taierfayu He Mutibianhua

胎儿发育

从怀孕第3个月即第9周开始,从胚胎期升为胎儿期,胎儿期与胚胎期两者之间并无绝对的界限,前者是后者的继续,此时胎儿身体的各个系统已完成相当的发展,生殖系统开始发育,到12周末胎儿躯体迅速增长,胎儿长7到9厘米,重21~22克,完全形成了一个小人形,但是头部圆大,占身体全长的1/2。9周时,两眼闭合,外生殖器男女不分,有脐疝。10周时,肠管内移腹腔,指甲开始出现。12周时,性别分明,头颈分明,

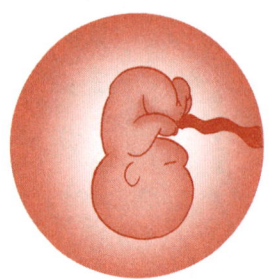

孕3月时的胎儿

刺激后有吸吮样动作,眼皮也可有反应,现在可以有呼吸,能把羊水吞进肺里又吐出来,有时还排尿,还可做出各种特殊的反应,能移动腿脚、手指和头,嘴能张开、闭拢和吞咽,碰碰他的眼睑,会眯一下眼睛,碰脚趾,会把脚趾张开,此期胎盘已形成,胎儿可以从母体汲取足够的营养,通过脐带直接输送到胎儿身体。

母体变化

这个时期是早孕反应最为严重的阶段。除了恶心、呕吐外,胃部不适感明显,胸部还会有闷、热等症状。很多人会出现便秘、头痛、倦怠等,阴道分泌物增多,但无异味。

子宫如拳头般大小,直接压迫膀胱,出现尿频现象;腰部也感到酸痛;脚部容易出现痉挛现象。

乳房比以前增大明显,孕妇自觉胀痛,乳头和乳晕颜色加深变暗。

此期间虽然腹部隆起不明显,缺乏外在的"孕味",但是明显的害喜症状足以使孕妇"孕感"十足啦。

子宫底已在耻骨耻合上两三横指,通过妇科检查才能查出增大。腹部外形无明显变化。在妊娠1~12周,孕妇体重增加2~3千克。

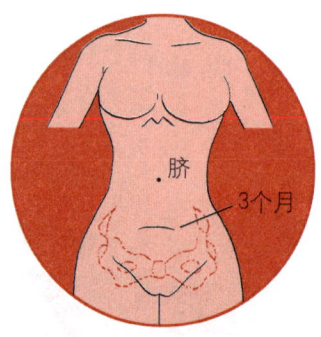

妊娠3个月时的宫底高度

第四章 胎宝宝第3个月

优境养胎
Youjing Yangtai

寝具布置以舒缓色调为主

女性怀孕后，由于整体激素的改变，孕妈妈的生理及心理状况也会受到影响。因此在寝具布置的颜色及材质的挑选上，提供下列几点建议：

■ 无刺激性、舒缓色调为主

春夏以浅色系、原色系为主，譬如淡黄、鹅黄、浅绿、浅蓝、淡粉红、淡紫，都有舒缓心灵、安定身心、减压的功能，应尽量避免有构图复杂的花纹，或是太过浓艳、强烈对比的色彩。

■ 天然棉麻的材质为优先考虑

春夏季节来临，家中寝具的材质也要换季！由于孕妈妈体内激素改变，皮肤变得较为敏感，因此，寝具材质应以透气的棉、麻为主。任何新添置的寝具，最好都先经清洗、曝晒于阳光下之后再使用，避免附着于新寝具上的化学物质，造成孕妈妈的肌肤过敏。

■ 床垫不宜过度柔软

在挑选寝具上，除棉麻材质外，床垫也是影响孕妈妈、胎儿健康的重要因素之一！随着怀孕周数增加，孕妈妈乳房胀大，肩膀重心向后移，再加上宝宝在子宫内成长，整体重心的改变，让躺在床垫上的孕妈妈腰酸背痛更明显！当床垫太硬，孕妈妈翻身时，容易压迫到骨头，造成酸痛，而床垫太软，支撑力又不够。该如何判断床垫的柔软度及支撑力呢？

提供两种判断的方法：第一，在硬地板上，加上两床垫被的感觉；第二，在榻榻米垫上加一层垫被的感觉。所以，选购床垫的时候，千万不要客气，直接躺下去，感受感受就对了！

选对床垫后，还是觉得腰部少了点支撑力？试试看把枕头或是大抱枕垫在大腿下方吧！这是运用将下肢垫高，增加腰部脊椎圆弧度的原理，如此一来，整个背部及腰部就能完全服帖在床垫上了。

✚ 减缓严重腰酸背痛的小妙招

躺在地板上（可铺一层垫被），将臀部靠近床尾，腿部抬高，膝关节跨在床铺边缘，就可以有效舒缓腰酸背痛。

女工妊娠期的劳动保护

人们在很早以前就知道铅可致堕胎，铅可通过胎盘影响胎儿。现在人们发现，有600种以上的化学物质能经过母体，通过胎盘进入胎儿体内，在不同程度上对胎儿产生不良影响，造成胎儿发育迟缓，功能发育不全、先天畸形或死胎。这是因为在妊娠期，孕妇子宫增大，体重增加，能量消耗加大，对氧的需要量增加，肺通气量加大，易于吸入更多的有害物质。同时，由于循环血量增加，促进了对有毒物质的吸收。

劳动条件对孕妇健康至关重要。有资料表明，女工的流产、早产及死产的发病率高于家庭妇女。电离辐射（包括红外线、紫外线、微波无线电波、视屏显示终端等）、噪声、振动、化学物质（包括铅、汞、锡、锰、砷、有机溶剂、高分子化合物等）均有害于孕妇和胎儿。因此，企业应改善劳动条件，使毒物浓度降低到国家标准以下。

工作中长期接触有毒物质的女工，近期有中毒、损伤者，应治愈后再怀孕。接触高浓度铅的作业女工，应经检查后再决定是否能怀孕。在怀孕以后，女工应调离有毒有害作业环境。特别在孕早期，是胎儿致畸敏感期，更应加倍注意。同时也不要安排孕妇长时间站立、连续巡回、弯腰、负重、攀高等作业，孕妇也不宜在阴冷潮湿、高温暑热等环境中工作。同时，应禁止孕妇加班加点及上夜班。对妊娠反应较重的孕妇，应尽量减少工作时间，给予工间休息。在孕末期，胎儿发育迅速，孕妇机体负担过大，因此在产前更要注意照顾孕妇休息。

安全使用塑料制品宝宝才健康

塑料产品几乎是日常生活中不可或缺的产品，小如塑料袋，大至各种塑料容器，从厨房到客厅，餐桌到书桌，幼儿玩具到衣服饰品，几乎通通和塑料有亲密关联。中国人以食为天，因此从吃这方面延伸而出的塑料制品可说是五花八门、千奇百怪。不过可不是各种塑料容器都可以加热，不同材质的塑料制品耐热度各有不同，譬如像保丽龙餐具（PS），假使盛装超过100℃的食物（譬如刚炸好的鸡排、猪排等）就会产生能溶出双酚及单体的化学物质，亦即环境激素。

■ 什么是环境激素

环境激素，又被称做是内分泌干扰物质，是指一种来自环境的人工合成化学物质，其作用可以影响人类体内正常激素运作。日前日本对日常生活用品经常使用到的聚碳酸脂（PC）以及聚苯乙烯（PS）餐具进行试验发现，装盛高温食物，时间愈久，愈容易产生双酚及单体，亦即环境激素。根据日本环境厅人员研究发现，这些化学物质足以扰乱生物体内的内分泌系统，同时也会影响生物的生殖机能以及引发恶性肿瘤，对于怀孕初期的胎儿发育影响极大。

■ 勿将食物放置塑料容器盒中加热

除了聚碳酸脂（PC）以及聚苯乙烯（PS）餐具，装盛高温食物，容易产生环境激素以外，市售标榜不需拆封即可微波加热的微波食品，是否也是健康的隐形杀手？现代人的生活中经常使用微波炉进行加热食物的动作，微波炉几乎已经变成家庭主妇的好朋友。

然而，利用微波炉加热食物，假使使用方式不正确，也会对人体产生不良的影响。许多便利商店贩卖的微波食品，标榜不需拆封，即可微波食用。但是你是否发现，有些人喜欢"吃热一点"，所以一再加热，拿出来的便当盒都已经有些软掉了。

再者，有些人习惯将放置在冰箱中以保鲜膜覆盖的菜肴，直接放进微波炉加热，从微波炉拿出后，保鲜膜遇热收缩，反而紧紧包覆住食材。这些现象都表示，装盛食物的塑料容器或保鲜膜已经超过耐热的范围，因此形体产生变形，甚至产生一股塑料臭味。

一般微波食品，都有注明食物烹调时间以及适用火力大小，假使超过承受温度的范围，当然就会产生不良的化学毒物，影响身体健康。假使状况许可，建议消费者还是把食物放在微波炉专用盘中加热比较安全。

事实上，无论是PVC材质或是其他塑料材质，在高温下，本身就易产生毒素，因此，消费者应尽量避免以塑料容器装盛食品加热。此外，孕妈妈家族内，假使有癌症、肿瘤病史者，或是肾脏、肝脏功能不好者，应该尽量少吃微波食品，以免影响胎儿发育。

科技的发达造就了人们生活上的便利，相对也令人们的健康付出相当大的代价，许多的文明病至今仍找不出原因，甚至十几、二十几年之后病因才被发现。因此，规律的生活、保持运动习惯、饮食均衡，才是真正维持健康的不二法门！

✚ 利用微波炉加热须注意的要点

＊不可用一般保鲜膜包覆食材加热。

＊油脂含量高的食物，可套上微波炉专用袋加热。

＊便利商店出售的微波食品，最好拆开保鲜膜、打开塑料上盖，再进行加热。

■ 塑料制品身分检索——塑料分类代码

❶ PET（聚乙烯对苯二甲酸脂）

用途：宝特瓶

塑料回收代码1号，多用在制作宝特瓶。因为硬度、韧性都极佳，质量轻，携带轻巧，大多用来包装碳酸饮料。除碳酸饮料外，还有例如清洁剂、洗发精、矿泉水、食品用油、调味品、药品、化妆品等。

辨识方法：瓶身一体成型，无接缝，瓶底有一圆点。

❷ HDPE（高密度聚乙烯）

用途：塑料袋、洗发精瓶、沐浴乳瓶

PE（聚乙烯）一般分为高密度聚乙烯（HDPE）与低密度聚乙烯（LDPE）两种。目前市面上的塑料袋及各种半透明或不透明的塑料瓶几乎都是ＰＥ材质，像清洁剂、洗发精、沐浴乳、食用油、农药等。

辨识方法：容器不透明，手感似腊，

塑料袋揉搓或摩擦时有沙沙声。

❸ PVC（聚氯乙烯）

用途：矿泉水瓶

多用在水管、雨衣、书包、建材、塑料膜、塑料盒等产品制造。由于PVC瓶透气性高，不可以用来装盛碳酸饮料，在食品容器上以矿泉水为主，部分色拉油瓶也是使用PVC材质。另外PVC膜遇热收缩度极佳，因此广泛用于盒外包装及瓶外标签上。

辨识方法：圆的PVC瓶底部为一条直线。PVC用力折会有白色痕迹，在太阳底下长时间曝晒后会变成铁红色，以火烧边缘会产生青色火焰，燃烧PVC时会释出氯乙烯有毒气体。

❹ LDPE（低密度聚乙烯）

用途：塑料袋、牛奶瓶

多呈半透明，像牛奶瓶、胶卷盒等。

辨识方法：LDPE做成的塑料袋较柔软，揉搓时较不会发出沙沙声，外包装塑料膜软而易撕的是LDPE，较脆而硬的是PVC或PP膜。

❺ PP（聚丙烯）

用途：豆浆瓶

熔点高达167℃，耐热，最常见的是豆浆、米浆瓶，另有部分色拉油瓶及乳品瓶罐。此外，部分餐厅或是路边摊上使用的粉红色塑料碗，以及盛装微波食品的塑料盒，就是以PP做成。

辨识方法：和PE材质比起来，PP的硬度较高，且表面较有光泽。

❻ PS（聚苯乙烯）

用途：养乐多瓶、保丽龙餐具

PS的吸水性低，未发泡的PS在食品容器上的贡献有养乐多瓶、酸奶盒、布丁盒、外带奶茶杯、快餐店饮料的杯盖等。发泡后制品多半用于一次性餐具，如保丽龙免洗餐具。此外，部分泡面碗及咖啡杯、包装用盒如冰淇淋盒、蛋糕盒等也是，以聚苯乙烯为原料的餐具不适合盛装100℃以上的食品，因此保丽龙餐具最好避免用来装100℃以上的食品，尤其刚炸好的食品（一放进去就会有溶解、凹陷产生）。

辨识方法：未发泡的制品，譬如养乐多瓶、酸奶盒、布丁盒、外带奶茶杯，一折就有白痕出现，通常以手即可撕裂。

孕期不宜染发或烫发

染发剂和冷烫剂虽对人体有害，但对常人来说微乎其微，而孕妇因体内的变化，就应谨慎了，在孕期最好是不烫发、不染发。

怀孕早期头发会发生变化，比较脆，缺乏弹性。这时烫发，对头发损伤较大。烫一次发要2～3小时，在妊娠期，孕妇很难在理发店里坚持这么长时间，因此最好不要烫发，剪一剪就可以了。

染发剂、增黑剂等都是化学药品，容易引起过敏，孕妇最好不用。孕期头发发干、较脆，分娩以后稍加保养即可恢复。

孕期做家务应注意

孕期适当地做些家务，参加劳动，对

母子都是有益的。劳动可改善睡眠，增加食欲，增强体力，预防过胖，减少便秘。总之，孕期只静不动是不可取的。

但孕期做家务劳动要适度，要有选择，并且孕妇要感觉愉快才好。

❶ 在孕早期，妊娠反应使孕妇吃不下饭，这个时期不要做饭，也不要下厨房劳动，以免加重孕吐。

❷ 冬天不要使用凉水，以免着凉诱发流产。

❸ 不要用搓板洗衣服，搓板顶着腹部，撞击腹部，对胎儿不利。洗衣不要过多，不要端盛水的盆。洗衣宜用肥皂，不宜用洗衣粉。不要用力拧衣服，最好不洗大件。晒衣服时将衣物放置在低矮处，不要用力高举衣物。

❹ 不要登高、抬重物，不要干弯腰下蹲的劳动。

❺ 不要站立过久，避免过于劳累。

❻ 心情不愉快或不愿干时，不要勉强干活。

早孕反应的自我调整

孕妇在早孕反应中出现严重恶心、呕吐、体重下降，感到不放心时，应及时到医院检查，除此之外应多与家人做一些自我调整情绪的工作，可减轻早孕反应。首先心情要放松，早孕反应属正常生理反应，不会造成身体的极大危险，一般到12周后会减轻，因此要心情愉快。身体不舒服，感到乏力时就躺下休息，不要勉强自己做过多的家务事。积极地调整情绪或者转移情绪，可以去会见朋友，到附近散散步，也可以把自己装饰打扮一番，或做一些自己感兴趣的事，如看书、画画、听音乐等。饮食方面可少吃多餐，吃自己喜欢吃的，或尽量做到能吃多少就吃多少，不要过多地计较每天营养是否平衡，只要能吃进去就是收获。目前胎儿还小，所需要的营养在孕前已经储存，能满足此期胎儿生长发育的需要。孕期需要丈夫和家人的鼓励和支持，早孕反应是特殊情况，不要拘于礼节勉强去做不能做的事，闻到菜味就恶心呕吐，这些情况家人要谅解。早孕反应严重时，必须到医院诊治。

子宫肌瘤会影响胎儿吗

子宫肌瘤是一种良性肿瘤，30岁以上妇女，大约有20%的人患有这种病，子宫肌瘤小的如米粒，大的能有几千克；可以单一存在，也可多个并存。肌瘤长在子宫肌壁内的，叫壁间肌瘤；肌瘤向子宫表面的浆膜层突出的，叫浆膜下子宫肌瘤；肌瘤向子宫腔的黏膜方向发展的，叫黏膜下子宫肌瘤。小的壁间肌瘤和浆膜下子宫肌瘤一般不影响月经、受孕和分娩；瘤体大或个数多可使月经量增多，使子宫体和子宫腔变形，可影响受孕。黏膜下肌瘤常会引起月经过多，并引起子宫内膜炎，这种肿瘤可影响受孕并易造成流产。

患有子宫肌瘤的妇女也可以怀孕，怀孕以后，要到妇产科门诊检查诊断，明确肌瘤的位置和体积，然后按医生嘱咐定期进行检查。

妊娠后随着子宫和胎儿的逐渐增大，子宫供血越来越丰富，使肌瘤得到充足的营养，其体积也迅速增大。增大的肌瘤可使子宫腔变形，使胎儿活动受限，发生胎位不正。在分娩时，如果肌瘤数目多、体积大会影响子宫收缩。分娩后因收缩不良，会使产后出血增多。

以上所谈，均为妊娠合并子宫肌瘤可能发生的问题。在临床上也有些合并肌瘤的产妇能顺利进行自然分娩。一般情况下，医生会根据产妇情况，在产前决定生产方式。如施行剖宫产，取出胎儿后，再剔除肌瘤或切除子宫。

孕期要防肾结石

妊娠期肾结石发病率很高，这是因为妊娠期妇女内分泌发生很大变化，代谢加快，这使肾盂、输尿管的正常排尿功能出现异常变化，主要是收缩蠕动作用减退，随即发生一定程度的扩张，使尿流郁滞、变缓。这样，就很容易诱发肾结石。另外，增大了的子宫压迫输尿管，使输尿管发生一定程度的扩张和积水，也很容易诱发结石。妊娠期肾结石，以右侧为多，这与右肾位置稍低等原因有关。

妊娠期妇女应注意以下事项预防肾结石。

❶ 怀孕以后每天要有一定量的活动。要多散步、做操，这样可以促进肾盂及输尿管的蠕动，防止子宫长时间压迫输尿管。

❷ 要多喝水。孕妇应养成多喝水的习惯，喝水多排尿也多，特别是晚间要注意喝水。因为在夜间，输尿管的蠕动会减慢，再加上尿液分泌少，尿液中的结晶物质很易沉淀变为结石。

❸ 不要偏食。特别注意不要进食某些容易诱发肾结石的食物，例如菠菜、白薯、豆类等。

在妊娠期发生肾结石尽量采用非手术治疗，特别是注意多饮水。如果没有反复发作，可以等待分娩后再进行排石治疗。

克服孕期感冒有妙招

■ 怀孕时须谨慎用药

感冒是由病毒所引起的，一般会有打喷嚏、鼻塞、流鼻涕、咳嗽、喉咙痛、发烧等上呼吸道症状，目前医学界尚没有办法用药物杀死病毒，因此一旦感冒，只能顺着病毒的生命周期，直到自然痊愈，而服药只是为了减轻不舒服的症状。

怀孕初期3个月内正是胎儿器官发育的关键期，为避免胎儿畸形，这3个月不仅应特别戒离酒、咖啡、烟，服用药物更是一大禁忌。如果怀孕初期3个月内染上感冒，可以用非药物的方法来缓解不适症状；必要时，在怀孕的中、晚期（4~10个月）请医生开出较安全的药服用，让准妈妈能顺利安全地娩下健康的宝宝。

孕期舒缓感冒不适的建议

❶ 多休息。

❷ 舒缓鼻塞：每天3次，每次15分钟以喷雾器由鼻吸入蒸汽；或以1/4茶匙盐溶入240毫升温水中，每日数次滴数滴到鼻孔中，停留5～10分钟后，再让其流出，可以协助减缓不适。

❸ 睡觉时垫高头部：呼吸会比较顺畅。

❹ 洗热水澡：可让鼻子较舒服，血液循环较好，身体舒畅，但水温不可超过41℃，以免过热影响胎儿健康。

❺ 饮食方面：

• 多喝水、新鲜果汁、清鸡汤等可使鼻涕稀释，较易擤出；如有发烧，更应该多喝开水，让毒素排出。

• 有发烧症状、食欲变得较差时，用带须的葱白熬煮稀饭，可以发汗退烧，是民间的食疗方法；稀饭搭配几片酱瓜，唤醒初愈的味觉，能提供水分、盐分及热量；无油的鸡肉粥、皮蛋瘦肉粥、葱花蛋汤等能提供清淡、低油、高蛋白的饮食，使身体加速复原。

• 咳嗽是最恼人的症状，严重时还会造成流产，古老流传的食疗方法，如梨去核、注入蜂蜜炖煮，或白萝卜丝浸泡蜂蜜服食，因为是食物，对人体无大碍，可姑且试之；必要时，可去找中医师寻求医治。

秋冬感冒好发季节，孕妈妈须早晚注意天气变化，身体一流汗（尤其是背部）就要擦干，小小的动作，可以让孕妈妈免于感冒之苦。请记住，预防优于治疗是健康的金科玉律。

O型血孕妇应注意什么

人的血型可分为O、A、B、AB四种，O型血的妇女与A型、B型或AB型男子结婚后，怀孕后所得的胎儿可分A型、B型、AB型。胎儿由父亲遗传而获得血型抗原为母亲所缺少的，这种抗原通过胎盘进入母体，刺激母体产生相应的免疫抗体，抗体又进入胎儿体内，抗原、抗体相结合使胎儿细胞凝集破坏，发生溶血，可出现流产和死胎。母胎血型不合的新生儿可出现早发性黄疸，发生心力衰竭或黄疸后遗症，抢救不及时，则造成脑性瘫痪、呆傻甚至死亡。当然这种情况不只发生在O型血母亲，但以母亲O型，子女为A型或B型最多见。可是绝大多数母胎血型不合的新生儿不患病，这与父亲血型抗原性的强弱、连接母胎的胎盘屏障的通透性等因素有关。

凡是以往有过死胎、流产、早产或新生儿出生后很快死亡，或于出生后24～36小时内出现黄疸的孕妇，均应想到患此病的可能。

妇女怀孕以后，应该到产科检查血型，同时也要确定配偶的血型，如发现双方的血型有产生母胎血型不合的可能时，孕妇应在产前门诊接受定期检查。检查主要包括孕妇血中抗A（或B）抗体的浓度，如果大于1∶32，就应引起重视。另外还可用B超观察胎儿发育情况。

对有溶血病史的孕妇，妊娠期应加强监护，设法提高胎儿抵抗力及孕妇的免疫力，产妇最好在预产期前两周入院，在严密的监护之下分娩。

目前我国各大医院，在一般情况下都可以保证A、B、O溶血症的患儿不遗留后遗症。当然关键是孕期的严密监护和及时治疗。

怀孕禁忌 Yes or No

长辈们常说，怀孕禁忌要注意。而这些禁忌流传至今，以现代的科学角度来看，是否仍存在意义呢？

■ 行为禁忌

孕妈妈不可以将手举高过肩，否则容易流产。孕妈妈因体形改变，重心也比较不稳，因此应尽量避免拿高处的东西。最好能将家中常用的物品，放置在与孕妈妈肩膀同高的高度，避免发生重心不稳跌倒的意外。

不可以拍孕妈妈肩膀。早些年代，因为怕孕妈妈受到惊吓，导致流产，因而有此一说。怀孕期间，孕妈妈的情绪容易紧张、烦躁，不过根据医学报告指出，孕妈妈紧张时所分泌出的肾上腺素，会让胎儿动得比较厉害。

❶ 家有孕妈妈不能随便整修房子吗

根据老一辈的说法，是因为搬家会惊动到胎神，容易流产。不过以现代的科学角度来说，搬家或是房屋装修，都会付出更多的劳动力及心力，且需要搬动重物，对重心不稳的孕妈妈来说，发生意外的概率也相对提高。

❷ 晒衣服造成流产吗

孕妈妈因为体形改变的关系，加上怀孕晚期，肚子明显隆起，重心改变，自然有许多行动上的限制，譬如说不适合踮脚尖拿东西、抱太重的物品等。

❸ 孕期环境嘈杂将来宝宝爱哭吗

科学研究报告指出，音乐的确能刺激宝宝的脑部发展，不过律动性太强的音乐，譬如摇滚乐、电子音乐等节奏快的音乐，会使胎儿兴奋、紧张、不舒服。医生建议，最好能选择更接近自然的音乐，以轻柔旋律为主。

❹ 孕妈妈可以开车吗

现在开车上班的孕妈妈实在太多了，不过，开车时间不宜过长，最好不要超过一小时。因为开车时需要耗费相当大的精神，维持同一坐姿太久，容易造成腰部酸痛，对孕妈妈及胎儿健康易造成不良影响。对于怀孕晚期，肚子明显隆起的孕妈妈们，医生则建议改搭公共交通公具或是由家人接送比较安全。

■ 饮食禁忌

❶ 怀孕期间忌食螃蟹、甲鱼吗

孕妈妈本身为过敏体质者，最好避免食用。许多海鲜具有活血的作用，食用后对早期妊娠易造成不良影响。就甲鱼肉而言，具有较强的通血路、散淤血的功效，在古代曾被利用作为堕胎之药引。

就螃蟹这种食材本身而言，性偏寒凉，具活血去淤之功效，假使以清蒸的方式烹调，对孕妈妈健康影响不大。不过，现代人口味偏重，孕妈妈若食用加入辣椒、葱、姜、蒜等热炒过的螃蟹，且次数太过频繁的话，容易使孕妈妈产生燥热的情况。

《本草纲目》这样说

《本草纲目》记载蟹爪"会堕生胎，下死胎，孕妇忌服"，蟹爪的功用主活血、破胎，可以促进血液循环加速，因而容易引起流产。

❷ 忌吃柿子吗

柿子属寒性，有收敛作用。脾胃虚寒者，或是有咳嗽（急性感冒），消化不良的人要少吃。孕妈妈在产后需排恶露，因而不适合食用。

❸ 忌吃鸭肉吗

据《本草纲目》记载，鸭肉滋阴养胃，利水消肿，容易滞气滑肠，因而气喘体质者不适合食用。不过，虽然鸭肉有利水消肿的功效，对于去除怀孕期间的全身性水肿，成效并不大。螃蟹、柿子、鸭肉这些食材都容易诱发过敏，假使孕妈妈本身属于过敏体质，那么宝宝同样为过敏体质的概率也很高。假使孕妈妈过敏发作，妈妈肚里的胎儿诱发过敏的机会也相对提高。

❹ 不可以吃姜母鸭吗

香喷喷的姜母鸭令人难以抗拒，不过，医生建议孕妈妈要尽量少吃，或是不要加酒烹调。因为酒精促进血液循环，所以孕妈妈食用含酒精成分的料理或炖补，易使流产的概率增加。

❺ 忌吃姜吗

姜的主要功用在于止呕、发汗，孕妈妈在怀孕初期，假使害喜呕吐得严重，医生反而会建议孕妈妈煮一点姜水，酌量服用，以降低呕吐感。

中医讲求阴阳平衡，热性补阳，阴性滋阴。假使吃太多燥热的食物，会影响全身的黏膜湿度，譬如眼睛容易觉得干燥或是口干舌燥等，且容易使肠胃黏膜充血，促进炎症反应。此外，薏苡仁也要避免食用！部分药膳材料添加薏苡仁容易造成孕妈妈身体冷虚，对母体及胎儿健康造成影响。

民间有许多安胎药，譬如十三味、安胎饮等，孕妈妈在饮用之前，最好请示妇产科医生或中医师，经过诊断后由医生调配适合自己体质的安胎药，因为每个人体质皆不同，必须综合诊断才能达到事半功倍的疗效。

孕妈妈可以使用精油吗

已有千年历史的精油疗法几乎已蔚为时尚风气、追求自然与健康并改造身心的好帮手了，不过不同体质者，适合的精油种类也不同。孕妈妈在怀孕初期可使用玫瑰精油帮助镇静放松。不过，必须注意的是，怀孕期的前5个月，部分精油最好还是避免使用，譬如具有利尿特性的精油就不被建议使用。

• 孕妈妈可使用哪些种类的精油

对于在怀孕初期（1～3个月）有严重

害喜症状者，譬如说闻到油腻的食物、香烟的味道，就会有强烈的反胃感的孕妈妈们，建议使用橙叶及甜柳橙这两款精油。至于晨吐严重的孕妈妈，则建议使用苦橙、檀香木这两种。滴于手帕或棉球上，放在枕头套内，对于减轻晨吐、预防或降低恶心的感觉都相当有帮助。

在怀孕4～6个月时，建议孕妈妈们做一些精油按摩，加强全身皮肤的紧实度，使皮肤弹性保持在最佳状况。可使用5滴金盏花媒介油加上2滴金丝桃媒介油，每星期两次，在想要紧实的部位轻轻按摩即可。

在怀孕7～10个月时，腹围明显增大，重心也明显改变，有些孕妈妈会有静脉曲张的状况。这时候，孕妈妈不妨试试看以精油按摩小腿，从脚踝处开始顺势往大腿处按摩，帮助淋巴液流动，减缓腿部水肿。

紧接着，终于要迈入最后阶段，阵痛的痛楚真是让孕妈妈晕头转向！这时可以使用鼠尾草或茉莉精油，滴一些在精油灯上，可帮助孕妈妈达到舒缓放松的效果。

✚ 孕妈妈避免使用的精油种类

孕妈妈应避免使用薰衣草、罗勒、牛膝草、茉莉、杜松、樟树、茴香、马郁兰、西洋雪松、玫瑰、迷迭香、百里香、艾草、山金车、白桦、快乐鼠尾草、丝柏、薄荷、冬青这些种类的精油。

以现代科学角度来看流传下来的民间习俗，不难看出中国人对生育的重视态度。事实上，其出发点都是来自对孕妈妈及胎儿健康的保护，毕竟怀胎十月可不是件容易的事呀！

怀孕初期饮食营养须知

整个孕期分为三期：早期、中期、晚期。早期即为受孕开始到第3个月，也就是产检时的第12周。我们一直强调孕期良好的营养状态，是要由平时的良好饮食习惯所养成，而摄取的食物种类都要考虑到质与量均衡的因素。

▰ 害喜时怎么吃

怀孕初期所增加的体重，希望是1～2千克，但也有一些孕妈妈的体重不增反减。虽然此时建议饮食量可比平时多15%，但实际上并没有摄取那么多，是因怀孕期间大部分的人会受到蛀牙、恶心、呕吐，甚至是便秘合并症的困扰。怀孕的前3个月，内分泌变化会影响整个人的生理机能。脑下腺与卵巢间，整个内分泌系统都发生了变化，尤其以怀孕初期变动最大。

害喜症状轻微时

轻微的恶心、呕吐、食欲不振等肠胃不适，即所谓的害喜，若因此不能摄取足够的营养，则可能会有体重减轻的现象。如何缓和这些情形？

❶ 如果是有晨吐现象（早上起床后非得吐一吐才舒服的情形），可在起床前吃些淀粉质（糖类食物）来压抑恶心感，例如饼干、吐司、甜味包子、馒头或是糖果。

❷ 一天中可选择食用水分含量较少的水果，例如番石榴、苹果、香蕉、木瓜等。

❸ 避免油腻及油炸食物、调味料过重的食物、含大量咖啡因饮料（浓茶、重咖啡）或特殊及重味道的蔬菜水果，以免引起害喜情形更加厉害，凡是会让自己不舒服的食物就尽量避免它。

❹ 饮食可少量多餐，而液体（流质）食物可选择在餐与餐之间食用。

❺ 通常空腹时恶心、呕吐的感觉会更明显，所以孕妈妈在家中或办公室可以准备一些简单方便、一口即可吃的食物，以减少恶心、呕吐的情况。

害喜症状严重时

❶ 恶性或严重的恶心、呕吐，就该找医生来帮忙了！有一些甚至要住院观察，避免电解质和热能的耗损，要注射点滴或灌食来提供水分、养分、电解质和热能。

❷ 当可以经口吃东西时，最好是慢慢地供应各类食物，饮食则以高糖、低油的食物较能适应，包括吐司、果酱、饼干、麦片、糖果、低脂牛奶或调味奶、清汤等。

❸ 空腹时恶心、呕吐症状相较严重，建议每2个小时可吃一些食物，而固体食物比液体食物在胃中停留时间长，可延缓胃空的情形。

❹ 水、饮品或汤，小口食用，建议每次以不超过150毫升为宜。

❺ 虽然液体食物容易引起胃酸分泌，但是要避免水分摄取不够或产生脱水现象，所以水分的补充是不可以忽略的。

清淡多变化的食物有助于舒缓孕早期不适

当怀孕前期食欲不振、食物摄取情形不良时，不仅孕妈妈会担心，连准爸爸或周围的亲朋好友也会为之紧张，就会开始介绍许多的营养补给品，妈妈吃的、宝宝补的，反正一人吃两人补，就多吃些吧！原则上一人吃两人补是很好，但是不要过量，以免妨碍胎儿的发育或甚至造成畸形。其实，如果家人多费点心力，为孕妈妈准备一些清淡多变化的食物，怀孕初期的不适将会舒缓许多。如果孕妈妈有时候真的食欲不佳，也不要太勉强进食，一段时间之后孕妈妈会为了要生下健康的宝宝而逐渐恢复食欲的，体重也将会随之增加。

怀孕及生产前，有些东西不能吃

■ 生产前孕妇饮食的禁忌与常识

一般而言，孕妈妈都有孕期要谨慎用药的认识，即使是小感冒，都不能自行购买服用成药，最好请专科医生开处方，以免影响胚胎发育。

而饮食的问题，一般比较少引起注意，或是根本不知从何着手。事实上，医食同源，孕妈妈如果吃得不对，也可能影响到胎儿健康，同样有引起胎儿畸形或流产的危险。所以女性怀孕以后，除了必须注意饮食营养，以保证母体健康及供输胎儿正常生长发育所需外，对于可能影响胎儿、容易引起胎儿畸形、流产等结果的食品，也是不可忽略大意的。

以下是孕期的饮食注意事项，孕妈妈及家人一定要注意：

❶ 忌食滑利食物

- 薏苡仁：是民间四神汤常用的配料，其性质滑利，能兴奋子宫肌，促使子宫收缩，易诱发流产。
- 马齿苋：是药材兼用食物，性寒凉滑利，也能兴奋子宫，促使子宫收缩，造成流产。
- 杏仁：性滑，有滑胎作用，不利孕妇，而且杏仁含氢氰酸，孕妈妈亦不宜进食。

❷ 不可盲目进补

孕妈妈营养过剩，会造成体重增加及血糖、血脂升高，易导致妊娠糖尿病、妊娠高血压，易造成死胎。尤其不可乱服下列补品：

- 人参：中医认为，孕妇生理变化气常有余，血常不足，容易出现胎火。而人参属大补元气之品，孕妈妈若久服或用量过大，易上火而加重妊娠呕吐、水肿和高血压现象，也可促使阴道出血，导致流产或死胎。
- 桂圆：属甘温大热之物，孕妈妈食后易生内热，动血、动胎引起流产。
- 温补助阳食品：鹿茸、鹿角胶、胎盘、胡桃肉等温补助阳之品也不宜服用，如病情需要，应在医生指导下谨慎服用。

❸ 忌食易引起过敏的食物

有过敏体质的孕妈妈，发生食物过敏有可能妨碍胎儿生长发育，导致胎儿畸形或遗传胎儿终身不除，常见的有哮喘、荨麻疹、癫痫等。因此孕妈妈应注意：

- 以前吃了就会发生过敏的食物，怀孕期间应禁食。
- 对异性蛋白食物，如动物肝、肾、蛋类、奶类等，应煮熟、煮透才吃。
- 不吃容易引起过敏的食物，例如不新鲜的鱼、花枝、乌贼、虾、蟹、贝壳类、核果类等等。

❹ 忌食刺激及过咸饮食

孕期忌食辣椒、胡椒等辛热刺激食物，火锅及沙茶也要少吃，因为容易上火。调味太咸易引起水肿，因为孕妈妈易有高血压及下肢水肿，所以进食不宜过咸。

❺ 少吃食糖

尤其是白糖，进食过多会消耗大量钙质，使胎儿缺钙而罹患佝偻病、胎儿头骨松大，分娩通过产道时，难承受压力，易使颅内出血而夭折。食糖过多还会减弱抗病力，易感染病毒，导致胎儿畸形。

❻ 忌喝浓茶

浓茶会使孕妈妈兴奋过度、心跳加快、血压升高，造成失眠及便秘。浓茶含较多单宁酸，会妨碍孕妈妈对铁质的吸收，易导致缺铁性贫血。

❼ 不宜大量喝汽水与可乐

汽水含磷酸盐，会与体内铁质产生化学反应，大量饮用会降低血液中的含铁量；此外，汽水中的碳酸不但会影响孕妈妈自身对钙质和铁质的吸收，还会造成胎儿缺钙、缺铁。

可乐含有咖啡因成分，刺激性较大，

可能对胎儿的中枢神经系统造成损害，影响胎儿智力发育。因此，孕妈妈不宜大量喝汽水及可乐，更不能用其代替水来解渴。

❽ 不可随便服西药、中药或青草药

有很多药物会造成胎儿畸形，孕妈妈应避免误服，尤其是怀孕早期，胎盘屏障尚未完全成形，药物极易进入胚胎组织而造成不良影响。有些中药也有不同程度的滑胎、堕胎作用，服用后会对胎儿不利，甚至导致流产。

总之，怀孕期间应尽量不服药物，因为有很多药物有一定的不良反应。如不得已必须服用西药，一定要在专科医生的指导下谨慎选择服用。如需服用中药或草药，则必须请中医师诊断、开处方，才能减少遗憾与意外。

❾ 控制咖啡因摄取量

咖啡、茶、可乐都含有咖啡因，可能会影响胎儿中枢神经及智力发育。咖啡因摄取量需控制在每天200毫克以内，最好禁食。

❿ 忌食其他可能导致流产的食物

孕妈妈多半喜食酸的食物，能增加胃液分泌，增加食欲，消除恶心呕吐，但酸食不宜食用过多，尤其是不宜吃山楂，吃山楂过多会引起子宫收缩，严重时会导致流产。

此外，黑木耳有活血、化瘀的作用，孕妈妈也应禁食，当然微量服用，一般体质尚能接受。

生产前忌吃会影响凝血功能的东西。

• 人参与黄芪：人参、黄芪属温热性质的中药，自然产前单独服用人参或黄芪，有可能因为补气提升的效果而造成产程迟滞甚至阵痛暂停的现象；剖宫产前单独服用人参或黄芪，则有可能因为气血循环过于旺盛而造成产程大量出血。因此生产前一周要停止服用。

• 银杏：又称白果，具有促进血液循环、抗凝血的功能，是治疗心血管及脑部疾病的良药，同样在孕期不可过量服用，以免流产；生产前一周也要停止服用，以免影响生产时的凝血功能。

• 怀孕36周之后要暂停服用鱼油，以免影响生产时及产后的凝血功能。

蔬果食疗改善孕吐

孕吐是怀孕前期最困扰妈妈的状况之一，孕妈妈可服用姜汁米汤或甘蔗姜汁改善反胃、恶心的感觉，而紫苏梅汁也有类似的效果。除此外，含有维生素B_6的食物也可以改善孕吐，这些食物包括酸奶、糖蜜、地瓜、小麦胚芽等，孕妈妈不妨试一试。

姜汁米汤

用料：糙米80克，老姜1块。

做法：❶ 糙米泡水4小时后沥干，加水750毫升，以电饭锅蒸煮至熟，待凉后过滤取米汤。糙米可留着当主餐吃。❷ 老姜切块，以分离式榨汁机榨出原汁，取10毫升加入糙米汤中调匀即可。

功效：改善怀孕害喜。

甘蔗姜汁

用料：甘蔗1段，生姜数片。

做法：甘蔗去皮切段，与生姜分别以分离式榨汁机榨出原汁，取300毫升甘蔗汁及10毫升生姜混合均匀，稍微加热后即可。

功效：改善呕吐。

改善害喜的中医妙方

■ 害喜影响孕妇吸收营养

害喜的现象，是怀孕生理的改变引起绒毛膜促性腺激素（HCG）上升，及肾上腺皮质激素减少，使得肠胃蠕动变慢而引起。此类现象多见于精神过度紧张、神经系统功能不稳定的年轻初次怀孕的孕妇。

轻度妊娠反应，出现食欲减退、挑食、清晨恶心及轻度呕吐、头晕、心烦易怒、胸闷喘促等现象。少数女性反应严重，呈持续性呕吐，甚至不能进食、进水、伴有上腹饮闷不适、头晕乏力或喜食酸咸之物等，这时称为妊娠呕吐，中医称为恶阻、子病、病儿、阻病等。

古医典籍中认为，妊娠呕吐因妇女本虚，平居之时，喜怒不节，当风取冷，中脘素有痰饮，受妊经血既闭，饮食相搏，气不宣通，遂至心下愦闷，头晕眼花，四肢沉重，闻食气即吐，喜食酸物，多卧少起，甚则吐逆。其主要由于胎气上逆、胃失和降所致。

临床上一般分为：

❶ 脾胃虚弱：可见恶心、呕吐清水、厌食、精神倦怠、嗜睡等症，治疗以健脾和胃、降逆止呕为主；

❷ 肝胃不和：可见恶心、呕吐酸水或苦水、胸胁胀痛、精神抑郁、口苦、烦躁等症，治疗宜平肝和胃、降逆止呕。

身体越弱者，就越有机会害喜，大有1/3～1/2的孕妈妈会有呕吐的现象。有些孕妈妈于怀孕1个月以后才会发生，3个月以内就会缓解，有些人则持续时间较长。而且每一胎的害喜现象也不同。若是严重恶阻者，非但食入即吐，甚至入厨房、开冰箱，就会频频欲呕，如此长期厌食，形体消瘦，卧床不起，就容易引起母子的健康和营养障碍。

■ 改善害喜的食疗妙方

例如使用一些容易降胃气、助消化的食物，对改善害喜颇有帮助：

❶ 柚子干或柚子片30克，用水6碗煎，煎水代茶，徐徐饮之。

❷ 柿蒂30克、冰糖60克，煎水代茶，徐徐饮之。

❸ 橘皮15克、生姜10克、红糖20克，煎水代茶。

❹ 鲜姜汁15毫升、甘蔗汁1碗，共调匀，加热温服。本方治孕妇呕吐、饮食难下，具有健胃、下气、止呕之功效。

❺ 鲜姜40克、韭菜100克、冰糖适量。将韭菜、生姜切碎，捣烂取汁，或用调理机榨汁后滤渣取汁，用冰糖调匀饮汁。本方治怀孕后恶心呕吐、不思饮食之

症，具有温中止呕、行气和中的作用。

❻ 鲜姜15克、白萝卜50克、柚皮15克，用水1碗，煮至半碗后服。本方治妊娠呕吐，具有温中止呕的作用。

❼ 鲜姜10克、灶心土30克，用水6碗煎，煎水代茶，徐徐饮之。本方治妊娠早期反复出现恶心、呕吐、头晕、厌食甚至食入即吐者。

■ **远离害喜小窍门**

❶ 保持情绪的稳定与轻松，家中尽量布置得清洁、安静、舒适。

❷ 注意饮食卫生，饮食以营养价值稍高且易消化为主。可采取少吃多餐的方法，并利用酸味食物（如紫苏、陈皮、梅子、乌梅）来烹调食物，有利开胃下饭。

❸ 避免异味的刺激。呕吐后应立即清除呕吐物，以避免恶性刺激，并用温盐水漱口，保持口腔清洁。

❹ 为防止脱水，应保持每天的液体摄入量，平时宜多吃生梨、甘蔗等水果。

❺ 呕吐严重者，须卧床休息，如有脱水者，要送医治疗补充水分。

❻ 保持大便的通畅。

❼ 呕吐较剧者，可在食前口中含生姜1片，以达到暂时止呕的目的。

❽ 呕吐严重者，可以请专业中医师诊脉配药，因为很多中药处方像六君子汤、养胃增液汤、小柴胡汤、七味白术汤等，都是可用来改善食欲不振的良方，能帮助孕妈妈早日度过妊娠不适期。

➕ DIY穴道按压

另外，可利用穴道按压来改善害喜症状：

按压内关穴（手臂内侧，腕上2寸，二筋之间）。

按压足三里穴（外膝眼直下3寸，胫骨外缘一横指处）。

每次按3～5分钟。

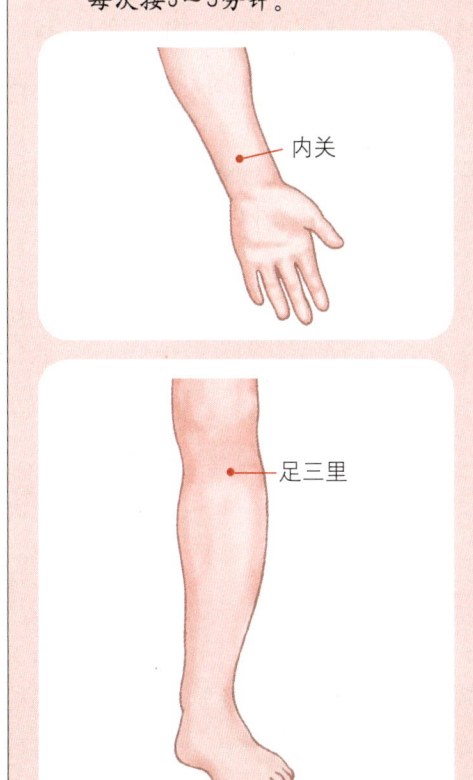

内关

足三里

要不要吃孕妇奶粉

继多样化的儿童奶粉之后，市场又为孕妈妈们准备了孕期专用奶粉，让一些孕妈妈们在吃与不吃之间左右为难。到底孕妇专用奶粉有什么特色？怀孕期间一定要吃吗？它与一般奶粉有何差别？

■ 孕妇奶粉vs一般奶粉

收集市面上4种大品牌的孕妇专用奶粉（市面上称妈妈奶粉），与一般奶粉作比较后，得出以下报告：

❶ 油脂含量：妈妈奶粉是朝脱脂、低脂奶方向设计，所含油脂占热量的1%～26%（脱脂奶油脂占热量的2%，低脂奶油脂占热量的31%，全脂奶油脂占热量的53%）。

❷ 热量密度：妈妈奶粉标准泡法所含热量密度，每毫升有0.7～1千卡（1千卡=4.1848千焦），约为脱脂的1.75倍（脱脂及低脂奶每毫升含0.4千卡及0.5千卡），对于食量小、体重过轻的孕妈妈，或许可以达到适当的增重。

❸ 蛋白质：妈妈奶粉标准泡法所含的蛋白质，每杯为9.2～12克，为一般奶粉8克的1.2～1.5倍，将2杯低脂奶换成2杯妈妈奶，每天可多摄取2.4～8克蛋白质，对于胎儿发育过小者，将会有改善。

❹ 碳水化合物：妈妈奶粉标准泡法所含碳水化合物占热量的44%～74%，每杯含17～40克，为一般奶粉的1.4～3.3倍，对于饭量小、不太吃五谷杂粮的孕妈妈，多少能增加一些碳水化合物的摄入。

❺ 维生素与矿物质：对孕妈妈也非常重要，各家厂商均做不同程度的添加，其中的重点为：

- 维生素A：每杯达建议量的60%～128%。
- 维生素B₁：每杯达建议量的29%～87%。
- 维生素B₂：每杯达建议量的35%～87%。
- 维生素C：每杯达建议量的11%～55%。
- 叶酸：每杯达建议量的33%～74%。
- 钙：每杯达建议量的24%～82%。
- 铁：每杯达建议量的7%～66%。

维生素及矿物质的补充，无法达到100%，也就告诉我们，日常六大类均衡饮食才是身体营养的主角，补充剂只是配角，所以千万不要宾主易位。建议孕产妇健康的每日饮食应该是：米、面4～6碗、牛奶2～3杯、肉类（包括家禽、家畜、海鲜、豆制品、蛋）4～5两、蔬菜3～4小碟、水果3份、炒菜油3汤匙。为达到均衡目的，菜色宜多样化。

由以上数据得知，除非饮食不当，或有特别需求，否则用低脂或脱脂奶加上均衡不偏食且多样化的饮食，就可以让胎儿跟孕妈妈很健康，除此之处，只要在怀孕晚期3个月补充铁剂即可。

❻ DHA的获得：每天吃1两深海鱼肉（如沙丁鱼、鲭鱼、鲱鱼、鲑鱼），可获得45～127毫克的DHA。

最后提醒孕妈妈，不妨从经济角度去算算看，一般奶粉加补充剂的价格与妈妈奶粉的价格比起来，哪一个较划算，再做出合适的选择。

冲泡240毫升牛奶的奶粉营养成分比较

营养成分	全脂奶粉	脱脂奶粉	妈妈奶粉
油脂含量（克）	10	0.2	0.24～4.5
热量（千卡）	170	90	158～240
热量密度（千卡/毫升）	0.7	0.4	0.7～1
蛋白质（克）	8	8	9.2～12
碳水化合物（克）	12	12	17～40
维生素A（微克）	112	248	360～640
维生素D_3（微克）	1.6	2.5	2.4～7.2
维生素E（毫克）	—	0	0～4.08
维生素C（毫克）	16	3	12～60
维生素B_1（毫克）	0.032	0.05	0.32～0.96
维生素B_2（毫克）	0.6	0.55	0.384～0.96
维生素B_6（毫克）	0.034	—	0.456～0.588
维生素B_{12}（微克）	0.9	0.625	0.48～1.44
叶酸（微克）	14.4	12.75	199～441
烟碱酸（毫克）	—	—	3.84～10.8
生物素（微克）	8.6	4.5	12～72
钙（毫克）	272	275	240～816
磷（毫克）	214	238	228～628
铁（毫克）	3.2	0	3.36～9.84
锌（毫克）	0.9	0.825	1.35～7.2
碘（毫克）	19.5	23.5	28.8～35.25
钠（毫克）	99	97.5	136.8～204
氯（毫克）	—	—	312～397.5
钾（毫克）	368	440	456～588
DHA（毫克）	0	0	0.19.2～30.96
亚麻油酸（毫克）	—	—	0～0.8
次亚麻油酸（毫克）	—	—	0～0.2

注：全脂奶粉与脱脂奶粉会因为厂牌不同，成分稍有差异，上面所举例子是众多厂牌中的一种，仅供参考。

胎教课堂
Taijiao Ketang

家庭和谐与胎教

温馨的家庭是孕妇心情舒畅，心境平和，情绪稳定的良好保证。妊娠期孕妇生理上有许多变化，有时可能烦躁，遇事易激动，所以家庭中要营造良好的外环境。妊娠时心情激动，内分泌发生改变，孕妇的血循环和内分泌系统均与胎盘紧密相连，可使母体内环境改变而直接影响胎儿。科学研究表明，孕妇心情平和，情绪稳定，可以增加血液中有利于健康的化学物质，血液循环内分泌和心理都处于一种平衡和谐的状态。专家认为宁静即胎教，早期妊娠孕妇的胎教，情绪和心理素质是关键因素，正常母亲有节奏的心音是胎儿最动听的音乐，母亲规律的肠蠕动声也给胎儿以安稳的感觉，处在良好的子宫内环境中，胎儿能得到理想的生长发育。当孕妇生气、焦虑、紧张不安或抑郁悲伤时，此时母亲的血液中，内分泌激素浓度改变，胎儿立即感受到，表现为不安，通过B超可观察到胎儿的身体活动增加，而且持续的时间比孕妇情绪反应的时间还长。有大量研究发现，孕妇经常焦虑和紧张，胎儿出生后患多动症的机会增多，易挑食，经常呕吐、腹泻和不安，体重减轻，还发现孕早期孕妈妈不良情绪易导致胎儿畸形发育，对胎儿的生理、心理都会产生不良影响。要给每个新生命提供一个充满爱的生活环境，家庭成员要努力协调自己的行为方式，共创和睦健康的家庭人际关系。

胎儿情商的培养

未来的父母亲对胎儿的情商培养应尽早开始并应该有步骤地进行。

■ 听音乐

音乐必须根据孕妇不同阶段的需要来选择。孕妇在妊娠早期情绪容易波动，常会影响胎儿的生长发育，若母亲抑郁和焦虑就会影响到胎儿。因此，这段时间孕妇适宜听轻松愉快、诙谐有趣、优雅轻松的音乐，使孕妇早孕反应所引起的不安心情得以放松，精神上得到安慰。

音乐的曲调、旋律、节奏和响度的不同，对孕妇和胎儿产生的情感和共鸣也不同，优美细腻、韵律柔和、带有诗情画意的乐曲有安心镇静作用，轻松悠扬、节奏明朗、优美动听的乐曲，有舒心愉悦的作用。不同类型的音乐对孕妇和胎儿所产生的影响也不同，孕妇最好不要听那些过分激烈的现代音乐，如摇滚乐等，因为这些音乐音量较大，节奏紧张激烈，声音刺耳嘈杂，可使胎儿烦躁不安，使神经系统和消化系统产生不良反应，促使母体内分泌一些有害的物质，危害孕妇和胎儿。

■ 与胎儿进行心灵交流

孕妇多接触琴棋书画。多看画展、花展、科技展，阅读一些轻松乐观、文字优美的文学作品。学习插花、摄影和刺绣等，陶冶自己的情操，多与胎儿进行心灵、情感的交流。

胎教实际上是对胎儿进行良性刺激，主要通过感觉的刺激发展胎儿的视觉，以培养其观察力；发展胎儿的听觉，以培养其对事物反应的敏感性；发展胎儿的动作，以培养其动作协调、反应敏捷、心灵手巧。由于胎儿在子宫内的特殊环境里，胎教必须通过母体来施行，对胎儿的感官刺激，通过神经可以传递到胎儿未成熟的大脑，对其发育成熟会起到良性效应，一些良性刺激可以长久地保存在大脑的某个功能区域中，一旦遇到合适的机会，惊人的才能就会发挥出来。因此孕妇每天播放一些欢快的优美动听的音乐，或活泼有趣的歌谣和诗词，也可自己哼唱各种小曲和朗读诗词传递给胎儿，除了听音乐外还要多接触文学艺术，可阅读散文、童话，也可观赏人体绘画、人体摄影等以获得美的欣赏和享受，既陶冶母亲的情操，又可对腹中的胎儿的形体器官发育成熟起到良性刺激作用，起到潜移默化的效果。

胎教到底有没有效

胎儿依附在母体长达10个月，两者的亲密关系，在婴儿呱呱坠地之前是别人无法取代的，只有母亲可以给腹中胎儿良好的生长环境，这是母亲与生俱来的天职，也是独有的权力。正因如此，亲子间专属的私密互动——胎教，方兴未艾。然而，胎教是否有用一直是争论不休的话题。

■ 医生对胎教的看法

国内医学界很少有人投入胎教研究，因为做完胎教实验后，还需要长期追踪10~20年才会有初步结果。而目前孕妇们所进行的胎教，通常只能看到胎儿短时间的生理反应，例如放音乐后观察胎儿的心跳变化，跳得快代表急躁，跳得平缓代表安静，但这毕竟只是间接的观察。

虽然目前尚无明确的科学证据可以证实胎教有效，但医生们不反对胎教，因为，实施胎教，至少可以提醒妈妈们尽到照顾、关怀胎儿的责任，且有胎教概念的妈妈，对于照顾胎儿的警觉性和认知也会比较高，有正面意义。

胎教的成效目前虽难以评估，但从解剖学论述，可以肯定的是，母体腹中的胎儿有听觉反应，一般而言，5个月以上的胎儿会有听觉，7个月时多半听得到，8个月时会受外在声音刺激而有所反应。

医学上则有实际以声音刺激胎儿的方法，妇产科临床上若碰到比较不爱动的胎儿，或孕妇因胎动较少而担心时，医生会请孕妇到产房，将会发出低频声音的振动器放在孕妇的肚皮上，此时羊水会产生轻微的打雷般声响，借以刺激胎儿反应，有反应则代表胎儿听觉神经系统正常，也间接代表胎儿没有处于缺氧状态。

■ 音乐胎教最易上手

由于播放声音是最快而明显得知胎儿是否感受到外在刺激的途径，因此，最常见的胎教方式就是听音乐或和宝宝胎谈。建议孕妈妈不妨听一些令自己感到和缓、舒服、愉悦的音乐，尤其古典音乐可使脑波平稳，是不错的选择。西方学者们认为莫扎特的音乐可刺激大脑α波释出，以促进胎儿脑部发育，或让心情平稳、放松，而成为胎教音乐的首选。

不过，也不一定非古典音乐不可，只要孕妈妈听了能神清气爽、心情平稳即可。因为，如果平时不听古典音乐的人勉强去听，反而会感到沉闷或想睡觉，就不是适合的音乐了。

至于过度嘈杂的音乐和环境则较不适当，因为会使母体生理亢奋，出现心跳加快、血管收缩、肾上腺素上升的反应，短时间还好，长期下来会造成生理反应疲乏，对胎儿不好。举例来说，血管长期收缩会使得血液循环差，胎盘功能就差，因而影响胎儿发育。

姑且不论胎儿是否听得到音乐，只要孕妈妈听得心情愉悦，胎儿自然也处在温和平稳的环境中，这就是一种好的胎教环境。

对胎儿来说，妈妈愿意进行胎教，代表多了一份爱与关怀，孕妈妈也会因此而更重视自己和胎儿的身体状况，若能做得好，不但胎儿发育好，产科并发症如早产、胎盘早期剥离等也会相对减少。

■ 胎教不是万灵丹

胎教是一种母亲与胎儿的良好互动，也是母爱的表现。但倘若无法给予充分胎教时，也不必忧虑，毕竟不做也无坏处。更重要的是不要过度沉迷，如果孕妈妈胎教做过头，如自订课表：几点要听何种音乐、几点要念英文、几点要语言胎教……按表操课，漏掉一堂课就懊恼不已，搞得日子过得神经兮兮，或者以塑造天才宝宝为胎教目标，结果造成过大压力，让生活变得拘谨，便得不偿失了！

民间有些推广胎教的商业行为，宣传做好胎教，小孩出生后就能高人一等，成为天才宝宝，IQ高或英文好等，其实不尽然。

另外，临床观察发现，较为注重胎教的妈妈，有七成是属于性格紧张型的。因此，胎教该做到何种程度，应视孕妈妈的个性而定，已经很重视胎儿的妈妈，不必再下太多工夫，也不要过度期望，不重视胎儿的妈妈则可以花些心思。

16周以前胎教重点

在4个月以前，宝宝大部分的肢干和

主要的器官，例如心脏、肝、肾等已发育成形，而后则会逐渐长大，至于鼻子、眼睛与嘴巴等器官，虽然在第8周就开始成形，但是必须到第16周以后，这些器官才会逐渐具备其功能。

在这段时期，宝宝的感官发展尚未健全，对外界给予的刺激还无法有反应，因此，孕妈妈要做的是奠定好宝宝成长发育的基础，这个时期的胎教重点主要有两项：

❶ 正确摄取营养：适当的营养是宝宝健康成长不可或缺的要素，因此，摄取适当且足够的营养素，是做好胎教的基础哦！

❷ 保持情绪愉快：当人处于情绪不佳、愤怒或是高压状态时，身体的血管会收缩，而血液会集中到几个重要的器官以保护它们不受损，如脑部、肝、肾等，但在血液总量不变的情形下，其他地方的血液供应量就可能减少，也就是说，孕妈妈在生气时提供给胎盘的血液可能会变少，那么胎儿就会受到不良的影响！

另外，当胎儿的感官发展渐趋健全时，也会对孕妈妈情绪的变化有所反应。因为孕妈妈的身体在高兴或是愤怒时所释放出来的物质会扩散在血液中，再经由胎盘传送到胎儿的血液循环里，使得胎儿与妈妈有同样的情绪反应。所以在妈妈因愤怒而使肾上腺素增加时，胎儿的心跳也会加快；而当妈妈非常高兴时，体内的脑内啡浓度升高，胎儿也会感到平静与满足，所以，保持情绪的平稳是很重要的。

胎教方式

听音乐不仅可以使人放松，在临床上也具有治疗效果，例如利用音乐对植物人或是精神病患进行治疗等。因此，孕妈妈在一天之中不妨抽点时间聆听音乐。至于要听什么样的音乐，只要是妈妈听起来舒服，并能使情绪保持平稳的音乐都是合适的。

不过，妈妈一定要选择自己喜欢的音乐，假使原本并不喜欢听古典音乐，却又因为他人推荐勉强自己听，反而可能使心情不佳，产生反效果！

医生们表示，除了听音乐之外，从事其他能使妈妈放松的活动也很重要，像是到户外散步、踏青等。不少妈妈处在高压的生活与工作环境之中，无论是对自己、对宝宝，都会有不良影响。想要做好胎教，第一步就是要适时放松自己紧张的身心，舒解生活中的压力！

胎教是爱

胎儿的生活习惯来自母亲，根据瑞士儿科医生苏蒂尔曼博士的研究报告分析，新生儿的睡眠类型是在胎儿期由母亲所决定的。博士将孕妇分为早起和晚睡两种类型，然后分别对她们所生的孩子进行调查，结果是早起型母亲所生的孩子一生下来就有早起的习惯，而晚睡型母亲所生的孩子，一生下来就有晚睡的习惯，此项研究直接表明了胎儿出生前母子之间就存在感觉相通。胎儿与新生儿一样，会准确地适应母亲的日常生活节律，由此得知，出生后母子间的"感觉"是出生前就已开始的"感觉"过程的延续。

胎儿10周时，他的手、脚、头以及全身都可以灵活地动了。通过超声波可以看到胎儿在羊水中弯弯曲曲地游动，有时还会转换身体的方向和位置，当他以一种姿势持续时间太长，就会伸伸懒腰，变化一下体位，甚至还会做一次深呼吸，胎儿的这些动作说明他的神经发育可以对外界刺激作出简单的反应。胎儿11周时，他的动作可以使两脚交替伸出，做出"走"的动作和"蹬自行车"的动作，这被称做"原始行走"，胎儿在母体内就已经开始学习走路了。妊娠早期由于早孕反应容易使孕妇恶心呕吐，心烦意乱，为一点小事情生气，此时孕妇可要知道，胎儿与母亲的感觉是相通的，由于你的不愉快造成身体内分泌失调，使内环境改变，传递给胎儿的都是母亲的不满和心烦意乱，使胎儿过度地承受这些消极情绪是不合适的，在胎儿脑发育关键期会带来不良影响。因此母亲必须随时保持开朗、温柔、慈爱的心情，这种心情应持之以恒才能使胎儿的身体和心理健康成长，母亲平和、宁静、愉快而充满爱的心理，是此阶段胎教的主要内容。

孕3月的中医胎教

古人说，妊娠3月，"当此之时，未有定仪，见物而化"。"欲子美好，数视璧玉；欲子贤良，端坐清静。是谓外象而内感者也。""无悲哀，无思虑、惊动"。这时孕妇仍要注意休息，使身体和情绪适应妊娠的变化。在休息时可听听音乐，读读散文。虽然不一定要像古人那样多看璧玉使孩子漂亮，端坐清静使孩子品性贤良，但是可以通过母亲对美的追求、心情的愉悦恬静，对胎儿的形神完美发育起到积极的作用。

朱震亨《格致余论·慈幼论》中说，若夫胎孕致病，事起茫昧，人多玩忽，医所不知。儿之在胎，与母同体，得热则俱热，得寒则俱寒，病则俱病，安则俱安。母之饮食起居，尤当缜密，不可不知也。

虞抟《医学正传·小儿总论》中说，夫孺子之在襁褓中也，内无七情六欲之交战，外无大风大寒之相侵，奚其幼科之疾若是之繁且甚与？抑考其证，大半胎毒，而小半伤食也，其外感风寒之证，什一而已。曰变蒸，曰痘疹，曰斑烂，曰惊悸，曰风痫，曰发搐，曰痰壅，曰赤瘤，曰白秃，曰解颅，曰重舌、木舌，已上数证，岂非孕母不谨，胎毒之所致与？

夫小儿之在胎也，母饥亦饥，母饱亦饱，辛辣适口，胎气随热，情欲动中，胎息辄躁。或多食煎（博），或恣味辛酸，或嗜欲无节，或喜怒不常，皆能令子受患。先正所谓"古者妇人妊子，寝不侧，坐不边，立不跸，不食邪味"等语，厥有旨哉！其饮食男女养胎幼幼之法，必深得造化生生不息之意。故古人多寿考、儿少夭折者，即此之由也。尝见今有禀性温良主妇，有娠不嗜欲纵口，生子少病，而痘疹亦稀，亦可以为师法矣。

万全《育婴家秘·胎养以保其真》中说，儿在母腹中，借母五脏之气以为养也，苟一脏受伤，则一脏之气失养不足矣。如风则伤肝，热则伤心与肺，湿则伤脾，寒则伤肺，此天之四气所伤也；酸多则伤肝，苦多则伤心，甘多则伤脾，辛多则伤肺，咸多则伤肾，此地之五味所伤也；怒则伤肝，喜则伤心，思则伤脾，忧则伤肺，恐则伤肾，此人之七情所伤也。是以风寒暑湿则避之，五味之食则节之，七情之感则绝之，皆胎养之道也。若夫勿登高，勿临险，勿独处暗室，勿入庙社，勿恣肥甘之味，勿啖瓜果之物，勿游犯禁之方，所谓护辅翼者各有道也。如不利嗣息，或骄倨太甚者，动必成咎。

妊娠有疾，不可妄投药饵，必在医者审度病势之轻重，药性之上下，处以中庸，不必多品，视其病势已衰，药宜便止，则病去于母，而子亦无殒矣。

胎教故事

安安是母亲引以为豪的掌上明珠，也是世界乐团争相邀请的出色演奏家。妈妈结婚时28岁，而丈夫已届不惑之龄。这样的组合，曾令他们担心不孕。但两人在新婚燕尔之时，妈妈即怀孕了，于是他们给孩子起了安安的名字，取平安之意。

11岁就作为天才儿童出国深造的安安，自小即流露出对音乐的特殊喜好。据说，怀孕时期，妈妈每天认真并不间断地练琴，无形中陶冶了小生命的音乐感。另外，中年得子使他们不论何时，都有一张笑眯眯的脸孔，心情愉悦。因此，安安从小就是人见人爱的女孩儿，她性情开朗，乐观上进，11岁即离家远赴奥地利深造，继而在21岁时以杰出的成绩取得竖琴教师、钢琴教师与竖琴演奏家三张证书，又于重要的世界比赛中脱颖而出，赢得无数的掌声。

妈妈是一位充满活力、洋溢自信的女性。对于怀孕、生子、育儿，她有独特的见解，认为造物主赋予女人生育权利，就该以健康心情去面对它，绝不能因怀孕而停止一切活动。

因此，怀孕时她照常教学生钢琴，做适量的家务，认真地扮演生活中的每个角色。尤其是练琴没有一天懈怠过。大约是经常沉浸在音乐世界里，自小安安对美的事物就容易入神，听到音乐声便安静下来不肯离去。看书时容易从图画中理解整个故事内容，小小年纪，已看得出音乐发展的潜力。这使妈妈感觉到，孩子是可造之才，应全力培养。

弹得一手好钢琴的妈妈是安安的启蒙老师。她认为，父母亲有责任支持孩子的兴趣，才不致使胎教前功尽弃。一开始，丈夫觉得让孩子4岁学琴太辛苦了。妈妈背着丈夫，在家里偷偷地教，结果，从一次次出色的表演中，丈夫逐渐认同了妈妈的教育方法，并为安安安排课程，聘请名师指导，训练她的胆识，才造就出现在的安安，使之为世界乐坛演奏出更多美妙的音符。

心理游戏

■ 你是个好妻子吗

你常常抱怨丈夫爱你爱得不够深吗？其实，那不一定全是他的错，也许倒是因为你对某些事情处理不当而造成的。你不妨从下列几种类型里寻找一下，看有没有自己的影子：

母老虎：一发现有谁太靠近她的公老虎就迅速地猛扑过去。

狐狸：常要点小聪明而欣然自得。

驼鸟：把头埋在沙堆里，以为只要自己不看，就天下太平了。

驴子：脑袋僵化，死守原则，在需要灵活时仍然顽固不化。

母鸡：喜欢把爱人紧紧地抱在翼下，爱抚得他连气都喘不过来。

我们的测验题大体上就是以动物王国的例子为借鉴而设计的。请你诚实地选择一个最合适的答案，然后，再看看专家的意见。

测验题

❶ 你们邀请了几对夫妇来家吃饭。当你的朋友苏珊到来时，你丈夫说她漂亮极了，他特别喜爱她那新做的头发式样，而他已经有几个月没这样赞美过你了。于是你就：

a. 当场给他难堪；

b. 决心从今以后要多花点时间把头发做好；

c. 高高兴兴地赞同说苏珊的头发做得真可爱。

❷ 人们纷纷谣传说，在你丈夫办公室里工作的那个红发女郎是个荡妇。后来，你终于在一个晚上遇到了她，而且看见她把你丈夫拖到角落里去，看上去谈得挺热乎。于是你就：

a. 散布有关她的流言蜚语来报复她；

b. 赶快跑过去，抓住她的手，并给她看你3个孩子的照片；

c. 决定今后更加关心你的丈夫。

❸ 你的生日这天，丈夫特地买了一只黄绿色的长沙发。你十分厌恶这种颜色，于是就：

a. 留下这只长沙发并提醒自己：可别辜负了丈夫的一片心意；

b. 告诉丈夫，以后买重要东西之前都要共同商量一下，然后退掉沙发；

c. 另找个借口把它退掉，免得伤了他的心。

❹ 夜间，你3岁的孩子惯于不敲门就走进你的卧室。所以你和丈夫同床时总是提心吊胆，心神不宁。丈夫一定要把门锁上，而你却记挂着孩子。于是你就：

a. 起来把门锁上；

b. 坚持不准锁门；

c. 确信孩子已熟睡时再同床。

❺ 你丈夫酷爱整洁,甚至不等你喝完咖啡就擦起桌子来,而你却不太注意整洁。这种分歧给你们带来了摩擦,于是你就:

a. 试着改变自己的生活习惯,因为整洁总比杂乱好;

b. 不理睬他,只当没看见;

c. 把看来最使他恼火的地方整理好。

❻ 为了攒钱度假,你俩商定在结婚纪念日时不再交换礼物,但等到那个好日子真的到来时,你又觉得两手空空,若有所失。于是你就:

a. 信守协议——一言既出,驷马难追;

b. 给他一件礼物,让他大吃一惊;

c. 告诉他,你决定给他买件礼物。

❼ 你整整盼了一年的旅游度假差点不欢而散。你想美美地晒日光浴和游泳,可他却没完没了地拖你去看什么名胜古迹。于是你就:

a. 拒绝去,但告诉他明年可以照他的意思办;

b. 白天大家分头活动,到晚餐时再碰头;

c. 不采取上面两项措施。

❽ 你丈夫整夜咳嗽,早晨仍不见好转。当你问他要点什么的时候,他却叫你别理他,说是只想自个儿待着。于是你就:

a. 赶紧烧出你的拿手好菜——鸡汤,端给他;

b. 听他的话,不理他,让他自个儿待着;

c. 暂时别打扰他,等过一两个小时后,再去问他要点什么。

❾ 你叫丈夫每天从办公室里打个电话给你,商量如何消磨当天晚上的时间——其实只是因为你喜欢听他说几句话罢了。他虽然答应了,却免不了有时会忘掉。于是你就:

a. 他一忘掉,便去提醒他记住诺言;

b. 找出他遗忘的真正原因;

c. 反过来打电话给他。

心理学家的意见

以下是美国费城"夫妻关系学习中心"主任玛蒂·杰申费尔德博士选择的答案。

不该多疑:

❶ 选c较好。尽量别把别的女人看做是来夺走你丈夫的爱情的竞争者。

关怀备至:

❷ 选c较好。如果他竟对别的女子给他的关心感到愉快,很可能是因为在家中缺乏温暖。

如果你对1、2两题都选了a,那么该警惕你性格当中的母老虎倾向。给你的邻居难堪和散布别人的坏话都于事无补,只会使丈夫对你更加疏远。

开诚布公:

❸ 选b较好。宁可开诚布公地说明你希望对重大事件享有决定权,而不要当场不说,事后悔恨不已。

如果你对3题选择了c,那么你性格中就有点狐狸作风了。虽然你的妙计一时间可以奏效,但到头来却很可能弄巧成拙。你丈夫看出你用了心计,越想越气。

柔情蜜意：

❹ 选c较好。应清除后顾之忧。如果孩子们需要你，要叫他们懂得礼貌，先敲门。

学会妥协：

❺ 选c较好。这类看似鸡毛蒜皮的小事，到头来常会变成夫妻反目的主要原因，所以要学会妥协。当然，他也得同意让步。譬如说，如果他一天到晚擦桌子惹你生气，也应当自我克制一些。

如果你对4、5两题选了b，那你的做法就有点像驼鸟了。只当没看见或不听他的抱怨都不能使分歧消失，相反，倒会使小问题发展成大问题。

温故知新：

❻ 选c较好。你如果出其不意地给他一件礼物，不管多么微薄，都会使他很窘——因为他没有送你什么礼物。不要担心打破了协议。对于爱情来说，不要放弃一个既可以欢度当前，又可以憧憬未来的好机会。

良机莫失：

❼ 选c较好，你们难得有这么一次机会两人一起度假，所以最好的办法还是妥协。不要分开，尽量商量出一个折中方案。让每个人都有一点时间各得其所。

如果你对6、7两题都选了a，那么就未免有点像驴子的傻劲了。夫妻之间应该互谅互让，乐于迁就。

尊重对方：

❽ 选c较好。千万别自作聪明，比如烧个鸡汤什么的，以为那就是最好的良药。也许过不了几个小时，病人就会欢迎你待在他身边。

过犹不及：

❾ 选b较好。虽然你觉得每天打个电话是再简单不过的要求，但还是得了解他的想法。这样要求他，是不是会使他感到自己像个孩子，每天必须向妈妈汇报一次？如果因为打电话而造成了关系紧张，倒不如共同协议，另找一个更好的交流思想的方式。

如果你对8、9两题选了a，那么你的做法就有点像母鸡。母鸡应该懂得，过分地关心甚至会使最老实的公鸡也因为闷得透不过气来而离开自己的安乐窝。

你的答案大部分都对吗？如果不太理想，那也许是你的个性妨碍了你们的关系。当然，有时候你必须像母老虎那样威风凛凛，像母鸡那样关怀备至，像驴子那样坚持原则，有时也需要狐狸的机智和驼鸟的沉默。但原则是，适可而止。

时尚上班族孕妈妈穿搭

　　身为现代上班族白领,即便成为准妈妈,外在的穿着也要能让人赏心悦目,不可邋里邋遢。下面为上班族孕妈妈们挑选了一些不同风格的穿着,让美丽孕妈在孕期也能展现自我风采,成为自信满满的时尚OL孕妈妈。

活泼俏丽风

　　孕妈妈们除了选择舒适的衣着,当然也要展现自己的穿衣风格,平常喜爱活泼穿搭的妈妈们,不妨选择亮色、特殊图纹或涂鸦的服饰,当个风格独特的上班族孕妈妈吧!

俏皮日系风格

　　利用不规则的格子图样拼布设计,给人逗趣可爱的感觉,棉织布材质滑顺、触感细致,让孕妈妈追求流行之余也能感受舒适。

个性涂鸦派

　　两侧大口袋设计搭配立圆领,穿起来独特有型,个性涂鸦点缀在上方,再加上剪裁简单的内搭裤,轻松就能穿出时尚流行。

可爱的波普风设计,剪裁简单色彩亮丽,再配上百搭的内搭裤,展现出活力十足的俏丽风格。

甜美气质风

喜欢甜美气质风格的孕妈妈们，可以利用雪纺、薄纱多变的特性，帮自己营造出轻甜的迷人氛围，对于孕期的身材也有很好的修饰效果，赶快从各式各样的款式中，找出属于你的那一件吧！

可爱孕妈妈必备

柔和甜美的双色搭配展现出层次感，内搭简单的白色背心，再加上可爱度十足的短裤，让孕妈妈瞬间成为无敌甜心。

夏日显瘦款

简单的洋装设计，运用由右往左斜裁下来的垂布设计，能有效显瘦，再搭配夏天必备的凉鞋，就是很不错的上班族孕妈妈穿搭必需品啦。

柔美的配色与设计，两侧的垂布可绑起来或自然垂落，让人举手投足都散发甜美迷人的气息。

孕妈妈显瘦穿搭

怀孕过程中，身形改变是必然的，孕妈妈要先了解自己发胖的部位，是只有大肚子，还是胖身体，或是属于只胖下半身，清楚了解目前的身体比例后，再去挑选适合的服装。如果是属于上半身比较胖的孕妈妈，相对上身看起来会很厚，这时可以利用一些薄外套、背心或罩衫，让上半身有直线分割的效果，看起来也比较显瘦。如果是下半身胖的孕妈妈，很多长裙对于上半身瘦下半身比较胖的孕妈妈相当适合，当然，不一定要选择很长的裙子，穿起来只要有盖过膝盖的长度就可以了。

都会个性风

身为时尚都会的上班族孕妈妈,即使处于忙碌的工作环境,也不能忽略对美的渴望,因此,充满美式都市风格的孕妇装,绝对是独立、自主的你最不能错过的选择。

极致魅力造型

肩颈处的设计像绕着一条领巾,下摆垂坠成为袖子的荷叶边。让孕妈妈的身形美丽摇曳,自然而然散发最耐人寻味的极致魅力。

都市柔美设计

透纱的雪纺布料,色彩上以微妙的渐层刻意表达,巧妙利用内外层不规则的衣身剪裁,模糊视觉效果,让孕妈妈完全不显胖。

不对称式领口,右肩挖口让孕妈妈小露香肩,连接前后领口的带子还衬上了一层网,并手工缝制珠饰,显得精巧细致。

时尚优雅风

想要营造优雅气息,从衣着款式、颜色的选择到搭配方式,都是孕妈妈需要注重的地方,建议孕妈妈们可以先从衣服入手,再挑选适合的鞋子、饰品,想成为典雅名媛当然不是问题!

气质雅致风范

采用号称薄荷冰凉布的针织布,非常适合怕热的孕妈妈穿着。极佳的垂坠度,小罗马领及左身的抓褶,搭配上不对称的下摆,呈现完美的诠释。

典雅利落穿搭

闪耀光泽感的布料,以蝴蝶结领口开端,延伸至下摆的甜美手法,带点荷叶的衣身交叉成不对称的下摆,是设计的重点所在。建议搭上具设计感、可修饰下身的九分裤,轻松就能变成典雅利落的上班族孕妈妈。

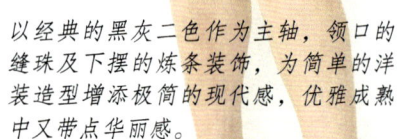

以经典的黑灰二色作为主轴,领口的缝珠及下摆的炼条装饰,为简单的洋装造型增添极简的现代感,优雅成熟中又带点华丽感。

孕妈妈穿衣叮咛

孕妈妈购买衣服时,材质选择很重要,因为挺着肚子已经不太舒服了,衣服当然要让人穿起来舒适自在,麻料的材质就是很不错的选择。另外,买衣服的时候,试穿很重要,也要注意买的衣服适合在哪阶段孕期穿,尽量不能有那种买宽一点也没关系,反正宝宝生下来后还是可以穿的观念,其实很多孕妇生产后就会想穿有曲线的衣服,那些原本想产后也可以穿的衣服会被永远尘封在角落里,所以,孕妈妈只要考虑当下衣服穿起来是否合身即可。

养育经典·胎教圣经

孕妈妈美美穿搭术
娇小派 vs. 高挑派

谁说怀孕就不能打扮美美的！在这么重要的阶段里，除了把心思放在即将出生的宝贝身上，孕妈妈们也不能就此忽略女人爱美的天性，也许身材不像以往窈窕，但是，只要了解自己的体型，再运用服饰配件的修饰，孕妈妈也能展现最完美的孕味曲线哦！下面特别针对高挑和娇小的孕美人们，告诉孕妈妈如何穿出甜美与休闲的穿搭重点，爱美的孕妈妈当然不能错过！

娇小×甜美

（娇小孕妈妈：婉如/身高158厘米）

娇小的孕妈妈不适合穿多层次的衣服，因此，以简单的上衣搭配牛仔裤，可以创造出甜美亮眼的造型。

娇小×身型宽

肩膀线条简单的设计可以修饰宽身型，类似罩衫的垂坠设计，以及简单的层次，让孕妈妈看起来更显瘦。

娇小×身型窄

利用印花来增加膨胀效果，下半身可以搭配白色或卡奇色的裙子、裤子，很适合夏天简单清爽的感觉。

夏天必备度假风

最近几年夏天，海洋度假风可说是流行的一大重点，不论是印花、草编帽或藤编包，都能带来度假的感觉，夏日里，怀孕初期的孕妈妈除了衣服的选择，也可以搭配购物袋或是藤编包，整体看起来就很有度假风的味道，另外，饱和的亮色系衣服、丝质、雪纺或是缎面材质的衣服也是夏天必备的单品。

高挑 × 甜美

（高挑孕妈妈：皓如/168厘米）

高挑的孕妈妈可以利用长款上衣，内搭亮眼而舒适的贴腿裤，营造出甜美又不显露身材缺点的穿着。

高挑 × 身型宽

选择衣服中央印有图腾的服饰，可以让视觉更集中，可以有效修饰较宽的身型，再加上内搭裤会让人感觉很甜美。

高挑 × 身型窄

窄身的人看起来比较单薄，利用蕾丝的膨胀效果以及复杂交错的设计，更能修饰身型窄的体型。

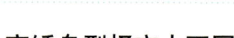

高矮身型择衣大不同

依据身高、身型的不同，孕妈妈也应该挑选适合自己身材的衣着，才能展现绝佳的视觉效果。高挑的孕妈妈由于身材修长，可以选择多层次的穿搭，但是，要避免穿着过于简单、贴身的衣裤，除了看起来会太单薄，身材的缺点也容易显现出来，不过，如果上身衣服长度可遮到大腿、臀部时，高挑的孕妈妈下半身就可以穿着贴身的内搭裤。而娇小的孕妈妈则相反，要特别注意比例，必须避免多层次、设计复杂的衣服，因为太多的层次会将身体比例切割，使身材看起来更矮小，所以可以选择高腰一点的设计，让下半身比例显长。

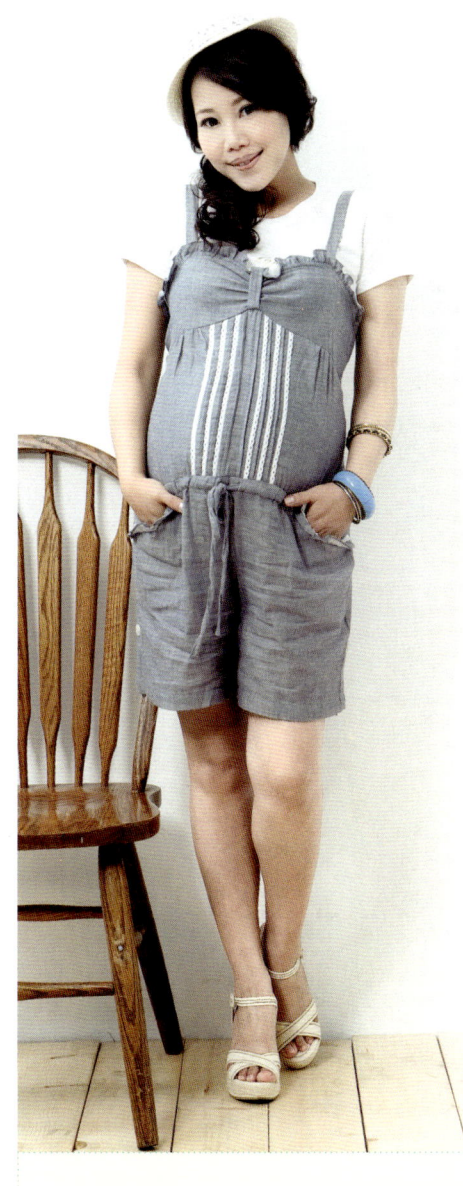

娇小 × 休闲

（娇小孕妈妈：婉如/身高158厘米）

运用简单的吊带连身短裤，内搭素色背心或T恤，能让娇小的孕妈妈拉长下半身比例。

甜美碎花短洋装

复古色调的花朵图案，搭配袖口蕾丝设计，散发出一股小女人的清甜气息，是今夏必备的印花单品。

热带背心印花裙

简单清爽的春夏印花洋装，不管是直接单穿，或是内搭七分裤，都是搭配性极高的实穿单品！

自信是孕妈妈的美丽秘诀

孕妈妈因为怀孕的关系，身体会经历许多改变，有些孕妈妈会因为身材走样，或是觉得怀孕不太需要注意打扮就穿得很随便，忽略了以往注重的美感，导致自己也失去了自信心。其实，孕妈妈们最重要的就是做好心理建设，尤其是丈夫应多多鼓励，多多赞美孕妈妈，人家说认真的女人最美，但是别忘了，怀孕的女人也是最美的。有了由内而发的自信美，再适时的运用衣着、配件来增添造型的完整度，想当个时尚孕美人绝对不是问题。

高挑 × 休闲

（高挑孕妈妈：皓如/168厘米）

多层次、鲜明亮眼的穿搭与配色，是很适合高挑孕妈妈的穿搭，不仅休闲感十足，看起来也不会太单薄。

树叶印花雪纺裙

轻柔飘逸的雪纺材质，搭配浪漫的多层次剪裁以及低调优雅的树叶印花，是非常具有设计感的衣着。

雪纺碎花群混搭纯棉T恤

轻盈的雪纺搭配混棉材质，双层下摆更显柔美飘逸，隐藏上掀式开口设计，让妈妈能轻松哺乳。

准爸爸必读
Zhunbaba Bidu

关爱孕妻饮食10守则

最令人羡慕的老婆，不是老公多会赚钱，有多帅气，而是老婆怀孕时，老公能陪伴在身边给予照顾与支持。280天的照顾，不只食衣住行，心理支持与胎教更是不可少。老婆怀孕，老公可以做什么呢？

老婆怀孕，对老公来说，首当其冲的问题，就是孕妇的饮食该如何准备。平时喜欢吃的食物，突然间变得不喜欢吃，而且看了就吐，或是担心腹中宝贝的营养不足，买了一堆补品给太太进补，深怕孕妈妈及胎儿营养不够。不过，妇女怀孕期间，营养摄取的重要原则就是均衡饮食，这样才能让妈妈健康，宝宝优秀！

以下列举孕妈妈常见的饮食问题，帮准爸爸提供为怀孕太太准备饮食的方向。

Q1：先生如何帮怀孕太太准备饮食？

A1：孕妈妈的饮食，其实与一般人差不多，五谷根茎类、蛋豆鱼肉类、蔬菜类、水果、油脂、奶类等食物都要均衡摄取。特别是怀孕期间，孕妈妈对于蛋白质与钙质需求量增加，奶类的补充相对重要，建议每天喝2～3杯。一杯相当于240毫升鲜奶，或以泡奶粉来说，一次3～4汤匙的量。

Q2：若孕妇出现胃口差的情形，先生该如何准备呢？

A2：胃口差的情形可以分怀孕早期与晚期。早期可能因孕吐而吃不下，先生可以准备干一点的食物，像饼干、面包，等到妈妈孕吐舒缓后再进食；晚期是因胎儿长大会顶到胃，使孕妈妈吃不下。两者都可以采取少量多餐的方式，把营养一点一点地补回来。

Q3：怀孕是否有饮食禁忌？

A3：关于怀孕的饮食禁忌，常听到的是不能喝酒及含有咖啡因的饮料，像浓茶、咖啡等，怕影响胎儿。此外，怀孕期间大多不需要药补，若一定要，必须先经由合格的中医师诊脉诊断再进补比较安全；千万不要道听途说，随意从中药房或市场买中药来补，万一不合体质或补错就糟糕了！若是需要服用西药，必须先由妇产科医生同意，以避开对胎儿有害的药物。

另外，假使孕妈妈或准爸爸有过敏体质，也必须注意避免食用致敏食物（例如带壳海鲜、花生、蛋、牛奶等）。至于是否可以生食，必须注意卫生问题，以免吃了不干净的食物，造成肠胃炎或食物中毒。

水果可提供丰富的维生素及纤维质，建议一天可摄取1～2份的量，每份水果为一个拳头的大小，并无特别的禁忌；不过水果干、蜜饯因经过加工处理，维生素几乎消失了，只是在吃糖分及盐分而已，对于营养的补充并无帮助。

Q4：怀孕时有些饮料必须忌口，是否有其他替代饮品？

A4：理论上，孕期喝白开水最好，若一定要喝有味道的饮料，食用枸杞、红枣等中药材熬的汤汁是不错的选择；或是泡一些淡的红茶或绿茶，虽有咖啡因，但含量不多，倒也无妨。若想喝冰凉的饮品，不妨喝一杯鲜奶或酸奶，不但补充水分也补充营养（蛋白质跟钙质）；若担心热量太高，试试低脂或脱脂的奶类制品，就可以减少油脂的摄取了。

Q5：孕妈妈需要吃消夜吗？

A5：如果三正餐吃得好、份量足，就不用再补充消夜，以免发胖。如果孕妈妈习惯晚睡或是半夜突然醒来时，感觉肚子饿了想吃东西，这时可以吃一点水果或喝一点牛奶，让胃里有一点东西会比较舒服。

另一种情形是孕妈妈原本胃口就不是很好，每餐只吃一点，那就要吃点心和消夜，不然母体跟胎儿会血糖过低。

Q6：孕妈妈不喜欢或不能喝牛奶时，是否可用酸奶及钙片来补充钙质？

A6：酸奶虽然也是奶类制品，可是蛋白质与钙质的含量只有牛奶的1/3，而且热量也太高；不过酸奶含有益生菌，有助肠道健康，也是不错的选择。孕妈妈不喜欢或不能喝牛奶时，可以通过食物补充钙质，除非觉得无法吃到这么多的钙质，像是高钙食物吃得不多，就可以补充钙片。但必须注意，若水喝得不多，或家族体质是属于容易结石的，那么食用钙片一定要多补充水分，以免增加罹患结石的机会。不过，还是建议以天然食物来补充钙质较佳。

Q7：孕妈妈吃鱼要注意什么？

A7：大多数鱼类都可以吃，而深海鱼类（例如鲑鱼、鲔鱼等）提供的DHA，有助于胎儿脑部及视网膜的发育，建议孕妈妈一个星期可以食用12盎司的鱼（约等于340克）。另外也可服用DHA胶囊，但要按照建议剂量服用。

不过吃鱼有一项顾忌，就是鱼类若遭受环境的汞污染，可能会造成神经系统的病变。美国食品药物管理局建议孕妈妈、可能怀孕的妇女和幼儿，不要食用鲨鱼、旗鱼、青花鱼和马头鱼，因为它们所含的汞，有可能损害胎儿和幼儿的脑部，但对一般人不会有什么影响。

Q8：吃哪些食物可以减轻怀孕的不适症状？

A8：孕期常见的不适症状有抽筋、下肢水肿及便秘等问题。

以抽筋来说，可能是钙质不足的现象。建议孕期应每天摄取1000毫克钙质，而一杯鲜奶可以提供250～280毫克，所以，每天至少需要2～3份的奶类制品来补充钙质。或是多吃豆类制品、小鱼干、深色蔬菜等高钙食物。若钙质摄取足够但还是常有抽筋现象，那就要看医生了。

在怀孕后期八九个月时，会出现下肢水肿问题，有三种方法可以减轻这种现象：

❶ 食用利水或利尿的食物（例如不

加糖的红豆汤），帮助水分排出；

❷ 减少盐分的摄取量，避免水分积留；

❸ 躺下或坐下时抬高下肢。

另外，便秘的问题也困扰着孕妈妈，要注意纤维质摄取是否足够。一天要吃250克的蔬菜，最好2/3以上为深绿色蔬菜，可提供较多矿物质及维生素；一天要吃2份水果，不建议只喝果汁，因为渣渣滤掉，纤维质变少了，就无助于便秘的改善；此外，在制作蔬果汁时，要注意食物操作过程中的清洁与卫生。

Q9：孕妈妈在外就餐时有哪些注意事项？

A9： 在外吃饭要吃得健康，要注意营养是否均衡，不可以挑食，口味不要太重，要把握"三低一高"的原则，也就是"低盐、低油、低糖、高纤维"，实际做法如下：

❶ 要求厨房大师傅少放一点盐、油、味精。如果觉得放得太多，可以准备一碗开水，把食物过水以后再吃。

❷ 少吃油炸食物。因为除了热量及油脂含量高之外，烹调过程中也容易产生自由基等有害身体的物质。

❸ 肥肉、香肠等动物性油脂含量高的食品应节制。

❹ 尽量不要吃勾芡的食物，因为里面含有油脂、淀粉，热量太高。

❺ 饮料方面应选择低脂牛奶及无糖或低糖的豆浆或饮料。

❻ 设法多摄取蔬菜、水果，以补充不足的维生素、矿物质及纤维素，而且最好是买新鲜水果来吃。

❼ 可以吃五谷饭、糙米饭来代替白饭，因其维生素、矿物质及纤维素含量较高。

Q10：素食孕妈妈要注意什么？

A10： 素食者因为食材的限制，要注意营养是否均衡。一般而言，素食者比较容易出现蛋白质吃得不够、维生素B_{12}不足，以及为了增加口感时，用了高油的烹调方法等问题。

由于维生素B_{12}主要存在于动物性食物中，这时孕妇可以调整为蛋奶素，即不吃活的动物的肉，但会吃鸡蛋和牛奶。若孕妇是吃全素，就要靠综合维生素来补充。而豆类制品提供丰富的蛋白质来源，可以多加利用。

准爸爸在胎教中的作用

孩子是父母纯真爱情的结晶，是幸福美满婚姻的象征，当父母走到一起组成一个家庭时，他们就紧密地联系在一起了。如果说未来母亲在胎教中起着举足轻重的主角作用，那么未来父亲就是胎教中天经地义的第一助手。在整个胎教过程中，他与妻子心心相印，互相爱护，妇唱夫随，占据了极其重要的位置。

首先，他为将来优生胎教立了第一功——选择了真心相爱、志同道合的妻子，组成了一个美满的家庭。其次，他和妻子一起选定了受孕的最佳时机、最佳季节，并以其最佳状态参与了创造新生命的全过程，为更好地开展胎教奠定了基础。最后，他又竭尽全力，在制造有益的胎教氛围、创造良好的胎教环境以及调节孕妇的胎教情绪等方面发挥着重要作用。

更值得一提的是，父亲在与胎儿对话、给胎儿唱歌、训练胎儿运动等胎教手段的实施过程中，将发挥无可比拟的作用，因为男性特有的低沉、宽厚、粗犷的嗓音更适合胎儿的听觉功能，因而得到胎儿的喜爱，每当这种声音出现时，胎儿都表现出积极的反应。这一点是母亲无法取代的。父亲在与胎儿对话等胎教过程中，感情也得到了升华，充分体验到初为人父的责任，对妻子做母亲的心理也是一种极大的安慰和鼓励，而且对创造良好的胎教气氛也具有积极作用。

可以这样说，如果每个未来的父亲都能充分认识到自己的责任，及时准确地进入胎教角色，用博大仁厚的父爱与妻子一起滋润、培育即将降生的新生命，那么孩子就会更加健康、聪明、活泼，讨人喜爱。

Chapter 5
胎宝宝第4个月

· 适度修饰打扮,增加美感
· 经常散步,到公园湖边、田野、森林呼吸新鲜空气,心情舒畅,利于胎儿生长
· 妊娠反应结束,胎儿进入急速生长期,需多摄入优质蛋白质、铁、锌、钙和维生素食品
· 此期早孕反应消失,孕妇心理相对稳定
· 胎儿出现早期胎动,能听到胎心
· 本月产前检查一次

胎儿发育和母体变化
Taierfayu He Mutibianhua

胎儿发育

妊娠4个月（16周），胎儿身长可达15～18厘米，体重120克左右，胎儿皮肤颜色更红，也加厚了，有利于保护胎儿的内部，脸上长出细细的毫毛。由于骨骼和肌肉均已发达，胎儿的胳膊、腿能活动，孕妇胎动感觉逐渐明显。心脏搏动更加活跃，内脏也发育完成，消化器官与泌尿器官已开始发生功能，并有尿意，从由肝脏制造血液转移到由脾脏制造血液，中枢神经发育趋向完善，大脑产生最初的意识，面部五官端正，嘴形已完成，牙龈已出现雏形。

发育完善的胎盘，通过脐带将孕妇和胎儿紧密连成一体，形成支撑胎儿发育的系统，母体内各种营养物质均可透过胎盘输送至胎儿体内，母体日常生活中的各种变化，经由血管而影响胎儿，母体患病时对胎儿也会有影响，同理，胎儿体内所产生的各种物质也可反映在母体内，母子间生命息息相关。

胎儿在此期已有各种运动，在宽广的羊水腔中可以慢慢地游动，重复做相同的动作，可移动位置和改变位置，并可做全身上下的运动，像游泳健将似的在羊水中游动。胎儿的手指、脚趾、手腕等细小动作相当发达，同时手可移动到身体的各个部位，如摸摸腿或将手插到大腿当中，或摸摸膝盖、胎盘或脐带，把两手放在脸部前面做有节奏的移动，偶尔也可做跳跃似的运动，还可用手挠头、挠脸等，常喜欢做踢腿运动，用脚踢子宫壁是胎儿最熟练的动作。

对于外来的刺激，身体反应不够灵敏，这是因为脊髓延髓上方的中脑部位未开始支配动作。胎儿开始练习喝羊水的动作是由游动下颌做开口运动开始，或是从舌头部位做咽下运动开始，如此动作反复进行，即可使胃部逐渐变大。手、脐带或胎盘等触摸口部时，即反射性地做开口运动。呼吸运动也发达起来，此时胸部可出现规律性的节奏来收缩，同时横膈膜也发生移动，但肺部组织尚未发生功能，气管及覆盖在气管上的纤毛上皮已经形成。母

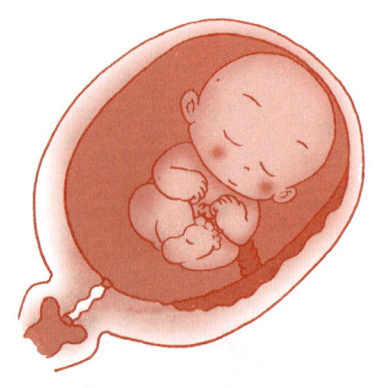

孕4月时的胎儿

第五章 胎宝宝第4个月

亲的情感与胎儿的运动两者之间的联系已经开始，科学家用声音来观察胎儿的行为时，发现了胎儿有趣的反应。首先让母亲坐着听音乐，然后播放母亲喜欢的音乐，渐渐地母亲即朗朗地唱起来了，同时使气氛非常愉快，由于三四个月的胎儿已能感受到愉快的气氛而活泼快乐地动起来，在播放的旋律中，胎儿一次又一次地移动，但是若播放母亲不喜欢的音乐，或难学的曲子，母亲根本无意欣赏，此时腹中的胎儿也停止活动。由此可知，母亲情感变化引起母体内分泌激素变化，由于内环境改变而影响到胎儿。这些反应与音乐种类并无直接的关系，而是与母亲的情绪、喜恶等紧密相关，间接地影响胎儿，而并非是直接让胎儿听这些音乐而改变的。

母体变化

此期母亲的腹部微微突起，但还不是很明显，子宫变大，多尿，骨盆腔充血，并影响S形站立姿势，会经常发生便秘，乳房明显增大，应该随时保持乳头的清洁，若如发生乳头凹陷，要特别注意卫生，必要时请医生处理，不要过于按摩乳房，以免诱发子宫收缩而流产。

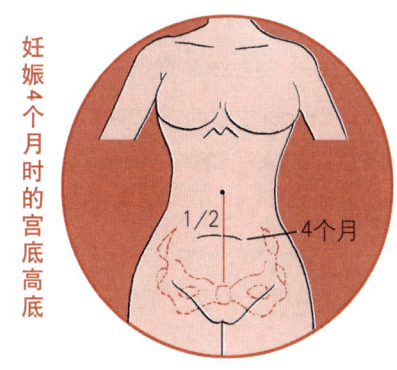

妊娠4个月时的宫底高底

优境养胎
Youjing Yangtai

什么时候能听到胎心音

利用仪器在胎儿10周或12周的时候，便可以听到胎心音。如果采用一般的听诊器，要到17～18周才能追踪到。妊娠初期，由于胎儿的位置关系或其他种种干扰因素，如母体的脂肪过厚等原因，即使用极精密的仪器也无法听到胎心音。如果到了第18周还未听到胎心音，而准妈妈又非常担忧时，可到医院请医师进行超声波检查。如果基于某些原因，听诊器难以听到胎心音时，超声波可以探查到。

怎样听胎心音

未来的父亲应学会听胎心音，最简便的方法是用耳朵直接贴在孕妇腹壁上听取。在妊娠24周之前，胎心音多在脐与耻骨联合之间。24周之后，胎心音随胎位而不同，可在孕妇脐的左下方或右下方。听胎心音不是一下就能掌握的，要学会分辨胎心音与肠鸣音、母体主动脉音和母体心音。区别是胎心音是规律的，肠鸣音不规律，胎心音跳动快，母体的心率慢。

每次听胎心音至少1分钟，正常胎心率为每分钟140次左右，正常范围在每分钟120～160次。如果每分钟超过160次，表示胎儿轻度缺氧；如果每分钟少于120次，则显示胎儿重度缺氧；如果每分钟少于120次并伴有胎心跳动不规律，则情况更严重，应立即请医生诊治。胎心计数应该作好记录，孕28周后应每日记录。

孕中期胎儿异常筛检

12周以后，胎盘发育成熟，开始进入怀孕的稳定期，另外，宝宝大部分的器官外表与构造也都发育完成，这个时候检查宝宝的健康状况正是时候。

目前的检查内容，大约可分为两种，一种是检验胎儿染色体是否有异常，其中最为人所关注的异常就是唐氏综合征。染色体是否正常主要是由羊膜穿刺术或是绒毛膜取样来确认。若孕妈妈属于胎儿染色体可能异常的高危妊娠，通常会建议直接进行上述检查，但其他的孕妈妈则是先接受筛检，测知胎儿染色体异常的概率高低，假使异常概率很高，就需要进一步进行羊膜穿刺术。

另外一种检查方式是通过超声波检测胎儿的器官、血管等构造是否正常。

■ 谁是高危妊娠妈妈

高危险群妈妈主要可分为两类，一类是容易生出胎儿异常的妈妈，一类是本身有疾病、并发症或是容易接触到危险物质，因而影响到胎儿的妈妈。前者包括曾生过畸胎、死胎，35岁以上，家族有基因或是染色体异常者；后者则是有内科疾病，如心脏病、糖尿病、高血压等的妈妈，更广义地来讲，容易接触到感染源（例如细菌）、容易受伤、肥胖以及体格较为矮小的妈妈也算是高危险群妈妈。除了这两种之外，假使医生在产检中发现胎儿有生长迟缓、过大或超声波检查中发现异常等，那么孕妈妈也会被列入高危妊娠之列。

■ 为什么要此时作胎儿异常筛检

就形态上来说，胎儿的器官在20～22周时大致发育成形，若胎儿大小也可在超声波之下看到全貌，因此通常会在此时利用超声波作详细的检查。而抽取羊水检测染色体是否有异常，则须在怀孕16周以后，这是因为此时羊水量较多，通过超声波抽取羊水，不大会影响胎儿，且此时羊水中的活性细胞较多，细胞培养成功率较高，有利于进行羊水的分析。

■ 母血唐氏综合征筛检

筛检方式：抽取准妈妈的血液去了解血液中人类绒毛膜促性腺激素、甲型胎儿蛋白（α-FP）的浓度，并加上孕妈妈的年龄、身高、体重以及怀孕周数去计算出胎儿患有唐氏综合征以及其他染色体异常的概率。

筛检目的与检测率：胎儿染色体异常

概率、胎儿神经管（脑部、脊椎等部位）缺损概率。

这项筛检除了预测胎儿染色体异常的概率之外，还能检测胎儿神经管缺损的可能性高低。假使胎儿的神经管有缺陷，甲型胎儿蛋白的数值会比较高。同时甲型胎儿蛋白的浓度与超声波检测可分别在怀孕早期与中期了解胎儿神经管是否正常，在两者的结合下，筛检出胎儿有神经管异常的检测率约可达到90%。而单就染色体异常的部分，其筛检率约有65%。

筛检时间：15～20周。这是因为甲型胎儿蛋白浓度在15、16周以后的数值较有意义。

筛检对象：所有妈妈。尽管高危妊娠孕妈妈可以直接抽取羊水来确认胎儿染色体异常概率，不过这项筛检尚不能检测胎儿神经管缺损的概率。

■ 初期组合式唐氏综合征筛检

筛检方式：通过超声波测量胎儿后颈部透明带的厚度、胎儿鼻梁骨发育是否良好，再加上孕妈妈的年龄、与血液中的游离型绒毛膜促性腺激素（free β-HCG）及妊娠性血浆蛋白A（PAPP-A）的浓度，去计算出胎儿患有唐氏综合征及其他染色体异常的概率。

筛检目的：检测胎儿染色体异常的概率。

筛检时间：10～14周，较母血唐氏综合征筛检的时间早。

优点与限制：国外的研究报告指出，此项筛检有85%以上的检测率，较传统母血唐氏综合征筛检来得高。

不过，检测率要达到85%的前提有几项：首先，必须由胎儿的正侧面才能量到后颈部透明带的厚度，同时胎儿的头臀径必须在8厘米以下，其次，这项筛检必须使用较精密的超声波仪器，且医生操作超声波的技术必须要好，甚至通过资格认证，在这样的配合下，才能正确地测量出胎儿后颈部透明带的厚度。也就是说，必须要有技术精湛的医生并使用精密的仪器，才能精准地计算出胎儿后颈部透明带的厚度。

这项筛检的另一个优点是提早检测胎儿染色体异常的概率，若强烈怀疑胎儿有异常，可再进行绒毛膜取样，以便在14周之前确认结果并决定是否终止妊娠。不过，除非胎儿异常的概率极高，否则一般仍然会等到16周之后再抽取羊水作进一步确认。如此一来，尽管初期唐氏综合征筛检能提早作检测，但是要作进一步的确认与处置仍然必须等到16周以后，不如直接进行母血唐氏综合征筛检。

筛检对象：想要早期了解胎儿是否有异常的孕妈妈均可施行。

■ 脊髓性肌肉萎缩症检测

脊髓性肌肉萎缩症是一种可以致命的遗传疾病，可能的发病年龄涵盖出生到成年，其症状是肌肉发生渐进性退化，逐渐影响患者控制随意肌肉的能力，如走路、爬行、吞咽、呼吸和控制头、颈肌肉等日常动作。平均每100人就有3人带有此病症的隐性基因，假使准爸妈均带有隐性基因，则有1/4的概率产下脊髓性肌肉萎缩症宝宝。

检测方式：现代研发出一种基因检测技术，只要收集孕妈妈2~3毫升血液，再利用血液检体萃取出DNA，直接进行基因检测，检测结果可在1~2个星期后得知，检测准确度高达95%。若经基因检测，确定父母皆为带原者，必须再进行绒毛膜穿刺术、羊膜穿刺术或胎儿脐血抽取术，取得胎儿相关检体作DNA分析，确认胎儿患有此症的病况。

筛检对象与时间：脊髓性肌肉萎缩症为次高带原率的隐性遗传疾病（仅次于地中海型贫血），近亲结婚者最好能做这项检测，因为夫妻带有相同基因的概率较高。至于一般夫妻，因为这种疾病较难从家族史中判断生下的宝宝是否可能罹患，进行检测的时间可在婚前检查或是怀孕后第一次抽血时。

■ 羊膜穿刺术

检查方式与目的：羊膜穿刺术可以检查出胎儿染色体的异常，其中最为人熟知的染色体异常就是唐氏综合征，其他常见的染色体异常尚有X单体综合征，而有些染色体异常的胎儿也可能胎死腹中或生下来就夭折了。

优点与风险：这项检查准确度极高，通常最适合在16~18周时进行，因为此时的羊水较多，在抽取时安全性较高，不过检查报告出来通常需要2~3周的时间。羊膜穿刺术的流产率是0.2%~0.3%。

■ 绒毛膜取样

检查方式与目的：绒毛膜是构成胎盘的基本组织构造，因此，利用探针抽取绒毛细胞可得知胎儿的染色体是否有异常。

优点与风险：进行这项检查的流产率比羊膜穿刺术高。这项检查的优点是在10周以后就能进行，缺点则是流产率较高，为3%~4%，或可能影响胎儿的正常肢体发

✚ 谁该作羊膜穿刺检查

以下这些妈妈属于会生出染色体异常胎儿的高危险群，建议作羊膜穿刺羊水检查：

1. 孕妇年龄超过34岁；
2. 曾怀过或生育过染色体异常或神经管缺损的孩子；
3. 本人或配偶的染色体有结构性异常者或遗传疾病带因者；
4. 家族有唐氏综合征患者或染色体异常患者；
5. 超声波检查发现胎儿异常者；
6. 孕妇血清筛检疑似胎儿有染色体异常；
7. 有过三次以上自然流产者。

育。不过，12周以前的自然流产率原本就有2%～3%，若从这点来看，绒毛膜取样则是增加1%的流产率。目前会建议实行这项检查的条件几乎都是准爸妈两人均有同型的地中海贫血，因为胎儿异常的概率高达1/4。

■ 超声波检查

检查方式与目的：超声波是一种耳朵听不到的声波，它可以穿透身体组织，并在计算机分析下呈现身体组织的影像。在胎儿20～22周时，超声波可检查胎儿大小脑、脊椎、颜面、唇、心脏、胃、肾、膀胱、四肢、性别、脐带血管、胎盘位置及羊水量等。

超声波检查胎儿的身体构造是否正常，如果构造有问题，功能通常也有缺陷，不过，超声波无法判别功能是否异常，例如视力、听力、肠胃蠕动功能，而小耳症、无肛症等疾病也必须等到宝宝出生后，才会得知。

另外，有些染色体异常也会表现在器官或外观上，因此若超声波检查发现了两种以上胎儿形态上的异常，就会建议抽取羊水确认。

检查时间与次数：建议在怀孕早、中、晚期各作一次超声波检查，也就是整个孕期应作三次超声波检查。

❶ 怀孕早期：要确认胎儿的周数、胎儿数目、胎心跳，以及子宫颈、卵巢有无病变。

❷ 怀孕中期：在20～22周时，此时胎儿的器官都已大致发育成形，胎儿大小也可在超声波之下看到全貌，此时检查胎儿是否发育正常较有意义。检查项目包括胎盘位置、胎儿大小、羊水量、胎儿构造中枢神经、颜面、唇、心脏、胃、肾、膀胱、四肢、脐动脉血流等。

❸ 怀孕晚期：了解胎儿晚期的生长状况、大小并确认胎位，为生产作准备。

因此，理论上并不需要每次产检都作超声波，但如果孕妇有特殊的需要或处于较危险的状态，再加上医生个人的诊断习惯、不同医院的规定等都会使超声波检查的次数有所不同。

✚ 限制与风险

超声波不是万能的。由于超声波必须有水作为介质来传导，无法穿透骨头，无法如同照射X线般地完全看到胎儿的所有身体构造，羊水量、胎儿位置、孕妈妈的肚皮脂肪厚薄等因素都会影响超声波的检测结果，再加上超声波需要医生操作使用，因此医生的使用技术与判断能力也会影响超声波的检测结果。至于超声波检查是否会对胎儿有影响，医生们表示，超声波的能量相当低，目前并无相关研究显示照射超声波对胎儿有害。

产检可以检查出所有异常吗

尽管血液分析、超声波以及抽取羊水可以检查胎儿是否有异常，但检测准确率却不可能达到100%。超声波的使用上有其局限，而医生的技术与经验也会影响诊断结果。再者,超声波只能检查出器官构造上的异常,而血液检查则是检测最有可能发生的或是重大的疾病,不可能检查每一种疾病,因为这样会导致检查成本太高。即便胎儿的染色体均正常,也不代表宝宝出生后就一切正常,例如,自闭症、部分心智障碍等疾病的染色体都是正常的,也有很多疾病必须等到宝宝出生后才会发现,例如器官功能的异常、新生儿溶血性贫血、不明显的心脏异常、生殖器异常等疾病。不过,孕妈妈也不必为此过于担心,因为在重重的检验之下,通常都能检测出重大的胎儿异常,而有些细微的异常状况也不需要终止妊娠。

预防生出唐氏儿8问

Q1：唐氏综合征的发生率

A1： 产生唐氏综合征（Down syndrome）的染色体变化有三种形式：三体综合征、转位以及镶嵌型。21-三体综合征（第21对染色体多一条染色体）约占唐氏综合征患者的95%,且发生率与母亲年龄增加有相关性,大约为每800个活产婴儿中即有一例,此为目前异常染色体最常见的胎儿先天性疾病。

Q2：唐氏儿有哪些症状及常见疾病

A2： 临床外观表征包括：头短畸形、智能不足、脸部轮廓平板、内眦皮、小耳、小鼻、小嘴、舌头外突、肌肉张力弱、断掌,大约50%的唐氏综合征儿有严重程度不等的先天性心脏病,易罹患白血病（其概率是正常小孩的20倍）、反射微弱及骨盆发育不良。

唐氏综合征的新生儿较一般婴儿小,而且关节松弛,有智能发展迟缓的现象。一般而言,唐氏综合征患者大多属于中度智能不足（IQ介于20～80之间）,智能发展较缓,因此随着年龄增长,智商有相对下降的趋势。但是实际上小孩的心理、运动和社交还是在持续成长,这种成长要到10岁以后才趋缓下来。有些唐氏综合征儿童在10岁以后还有将近5年的成长期,到15岁以后达高原期,15岁以后的智力便不再发展。

Q3：产前如何筛检唐氏综合征

A3： 筛检唐氏综合征的检查包括：

❶ **羊水穿刺检查**：在唐氏综合征筛检方面,虽然高龄孕妇生出唐氏综合征患儿的概率较高,但是仍有80%的唐氏综合征患儿是由小于34岁的孕妇生育出来的,这是因为超过35岁的高龄孕妇,在医生评估建议下,大多会接受羊水穿刺的建议,能及早发现怀了唐氏综合征患儿,因而终止妊娠。至于年纪小于34岁或大于35岁却不愿意接受抽羊水的妈妈,有以下两种方式可以筛检出胎儿是否罹患唐氏综合征。

❷ **母血唐氏综合征筛检**：目前在怀孕第14～20周会抽血检验母血中甲型胎儿球蛋白（AFP）及人类绒毛性腺激素（B-HCG）,根据此二者及妈妈的年龄,运用计算机精密地计算出每一位孕妇怀有唐氏综合征的危险概率,若概率高于1/270,则需进一步接受羊膜穿刺术的检查,如此可筛检出60%～70%的唐氏综合征患儿。

❸ **超声波检查颈部透明带**：目前

以超声波的高分辨率来监测怀孕11～13周的胎儿的颈部后方透明带（nuchal translucency）的厚度，来应用于筛检胎儿染色体异常（特别是唐氏综合征）。这种超声波扫描方法，既简单又安全，只要经由孕妇腹部，不用忍受喝水涨膀胱之苦，即可看到胎儿早期发育状况。

所谓颈部透明带是指胎儿颈部后方皮下积水的空隙，在超声波扫描时会呈现透明带状，再测量介于皮肤和组织之间的空隙厚度。绝大部分正常胎儿，都可看到此透明带；而染色体异常的胎儿（特别是唐氏综合征患儿），颈部透明带会明显增厚。合并颈部透明带厚度与母亲年龄的两者信息，可提升诊断准确率达70%～80%。

Q4：哪些高危险群必须特别注意

A4：当母血唐氏综合征筛检值高过1/270时，便是属于高危险群，宜接受抽羊水检查。但是有以下情形的孕妇，同样高度建议接受羊膜穿刺检查：

❶ 年龄在34岁以上者。

❷ 曾怀过染色体异常胎儿者。

❸ 此次怀孕经超声波或孕妇血清筛检发现异常者。

❹ 夫妇之一染色体异常者。

❺ 有三次以上的习惯性流产者。

❻ 夫妇是严重单一基因疾病的患者或带因者。

❼ 曾经生育过无脑儿、脊柱裂等开放性神经管缺损儿者。

Q5：唐氏综合征有家族遗传倾向吗

A5：唐氏儿大多是三染色体型，占95%之多，一般是不会有家族遗传倾向的；但如果是少见的转位型则与遗传有关，约有1/4的转位型是遗传而来，3/4是由于突变导致。因此如果曾不幸生出唐氏综合征孩子，经检查为转位型，则父母亲皆要作染色体检查。

Q6：曾生过唐氏儿，再次生出唐氏儿的概率有多高

A6：至于已生下唐氏儿，那么下一胎再生下唐氏儿的概率有多少呢？根据统计约有1%的再发生率。对于常见的三染色体而言，小于30岁的妇女再次生下唐氏儿的概率为1.4%；而大于30岁的妇女再次生下唐氏儿的概率则在0.5%以上（原因可能为年轻族群如生下唐氏综合征小孩，妈妈或爸爸先天上存在有染色体异常的机会多过年长的族群）。至于二等亲外的亲属（如舅舅、叔叔等），不会因为该家庭生到唐氏综合征的孩子而增加生出这种孩子的危险性。

在转位型患者中，如果母亲是平衡转位的带因者，该母亲再次生出唐氏儿的机率为10%～15%。如果父亲是平衡转位的带因者，则再次生出唐氏儿的概率为1%～2%。

Q7：如何预防生出唐氏儿

A7：从发现怀孕的那日起，每位孕妈妈都希望胎儿健健康康，顺利长大，因此定期地产前检查就非常重要。若孕妈妈是怀唐氏症儿的高危险群，预防的方法是接受羊水穿刺来检查染色体；当发现怀了唐氏综合征胎儿时，经医生及与家属充分沟通后，可考虑早期施以引产来终止妊娠（必须在怀孕24周之前施行），毕竟多数

家庭并不愿意接受患有唐氏综合征的小孩，因为后续所花费的社会医疗成本及家属照顾的负担是很沉重的。

所以若孕妈妈有染色体异常家族史或是34岁以上的高危险群孕妇，都应于怀孕16～18周接受羊水检查（等待报告的时间需2～3周），于怀孕24周之前确认宝宝的染色体是否正常。

此外，根据国内外的经验，母血筛检仍有30%～40%的唐氏综合征儿无法检测出来，因此危险概率较低（低于1/270）的孕妇仍不可轻忽，应定期作产前检查，留心腹中胎儿的成长与变化。

Q8：怀孕前补充叶酸是否可预防生出唐氏儿

A8：目前的文献可以确定，怀孕前补充叶酸，能减少胎儿神经管缺陷（如裂脊柱和无脑症）的发生，但是对于怀孕前服用叶酸是否可以预防生出唐氏儿的理论，目前尚无肯定的文献可以举证。

做羊膜穿刺对母胎有害吗

羊膜腔穿刺抽取羊水作羊水检查，是当今国内外普遍使用的方法。胎儿、胎盘、羊膜、绒毛膜和脐带，都由受精卵发育而成。经羊膜穿刺提取羊水，培养羊水中的脱落细胞，检查细胞核型，可以诊断胎儿有无染色体异常；检查细胞或羊水中的酶，可以诊断胎儿有无酶缺陷性疾病；检查羊水中的甲胎蛋白（AFP），可以诊断胎儿是否为无脑儿、开放性脊柱裂等神经管开放性缺陷患儿。可见，羊水检查为临床医生探测胎儿提供了成功的方法，使患染色体病及一些代谢性遗传病胎儿的出生率大大下降。

抽取羊水对母亲和胎儿的健康有无影响呢？按一般来说，受精卵在第7天开始形成羊膜腔，便生成与胎儿直接接触的羊水。羊膜腔穿刺以妊娠16～22周进行为好。这时，可在膜壁外清楚地摸到子宫，羊水量为200～400毫升，相对羊水较多，不仅容易抽出，还不易损伤胎儿。这时抽取20～30毫升羊水，对继续妊娠、对胎儿都没太大影响。如果过早抽取羊水，子宫小，羊水少，对胎儿影响较大；过晚则羊水中的细胞老化，培养不易存活。

羊膜腔穿刺前，先用B超作胎儿、胎盘定位，然后避开胎盘，在羊水较多处，麻醉后穿刺抽取羊水。这种检查方法是一种安全、简便、可靠的方法，但对母体和胎儿来说终究是一个刺激。因而，有先兆流产的孕妇及有盆腔、宫腔感染的孕妇，不适合进行这项检查。

第五章 胎宝宝第4个月

教你看懂B超单

孕妈妈的肚子在每个月都会发生变化。想要了解肚子里的宝宝到底长成什么样子？做B超可将宝宝的成长过程"记录在案"，可B超单上的每一个数字都说明什么呀？孕妈妈迫切地需要读懂B超单！

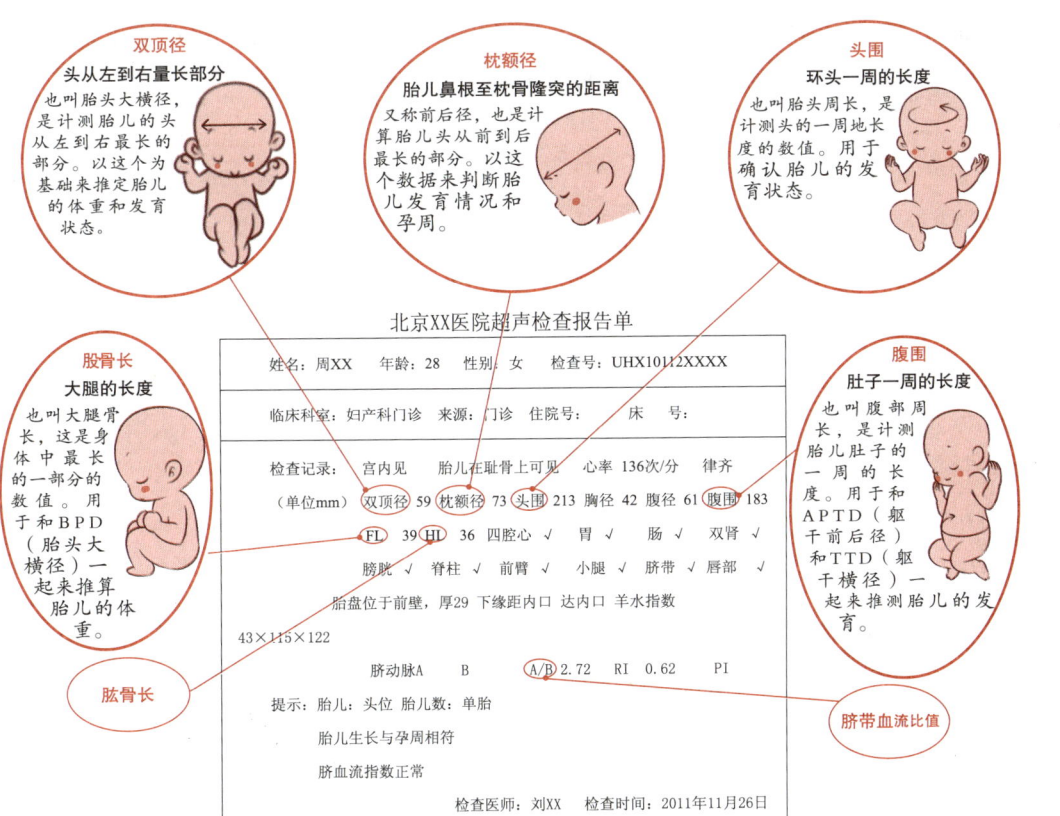

➕ 特别提示：孕期B超四次为好

△ **怀孕早期：**

在停经6周后，除了妇科常规检查之外，应通过B超确定宫内妊娠是否正常。例如宫腔内探查不到任何妊娠征象，而在子宫腔外探到异常的包块，结合期他的临床表现和实验检查结果就可以考虑宫外孕可能。能以一般提倡于怀孕早期通过做B超明确是否是正常妊娠或双胎、葡萄胎等。

△ **怀孕中期：**

在16周左右需要再做一次B超，可以了解胎儿生长发育大体情况。

在28周左右再复查一次B超，此时B超能够比较清晰地了解胎儿组织器官发育情况，从而了解胎儿是否存在畸形。如有畸形，此时中止妊娠（还需根据产科医生建议及相关政策），是比较适宜的。

△怀孕晚期：

在36周到预产期前做B超，可以明确羊水多少和胎盘的功能，以及胎儿有无脐带绕颈，如果有羊水过少，胎盘钙化，胎儿脐带绕颈，需结合临床再考虑是否继续妊娠。同时B超可以根据胎儿的头径、骨骼的测量估计胎儿的体重，明确胎的胎位，来预测孕妇是否能够自然分娩。

新居是胎儿杀手

现代居室的建筑材料、装饰材料往往散发各种有毒有害的化学物质，有些甚至是致癌物。根据美国环保部门对新建筑的抽样调查统计，新房内的空气中竟含有500余种对人体有害的化学物质。例如建筑材料中都含有不同浓度的氡，氡向室内空气中扩散氡气和氡子体。氡子体能放射出对人体有伤害作用的射线，长期受氡子体的射线照射，人易患癌症。新房空气中氡的浓度远远超过标准。环境专家认为，人在新房中生活，主要避害的方法是每5小时换一次室内空气。

室内污染除建筑材料外，还有新家具、地毯散发出的化学物质，宠物身上脱落的毛、皮屑，旧被褥、衣物上的真菌，植物花粉及排出的二氧化碳等，都会对孕妇产生危害。

孕期看电视注意事项

电视机通电开启以后，会产生射线、高压静电，改变周围环境，影响胎儿，使胎儿白细胞数量下降、畸形，甚至发生早产、流产。也影响孕妇，发生色斑、头痛等不适。因此孕期看电视要注意以下问题：

❶ 每次看电视不超过2小时。

❷ 人与电视机的距离要超过2米。

❸ 不要看影响孕妇情绪的节目。看电视是为了休闲放松，如果看电视造成紧张、恐惧、烦闷则不利于孕妇情绪及胎教。

❹ 看电视时坐姿要端正。

❺ 看电视时少吃零食。

❻ 看电视时室内要通风。

❼ 电视音量不要放得太大。常在声音过大的环境中能使孕妇内分泌腺体的功能紊乱，从而使脑垂体分泌的催产素过剩，引起子宫强烈收缩，导致流产、早产或新生儿体重减轻，还会影响胎儿大脑的发育。

改善孕期便秘有绝招

好不容易熬过了孕吐期，然而根据统计，约有20%的孕妈妈在怀孕晚期3个月会面临便秘的困扰，让大肚妈妈烦恼不已。是哪些因素导致怀孕期间容易发生便秘？如何才能有效改善便秘呢？

■ 孕期便秘的元凶

❶ 激素的影响。怀孕期间大量的黄体素分泌，是为了松弛子宫肌肉，让逐渐长大的胎儿有足够的空间容身，但同时也会使肠道的肌肉层松弛，肠蠕动变慢，再加上怀孕后期涨大的子宫压迫到后方的肠道，双重因素会使得食物残渣的排除变得不容易，因而容易造成便秘。

❷ 生理因素。孕期味觉的改变，摄食会变得无法那么均衡，一旦纤维减少，如果水分也喝得不多，食物残渣体积小又干，无法有足够的力道刺激肠壁蠕动以产生便意，大便遂会滞留在大肠中，继续被大肠吸干水分，如此恶性循环；加上孕期容易疲劳、嗜睡、体重增加等因素，会使得活动能力降低，肠道的蠕动就减缓了，所以，排便就变成了苦差事。

❸ 营养补充剂与药物的影响。孕妈妈通常补充的含铁、钙的复合维生素片剂，以及单独补充的铁剂或钙片等营养补充剂、含铝及钙的制酸剂、含可待因的镇咳剂等药物，都有可能是造成便秘的因素。

❹ 心理因素。焦虑、紧张等精神压力，更是造成现代人（尤其是在职孕妈妈）容易便秘的元凶之一。

■ 远离孕期便秘的五大方法

虽然便秘不是什么大病，但若忽视它的存在，因而造成痔疮，就会严重干扰生活。孕妈妈因为怀孕而得了痔疮，也实在是得不偿失。

其实远离便秘的重点，应在预防和减少发生概率上。那么孕妈妈应如何预防、减少及应对便秘呢？

❶ 补充水与纤维：促使肠道蠕动及通畅。水与纤维是增加食物残渣体积的两项要件，足够的纤维吸足了水分，膨大的体积就会刺激肠壁，引发收缩动作，将食物残渣往肛门的方向推进。要健康均衡地饮食，每天至少要饮用8杯水（以白开水为宜），摄取5～7份蔬果以得到20～35克纤维素。膳食纤维由蔬果、全谷类、荚豆类来摄取较佳；膳食纤维包括水溶性与非水溶性纤维2种，为防止便秘，水溶性与非水溶性纤维比例以3∶1为宜。

❷ 当有便意时就上厕所：不要忍便，否则大便在肠中保留越久就会变得越干。

❸ 尽量减少长时间站立或久坐：多找时间将腿抬高，使下肢静脉血回流顺畅，减少造成脚及肛门周围静脉曲张而造成痔疮。

❹ 练习凯格尔运动：就是类似在小便中途将尿液憋住的收缩动作，可以强化骨盆底肌肉，有助于解便时的用力动作。

❺ 必要时塞甘油球：如果大便很硬，解不出来，塞甘油球会有帮助，但不建议长期使用。孕妈妈则忌服中药通便剂（常用芒硝、大黄、火麻仁、番泻叶、麻仁丸、麻仁润肠丸），因为可能会引起早产及流产。

高纤维饮食举例（早、午、晚餐各选一种）
早餐：
◎ A餐：火腿蛋三明治（火腿＋荷包蛋＋全麦吐司＋生菜＋苜蓿芽）＋橙子（或含纤维的新鲜橙子汁）1个
◎ B餐：生菜蛋三明治（荷包蛋＋全麦吐司＋生菜＋苜蓿芽）＋牛奶1杯
午餐：
◎ A餐：猪排、炒鸡丁（鸡胸肉＋小黄瓜）、丝瓜、油菜、紫菜豆腐汤
◎ B餐：咕咾肉（肉＋青椒＋胡萝卜＋菠萝＋西红柿酱）、炒鸡丁（鸡胸肉＋毛豆）、白花菜、油菜、海带豆腐汤
晚餐：
◎ A餐：清蒸鱼、卤牛肉片、高丽菜、茄子、白萝卜汤
◎ B餐：三丝鱼（香菇丝＋青葱丝＋金针菇丝）、卤牛肉丝炒豆干丝＋豆瓣、高丽菜炒木耳及胡萝卜、豆酥茄子、黄豆芽西红柿汤
最后，别忘了放松心情，享受一下高纤维水果的甜美。

孕期外出旅行注意什么

孕妇因就医、探亲、旅游等原因外出，要作好充分准备，以保护母胎安全健康。

❶ 在出发前应在进行产前检查的医院就诊一次，向医生介绍整个行程计划，然后征求医生的意见，看是否能够成行。如果医生认为健康状况许可旅行，应请医生帮助准备必须携带的药品。

❷ 如果计划外出旅行，那么就把外出的时间放在孕4～6个月时。这段时间怀孕早期的不适已渐消失，而孕晚期的身体沉重等还未开始。另外，这段时间也不易流产。

❸ 孕妇外出旅行要选择有现代医疗条件的地区，而不要去医疗水平落后的地区，以免发生意外情况。

❹ 孕妇外出前要对将去的地区进行了解，避免前往传染病流行地区。孕妇患传染病，往往对胎儿发育影响极大。

❺ 孕妇外出，要多带宽松的衣物，常洗常换，讲究个人卫生。

❻ 在旅途中，孕妇不可过劳。行程不要安排得太紧凑，要多安排停留时间，使孕妇有充分的休息时间。

❼ 长途旅行，孕妇最好乘飞机，可减少长时间的颠簸。

❽ 不论在汽车、火车上，还是在飞机上，孕妇最好能每15分钟站起来走动走动，这样做可以促进血液循环。

❾ 孕妇外出要注意饮食营养及饮食卫生。在旅途中，营养不易平衡，特别是饮水、蔬菜往往无保障。因此，孕妇外出前应作好充分准备。痢疾、肠炎而导致的高热、腹泻脱水对孕妇来说危害很大。孕妇外出要处处注意饮食卫生，不吃包装不合格食品或过期食品，不随便饮用无厂

家、无商标的饮料。

孕期健康性爱

性事是增进夫妻感情的美妙润滑剂。不过，准父母们是否曾为了顾忌宝宝而搞得彼此性致全失？因为孕吐、水肿等身体变化，让不少孕妈妈觉得自身魅力不再；有些孕妈妈担心做爱时，男性的阴茎摩擦阴道，会撞击到胎儿，造成流产；或是觉得孕期性事根本就是被禁止的……

事实上，孕期性生活并无想象中的那么艰难！

■ 孕期性爱的风险

孕期性爱最需要注意的是孕早期与晚期，中期因为胚胎着床顺利，肚围尚未太大，加上孕妈妈此时阴道容易充血，也较湿润，可以说是怀孕中最适合性爱的时期。

那么，怀孕早、晚期的性爱风险有哪些？

怀孕早期（前3个月）：怀孕早期，胚胎发育还不稳定，在性爱的激烈撞击下，有时会造成孕妈妈有出血现象，容易造成流产。

怀孕晚期（后3个月）：怀孕晚期进行性爱的时候，激烈撞击会容易导致子宫产生收缩，进而提高早产的概率。

■ 怀孕期间哪种性爱姿势最恰当

答案是"孕妈妈觉得舒适、不压迫的都可以"，只要不压迫到孕妈妈的腹部就好。姿势方面，男位在上或女位在上都并非重点，不过，太过深入或压迫到孕妈妈的腹部就得小心。事实上，女性阴道最敏感的部位是阴道的前1/3段。

只要双方觉得舒适，享受性爱的快乐就是最重要的事。

■ 如何让彼此更愉悦

❶ 做好卫生工作。事前、事后最好能冲洗一下身体（孕妈妈不可使用阴道冲洗液），让对方有舒服的感觉；良好的卫生习惯，也可以避免感染，让对方更觉备受尊重。

❷ 使用安全套。有人担心精液中的前列腺素会刺激子宫收缩，引发早产。孕期使用安全套，能避免细菌感染。至于前列腺素刺激子宫收缩的状况并不常见，无须太过担心。

❸ 姿势轻巧省力。除了直接压迫腹部的姿势要避免之外，并没有一种姿势是被认定对孕妇有害的。彼此最熟悉、最有安全感、最易变换，且轻巧、省力的姿势，就是所谓的好姿势。

适度使用情趣用品无妨：

原则上孕期使用情趣用品并不会有不良影响，不过仍要注意清洁，且不宜太过深入，避免造成羊膜破裂，增加细菌感染的机会。

■ 什么时候要暂停性生活

下列几种状况下，孕妈妈需要特别节制或暂停性生活，以免造成自身健康和影响胎儿健康发育。

❶ 有习惯性流产病史的女性。

❷ 有子宫颈闭锁不全病史的女性。

❸ 有产前出血或前置胎盘情形的女性。此时可能要禁止较深入的性爱方式，避免造成大量出血的危险。

❹ 有早产病史或早期破水的女性。

❺ 有阴道炎或严重内科疾病的女性。有阴道炎的女性，怀孕时频繁的性生活容易引发早产，而重大内科疾病，如动脉不健全或心脏病，可能需要先会诊医生，评估是否可以进行较激烈的性生活。

❻ 性伴侣有性器官方面的疾病。

相对女性在怀孕过程中的性欲起伏，男性的性欲在太太怀孕时也会有所变化。譬如说，先生对太太的印象由"女人"转变成"母亲"，而太太的注意对象也改变，转而对宝宝的关心倍增，对先生的关怀相对减少，久而久之，可能会造成夫妻情感转移。双方的适时体谅和温柔体贴，才能让彼此都拥有完美的性福人生。

孕期运动好处多

传统观念认为怀孕妈妈应该少活动，以免动了胎气，但这个观念是错误的。适度的运动不仅可以改善诸多孕期不适、控制脂肪的增加，还能让生产更顺利。别以为运动又麻烦又累人，其实"孕动"也可以简单轻松。

■ 改善孕期不适

❶ 头晕、疲倦与易喘。运动可让心肺功能较佳，增强心脏的功能，使得血液循环较佳，身体代谢好，改善孕期因为心肺功能不佳产生的头晕、疲倦或是易喘等现象。

另外，运动能使肌肉摄氧的能力较佳，这表示肌肉的效能较高，那么相对地也会减轻心脏的负荷量。

❷ 水肿。当血液循环良好，也可以减缓下肢静脉回流不佳造成的水肿现象。这是因为静脉本身没有帮助血液回流的机制，必须依靠肌肉的力量把血液往上输送，因此运动可以改善下肢静脉血液回流不佳现象，进而预防水肿与静脉曲张的情形。

❸ 肠胃不适、便秘。怀孕时在激素的作用之下，孕妈妈的肠胃蠕动会减慢，容易产生便秘，而便秘状况也会加重痔疮症状，运动正可以促进肠胃蠕动，改善便秘。

❹ 腰酸背痛、关节损伤。怀孕时会分泌某种激素，使得孕妈妈全身的韧带变得较松，如此，生产时骨盆才能够扩张。但当韧带变松时，孕妈妈若是姿势不良或是在活动的过程中都很容易损伤关节。因此如果能锻炼肌肉，让肌肉有效支撑骨头，较能避免关节损伤。

❺ 失眠、心情烦躁：运动时，大脑会释放脑内啡肽，这种物质能使人的心情愉快；同样，运动也能适度减轻身心压力，解除心情烦躁现象，帮助孕妈妈夜晚有个好睡眠。

❻ 控制体脂肪的增加、预防妊娠纹。孕妇不能减肥，不过，在运动时会消

耗热量，燃烧体脂肪，所以孕妈妈的体脂肪会增加得较少，避免体重增加过多，另外，还可以预防妊娠纹产生。因为体脂肪快速地增加，容易产生妊娠纹。不过，千万不可因此运动过度，以免胎儿无法获得成长所需的营养！

❼ 控制妊娠糖尿病。运动时，身体增加血糖的利用率，刺激胰岛素分泌，可降低妊娠糖尿病的发生率，对有妊娠糖尿病的孕妇，有控制血糖的功效。

❽ 了解自己的身体。怀孕时，孕妈妈的身体变化很大，有些孕妈妈甚至对自己的身体感到陌生。在孕期时多做运动，例如简单的有氧运动与轻度瑜伽，可以帮助孕妈妈更了解自己的身体，进而掌控自己的身体，增加自信心。

■ 生产时自然产概率高、产程短

孕期多运动可增加自然产的概率，减少不必要的开刀。再者，运动使得孕妈妈的心肺功能好、体力好，不易疲倦，且肌肉有力量，耐痛度提高，再加上有运动的孕妈妈熟悉如何调整呼吸，因此，整体来说能使得产程较顺利，并缩短产程。有研究显示，65%有运动习惯的女性，平均只花了4个小时就生出宝宝。

■ 产后恢复快

❶ 胎儿成长养分充足、胎儿窘迫发生概率降低。孕期运动可让孕妈妈的血液循环顺畅、新陈代谢功能良好，进而使得胎盘功能健全，能输送充足的氧气给宝宝，而胎儿代谢废物的速度也较快，甚至可减少发生胎儿窘迫的概率（胎儿窘迫指的是胎儿心跳不正常，发生缺氧现象，此现象在孕期28周后就可能会发生）。

❷ 胎儿体脂肪较少。有运动的孕妈妈肚里的宝宝活动力较好，依据经验，运动孕妈妈的宝宝不易有体重过重现象，通常体重不超过3500克。

孕期怎样运动

■ 温和、低冲击力、无重力运动

对于平日就有运动习惯的孕妈妈而言，原则上，只要是温和、低冲击力，且非重力形态的运动均可进行，而平日没有做运动的妈妈，最保守且安全的运动就是走路。不建议平常没有运动习惯的妈妈特别在怀孕时学习新的运动项目，或是突然增加很大的运动量，例如每天骑自行车，或是快走一个小时，此举可能会对身体增加很大的负荷。若想要进行不同的运动，也应该先了解自己的体能状况，选择自己的身体能够负荷的运动类型与运动量，才是上上之策。

■ 孕妈妈怎样做

反过来，凡是高冲击性、重力运动，或是瞬间爆发力强的激烈运动，例如，跆拳道、举重、球类运动、跑步、跳绳等均不适合孕妈妈进行，因为有些运动会加重膝盖的负荷量，或是引起子宫收缩。容易滑倒的运动也必须避免，包括跳水、滑雪、溜冰、户外自行车等。除此之外，因为怀孕后期肚子膨大，孕妈妈容易有重心不稳现象，因此不要进行急速转换改变方向的动作，免得发生危险。

那么哪些运动属于温和、低冲击力，且非重力形态的运动，而哪些则不是孕妈妈适合做的运动呢？以下表格提供简单辨认原则：

运动类型	定义	运动项目
低冲击运动	指的是在运动过程中永远会有一只脚踩在地面与地面接触的运动，或是双脚不会同时离开地面的运动	走路、爬楼梯（建议36周以后开始爬楼梯，有助顺产，但尽量不要36周前勤爬楼，易导致早产）骑固定式自行车（孕妈妈应该要骑固定式的自行车，因为在户外骑自行车容易有碰撞或是跌倒的情形，而且当肚子变大时，重心会不稳，因此不适合在户外骑自行车）
温和运动	人在运动时每分钟的心率不超过140下。简单的测量方式为边做运动时仍可说话。 最大心跳率（＝220－年龄）×65%。一般来说，体能较佳的人，将最大心跳率乘上80%或85%所得出的心跳率，是进行有氧运动时最佳的速率，而孕妇则乘上65%	符合定义中的心跳速率的有氧运动
无重力运动	膝盖无须负荷身体重量的运动，最为人熟悉的就是水中运动。因为水中浮力可以减轻膝盖承受的身体重量，减少膝关节的负荷	骑固定式自行车、游泳、水中（有氧）运动
高冲击运动	当双脚有离开地面的时候，就是高冲击性的运动。跑步亦属于高冲击性的运动，因为两脚在交换跑的过程中，仍有瞬间离地的时刻	跑步、跳绳
重力运动	指的是必须负荷体重，也就是膝盖关节必须负重的运动	球类运动、跑步、举重
易滑倒或激烈运动	容易摔伤、跌倒或是运动量极大的运动	跳水、滑雪、溜冰、户外自行车、跆拳道

■ 孕妈妈的各期运动课表

虽然孕妈妈可从事温和运动，不过不同的时期还稍微有些差异，针对不同时期的状况，建议不同的运动类型：

怀孕初期（0～12周）：此时属于怀孕的危险期，在没有出血的前提下，孕妈妈做的运动类型必须是最温和的，最保守的方式就是散步。

✚ 爱运动的孕妈妈怎么做

孕妈妈走路散步是初期运动最保守的选择，孕妈妈仍可就自己的体能状况与主治医生讨论，爱运动的妈妈不必因此动弹不得。曾有一名身为舞蹈老师的孕妈妈遵照了医生的建议之后，在怀孕期间仍旧照常教舞，舞蹈种类众多，包括传统民俗舞蹈，亦有异国舞蹈如弗拉明戈舞，直至顺利生下宝宝。而且她在孕期间没有任何不适，所以，从事与运动相关行业的妈妈不必太担心！

怀孕中期（12～28周）：自满12周之后，就进入了怀孕的稳定期，可视个人体能与原有的运动习惯进行强度较高的运动，但从事运动仍需为温和、低冲击，或是无重力运动，游泳、骑固定式自行车、快走、爬较低缓的山、有氧舞蹈、水中有氧运动、轻度瑜伽等均为合适的运动。

如果仍然担心胎儿安全，可从20周再开始进行这些运动。

怀孕后期（第28周到分娩为止）：孕妈妈再过几个月就要临盆，为了安全起见，可以适度地降低原有的运动量。尽管目前的研究文献指出，在没有不舒服的情形下，孕妈妈仍可游泳至生产为止，但为求安全起见，建议36周之后停止游泳，原因在于36周之后，随时可能临盆，也容易发生子宫收缩现象，同时，若在游泳时落红或是破水，也可能受到感染。

36周之后，孕妈妈可以开始爬楼梯，并且进行一些顺产的功能性运动，例如训练大腿与骨盆腔的肌肉。爬楼梯能利用地心引力让宝宝的头部向下，让胎头较容易下降，并且帮助子宫颈张开，也让大腿两侧的肌肉较有力量。不过孕妈妈尽量不要在36周之前勤爬楼梯，因为可能会导致早产！

✚ 孕妈妈要注意

孕妈妈4个月后，尽量不要做背部仰卧运动，这样会压到背部血管，影响提供胎儿血液的血流量。

孕期运动的选择

■ 孕期游泳好处多

天气炎热时，游泳对于孕妈妈是不错的选择。除了具备一般运动的好处之外，游泳尚有下列优点：

❶ 在水中的压力有助于减轻孕妇的水肿，水压可将血管外的水分引至血管内，故有助于利尿、减轻水肿。

❷ 所有运动项目中，游泳较不会使

孕妇的心跳及呼吸增加太多，不易增加身体负荷。

❸ 由于怀孕时期体重的增加、姿势的改变，使膝盖较易疼痛，通过水的浮力，可使膝盖承受体重的压力得以缓解，并能达到运动的目的。

❹ 在炎夏季节，游泳可使身体散热，保护胎儿。

除了游泳之外，在水中走路、踏步或是抬脚，都有运动的效果，现在亦发展出水中有氧运动。因为水中阻力的缘故，虽然只是在水中走路，却能得到较之在地面上更大的运动量，也就是说，同样长短的运动时间，在水中的运动量会较在地面的运动量更大。例如，在水中走25米的运动量相当于在地面上走200米的运动量。

不过在水中运动，也必须遵守几点原则，才能保证安全。

❶ 大于20周以后下水最安全。原则上怀孕满12周以后即可游泳，但保守来看，则以大于20周以后再下水游泳较佳，因为此时子宫状态较稳定，较不易造成子宫收缩。

❷ 避免上下震动。在水中虽有浮力，但上下震动的运动仍要避免。

❸ 水温需在摄氏28～30℃之间。小于28℃的水温易造成子宫不稳定而产生收缩，大于30℃的水温容易使孕妇感到喘。

❹ 游泳时间勿超过一小时。

❺ 下水前冲洗会阴。孕妈妈怀孕期间的阴道分泌物较多，所以在下水前不要忘记冲洗身体与会阴部。

❻ 游完泳后尽快擦干身体，这样才不会着凉感冒。

❼ 找人陪伴。游泳时最好有人陪伴，准爸爸是最佳人选，一方面保证安全，另一方面也可增加夫妻间的感情。

❽ 注意环境安全。要留意游泳池的质量管控、安全设施，并注意避免滑倒。

❾ 有早期破水、呼吸困难、心悸、阴道出血、头痛、头晕、恶心、呕吐、下腹疼痛、全身无力、腰酸背痛、子宫收缩等情形的妈妈们，并不适合下水游泳！

另外，医生也提醒妈妈们，不是所有与水相关的活动就一定适合做，孕妈妈必须避免泡温泉、蒸桑拿，而且也不能潜水，因水压过大，容易对胎儿造成伤害。总之，在下水之前，孕妈妈均应就自己的身体状况与主治医生讨论后再下水游泳，一旦发现有异状，就须立即停止游泳。

爬山去

爬山较类似走路，但是因为山有坡度，孕妈妈应选择坡度较平缓的山来爬。爬的时候，每15～20分钟稍做休息，不要一口气连续爬一两小时，如果又爬陡度较高的山，那么不仅膝盖的负荷大，且身体也可能吃不消。

爬山之前，应先了解山的陡度，以及中途是否有可以休息的地方。假使要爬的山坡较陡，可以准备一根拐杖，减轻膝盖的负荷，另外，不要进入太偏远的深山，以免发生状况时拖延就医时间。

第五章　胎宝宝第4个月

■ 瑜伽让你身体柔韧

瑜伽是一种伸展运动，但与一般的伸展操比较起来，伸展的程度更大，练瑜伽可让身体有良好的柔软度。当身体的柔软度好，关节的活动度大，在运动时就不易受伤。另外，在伸展身体的过程中，因为肌肉必须停留在伸展的状态，因此也会锻炼肌耐力。不过，别以为做瑜伽就很轻松，肌肉伸展度大时，瑜伽也是很激烈的。所以，孕妈妈只能做轻度瑜伽。

不建议怀孕前未学过瑜伽的妈妈在孕期学习瑜珈。若要从事瑜伽运动，可利用瑜伽砖或瑜伽带来辅助，可减低运动的强度。而孕妇适合做的伸展操重点在于锻炼背部与大腿部的肌肉群，一来是锻炼这些肌肉有助于支撑肚子，再者是有利于生产。

■ 爬楼梯要少量多次

爬楼梯虽是常见的活动，但仍有些运动守则需注意。在爬的时候膝盖仍需负荷身体，应该要采取多次少量的方式爬楼梯。例如一次可爬两到三层楼，在一天之中可以多爬几次，一次最多不要爬超过五层楼，不少人一次就爬十层楼以上，这样对膝盖会造成不良影响。

另外，下楼时，膝盖的负荷量会较上楼大，可搭电梯，如需下楼，可扶住楼梯把手，稍微减轻身体的重量。还有，千万别穿高跟鞋爬楼梯，因为这样会使膝盖的负荷量更大，平底鞋是最好的选择。

怀孕中期饮食营养须知

进入怀孕中期时，孕吐的情况会逐渐消失，食欲也会慢慢提升，应当充分摄取足够的营养，有助于孕妈妈本身组织成长，如子宫、乳房组织，以及胎儿发育所需。

怀孕中期是指妊娠12~24周（3~6个月），此期间又可称为"生命的律动期"，因为宝宝就要开始与妈妈有互动了！宝宝会有吸吮动作、伸展躯体的动作！

孕妈妈在此期间体重将增加5~6千克，所以必须增加总热量的摄取，每日平均增加300千卡的热能，每周就可以增加0.5千克的体重，以提供母体组织增建、胎儿成长和胎盘发育，也因为代谢负荷的增加，并节省蛋白质的消耗以提供建造组织的功能，故热量增加是必要的。

■ 怀孕中期需增加的营养素

建议怀孕中期除热量增加以外，需增加的营养素还有蛋白质、镁、碘、硒、维生素C、B族维生素、叶酸、维生素D、维生素E。

❶ 蛋白质。为了要让胎儿正常发育和预防孕妈妈贫血，必须摄取足够量的铁质及钙质，蛋白质更是不可缺乏，因蛋白质若摄取不够易引起全身性水浮肿，这是代谢不完全的缘故。

富含蛋白质的食物：鱼、肉、蛋、豆、奶类都富含高优质蛋白质。

❷ 镁。镁除了构成牙齿与骨骼的成

分外，并参与糖类代谢，是一种能量代谢因子，还与钠、钾、钙，共同维持心脏功能、肌肉细胞与神经系统的正常运作。胎儿的成长，如骨骼发展、胎动及毛发生成，需要足够的镁来参与作用，多食用富含镁的食物才能有健康的宝宝。

富含镁的食物：干果类、深绿色和黄色蔬果。

❸ 碘。碘是合成甲状腺激素的主要成分，也是维持正常生长发育、增进肌肉神经代谢率、调节细胞氧化作用的重要成分。缺乏碘会影响胎儿生长过程中头发、指甲、皮肤、牙齿的生长完整性，故碘的摄取是不可忽略的。

富含碘的食物：含碘食盐、海带、紫菜、鱼类（海鱼）。

❹ 硒。硒是营养素中的微量元素，具有抗氧化、抗癌、增添免疫力的功能，此外，硒还有一重大功能，就是抗不孕，因为睾丸及前列腺是储存大量硒的地方。硒的功能与维生素E是相辅相成的，更能提高维生素E抗氧化功能，可共同除去人体细胞内过氧化物质及自由基，保护体内细胞与核酸的完整性和正常功能。硒是一个隐形保护者，怀孕期间更需要有足够摄取量，才能在免疫功能上发挥最大作用。

富含硒的食物：洋葱、西红柿、花椰菜、小麦胚芽、小麦麸皮。

❺ 维生素C。维生素C可促进胶原形成、构成细胞间质成分、增进细胞间排列的紧密性、参与体内的氧化还原反应，以及维持体内结缔组织、骨骼、牙齿生长。在怀孕期间，维生素C还有助于将叶酸变成活化型，增进对铁质的吸收。

富含维生素C的食物：新鲜蔬菜水果。

❻ B族维生素。怀孕中期，要增加的B族维生素有B_1、B_2、B_6、B_{12}，这些都是构成辅酶的重要成分。由于B族都属于水溶性物质，而且又不能由身体自己制造或合成，都要由食物摄取来获得，故选择多样性的食物种类是我们必须知道的，以下就来了解这一族营养素的功能。

• 维生素B_1：参与能量代谢反应、维持心脏及神经系统功能（维生素B_1严重缺乏维生素时，会引起脚气病）、维持正常的食欲。但是维生素B_1易受热影响，要提醒大家烹煮时要尽量缩短时间，才能较多地保留维生素B_1。

富含维生素B_1的食物：糙米、全谷类、坚果类、豆类、猪肉、内脏、新鲜蔬果。

• 维生素B_2：也与能量代谢反应有关，还可以维持皮肤、指甲、头发的健康，增进视力、减缓眼睛疲劳。怀孕期间有时会因为身体不适或容易疲劳，而用看电视或阅读书籍来舒缓自己，此时别忘了补充富含维生素B_2的食物。

富含维生素B_2的食物：酵母粉（健素糖）、全谷类、绿色蔬菜、牛奶、蛋。

• 维生素B_6：参与氨基酸（蛋白质的基本组成物质）代谢、促进红血球中紫质的形成、维持红血球的正常大小，体内抗体形成、神经系统的健康更需要维生素B_6。怀孕中期后有些孕妈妈会有脚抽筋的情况，一般都认为是钙质不够所引起，但是当维生素B_6缺乏时也会导致肌肉抽搐以及手脚抽筋,因此足够量的维生素B_6可以减缓夜间及清晨的手脚抽筋情形,有时眼皮的抽动也是因为维生素B_6缺乏所造成的。

富含维生素B_6的食物:未精加工的谷类、鱼、肉类、水果、干果类、蔬菜,只要餐餐都吃到各类食物,就不用担心会有缺乏的情况发生。

• 维生素B_{12}:可防止贫血,因为红血球的形成及再生,维生素B_{12}是一项极重要的营养素,如果摄取不足甚至缺乏将容易引起恶性贫血、阻碍脑细胞形成过程。虽然产生缺乏症需要一段很长的时间,但是长期处于营养不稳定状态,对身体的健康总是不利的。

富含维生素B_{12}的食物:肝脏或腰子(每周补充一次)、牛肉、猪肉、蛋、牛奶、乳制品。

❼ 叶酸。叶酸与细胞分裂有密切关系,当叶酸摄取或储存不足时,会有下列情况产生:

• 无法合成普林及嘧啶,胎儿染色体就无法完全形成,而造成生长迟滞;

• 在制造红血球过程中,若红血球染色体量与质不足,就无法进行正常的分裂而导致巨幼细胞性贫血。怀孕期间孕妈妈如果蔬菜、水果摄食量不够或饮食不均衡,易缺乏叶酸,而成为巨幼细胞性贫血症的高危险群,在怀孕0~6周会造成胎儿的神经管缺损,即使是怀孕中期缺乏,也易有早产或出生婴儿体重过轻的情形。

富含叶酸的食物:肝脏、蛋、酵母粉、深绿色蔬菜、豆类、柳橙类、香蕉。

❽ 维生素D。缺乏钙易有骨质密度松散,缺乏维生素D则易有佝偻症及严重蛀牙发生。俗话说:"生一个小孩掉一颗牙。"不完全是因为钙质缺乏而已,如果维生素D摄取吸收不足,怀孕期间牙质防御能力降低,加上口腔清洁卫生不良,蛀牙情形便会发生。维生素D的摄取很简单,在阳光不刺眼的情况下,晒一晒太阳,就可以将皮肤上的脂肪转换成维生素D了。

富含维生素D的食物:鱼肝油、体形大的鱼类、沙丁鱼、牛奶及乳制品。

❾ 维生素E。属于脂溶性维生素,很好的抗氧化物质,可增加皮肤弹性及延迟皮肤老化、增强红血球壁的弹力。

富含维生素E的食物:肝脏、鱼肉、鸡肉、蛋黄、鱼油、油脂、蔬菜、干果类、全谷类。

怀孕期间需要营养补充剂吗

由于怀孕期及哺乳期对于营养素需求增加,我们都会担心无法由饮食中摄取到足够量的营养素,因此市售营养补充剂应运而生,各家厂商都推出林林总总的复合维生素或单一配方。到底需不需要吃呢?

现在就检视一下!当我们在怀孕前的日常生活里,有着均衡的饮食摄取,那就不需太担忧了,因为早已建立了优质环境送给未来的心爱的宝宝,额外的补充恐怕是多余的;倘若怀孕前营养状况较差者,应该请教医生或营养师来评估营养状况，早日改善该有的营养问题，避免影响宝宝的健康生长。

孕期科学饮食

古人云："饮食有节，起居有常，不妄劳作，故能形与神俱，而尽终其天年，度百岁而去。"这是我们的祖先从长期的生活实践中总结出来的养生之道，而节制饮食，又为养生之首。这对于孕妇是极其重要的。

■ 要少吃多餐，勿暴饮暴食

在妊娠期既要注意摄入充分的营养，又要注意饮食有节，无论餐桌上摆的是美味珍馐，还是粗茶淡饭，最好只吃七八成饱。如果遇到好饭菜便吃十二分饱，会使消化系统的负担骤然增加，轻则造成消化不良、胃炎、肠炎，重则引起急性胰腺炎等。另外，妊娠期最好由三餐改五餐，少吃多餐，有利于消化吸收，还能减少体内脂肪积聚，防止发胖。

■ 避免过度饥渴

孕妇要注意按时进餐，万一有饥渴难耐之时，也要缓缓进食，尽可能进软食，一次不要吃得过饱，喝得过多。

■ 晚饭要少吃，进餐时间不要过晚

对于正常人来说，"晚饭少一口，活到九十九"，对孕妇也是这样。许多家庭只有晚上全家人才能聚在一起，因而晚餐准备得比较丰盛，也拖得比较晚。全家人边吃边谈，难免吃得过饱，而且时间拉得长，这样会给孕妇胃肠道加重负担，也不利于睡眠。孕妇的早餐和午餐应丰盛些，晚餐以稀、软、清淡为好。

■ 营养要全面

在妊娠期，要注意纠正挑食、偏食的毛病。在自然界中，没有一种完全具有人体所需的各种营养成分的食物，因此，孕妇所吃的食物品种越多越好，以满足孕妇及胎儿的需要。

补锌好办法

锌是人体内微量元素中最重要的一种，在体内具有十分重要的生理和营养作用。

专家作过这样的对比研究：将子宫收缩好、产程短、产时出血少的产妇组同子宫收缩无力、强度差、产程长、出血多的孕妇组两者进行比较，发现两组间血清中锌含量有明显差异。前者锌含量正常，后者锌含量过低，说明锌对维持正常肌肉功能起着重要作用。另外，锌促进胶原纤维形成，胶原纤维是创口愈合不可缺少的物质。剖宫产的产妇创口愈合不良，其锌含量低，愈合不良的创口周围锌含量明显低于愈合良好的创口周围锌含量。这说明，锌在创口愈合中发挥着不可忽视的重要作用。

锌平时都储存在人体肝脏中。当人体遇到某些特殊情况如手术、分娩时则

需增加锌的供给量，而平时运动等都在消耗锌。如果锌消耗量超过肝脏储存量，身体将会缺锌，如不及时补充，将越缺越多。正常成人每天锌需要量为10～15毫克，妊娠期每天锌需要量为25～30毫克，哺乳期每天需要量为30～40毫克。妊娠期母体内锌含量随妊娠进展而下降，可能是胎儿需要量增加的缘故。临床研究表明，缺锌地区孕妇分娩的新生儿的中枢神经系统的损害相当普遍，是造成胎儿畸形的主要原因，即使没有畸形其记忆力也不好。

植物性食物中锌含量很少，且含有很多植酸，当与锌结合后，肠道也难以吸收和利用。食物以粗制为好，精制的食品会丢失大量锌，如精制大米、精制白面等，不宜长期食用。动物性食物中含锌量较高，吸收也好，其中以海产品中的牡蛎含锌最多，其次还有瘦肉、肝脏、鲜蛋、牛奶、鱼虾类，另外银耳、海带、花生米中锌含量也较高。

目前研制的含锌类药物也很多，如葡萄糖酸锌、氧化锌、硫酸锌等，但是人体对药物中锌的吸收率很低，仅为10%左右。由于药品中除锌外，还含有其他成分，所以服用锌类药物时，最好按照药品说明服用。

综上所述，补锌的最好办法是食补，它优于药补，动物性食品补锌优于植物性食品，孕妇可参考以上介绍，自由选择。

营养食谱

为了配合胎儿骨骼发育和胎教的需要，孕妇应多吃鸡蛋、胡萝卜、菠菜、海带、牛奶等食物。

核桃仁炒韭菜

用料：核桃仁50克，韭菜250克，鲜虾150克，植物油、盐各适量，料酒、葱、姜各少许。

做法：❶ 韭菜洗净，切段；鲜虾剥去皮，洗净；葱、姜切片。❷ 锅中倒油烧热，放葱花煸香，加入虾和韭菜，烹入料酒，连续翻炒至虾熟透，放入盐，起锅盛盘即可。

功效：清香味美，补血养血。

牡蛎粥

用料：鲜牡蛎肉100克，糯米100克，大蒜末50克，五花肉50克，料酒、葱末、胡椒粉、盐各适量。

做法：❶ 糯米淘洗干净；鲜牡蛎肉清洗干净；五花肉切成丝。❷ 糯米下锅，加清水烧开，待米稍煮至开花时，加入五花肉、牡蛎肉、料酒、盐，一同煮成粥，加入大蒜末、葱末、胡椒粉调匀即可。

功效：牡蛎肉味鲜美，是很好的营养品，可补充人体缺乏的维生素D与锌。

药膳食疗

陈皮粥

用料： 陈皮10克，苎麻根30克，高良姜10克，粳米50～100克，盐少许。

做法： ❶ 前三味洗净，捣为末。❷ 取10克，水煎，去渣取汁，入粳米煮粥，临熟，放盐少许，分早晚两次服用。

功效： 理气、温中、安胎，可治疗寒凝气滞，冲任虚寒所致妊娠下血，胎动不安，并有腹中疼痛，喜暖喜按，大便溏薄，四肢清冷等。

注意： 本粥不可多用，脾胃气虚血弱者慎用。

萝卜饼

用料： 白萝卜250克，面粉250克，瘦猪肉馅100克，姜、葱、盐、油各适量。

做法： ❶ 白萝卜切细丝，用油炒至五成熟。❷ 将肉馅与萝卜丝调成馅。❸ 把面粉合成面团，分成小剂，擀成薄片，包入萝卜馅，制成小饼，烙熟即可。

功效： 有健胃、理气、消食、化痰的功效，适用于食欲不振、消化不良、食后腹胀、咳喘多痰等症。

提升免疫力的七大营养物质

由于孕期的生理改变，使得孕妈妈对抗疾病的免疫力降低，体能耐受力也下降。该如何提升孕妈妈的免疫力，以维护孕妈妈及胎儿的健康呢？正确的饮食可以帮上大忙哦！

据统计，孕妈妈最容易罹患的疾病为上呼吸道及泌尿道感染，每年10月至次年5月为流行性感冒危险期，在防治上，宜注意少出入公共场所，与病患接触宜戴口罩，注射流行性感冒疫苗等。泌尿道感染的防治为多喝水，常上厕所，不憋尿，内裤保持干爽，房事时戴避孕套等，当阴道有黄色分泌物时，宜尽早求医。当然，最重要的，是要储备坚强的免疫力，适度的运动、均衡的营养、充足的睡眠、正常的休息、不晨昏颠倒等为不二法门。

■ 如何从食物来建构完整的抵抗力

鱼、蛋、瘦肉（家禽、家畜）、奶制品、黄豆制品供应优质蛋白质，作为免疫蛋白的基本原料，加上使用健康的单元不饱和脂肪酸及必需脂肪酸、发酵的健康食物及足够的蔬果就对了！蔬果在保健上所扮演的角色，已从传统的供给多种维生素、矿物质及纤维质的功能，升级到增强抗氧化能力以提高免疫力、供养肠中有益菌以提升肠胃健康的更高阶层次。

■ 抗氧化物质是健康的守护神

自然界无所不在的氧气，是生物生命所必需的，但它也会产生不为人们喜欢的缺点，例如苹果切片后很快会变棕色、鱼放久了会腐败、手割伤了会发炎、人会老化，这些都是细胞被氧化所造成的自然现象。人们罹患慢性的心血管疾病、癌症、目前的研究被认为也是血脂或细胞遭受过度氧化所使然；就像引擎需要汽油才能发动，但燃烧同时也会制造出秽气一样，人需要氧气以进行新陈代谢，但在有效的利用氧气之下，有1%~2%的细胞将会遭受氧气的破坏并转化成自由基，这些自由基再去伤害别的细胞并破坏其基因（即所谓的突变），使细胞分裂速度超快，因而导致疾病产生。还好正常情况下，这些微量的、被过度氧化的细胞，可被体内多种抗氧化物质中和掉，不会对身体造成大碍。其实大自然提供上千种的抗氧化物质，普遍存在于蔬菜、水果、荚豆类、全谷类、坚果类中，当身体需要时，抗氧化物质就肩负起保卫的责任。

■ 提升免疫力的营养成分与食物

在我们所处的环境中，孕妈妈需留意外来的毒素，如吸入香烟、空气污染，以防止它们制造自由基。饮食方面，禁止饮酒除了怕影响胎儿的发育外，酒可能启动身体制造更多的自由基的机制。

建议孕妈妈需每天要摄取5~7份蔬果，蔬果含有松烯、酚类、硫醇、木质、果寡糖，除了增加免疫力外，更维护肠道健康，使身体更健康。分别说明如下。

❶ 松烯（terpenes）：植物化学物中最大的一支，拥有很强的抗氧化能力，它含有600多种天然类红萝卜素，如α胡萝卜素、β胡萝卜素、β玉米黄素、番茄红素、黄体素、玉米黄素等最为普遍，它们具有黄、红、橘的色素。

• 类红萝卜素的食物来源：杏子、木瓜、地瓜、芒果、玉米、南瓜、葫萝卜、番茄、巴西里、橘子、葡萄柚、菠菜、番茄酱。

• 番茄红素：为番茄中所含的胡萝卜素，破坏自由基的能力为β胡萝卜素的2倍。有相关研究发现，食用番茄及其制品，可降低腺癌、肺癌及胃癌患病率。

• 类柠檬素：为松烯之下的一支，它可诱发肝内祛毒酵素系统启动，将致癌物水解后排出体外。主要存在于枸橼酸水果，如葡萄柚、柑橘类。

❷ 酚类（phenols）：存于植物体内，保护植物免于被氧化的伤害，具抗氧化能力，它含有800种香黄素，可清除自由基，保护细胞膜脂肪酸免于被氧化，可预防慢性病，具有蓝色、蓝红色、紫色的色素，包括以下物质：

• 花青素的食物来源：蓝莓、樱桃、葡萄、蔓越莓、红醋栗。

• 四烃黄酮醇：存在于苹果、洋葱中。可减少21%罹患缺血性心脏病的概率，及减少19%罹患2型糖尿病的概率。

• 异黄酮：存在于黄豆、黄豆制品、豆子、荚豆类中。可以增加血管弹性，保护低密度脂肪酸免于被氧化，减少心血管疾病罹患概率。

• 植物雌激素（phytoestrogen）或植物醇（phytosterols）：存于黄豆制品中，为抗氧化剂、癌原阻断剂、肿瘤抑制剂、预防激素相关癌症，可协助提高腺癌患者存活率。

❸ 硫醇（thiols）：含硫的植物化学物质，会将癌原及异物祛毒，主要存在于十字花科蔬菜中，如青花菜、芥蓝、包心菜、孢子甘蓝（甘蓝菜芽）。

• 有机硫化合物的食物来源：青葱、洋葱、蒜、韭。含硫化物丙烯酯，可增加肝祛毒酵素制造，抑制细胞突变，增加巨噬菌细胞及淋巴T细胞的活化，抵抗入侵病原。

❹ 木质（lignant）：植物的木质可以被肠道细菌转化为哺乳动物的木质，因而具有抗核分裂、抗氧化的生物性质，它也是一种植物醇（植物雌激素），可干扰体内性激素的制造，减少乳癌罹患率。

• 木质的食物来源：亚麻子、麦麸、裸麦、荞麦、燕麦，其中以亚麻子所含的木质最多，为其他一般植物性食品含量的75～800倍。

❺ 果寡糖（fructooligosaccharides）：食物中的纤维质及果寡糖提供肠中有益菌种的营养，以抑制有害菌丛的过度生长，达到平衡的肠道生态，并且维持肠道的完整性，使养分吸收及废物排除正常；肠道菌丛并可刺激体内免疫系统。

• 果寡糖的食物来源：蜂蜜、洋葱、牛蒡、芦笋、香蕉、枫糖、燕麦、裸麦、青葱。

❻ 维生素C、维生素E及β-胡萝卜素：维生素E及β-胡萝卜素的主要功能，为保护细胞膜免于被过氧化；维生素C与各类氧化酶一起合作，直接把自由基抓起来，防止它破坏细胞。这些维生素广泛存在于各类蔬果中。

❼ 体内各种抗氧化酵素含有各类矿物质：例如硅、锌、铜、锰、铁。硅为抗氧化酵素麸胱苷肽过氧化酶的成分；铁为触酶的成分；锌、锰及铜为过氧化酶的成分。它们各自在体内或细胞的特定位置执行分解过氧化物，使它不会变成自由基。

• 硅的食物来源：海产、腰子、肝脏、蛋、五谷类、种子类。

• 锌的食物来源：红色肉、牛奶及奶制品。

• 铜的食物来源：肝脏、腰子、海产、坚果、种子类、全谷类。

• 锰的食物来源：全谷类、坚果、蔬菜、水果。

• 铁的食物来源：家禽家畜肉、鱼、绿叶菜、荚豆类、全谷类。

■ 摄取各种颜色的均衡饮食就对了

由以上信息，我们很明确地知道，广泛选择来自天然的食物，尤其是各种颜色的蔬菜水果，不仅视觉上赏心悦目，味觉上也多变化，加上肉鱼豆蛋奶、坚果、荚豆的适量摄取，这就是所谓的均衡饮食，还可以增强免疫力，孕妈妈何乐而不为？

第五章 胎宝宝第4个月

胎教课堂
Taijiao Ketang

胎宝宝听觉发育

胎儿的听觉系统是与外界保持联系的主要器官,也是进行听力训练和音乐胎教的物质基础。胎儿除有完整的听力以外,还能在子宫内接受"教育",进行"学习",并形成最初的"记忆"的新认识。

胎儿的眼、耳、鼻、皮肤等感觉器官在妊娠早期就已形成,但功能的建立和发展从孕4月开始。孕4月胎儿脑的结构日益完善,胎儿对各种感觉逐渐发挥作用。如胎儿对声音已相当敏感,其声音来自母体内大血管的搏动,其节律与心脏相同,还有规律的肠蠕动声音。胎儿在宫内就有听力,能分辨和听到各种不同的声音,并能进行"学习",形成"记忆",可影响出生后的发音和行为。因此,我们应该利用胎儿听觉的重要作用,给予良好的的声音刺激,促进胎儿宫内听力的发展。

为了胎儿听觉的训练和提高,从这个月起,可以每天进行两次听觉训练,每次3~5分钟,先选用供孕妇欣赏的作品,音乐应柔和平缓,优美动听,带有诗情画意。例如《春江花月夜》《江南好》等,宁静、优美,又能产生美好联想。通过孕妇的神经体液,将这些感受传给胎儿。

语言胎教的依据

我国宋代名医陈自明在《妇人良方大全》中曾指出"子在腹中,随母体所闻"。现代医学也证实,胎儿的确具有一定的听觉和记忆能力。

20世纪20年代,一个名叫古斯的英国喉科专家经过实验发现,如果将一只鸟蛋交给异族鸟孵化,孵化出的雏鸟的鸣声同后者一样。后来,法国一位叫托马蒂斯的耳喉科专家出于对该实验结果的强烈好奇,于1953年起潜心研究子宫听觉功能。一天,当他让一个曾遭其父母遗弃后被另一家庭收养的儿童,听一种类似胎儿出生前在母腹中听到的那种声音时,这个儿童突然说了一句他从未听到过的语句,显然这是他从其母腹中学来的一种语言。鉴于此,托马蒂斯认为,每种语言都有自己特定的音频,如果要学习一种语言,首先要听这种语言,耳的听觉就必须同该语言的音频相符,而要想学几种语言,那么耳朵这一特殊接收器必须能接收多种语言的音频。不过,托马蒂斯并不十分欣赏语言胎教法,他说,胎儿在母腹中收听到的最理想的声音就是其母亲的说话声。当母亲说话时,声音顺着食管下滑,在脊柱部分产生振动,最后在骨盆区形成回音。因此,如果想对胎儿实施胎教,最简便易行的办法就是让其母亲用某一种语言讲话,可以肯定胎儿是会听见的。

30周后的胎儿能听到声音,会对母亲的说话声感兴趣,这实际上有了语言胎教的基础。语言胎教有两种:一是父母与胎儿的对话,起交流感情的作用;二是教胎儿学习语言,进行早期的智力开发,这是胎内或宫内学习的一种途径。这两种语言胎教实际上没有严格的区别,前者的对话以感情为主,但不可能不带有一些知识性,后者是以学习知识为主,但肯定要带有一些感情色彩。但不论是前者还是后者,都和一般的语言对话和语言学习有所区别,因为它们的对象是还未出生的胎儿,因而不能有很高要求,否则对胎儿有害无益。

国内胎教试验研究中,都包含语言胎教训练成分,试验研究结果也都显示受试语言能力有显著提高,表明语言胎教具有普遍性的意义。

语言胎教进行的时间安排

我们知道,胎儿在4个月时已开始有了对声音的感觉能力,那么,语言胎教就可以在胎儿4个月时开始。但如果考虑孕妇温柔的心情、充满爱意的抚摸和言语对胎儿早期气血形成方面的好处,语言胎教在胎儿开始形成时就可进行。早期可配合抚摸胎教一起进行,孕妇边轻轻抚摸腹部,边说些温柔的、充满爱意的话,这对胎儿不会有任何伤害,只会有促使胎儿气血调和的好处。也可与音乐胎教交替进行,有时说话,有时哼哼歌曲,有时播放音乐,配合抚摸胎教一同进行。

胎儿满6个月时,孕妇可以学国外专家的方法,对他开始系统性的语言胎教,即进行胎儿对话,同时可配合音乐胎教和抚摸胎教,或轮流进行这几项胎教内容。如能坚持,胎儿出生后会有更出色的素质表现。

让胎儿接受自然的熏陶

经常置身于空气清新、风景秀丽的自然环境里,能使孕妇心情舒畅、气机调顺、情绪稳定,使胎儿得到良好的影响,出生后聪明、漂亮。

大自然的美景包括日月星云、山水花鸟、草木鱼虫、园林田野,可谓多种多样。大自然的美是人们经常能够欣赏和感受得到的,哪怕只是在闹市楼房的阳台上,极目远眺,也能见到天边一抹橘红的晚霞;或是在自家的阳台或小花圃里,也能欣赏到春兰秋菊,姹紫嫣红;或是驻足在鱼缸前,凝神注目戏水的游鱼;或是在星光灿烂的夜晚,遥望皎洁的月亮……这些都能使人心旷神怡,沉醉于大自然带给我们的美好境界。

孕妇要善于发现大自然的美,并从中得到陶冶。平时多到风景优美、空气清新的地方散步,欣赏大自然的风光,培养对花鸟虫鱼的喜爱。从精神上得到充分的放松，保持一个良好的心理环境，胎教才能收到应有的效果。

大自然是无比美妙的，欣赏大自然的美，可以使人大开眼界，增长知识，同时得到娱乐和休息。当孕妇见到自然美景时，不妨把这些美景深深记忆在脑海里，并通过语言描述来告诉腹中的胎儿，让胎儿和母亲一道接受美的熏陶，一起感受美的境界，领略美的真谛，这对胎儿的心智开发十分有益。

胎儿的触觉发育

胎儿的触觉出现得很早，甚至早于感觉功能中最为发达的听觉。由于黑暗的宫内环境限制了视力的发展，所以胎儿的触觉和听觉就更为发达。妊娠第2个月时，胎儿就能扭动头部、四肢和身体。4个月时，当母亲的手在腹部摸触到胎儿的脸时，他就会做出皱眉、眯眼等动作。如果在腹部稍微施加一些压力时，他立刻就会伸小手或者小脚回敬一下。有人通过胎儿镜观察发现，当接触到胎儿的手心时，他马上就能握紧拳头作出反应，而接触到其嘴唇时，他又努起小嘴作出吮吸反应。更为有趣的是，国外一些研究人员根据超声波图像报道，生活在子宫内的男性胎儿阴茎居然能够勃起。这一切都充分地说明了胎儿触觉功能的存在。当用头发刺激胎龄4～5个月的引产胎儿上唇时，胎儿出现嘴巴开闭活动；触手心时，小手便会握紧；触及足底时，足趾活动，膝和髋部还会弯曲。

胎儿在早期时，如果他的手触及嘴，他的头就会歪向一侧，并且把嘴张开。胎儿长大时就不同了，出现上面同样的情况时会把手伸到嘴里去吮吸，也会抓住脐带往嘴边送，这些动作使胎儿感到很快乐。从中我们看到，胎儿在母体中，已经是善于运动的"健将"了。

胎儿很早就拥有了触觉，这非常有利于运动胎教的实施。我们通过抚摸训练，就可以使胎儿的身体活动，手、脚的灵活性得到锻炼。

胎儿的视觉发育

有人认为，胎儿生活在子宫内，即使到晚期眼睛已发育成功，但两眼也是一抹黑，什么也看不见。因为胎儿生活在羊水里，外面的世界层层设防，除了羊水、羊膜外，还有绒毛膜，最后又加上子宫，如此"深宅大院"，自然一般光线很难透过。因此，子宫世界充满了黑暗。胎儿在这黑暗的条件下没有看东西的需要，也不可能看见什么东西。

然而，事实并非如此，胎儿的眼睛并不是完全看不见东西。在妊娠第2个月时，胎儿的眼睛就已经开始发育，到了第4个月时，对光线已非常敏感。为了证实这一点，有人曾用手电筒的光线有节奏地照射孕妇的腹部，发现胎儿会睁开双眼，把脸转向光亮的地方，胎儿的心率也随之发生有规律的变化。而且，胎儿出生后不到10分钟就能发挥视觉的作用，不但能看见母亲的脸，并且还具有认识模型和判断图形的能力。有人用强光照射30名34~41周的胎儿，结果显示，胎儿的脐动脉、脑动脉血流量增加。又应用组织学技术，对兔子进行实验，对胎兔在光照不同强度的条件下视觉器官所发生改变的实验结果进行分析，证实在一定的光照强度及限定时间内，胎兔视觉神经等组织发育状况良好，为进一步开展光照胎教的理论和方法研究提供了科学依据。

有人发现，新生儿的视力只关心30~40厘米以内的东西，这恰好与他在子宫内位置的长度相等，说明新生儿还保留着宫内生活的习惯。同时这个距离相当于婴儿吃奶时眼睛看到母亲面庞的距离。因此，刚出生的婴儿，其稚嫩的视力基础在胎儿时期已经打好，当然，婴儿的视神经系统还不够发达，要到出生后7岁左右才能发育完全。所以说胎儿的视觉功能还很不完善，但并不等于没有。为此，应按照胎教的要求，需要在黑暗的环境中用有较强光亮的手电照射孕妇的腹部，并有规律地缓慢移动，以锻炼胎儿睁眼辨别光线来源的能力，也可配合与胎儿的说话同时进行。这种用明亮光线刺激孩子视力的方法应该是胎教不可缺少的手段，是不能忽略的。

艺术与胎教相结合

孕妇可以在闲暇之时阅读文学作品。如果读小说，应进行选择。一部长篇小说需长时间阅读，如果其中充满缠绵悱恻的伤感、人生坎坷的境遇、血腥的暴力凶杀，会使孕妇的情感陷于其中，情绪失控，加重心理负担，对胎儿也不利。古今的优秀散文是最适合孕妇阅读的，这些散文思想境界较高，情景交融，感情细腻，易引起孕妇共鸣。如朱自清的《荷塘月色》、杨朔的《荔枝蜜》、陶渊明的《桃花源记》、柳宗元的《永州八记》等，都是值得反复阅读体味的。清新婉约的古代诗词也是陶冶性情的好教材，特别是白居易、王维、温庭筠等人的作品，神采飘逸，落落大方。古代诗歌音韵优美，读起来朗朗上口，孕妇低声吟诵，对胎儿十分有益，但不要读那些悲怆、伤感的诗词。如果有兴趣，孕妇可读一些世界著名童话，童话中所描述的善与恶、美与丑的故事表现了人们对美好事物的追求。

孕妇可尽量多欣赏艺术作品，如参观工艺美术展览、历史文物展览、美术展览等，也可买些画册，在休息时细细品读玩味。西方的人体艺术往往高度融合了人的内在美和形体美，使人产生对完美的人与自由的生命的渴望。文艺复兴时期的圣母像，以圣母的博爱、恬静吸引着人们，孕妇看了更能体会到为人母的幸福和满足。

除此之外，孕妇可在自己的生活中创造美，领略生活中的艺术。心灵手巧的孕妇可做些手工，为婴儿编织鞋帽衣服、做几个娃娃等，使母爱静静地流淌，胎儿对这些都是能感知到的。

做一双爱心宝宝鞋

制作步骤：

❶ 先来制作鞋底。下面是一双鞋底所需的料子，布料裁成和纸样一样大小，辅棉小一圈（不需要缝份）。为了加厚鞋底，辅棉可酌情多加几层。

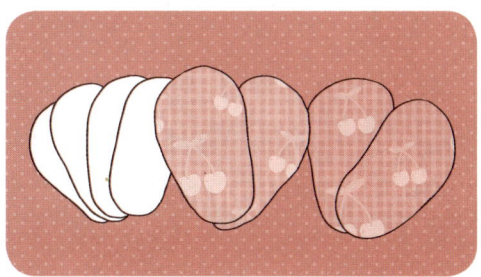

❷ 在2层布中间夹入两层辅棉，居中对齐后边缘疏缝一圈，继续从外到里给鞋底压上一圈圈的线。

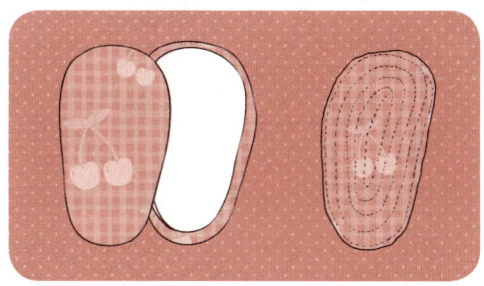

❸ 再来制作鞋面，可以把鞋面的表布和里布连起来裁剪，鞋面也需要夹入一层辅棉。另外剪两片小布头，用来制作袢子，尺寸可以参考下图，每一格为1厘米。

表布和里布连裁时应注意不要将相连处的缝份算进去。可将布料对折成2层来裁剪。

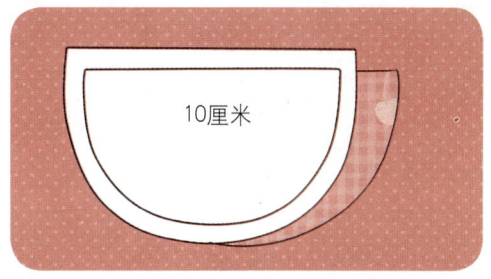

❹ 缝制袢子。将布头两端折进一个缝份，再对折缝合两条侧边，翻出正面就可以了。

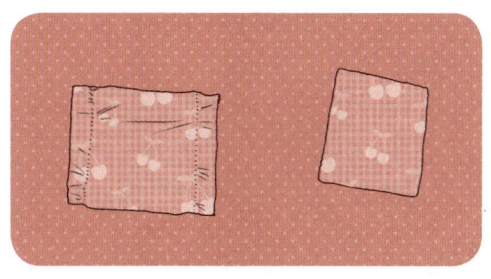

❺ 辅棉垫在里布一边底下，在里布上靠近鞋口居中位置缝上袢子，只缝一条边即可。

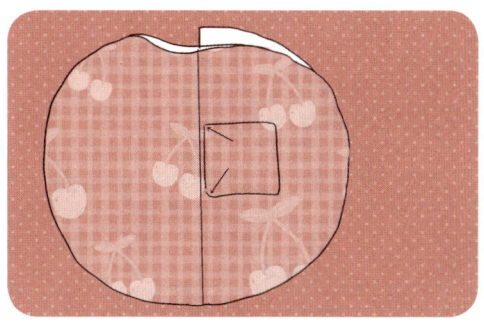

❻ 接着撇开袢子，将里布辅棉表布重叠在一起，在距离鞋口约1厘米处压上一道固定线，再将表布掀到一边，将袢子

的另一端固定在里布和辅棉上。

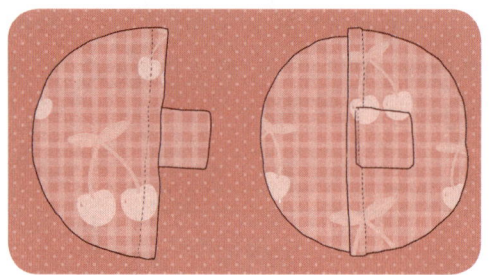

❼ 将制作好的鞋面毛边疏缝。

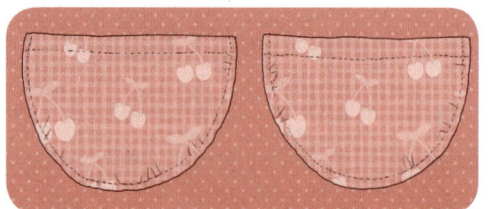

❽ 再来制作鞋帮，鞋帮也使用了表里连裁的方法。

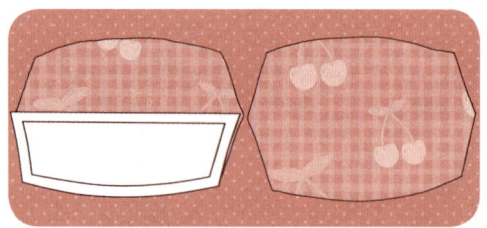

❾ 鞋帮也要夹入一层辅棉，辅棉两端比布料短一个缝份。之后将布料两端朝反面折进一个缝份，同时包住辅棉，将折边缝合。

❿ 鞋帮表里对折压上一圈线，最上边压线的位置要距离边缘1.2～1.5厘米，以形成一条管道用来穿松紧带。

⓫ 鞋底、鞋面、鞋帮都已独立制作完毕，接着要将它们进行组合。首先将鞋面固定在鞋底上，鞋底和鞋面的纸样都有一个记号节点，先对齐这两点，然后向两侧逐步对齐用珠针固定后缝合。这里需注意是鞋面表层和鞋底外面贴在一起，千万别弄反了。

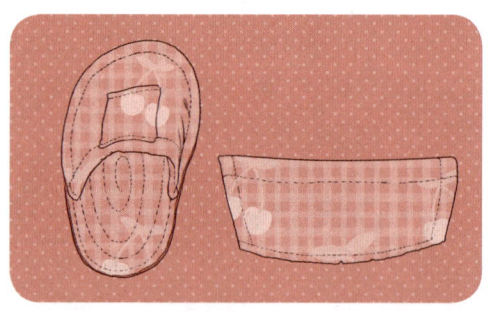

⓬ 在脚后跟上缝上鞋帮，也是先中间后两边对齐。全都组合好之后，给鞋底边缘锁边。

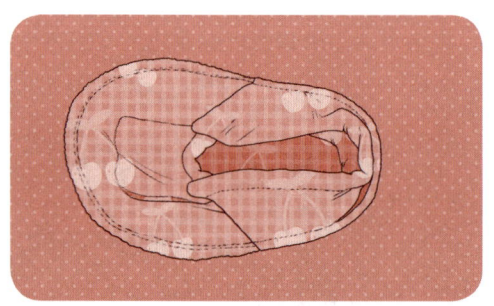

⓭ 最后来穿松紧带，穿过鞋帮通道，再从鞋面袢子里穿过，调节好松紧带

的长度剪下，两头缝在一起。

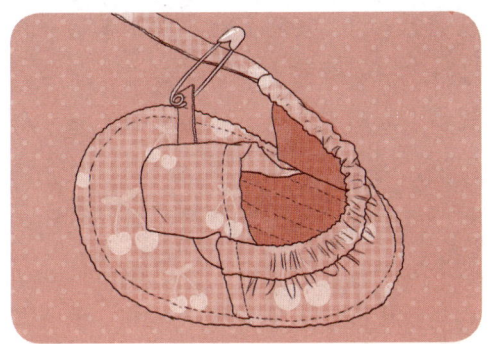

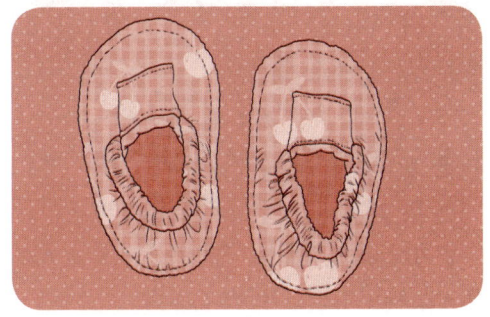

⑭ 翻到正面，鞋子制作完毕。

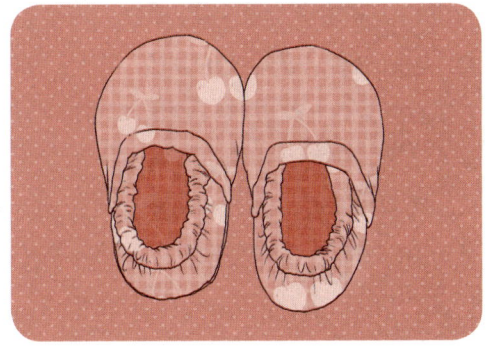

妈妈性格对胎宝宝的影响

母亲的子宫是胎儿生活的第一个环境，可以直接影响胎儿性格的形成和发展。在子宫内环境中，感受到温暖、和谐、慈爱的气氛，胎儿幼小的心灵将得到同化，意识到生活的美好和欢乐，可逐渐形成胎儿热爱生活、活泼外向、果断自信等优良性格的基础。如果夫妻间不和，家庭人际关系紧张，甚至充满敌意和怨恨，或者母亲心里不喜欢这个孩子，时时感到厌烦，由于情绪变化影响内分泌激素改变，胎儿会感到痛苦，可体验到冷漠和仇视的气氛，将来性格发育会形成内向孤僻、自卑多疑、懦弱胆小等性格的基础，会给胎儿的未来带来不利的影响。因此，国外优生科学家认为，母亲的情绪、态度会影响胎儿。胎儿在母体孕育过程中，个人的性格、气质特点就已经开始萌芽，包括对爱、恨、忧伤、恐惧等不同情感。科学家研究表明，胎儿在子宫里，不仅有感觉，而且对母亲情绪的细微变化都能作出敏感的反应。布拉泽尔顿博士研究发现，胎儿出生后就可以发现各自的个性的差异，有光睡觉的，有睁着眼张望的，也有手脚乱动大哭的，还有低声长时间哭泣的。当布拉泽尔顿博士对出生当日的新生儿进行检查时，有的新生儿就能紧紧盯住博士的眼睛，当博士上下左右转动自己的面部时，他也用眼睛进行追踪，而有的新生儿看一眼马上就不追踪了。有的新生儿很厌烦嘈杂声音，昏沉入睡；有的新生儿对外界环境十分敏感，总在哭泣；有的新生儿安抚一下就停止了哭泣，而有的要花很长时间才能安静下来，气质差异很大。澳大利亚的洛特曼博士观察研究了114名妇女从妊娠至分娩的全过程，将她们分为4类：

第一类为理想母亲，心理测验证实，她们盼望得到孩子，这类母亲怀孕时感觉最佳，分娩最顺利，生下的孩子身心最健康。

第二类为矛盾母亲,这类母亲表面上似乎对怀孕很高兴,丈夫、亲友也以为她们乐意做母亲,可是子宫里的胎儿却能注意到母亲潜意识里的矛盾情绪和母亲内心深处对他排斥的心理。这些胎儿出生后大部分有行为问题和肠胃问题。

第三类为淡漠母亲,这些母亲不想得到孩子,但她们潜意识希望怀孕,这两种信息在某种程度上全被胎儿接受,这些孩子出生后,情感冷漠,昏昏欲睡。

第四类为不理想母亲,这类母亲不愿意得到孩子,她们在怀孕阶段生病最多,早产率最高。生下来的孩子出现体重过轻,情绪反常。科学研究表明,胎教与婴儿个性的形成有紧密联系,胎儿时期母亲妊娠期间的环境、心理情绪、生活方式、身体状况等因素均与胎儿个性的形成有密切关系。

孕4月的中医胎教

古人说,妊娠4月孕妇"当静形体,和心态,节饮食"。意思是说在妊娠4月,孕妇应该心情恬静,心态平和,节制饮食。为什么要节制饮食呢?因为妊娠4月时早孕反应消失,孕妇对妊娠早期出现的心理、生理变化已逐渐适应,心情好转,食欲增强。此时提醒孕妇不要乱吃乱喝,注意休息是很正确的。另外,这时胎儿脑发育很快,孕妇应积极给予胎儿各种良性刺激,如唱歌、朗诵等。有些胎教磁带,收录一些温馨的儿歌、小诗,对母胎都有益。

孙思邈《千金要方》中说,旧说凡受胎三月,逐物变化,禀质未定。故妊娠三月,欲得观犀象、猛兽、珠玉、宝物,欲得见贤人君子、盛德大师,观礼乐、钟鼓、俎豆、军旅陈设,焚烧名香,口诵诗书,古今箴诫,居处简静,割不正不食,席不正不坐,弹琴瑟,调心神,和情性,节嗜欲,庶事清净,生子皆良,长寿,忠孝,仁义,聪惠,无疾。斯盖文王胎教者也。

《洞玄子》中说,凡女怀孕之后,须行善事,勿视恶色,勿听恶语,省淫欲,勿咒诅,勿骂詈,勿惊恐,勿劳倦,勿妄语,勿忧愁……遂令男女如是聪明智慧,忠真贞良,所谓教胎者也。

万全《育婴家秘·胎养以保其真》中说,夫至精才化,一气方凝,始受胞胎,渐成形质。子在腹中,随母听闻。自妊之后,则须行坐端严,性情和悦,常处静处,多听美言,令人诵读诗书,陈说礼乐,耳不闻非言,目不观恶事。如此则生男女福寿敦厚,忠孝贤明;不然则生男女多鄙贱不寿而愚顽,此所谓因外象而内感也。昔太王怀文王,耳不听恶声,目不视恶色,口不出恶言,世传胎教之道,此之谓也。

不要让胎儿因紧张而受伤

任何人只要受到较强烈的刺激,就会在体内制造所谓肾上腺素的紧张物质,使得手指头或脚指头的末梢神经收缩,且血管变细、心跳加快。

按照加拿大希利叶医师所发表的研究报告，紧张所引起的反应可分为警告期、抵抗期和疲劳期三阶段。孕妇若持续紧张的情绪，胎儿会变得相当疲劳，甚至丧失生命。这种可怕的因素，就是肾上腺素。

妊娠中的母亲因紧张而分泌肾上腺素时，胎儿也一样会分泌肾上腺素，而且也和母亲一样，也会为了紧张而痛苦。

特别要注意的是，妊娠4个月左右的胎儿，其脑部正处于持续的成长发育中，可以接受母亲所传给他的各种物质。所以胎儿从第4个月开始，就比过去更易受到紧张情绪的影响。

人类在心情温和时，控制脑和内脏的是名叫副交感神经的物质，但受到精神压力时，交感神经就会有取代支配身体的作用，产生血压或心跳数升高的现象。

这种身体构造，胎儿同样具备，而且母亲受到精神压力时，胎儿也会勇敢地和母亲一起对抗。

胎儿是通过脐带而获取来自母亲的养分与氧气，在一般安定的状态时，子宫是随着自然的韵律，持续进行收缩或舒张，但在精神受压迫的状态时，这种规律性的节奏就会产生混乱现象，子宫运动太激烈，使得连接母亲与胎儿的唯一管道——脐道，受到严重的压迫而变得扁扁的，完全无法达到输送血液的功能，使胎儿严重缺乏养分和氧气，造成生命活动暂停的假死状态，而且如果持续缺氧的话，胎儿就真的会死亡。

如此看来，母亲所受的压力，不但会阻碍胎儿脑部或身体的发育，也会造成胎儿生命的危险。

胎教故事

小津津的父亲是位医生，他吸取中国古老质朴的胎教学说中的科学成分，同时结合了现代医学知识，对小津津施行胎教。他非常注意给妻子调节饮食，让妻子在怀孕时期吃了许多高蛋白的食物，以及猕猴桃、梨、苹果、番茄、西瓜等维生素含量高的水果。另外也相当注意环境对优生的影响，他们选了一个青山绿水、空气清新的地方度假，并且还注意调适心情，阅读一些有趣且轻松愉快的小说，看一些轻松又有益的电视或电影。1980年小津津出生，他的体重为4千克，出生时并不哭，只是笑，正因为他那副对任何事都津津有味的模样，大家才都叫他"小津津"。到他半岁多时，当人们以汉语或英语说出他近处的物体，他就能用眼睛示意或用手准确地指出来；在一岁左右，他就知道自己身体各部位的名称与位置，并能指出心脏的位置；到1岁半时便能听懂英文及中文的一些常用语，并且认识英语字母表，数字能从1数到10，并会辨认16种不同的颜色；2岁半时懂得加减乘除及平方根等数学符号；3岁时已认得1万以内的数字；4岁半时，他的智商测定在140以上，超过了11岁年龄组的智商。

心理游戏

你属于哪种气质类型

❶ 做事力求稳妥，不做无把握的事。

❷ 遇到可气的事就怒不可遏，想把心里话全说出来才痛快。

❸ 宁可一人干事，不愿很多人在一起。

❹ 到一个新环境很快就能适应。

❺ 厌恶那些强烈的刺激，如尖叫、噪声、惊悚的画面等。

❻ 和人争吵时，总是先发制人，喜欢挑衅。

❼ 喜欢安静的环境。

❽ 善于和人交往。

❾ 羡慕那种善于克制自己感情的人。

❿ 生活有规律，很少违反作息制度。

⓫ 在多数情况下情绪是乐观的。

⓬ 碰到陌生人觉得很拘束。

⓭ 遇到令人气愤的事，能很好地自我克制。

⓮ 做事总是有旺盛的精力。

⓯ 遇到问题常常举棋不定，优柔寡断。

⓰ 在人群中从不觉得过分拘束。

⓱ 情绪高昂时，觉得干什么都有趣；情绪低落时，又觉得什么都没有意思。

⓲ 当注意力集中于某一事物时，别的事物很难使我分心。

⓳ 理解问题总比别人快。

⓴ 碰到危险情景，常有一种极度恐怖感。

㉑ 对学习、工作、事业抱有很高热情。

㉒ 能够长时间做枯燥、单调的工作。

㉓ 符合兴趣的事情，干起来劲头十足，否则就不想干。

㉔ 一点小事就能引起情绪波动。

㉕ 讨厌做那种需要耐心、细致的工作。

㉖ 与人交往不卑不亢。

㉗ 喜欢参加热烈的活动。

㉘ 爱看感情细腻、描写人物内心活动的文学作品。

㉙ 工作学习时间长，常感到厌倦。

㉚ 不喜欢长时间谈论一个问题，愿意实际动手干。

㉛ 宁愿侃侃而谈，不愿窃窃私语。

㉜ 别人说我总是闷闷不乐。

㉝ 理解问题常比别人慢些。

㉞ 疲倦时只要短暂的休息就能精神抖擞，重新投入工作。

㉟ 心里有话，宁愿自己想，不愿说出来。

㊱ 认准一个目标就希望尽快实现，不达目的，誓不罢休。

㊲ 和别人学习、工作同样时间后，常比别人更疲倦。

㊳ 做事有些莽撞，常常不考虑后果。

㊴ 老师或师傅讲授新知识、新技术时，总希望他讲慢些，多重复几遍。

㊵ 能够很快地忘记那些不愉快的事情。

㊶ 做作业或完成一件工作总比别人花的时间多。

㊷ 喜欢运动量大的剧烈体育活动，或参加各种文艺活动。

㊸ 不能很快地把注意力从一件事转移到另一件事上去。

第五章 胎宝宝第4个月

㊹ 接受一个任务后,就希望迅速完成。

㊺ 认为墨守成规比冒风险强些。

㊻ 能够同时注意几件事。

㊼ 当我烦闷的时候,别人很难使我高兴。

㊽ 爱看情节起伏跌宕、激动人心的小说。

㊾ 对工作认真严谨,具有始终如一的态度。

㊿ 和周围人们的关系总是相处不好。

㉛ 喜欢复习学过的知识,重复做已经掌握的工作。

㉜ 希望做变化大、花样多的工作。

㉝ 小时候会背20首诗歌,且对诗歌的内容我似乎比别人记得清楚。

㉞ 别人说我"出语伤人",可我并不觉得这样。

㉟ 在体育活动中,常因反应慢而落后。

㊱ 反应敏捷,头脑机智灵活。

㊲ 喜欢有条理而不麻烦的工作。

㊳ 兴奋的事常常使我失眠。

㊴ 老师讲新的概念,常常听不懂,但是弄懂以后就很难忘记。

㊵ 假定工作枯燥无味,马上情绪低落。

结果鉴定:

❶ 在回答上述问题时,你认为很符合自己情况的,记2分;比较符合的,记1分;介于符合与不符合之间的,记0分;比较不符合的,记负1分;完全不符合的,记负2分。

❷ 将题分类,并汇总各类得分。

胆汁质题号:2、6、9、14、17、21、27、31、36、38、42、48、50、54、58。

多血质题号:4、8、11、16、19、23、25、29、34、40、44、46、52、56、60。

黏液质题号:1、7、10、13、18、22、26、30、33、39、43、45、49、55、57。

抑郁质题号:3、5、12、15、20、24、28、32、35、37、41、47、51、53、59,总得分。

❸ 如果其中一种气质得分明显高出其他3种,均高出4分以上,则可定为该类气质型。此外,如果该类气质得分超过20分,则为典型;如果该类得分在10~20分,则为一般型。

❹ 两种气质类型得分接近,其差异低于3分,而且又明显高于其他两种,高出4分以上,则可定为这两种气质的混合型。

❺ 3种气质得分均高于第四种,而且接近,则为3种气质的混合型,如多血-胆汁-黏液混合型,或黏液-多血-抑郁混合型。

附:气质类型

古希腊哲学家赫伯克拉特将人的气质分为4种:

❶ 胆汁质:这种人情绪兴奋性高,感情强烈,好动,易于激动;对外界刺激反应快,敏捷,欠灵活;待人接物热情,果断,意志坚强,外倾性;富有精力,办事效率高,但急躁、轻率、冒失、傲慢、鲁莽、刚愎自用。

❷ 多血质:情绪兴奋性高,对外界刺激反应迅速、灵敏;待人接物热情;主动,乐观、活泼、好动,外倾性明显;富

有事业心，办事效率高，但情绪易变、急躁、轻浮。

❸ 黏液质：情绪兴奋性低，对外界刺激反应慢，动作迟缓，待人接物稳重、沉着；安详、缄默、情感不外露、内倾性；工作迂缓，办事按部就班，但情绪不易变化，内刚外柔，显得委靡不振。

❹ 抑郁质：情绪兴奋性低，对外界刺激反应不强烈，速度慢；待人接物冷淡刻板，孤僻，不灵活，严重内倾性；沉溺于内心体验，办事效率低；与世无争，落落寡合。

■ 性格判断

人的性格各不相同。瑞士一位心理学家曾对人的性格类型进行了多年研究，并把人在生活中、与人交往中的性格特点分为4类。他发现，相同类型性格的人更容易相互交往。了解自己的性格属于哪种类型，可以在生活和工作中扬长避短，有助于改善人际关系，使生活更加愉快。当然，一个人可能同时具有两种或两种以上性格类型特点，但他所具有的主要特征则代表其性格类型。这4种性格类型及其特点是：

第一种：敏感型。这类人精神饱满，好动不好静，办事爱速战速决，但是行为常有盲目性。与人交往中，往往会拿出全部热情，但受挫折时又容易消沉失望。这类人最多，约占40%，在运动员、行政人员和各种职业的人中均有。

第二种：感情型。这类人感情丰富，喜怒哀乐溢于言表，别人很容易了解其经历和困难，不喜欢单调的生活，爱刺激，爱感情用事。讲话、写信热情洋溢。在生活中喜欢鲜明的色彩，对新事物很有兴趣。在与人往中，容易冲动，有时易反复无常，傲慢无礼，所以与其他类型人有时不易相处。这类人占25%，在演员、活动家和护理人员中较多。

第三种：思考型。这类人善于思考、逻辑思维发达，有较成熟的观点，一切以事实为依据，一经作出决定，能够持之以恒。生活、工作有规律，爱整洁，时间观念强。重视调查研究和精确性，但这类人有时思想僵化、教条、纠缠细节、缺乏灵活性。这类人约占25%，在工程师、教师、财务人员和数据处理人员中较多。

第四种：想象型。这类人想象力丰富，憧憬未来，喜欢思考问题，在生活中不太注重小节。对那些不能立即了解其想法、价值的人往往很不耐烦。有时行为刻板，不易合群，难以相处。这类人不多，大约只占10%，在科学家、发明家、研究人员、艺术家和作家中居多。

下面的问题可以帮助你判断自己的性格属于哪一类型。每个问题中有4格，在最符合你的情况那格中填入4，其次填3，再次填2，最不符合的那一格填1。

❶ 我给别人留下的深刻印象可能是：□a. 经验丰富；□b. 热情；□c. 灵敏；□d. 知识丰富。

❷ 当我按计划工作时，我希望这个计划能够：□a. 取得预期效果，不要浪费

时间、精力；□b.有趣，并能和有关人一起进行；□c计划性强；□d.能产生有价值的新成果。

❸ 我的时间很宝贵，所以总是首先确定要做的事情：□a.有无价值；□b.能否使别人感到有趣；□c.是否安排得当，按计划进行；□d.是否考虑好了下一步计划。

❹ 对我来说，最满意的情况是：□a.比原计划做得多；□b.对别人有帮助；□c.通过思考解决了一个问题；□d.把一个想法和另一个想法联系起来了。

❺ 我喜欢别人把我看成一个：□a.能完成工作任务的人；□b.充满热情和活力的人；□c.办事胸有成竹的人；□d.有远见卓识的人。

❻ 当别人对我无礼时，我往往：□a.立即表现出不快；□b.心情不快，但能很快消除；□c.谴责对方；□d.不去理他，考虑自己的事。

填好以后，把6个问题中的a、b、c、d4项的分数分别相加，得出4个总数。分数高的一项，就是你的性格的基本类型。即：a为敏感型，b为感情型，c为思考型，d为想象型。

妻子妊娠期的心理变化

妇女具有相对明显的特征性心理或个性倾向，主观因素对女性有较为明显的影响，较易缺乏逻辑性的感知，容易表现出情绪上的纷乱和困惑。妇女的情绪活动具有较高的兴奋性，易于激动或对刺激易于产生反应，多富于情绪性的表达及容易接受暗示，好表现出对自己健康的关注，因此，心绪不佳时，经常过多地表述躯体性不适。妊娠期的神经内分泌的改变及躯体变化使女性的特征性心理表现得更为明显。作为丈夫，应能理解妻子生理、心理上的改变，帮助她调整心态。

目前的研究初步了解，绝大部分孕妇的肾上腺皮质激素将随着妊娠期进程逐渐增高，在分娩前达到峰值，这是机体生理性应激的结果。妊娠期中，妇女体内雌激素水平将低于非孕期，由此形成雄激素水平的相对偏高现象，同时前列腺素相对升高，催乳素的排泌在妊娠期亦是逐渐升高的趋势。有研究指出，妊娠期体内儿茶酚胺的活性可呈相对降低，其中主要是去甲肾上腺素，这就是供孕妇情绪及行为改变的生物学基础。从心理学角度观察，孕妇的情绪较为脆弱、易激动、易出现紧张、焦虑不安，对异性的兴趣明显降低,而对自己的身体以及对与孕育胎儿的关注却明显增加。

随着妊娠月份的增加,孕妇体态曲线发生变化,体重逐月增加,使其在日常生活与工作中受到限制,加重了心理压力。孕妇的内分泌变化使其面部及躯体部皮肤色素加深或出现色素沉着斑块,毛发增多或出现痤疮样皮炎,面部失去光泽并表现水肿,在孕妇的自我审视和外界反应中,产生自卑忧虑和紧张烦躁,担心形体不能恢复到原有状态,担心在今后的工作中失去自己的位置。随着妊娠的进程,负重和胎儿的发育,孕妇的心肺功能负荷增加,心率增速及呼吸加快加深等生理应激问题也加重了原有的焦虑情绪,此时,孕妇的忍耐力受到了严峻考验。

同时,在妊娠中后期也可表现出情绪的相对平淡,这是一种自我保护性心理状态,此时她对周围事物表现相对迟钝,较少关心他人活动,以一种看似漠然的姿态出现在人们面前,她注意力减低,甚至动作迟缓、懒惰。她经常将主要精力集中于留心周围可能潜在的危险,尽量不受外界干扰,以保护胎儿的健康成长,她对异性的兴趣明显降低,性欲减弱,性生活减少。

漫长的妊娠期对妇女来说是一段艰难的历程,她始终忍受着躯体变化的负担和种种心理压力,及至分娩,她将渴望在最后的痛苦中获得解脱,于是,随之产生的焦虑、紧张与疑惧又将出现新的高峰。

Chapter 6
胎宝宝第5个月

·本月有明显胎动
·开始直接胎教,对胎儿可进行音乐胎教,进行母子对话或抚摸胎教
·为哺乳作准备,开始矫正或锻炼乳头
·对双胞胎或孕妇腹部肌肉松弛者,可使用腹带保护胎儿,以免受振动
·注意定期作产前检查。本月产前检查一次

胎儿发育和母体变化

胎儿发育

这个月胎儿身高20～25厘米,体重250～300克,全身长出细毛(毳毛),开始长头发,眉毛、指甲等也长齐。头的大小像个鸡蛋,头重脚轻的身体分成三部分,身体比例终于显得匀称,皮肤渐渐显现出红色,皮下脂肪开始沉着,皮肤不透明了,皮肤的触觉已发育完全,耳郭外突成外耳形状,骨骼钙化逐渐扩展,骨骼肌肉发育健壮,胳膊、腿的活动开始活跃。这月可明显感到胎动。胎儿心脏的活动也活跃,可以听到强有力的胎心,胃部出现制造黏液的细胞,大脑还会出现折痕。体内基本构造已是最后完成阶段。延髓的呼吸中枢也开始活动,肺泡上皮开始分化。在B超下观察胎儿,已能做些细小的动作。两手在脸部前面相握,手指一指接一指地动,做抓的动作,跳跃动作,踢脚力量大,偶尔可踢到子宫壁,动作频繁地在羊水腔内改变身体姿势和玩耍。呼吸不规则也减少了,张口动作、眼珠运动则非常清楚而明显。不时地摇头,抚摸自己的脸,手指触摸嘴唇而产生反射动作即张口动作,渐渐地由反射动作转为自然动作,或许是呼吸,或许不是呼吸。由于胎儿的动态,已涉及中枢神经使得母体的日常生活和胎儿之间的联系更加复杂而密切。母体接收到的刺激直接反映到胎儿的动作,此期胎儿动作是缓慢地动,一个动作做完再做另一个动作,如若受到不良刺激,胎儿有可能有过激的反应。

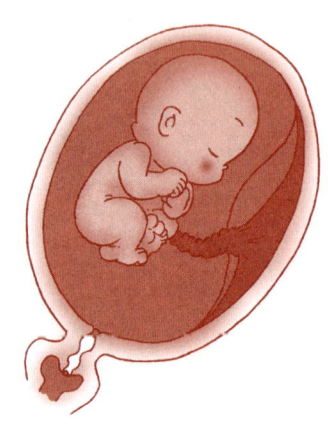

孕5月时的胎儿

母体变化

从这个月开始母体可明显感到胎儿的活动,随着胎儿各部分的肌肉、骨骼运动的形成,胎儿便在子宫内伸手、踢腿,冲击子宫壁,这就是胎动。胎动的次数多少、快慢、强弱等常表示胎儿的安危。据妇产科专家观测,正常明显胎动1小时不少于3～5次,12小时明显胎动次数为30～40次以上。但由于胎儿个体差异大,有的胎儿12小时可动100次左右,只要胎

美妙而甜蜜的神奇胎动

有人说胎动就像肚子里有蝴蝶飞过、像小球在肚子里滚动,虽然感受不尽相同,但是心中那份喜悦与感动对所有孕妈妈来说都是无法言喻的甜蜜,而胎动纪录,也提供给孕妈妈一个和宝宝互动的管道,不妨现在就拿起纸笔,纪录你与宝宝的感动时刻吧!

认识胎动

简单来说,胎动就是宝宝在孕妈妈肚子里活动所产生的震动,而这些动作包含了翻滚、伸直手臂和胎儿呼吸等情形。通常怀孕到第5个月左右,孕妈妈们就可以感受到宝宝的活动,不过,第一次感受胎动的时间,会依照每个人不同的情况而定,怀第一胎的孕妈妈大约在18~20周时可以感受到胎动,如果已经是第二胎,因为比较有经验了,感受胎动的周数差不多在16~18周。

有些人也会好奇地想知道,孕妈妈们可以感受到宝宝在肚子里的动作吗?其实孕妈妈们是分辨不出胎儿到底在翻滚还是爬行的,主要是以超声波来观看,大约10周左右就可以看得到宝宝在子宫内活动的状况,不过那时候子宫壁太厚,孕妈妈还感觉不到,怀孕28周时羊水比较多,这时候测胎动,宝宝动作都会比较明显,主要是看羊水跟胎儿的比例,有时候孕妈妈会感觉肚子有咕噜的声音,就是胎儿翻动而产生的羊水声音。

此外,每位孕妈妈感受到胎动的时机点也不太相同,通常因为早上上班忙碌的关系,孕妈妈比较感觉不到宝宝的活动,通常要等到晚上休息,身心比较放松的时候才能

明显感受到胎动,所以很多人都会以为宝宝是不是只有晚上才会动,事实上宝宝是随时都在动的。

胎动测试,帮助孕妈妈掌握宝宝

胎动是宝宝健康的象征,许多孕妈妈会藉由纪录胎动来了解宝宝的状况。宝宝在子宫内活动的次数,一天下来大约要有150~200次才算正常,不过,一般人不可能将宝宝的活动纪录得这么精准,所以如果孕妈妈想要测试胎动,可以先喝一些甜的饮品,让血糖升高,接着轻轻摇动肚子,稍微刺激一下宝宝,再让自己舒服地平躺纪录,如果半小时内宝宝有动到2~3次,就算是正常。如果一段时间过后一直都没感觉到宝宝在活动,孕妈妈就需要到医疗院所求助医生,医疗人员会以胎儿监视器来诊断宝宝的情形。

为了方便孕妈妈每天记录宝宝的活动,有些医疗院所会提供胎动纪录表,让孕妈妈可以在家中自行纪录。一般来说,产前胎儿健康监测分三个等级:第一种是无侵袭性的,也就是利用"胎动纪录表",靠着妈妈跟宝宝互动,就像做运动一样每天纪录;第二种是用"胎儿监视器"来检视胎心音以及胎盘功能;第三种是进一步以"超音波"及"多普勒"监核脐血流,做更深入的检查。因此,简单又无侵袭性的第一种方式最适合孕妈妈了。而胎动纪录表在每次产检时,孕妈妈可以带给医生参考,医生可以据此间接了解胎儿的情形。如果胎动减少,孕妈妈也确实有依照正常的程序纪录胎动,此时医生可以参考这些数据评断,是否需要进一步检查。

目前市面以及网络上都有胎音器出售，有些孕妈妈也会自己买来使用，听听宝宝的心跳，不过，不管是用什么方式来确认宝宝的健康状态，这些纪录数据只能作为评估的一部分，如果发觉宝宝有异状，还是要到医院做深入的诊断检查比较安全。

胎动好像有异常怎么办？

当孕妈妈在测量胎动时，有时候会因为宝宝动得不多或是次数明显减少，担心是否有异常状况发生。通常，胎动并不是医生评断宝宝异常的主要依据，一般还是会以孕妈妈是不是有落红、出血等情况来判断，或是由抽血和超音波的方式来检查宝宝的状况。不过，由于胎动是宝宝让孕妈妈能掌握自己的信号，所以孕妈妈可以留意几项导致异常胎动的原因：第一，当孕妈妈生病发烧时，子宫的血流量会减少，宝宝也会显得较安静，此时妈妈只要尽快到医院看诊即可。第二，当宝宝发生脐带绕颈或打结的情形，宝宝会产生急促的胎动，经过一段时间后又突然停止，一旦有这种情况出现，孕妈妈就要立即就诊，以免耽误时间，其他还有包括胎盘早期剥离、宝宝先天异常等原因都会造成异常的胎动。

另外，提醒孕妈妈，许多人一听到"脐带绕颈"就会很忧虑，其实大约50%~60%的宝宝会有脐带绕颈的问题，但绕颈窒息的情形并不常见，假如孕妈妈因为担心导致睡不好、吃不下，提供给宝宝的营养下降，反而会导致宝宝健康产生问题。

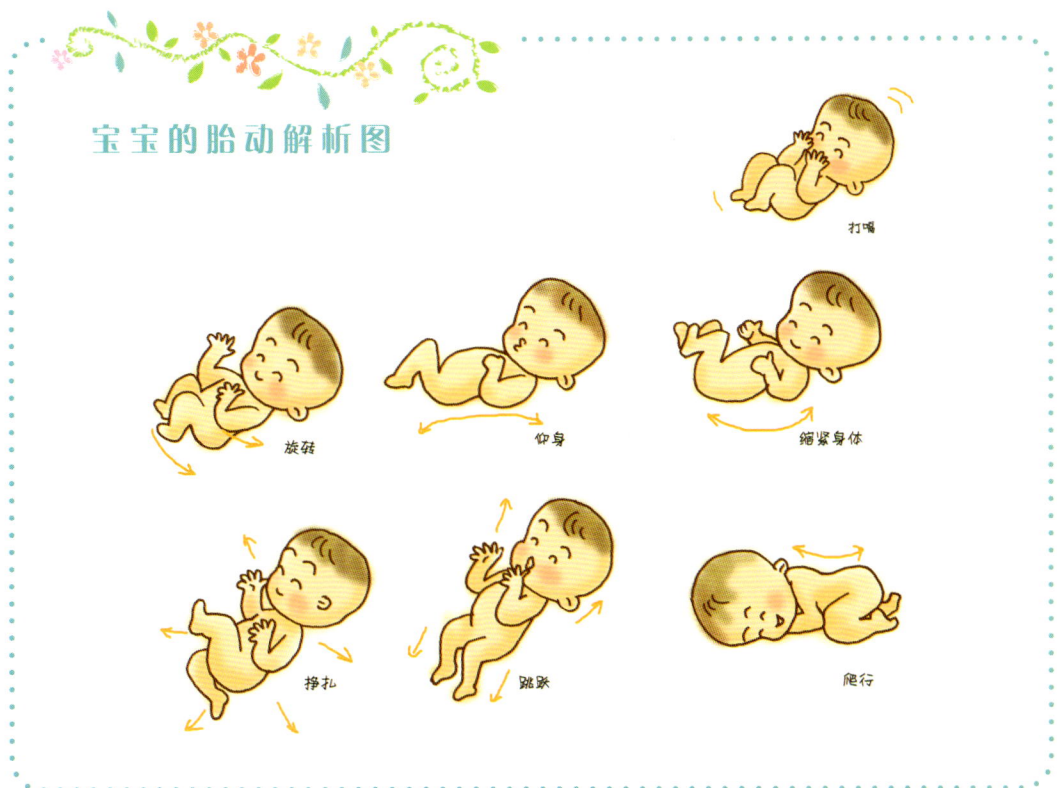

宝宝的胎动解析图

打嗝　　旋转　　仰身　　缩紧身体　　挣扎　　跳跃　　爬行

胎动记录表

准妈妈姓名：_____   宝宝预产期：_____年_____月_____日

A：0~30分钟   B：30~60分钟   C：60~90分钟   D：90~120分钟   E：超过2小时（尽快回门诊）

范例

星期	一	二	三	四	五	六	日
时间	17点	20点	19点	20点	18点	21点	19点
A				○	○		
B		○					
C			○				
D			○				
E							○

第28周

星期	一	二	三	四	五	六	日
时间	17点	20点	19点	20点	18点	21点	19点
A							
B							
C							
D							
E							

第29周

星期	一	二	三	四	五	六	日
时间	17点	20点	19点	20点	18点	21点	19点
A							
B							
C							
D							
E							

第30周

星期	一	二	三	四	五	六	日
时间	17点	20点	19点	20点	18点	21点	19点
A							
B							
C							
D							
E							

第31周

星期	一	二	三	四	五	六	日
时间	17点	20点	19点	20点	18点	21点	19点
A							
B							
C							
D							
E							

第32周

星期	一	二	三	四	五	六	日
时间	17点	20点	19点	20点	18点	21点	19点
A							
B							
C							
D							
E							

使用方式

1. 每天找空闲时间(建议晚餐后)，左侧卧或静坐，记录10次胎动所需时间。
2. 量10次胎动所需时间，分为A、B、C、D、E，画○于表内空格。

第33周

星期	一	二	三	四	五	六	日
时间	17点	20点	19点	20点	18点	21点	19点
A							
B							
C							
D							
E							

第34周

星期	一	二	三	四	五	六	日
时间	17点	20点	19点	20点	18点	21点	19点
A							
B							
C							
D							
E							

第35周

星期	一	二	三	四	五	六	日
时间	17点	20点	19点	20点	18点	21点	19点
A							
B							
C							
D							
E							

第36周

星期	一	二	三	四	五	六	日
时间	17点	20点	19点	20点	18点	21点	19点
A							
B							
C							
D							
E							

第37周

星期	一	二	三	四	五	六	日
时间	17点	20点	19点	20点	18点	21点	19点
A							
B							
C							
D							
E							

第38周

星期	一	二	三	四	五	六	日
时间	17点	20点	19点	20点	18点	21点	19点
A							
B							
C							
D							
E							

第39周

星期	一	二	三	四	五	六	日
时间	17点	20点	19点	20点	18点	21点	19点
A							
B							
C							
D							
E							

第40周

星期	一	二	三	四	五	六	日
时间	17点	20点	19点	20点	18点	21点	19点
A							
B							
C							
D							
E							

注意事项

1. 若10次胎动在120分钟内完成(A、B、C、D)，表示胎动无异常。

2. 如觉得无胎动或记录为"E"(>2小时)，请尽快就诊，或与产房联络。

3. 此胎动记录，仅可降低胎死腹中的概率，无法完全避免如胎盘早期剥离，或脐带因素等造成的胎儿死亡。

维纳斯和丘比特
意大利 洛托（1480—1556）

圣母子与圣安妮
列奥纳多·达·芬奇(1452—1519)

第六章 胎宝宝第5个月

动有规律，有节奏，变化不大，即证明胎儿发育是正常的。胎动正常，表示胎盘功能良好，输送给胎儿的氧气充足，胎儿在子宫内生长发育健全，很愉快地活动着。

当孕妇发现胎动12小时少于20次，或每小时少于3次，则预示着胎儿缺氧。小生命可能受到严重威胁，胎盘功能不全，胎盘发育不良，大片钙化灶、纤维化或坏死灶形成等，均可导致胎儿营养障碍、缺氧，甚至无氧供给。在缺氧初期，胎动次数增多，由于缺氧，胎儿烦躁不安。当胎儿宫内缺氧继续加重时，胎动逐渐衰弱，次数减少，此时为胎儿危险先兆。若此时不采取相应抢救措施，胎儿会出现胎动消失，乃至胎心消失，心跳停止而死亡。此过程12～48小时，大多发生在24小时左右。因此孕妇一旦发现胎动异常，决不可掉以轻心，应立即去妇产科求治，及时治疗，常可转危为安。

怀孕进入第5个月的妇女会惊讶地发现好像吹气球般地胖了起来。

❶ 大肚子更明显。第5个月结束后，不管你高矮胖瘦，绝对不会再有人无法断定，你到底是有喜了还是变胖了。大多数孕妇都会在此时穿起孕妇装，骄傲地展示自己的体形，并摆出怀孕的姿势。

❷ 腹部皮肤瘙痒敏感。这个时候，皮肤因牵拉会持续感到瘙痒。你可以温柔地轻抚腹部，以爱抚肚中的小家伙。

❸ 脐周不适。怀孕20周左右，膨胀的子宫会开始向外压迫下腹部。当你走路时，在肚脐周围，会偶尔感到稍许不舒服。同时，肚脐也会开始向外撑开，变得好像有点"凸肚脐"（分娩之后，肚脐会回到正常状态）。

❹ 乳房改变。乳头变得比以往更敏感，特别是晚上睡觉压到乳房，或乳头与衣服摩擦。同时发现乳头会分泌金黄色分泌物，这便是初乳，也就是将来小宝宝的最佳天然营养品。

❺ 痉挛。怀孕第5个月，有些妇女会在下腹部感到如月经来时的疼痛，但疼痛的程度要比月经来时轻一些。

❻ 韧带疼痛。子宫增大时，子宫两侧与骨盆相连的粗韧带也会跟着拉长。当你正常运动时会带来意外的疼痛，而迫使你停止运动。当你突然改变姿势时，会经常有这种痛苦感。有些孕妇在运动，甚至走路时，都会感到这种韧带痛。

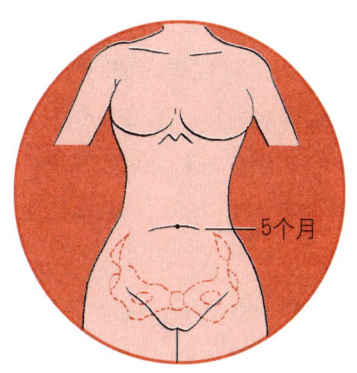

妊娠5个月时的宫底高度

优境养胎

胎动次数的观察和计算

孕妇观测胎动最好每天早晨、中午、晚上各测一次，每次连续计数1小时，再将3次计数之和乘以4便可推算12小时的胎动次数。测胎动时最好取左侧卧位，全神贯注，平心静气地体会胎动次数。每动一下就在纸上画上一道，胎动可能只动一下，也可能连续动数十下，均只算胎动一次。正常情况下应每小时3～5次，24小时不少于20次。在产前检查时将胎动记录提供医生参考。孕妇注意观测胎动，可监护胎儿安危，发现异常，及时得到合理治疗。

测量子宫底高度方法

子宫底高度随孕周的增加而增加，可以比较准确地提示胎儿生长发育情况。过去用脐孔作标记测量宫底高度，比较简便，但脐孔与耻骨联合间的距离因人而异，并不十分准确，因此现在多用软尺测量。在测量前，孕妇应排空小便，平卧，两腿放平，腹壁放松。软尺的一端放在耻骨联合上缘，一端放在子宫底顶端，测量这一段的弧形长度。软尺要紧贴腹壁皮肤。在孕20～24周，子宫底平均每周增长1厘米。到34周以后，增长较慢，平均每周增长0.8厘米。孕40周时，子宫底的平均高度为34厘米。

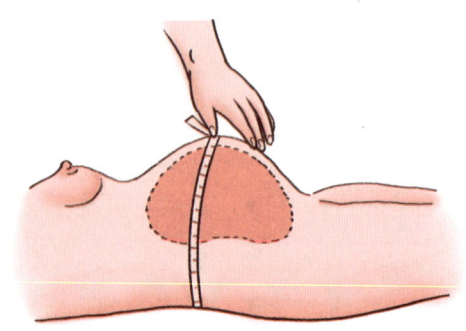

腹围测量方法

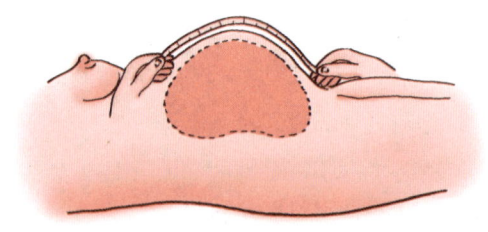

子宫底高度测量方法

估计胎儿发育的方法

随着妊娠月份的增加，子宫逐月增大，胎儿不断发育。根据子宫大小判断妊娠月份或估计胎儿大小有一定的参考价值。

宫高是指耻骨联合上缘至子宫底最高点的距离，代表子宫长径。在脐水平测量的腹围，代表子宫的横径及前后径。综合三系径线，能较准确地反映子宫大小，估计胎儿发育。一般自妊娠第5个月开始进行测量。

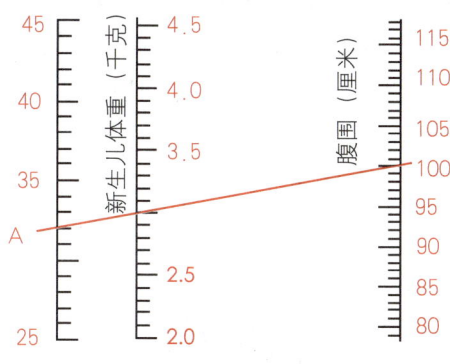

新生儿体重估算表

按照上图可较准确地推算新生儿体重，方法是用尺子测量宫高和腹围，然后将两个测量数据在图中的标尺上标出来，再用线连上，这条线在新生儿体重线上的交叉点，就是新生儿体重的估计值。

胎儿宫内发育迟缓须谨慎

凡有妊娠合并症、不良分娩史的孕妇，如发现胎儿大小与妊娠月份不相符合，应请医生检查，是否胎儿宫内发育迟缓。通过以下几种方法，可以判断胎儿的生长状况。

❶ 测量子宫底高度。如果宫底高度在4周内一直在正常限度以下，应怀疑发育不良。

❷ 测量孕妇体重。孕妇体重应随妊娠月份的增加而增加，到妊娠中、晚期平均每周增加350～400克。如果每周称一次体重，连续三次没有明显增加，表示有胎儿发育不良的可能。

❸ 用超声波检查胎儿坐高、胸部、胎头等，推算胎儿体重，是比较可靠的方法。

❹ 检查孕妇尿中雌三醇含量。如果胎儿宫内发育迟缓，经检查没有先天性疾病，应给予及时的治疗。

首先，孕妇应增加间断性休息和左侧卧位休息，使全身肌肉放松，减低腹压，减少骨骼肌中的血容量，使盆腔血量相应增加。其次，要增加营养，增加高蛋白、高热量饮食，严禁烟酒。要积极治疗孕妇的合并症，如有贫血应尽早纠正。如有条件应每日给孕妇吸2～3次氧，每次1小时。同时，请医生给予药物治疗。

胎儿宫内发育迟缓的孕妇，要密切观察自己宝宝的情况，出现胎儿危险迹象应及时救治。宫内发育迟缓的胎儿出生以后，生长和发育通常较同龄婴儿差，但经过精心科学的喂养，大多是能赶上同龄儿的。

胎儿发育与孕妇体重

在妊娠期，母体要孕育小生命成长，需要大量的营养，母体血量大量增加，以供应胎儿的需要。随着妊娠月份的增长，孕妇体重随之增加，其中除了胎儿的肌肉、骨骼、内脏及其他组织不断生长外，还有胎盘、羊水、母体的脂肪、乳房等。到分娩前，不论孕妇孕前体重是多少，孕妇体重比孕前平均增加11～13.5千克，不得少于9千克。其中妊娠期前半期增加总量的1/3，后半期增加约2/3。即妊娠

1～12周增加2～3千克，妊娠13～28周增加4～5千克，妊娠29～40周增加5～5.5千克。一般情况下，妊娠早期因早孕反应，孕妇厌食、挑食，甚至呕吐，体重增加不明显。到孕13周以后，孕妇食欲增加，食量大增，体重逐渐增加，平均每周增加350克左右，不超过500克，直到足月。

如果体重增加数明显少于平均数，则胎儿在宫内发育迟缓、早产、死胎的危险性增加。如果体重增加过多，则有羊水过多、多胎妊娠、葡萄胎等可能。

孕妇可每周测量体重，然后将增加的体重数填在表格内，用线连接，可供医生参考。

孕期体重增加表

（单位：克）

	孕10周	孕20周	孕30周	孕40周
胎 儿	5	300	1500	3400
胎 盘	20	170	430	650
羊 水	30	250	750	800
子 宫	140	320	600	970
乳 房	45	180	360	405
血 液	100	600	1300	1250
组织间液	0	30	801	680
脂 肪	326	2050	3480	3345
总 计	660	3900	8500	12500

顺利孕期六大环节

关于顺利孕期的六大环节，环环相扣，你一定要知道！

■ 充实怀孕生产知识

怀孕的时间相当漫长，但也是吸收新知识最好的时间，许多有求知欲的准妈妈，从一窍不通到满口的妈妈经；也碰过有整个怀孕过程只看过一两次医生的产妇。在现今医疗信息畅通的社会里，如果你能具有一定的产科知识，相信不论是在选择医生，或是遇到问题时，都会有一定的帮助。

时至今日，生产仍然充满着许多潜在的危险，高血压，出血，感染，羊水栓塞造成产妇、胎儿死亡的情况时有所闻，胎儿在生产过程中受到伤害的疑虑，也一直存在于准妈妈心中。根据统计，造成胎儿死亡的原因中，难以避免的因素占了四至五成，医生处理不当的因素占三成，重要的是，在死产的个案里，胎儿到医院之前就已死亡的比例高达75%！因此，准妈妈平常就要了解胎儿的活动及不正常的警讯，如果发现不对劲，不要等，不要怕麻烦，更不要怕被医护人员念叨，应及早到医院检查才能够确保胎儿不出事。

■ 选择好的医院及医生

确定怀孕之后，第一个大问题就是医生以及医院的选择，以都市来说，虽然妇产科不少，可是许多人还是有不知道要到哪里生比较好的感觉，到大医院很麻烦，小诊所又怕设备不足，或是担心医生是不是技术够好、够细心。

其实，做产检在大医院或是诊所都没关系，在大医院检查的项目不见得比诊所多，而且小医院或诊所的方便性及隐密性通常是大医院无法提供的。但是生产的时候，如果宝宝出现问题，通常大医院小儿科的设备会比较齐全，不必再把婴儿转诊出去。所以如果觉得到大医院产检没有什么不方便，当然也是很好的选择。现在许多诊所都有在大医院固定转诊的管道，或是合作的医生，也就是产检在诊所，生产时到大医院，孕妇就能同时拥有诊所的方便以及大医院的完整设备。不过，最重要的是医生看诊的细心程度以及对患者的态度，如果帮您做产检的医生不能及早发现问题，就算到大医院产检也是没有用的。

■ 生产时间的考虑

历经十个月的辛苦等待，最后的关卡，就是平平安安地把宝宝生下来，什么时候会生，什么时候该生，生产要用什么方式，以及生产时医生的临场处理，每个环节都非常重要。

■ 生产方式的选择

很多人因为害怕产痛而选择剖宫产，根据加拿大麦基尔大学的心理学院医学博士的统计，只有1%的初产妇与6%的经产妇觉得产痛是可以忍受的，研究中也指出产痛的程度比起骨折、牙痛都还要痛得多，也难怪准妈妈受不了！如果您能遇到一个有爱心的好医生，家人又能够给您充分的支持与鼓励，这些疼痛相信都能撑过去！

当然，您也可以选择无痛分娩，大幅降低生产的痛苦。但是有许多人不敢做无痛分娩，是因为怕麻醉会遗有酸痛等后遗症。根据美国波士顿达那法柏癌症中心的学者，以及英国托马斯医院的麻醉医生等两位专家的研究，发现无痛分娩腰背酸痛的状况没有比不做无痛分娩高，如果在技术良好的麻醉医生操作下，发生后遗症的概率很低。也就是说，生产过程并不是非得要痛得死去活来不可，即将生产的准妈妈不妨与您的医生多做沟通！

需要剖宫生产，应该都有医疗上的理由，例如产程进展迟缓、胎儿缺氧、胎位不正等，不过很多时候无法完全按照教科书上的标准作选择，尤其是在生产过程中，有胎儿监视器随时监控宝宝的状况，只要有不正常，医生就必须告诉患者可能的风险，尽管医生告诉父母，只有1%的危险性，但是任谁也不愿是这1%，所以，剖宫产的机会自然就增加了。要避免不必要的剖宫产，除了医生要作好判断外，孕妈妈自己也要多充实知识，听懂医生所作的解释，并多与医生互相沟通，做出对母亲、婴儿最好的选择。

■ 彻底了解怀孕并发症

最后要提到的是，生产时所发生问题的处理，例如产妇有高血压、气喘、心脏病、内分泌疾病、糖尿病或是产后出血的问题，这些情况当然要交给医生治疗，不过准妈妈自己还是要多了解这些问题对生产会造成什么冲击，在产检的过程中就能对这些并发症有相当的了解，问清楚平时该注意的事情，特别是接近生产时更要注意对母体和胎儿的危险性。

所以，千万记得问清楚医生，存在这些问题时，该注意哪些事情，哪些是胎儿有问题的危险征兆，是否需要适度的增加产检次数等。

■ 注意生产时的风险

尽管怀孕期间没有任何并发症，在生产的过程中也潜藏着风险。胎儿平时可能一点问题都没有，但是当子宫强力收缩，压迫胎儿进入产道时，宝宝可能就会无法承受，而生产时妈妈的生理变化也很剧烈，所以有人说，生产像"鬼门关前走一回"，有经验的医生会对这些问题给予明智而正确的处理，将意外发生的概率降到最低。

每一位准爸妈都希望自己的宝宝健康聪明，生产的过程轻松愉快，医生们也努力地帮他们达成这个目标。怀孕，生产是产妇、家人与医生互动的过程，每一个人都要扮好自己的角色，共同分担生命的喜悦与风险。

当心孕期牙疾

有句俗话说："生一个小孩，掉一颗牙。"这句话虽然不完全正确，但却点出了孕妈妈的牙齿容易出现问题。

■ 孕妈妈的牙齿变化

怀孕与牙齿疾病虽没有直接的因果关系，但是准妈妈在身体与饮食习惯的变化下，如果不注重口腔卫生，面临蛀牙，牙齿敏感等牙齿疾病的概率就变高了！

■ 牙龈炎

由于激素分泌变化，孕妈妈的血管会充血，反映在口腔就会变成牙龈充血，在这样的情形下，如果牙齿没有清洁干净、脏东西卡在牙齿中，牙龈会比平常容易肿胀、出血，当牙龈有红、肿、热、痛现象时，就代表牙龈发炎了。

■ 牙齿敏感、蛀牙

孕妈妈在怀孕初期容易恶心、呕吐，因此，胃部的食物有可能跑到口腔中。除了呕吐物之外，酸梅、柠檬等吃起来酸酸的食物都会侵蚀牙齿表面的牙本质（也就是牙齿白白的那一层），如果呕吐完或是吃东西后没有刷牙，久而久之，牙齿容易脱钙、变软，导致牙齿变得较敏感。另外，当牙本质被侵蚀后，牙齿表面变得不平，因而食物容易填塞进去，或是附在牙齿表面，也容易产生蛀牙。

■ 牙周病

牙周病包括牙龈炎与牙周炎。如上所述，牙龈炎会有牙龈发红、肿胀、疼痛的症状，刷牙时也常会流血，而牙周炎则会侵蚀牙龈下方的齿槽骨与牙周韧带组织，严重时则会使牙齿摇晃、脱落。

牙菌斑是牙周病的主要致病原因。牙菌斑是由附着在牙齿表面的食物与细菌所形成，通常人们在进食两三分钟之后，牙齿就会产生牙菌斑，牙菌斑多了之后就会变成牙结石。

■ 严重牙周病容易引发早产

假使患有严重的牙周病，不只是孕妈妈的牙齿要受苦，也有可能影响胎儿。研究指出，患有严重牙周疾病的孕妇，生出体重过轻的宝宝或早产的状况，比口腔健康的孕妇高出2.8～7.5倍。严重的牙周病会导致体内前列腺素分泌增加，进而引发子宫收缩，会有早产的现象发生。

不过，孕妈妈不必过于惊慌，只有在牙周病很严重的情形下才可能会有早产的疑虑。另外，在怀孕时如发现患有牙周病，在进行适当的治疗后，临床证明可以减少早产儿和低体重儿的发生率。

■ 何时治疗牙齿疾病较好

对于已怀孕的准妈妈，怀孕中期是最安全的治疗期，也就是4～6个月的时候，但若十分紧急则另当别论。牙医会对孕妈妈采取保守性治疗，也就是说，除了尽量在怀孕中期进行治疗之外，通常会优先解决孕妈妈急性的红、肿、热、痛现象，并且尽量采用简单的治疗方法。一般来说，急性问题常见的有拔牙、拔智齿（当牙齿已疼痛难受时）等。而其他疾病或是基于美容的需求，若时间允许，则建议妈妈产后再作治疗，例如植牙、牙齿美白等。

> **孕妈妈可以进行牙齿矫正吗**
>
> 牙齿矫正是透过各种矫正工具来移动牙齿，孕妈妈不需要服用药物，因此不会影响胎儿，如果孕妈妈已经矫正了一段时间，仍可继续进行，在怀孕期间，如能避免照射X线或拔牙，则尽量避免。若是尚在考虑何时做矫正的阶段，不妨等到产后再做矫正，那么做起来会较为安心，因为矫正初期通常需要照口腔X线了解牙齿位置，以利进行矫正以及治疗。同时，矫正初期也需要一段时间来适应。如果牙齿极度不适，可与医生讨论缓解的方法，必要时亦可暂停矫正治疗。

■ 牙齿治疗措施安全吗

如果妈妈需要拔牙，或做其他治疗，通常需要照射口腔X线片，来确定牙根与神经管的位置、牙根的形状以及牙根是否弯曲，拔牙的时候也必须注射麻药，拔完牙之后为了避免感染，还会再请病人服用抗生素、止痛药。

照射口腔X线时，只要穿上保护腹部的铅衣阻绝X线，并且在胎儿状况稳定的中期进行，理论上对胎儿不会有影响。而拔牙时注射的麻醉剂是对口腔进行局部麻醉，且麻药的剂量低，因此对胎儿的影响极低。至于孕妈妈拔牙后服用的抗生素与止痛药，也在安全的用药范围内。

尽管如此，如果不是在最必要的情形下，医生会尽量避免拔牙等治疗，因为不少前去诊所看牙齿的妈妈仍然会担心胎儿的健康是否受影响，治疗时多半很紧张，如此一来，不免增加了孕期看牙齿的压力，也会让就医治疗的过程增添更多未知的风险。

■ 预防胜于治疗

无论是在孕前、孕期或是产后，孕妈妈都应该每半年作一次口腔检查，同时只要牙齿有问题就马上就医治疗，若是有计划生宝宝，更应该在怀孕前再作检查，并进行治疗，以免在怀孕时口腔问题恶化，却又因担心胎儿安全而使治疗情形更复杂。

■ 牙齿的清洁与保健

除了定期检查牙齿之外，要维持牙齿的健康，最重要的工作就是保持牙齿清洁。

孕妈妈应在平日就注意牙齿保健，怀孕之后，更要保持良好的洁牙习惯，以免提高蛀牙或加重牙疾的可能性。毕竟，牙痛可不比产痛轻松！

10种远离孕期便秘的方法

■ 什么是便秘

何谓便秘？怎样才算排便正常？

医生表示，没有便意，排便次数太少，三天以上才排便一次或每周少于三次，就可以算是便秘。反之，即使一天排便三次或是一周排便三次，只要是没有腹部胀痛或其他相关症状，例如食欲不振、虚弱等，都算排便正常。

■ 造成孕期便秘的原因

因为怀孕期间黄体素分泌增加，使胃肠道平滑肌松弛，蠕动减缓，导致大肠对水分的吸收增加，粪便变硬而容易出现排便不畅。尤其在怀孕晚期，子宫变大压迫直肠，更容易引起便秘。

整体上说来，造成便秘的原因包罗万象，除了怀孕妈妈在孕期因为子宫受到胎儿发育影响，压迫直肠，影响直肠蠕动，容易形成便秘以外，一般造成便秘的因素还包括整体环境、情绪、饮食等。

❶ 精神过度紧张。生活节奏太快、工作过度劳累和精神紧张是主要原因。有些人只要一紧张，或是需要时常出差、加班，大脑排便中枢神经受到抑制，就会发生便秘与腹泻交替的状况。

❷ 缺乏适度运动。对于久坐办公室的上班族，身体缺乏适度活动，使肠道肌肉逐渐松弛，蠕动功能减弱，粪便在肠道积存过久，水分一直不断被吸收，最后就变成难以排出的硬便。

❸ 饮食不均衡。尤其是上班族，因为工作因素经常无法规律进食，无暇顾及均衡营养的摄取，加上几乎每天有应酬，无法摄取足量的蔬菜、水果，自然就容易便秘了。

❹ 长期不良的排便习惯。许多人一旦遇上工作忙碌，或时间太过紧迫，即使有了便意，也常常忍住，最后导致当直肠里再度有粪便时，感觉神经却早已经变得迟钝，而造成习惯性便秘。

❺ 水分摄取不足。当生活压力一大，工作一忙，会议一开，一天下来的水分摄取量往往只有早餐的那杯饮品，时间一久，自然也容易成为便秘一族。

■ 10妙招让您远离便秘

远离便秘并没有特别的绝招，然而在日常生活中把握以下10项妙招，自然就能远离便秘。

❶ 少碰辛辣刺激的食物，就算怀孕口味变重也要少吃！

孕妈妈更需要降低咖啡因的摄取量，诸如咖啡、浓茶等。此外，太过辛辣燥热的食物也应避免。这样可使大便更顺畅。

❷ 每日4杯水（500毫升/杯）。豆浆、蜂蜜水都可以算在内。

每日饮用2000~2500毫升的水，可让粪便维持适当的软硬度，尤其是起床后喝一杯温开水或无糖热豆浆，都有助于排便，同时何持肌肤水嫩。

❸ 专心如厕，让自己在固定时间培养便意。

不专心排便也是便秘的原因之一。很多人喜欢边看杂志边大便，无形中拉长排便时间，而"想上厕所"的便意一跑掉，就更容易便秘了。

❹ 冥想如厕，让自己在固定时间培养便意。

利用心理影响生理的方式，用冥想方式暗示自己产生便意。这种冥想方式的原理是现代人的情绪长期处于紧绷的状态，所以利用心理影响生理的方式，先让自己情绪放松。

❺ 顺时针轻轻按摩肚皮。怀孕中、晚期的孕妈妈不适合。

每日顺时针环形按摩腹部，可以让胃肠得到适度的刺激，使排便功能恢复正常，洗澡后按摩效果更佳。

❻ 爬楼梯。不仅帮助肠蠕动，还有提臀功效，适合怀孕晚期严重便秘的孕妈妈。

爬楼梯的时候，腹部自然会用力，加上全身运动，自然也能刺激肠胃蠕动。孕妈妈不妨试试看多爬楼梯，增加平时运动量，下楼时再改搭电梯，减少膝关节的负担。

❼ 糙米饭。纤维丰富。

不习惯糙米口感的话，可以先试着依比例混进白米饭中。纤维素具有吸水及膨润粪便的效果，可以刺激胃肠蠕动，有利通便。因此，每天至少需要摄取五份以上的新鲜蔬果。此外，五谷米、黑枣及葡萄干也富含许多纤维素，有助排便。

❽ 每天固定运动30分钟。分多次运动，累积起来达30分钟也可以！

孕妈妈更需要保持运动习惯，以增强体能及腹肌的收缩能力。

❾ 一有便意就上厕所。千万不要忍耐！

如果经常忍着便意不如厕，将会使身体对排便的信息变得迟钝。

> **➕ 适合孕妈妈改善便秘的粥品食疗**
>
> **胡桃粥**：先取胡核仁4个，粳米100克，将胡桃仁捣烂同粳米一起煮成粥。
> 功效：适用于体虚肠燥的孕期便秘妈妈食用。
> **芝麻粥**：先取黑芝麻适量，淘洗干净，晒干后炒热研碎，每次取30克，同粳米100克煮粥。
> 功效：适用于身体虚弱、头晕耳鸣的孕妇便秘患者食用。
> **柏子仁粥**：先取柏子仁30克洗净去杂捣烂，加粳米100克煮粥，加上适量蜂蜜。
> 功效：适用于患有心悸、失眠的孕期便秘妈妈食用。

❿ 蜂蜜水。防止便秘，滋养皮肤。

蜂蜜的气味芳香可口，不仅是滋补、益寿延年之品，又是治病良药。营养分析表明，蜂蜜中含有大约35%葡萄糖、40%果糖，这两种糖都可以直接被人体所吸收利用。蜂蜜还含有与人体血清浓度相近的多种无机盐，还含有一定数量的维生素B_1、维生素B_2、维生素B_6及铁、钙、铜、锰、磷、钾等。蜂蜜中含有淀粉酶、脂肪酶、转化酶等，是食物中含酶最多的一种。酶是帮助人体消化、吸收和一系列物质代谢及化学变化的促进物。

如果排泄大便艰难，那么喝蜂蜜水就有助于排便，但也要分个人身体情况而定。

坐马桶也是大学问

坐马桶的姿势、时间长短也会影响大便排出。对于不同体形的人，马桶坐圈的形状也有学问。

❶ 圆形、软式坐圈：适合已经有便秘状况的人。

有痔疮和便秘的人士，可选择圆形、软质坐圈，坐圈中间的圆洞直径短较佳，可以帮助屁股均匀施压，不仅坐起来比较舒适，还能帮助腹部施压。

❷ 垫高双脚+腰挺直：适合已经有便秘状况的人。

坐马桶时，应将一张小矮椅子放在马桶前，将双脚踏在椅子上，减低人体的重量将臀部压在坐垫上。排便的动作，是包括了肠道内压力的运作，骨盆腔内的相关肌肉的协调，肛门、直肠之间角度的拉直和肛门内外扩约肌的全然放松，进而达到排放的目的。

孕期患了阑尾炎怎么办

妊娠期子宫逐渐增大，因此阑尾的位置也随之而逐渐升高。同时，妊娠期盆腔器官本身血液供应丰富，子宫又将大网膜推开，降低了腹腔炎症局限化的能力。所以，孕妇得了阑尾炎以后发展较快，炎症容易扩散，易于发生阑尾的坏死与穿孔。

孕妇阑尾炎症状也不十分典型，因而给诊断造成麻烦。

阑尾炎对胎儿及母体是有一定影响的，患阑尾炎以后，产生大量毒素，会通过血液影响胎儿；发炎的阑尾也对子宫有直接的刺激作用，能引起子宫收缩而造成流产、早产等；孕妇发生阑尾炎后如不及时治疗，易于穿孔，造成弥漫性腹膜炎，会威胁孕妇及胎儿的生命。

孕妇患阑尾炎以后，如果病情较轻，可在密切观察下保守治疗，使病情缓解，保持至分娩。如患较重的急性阑尾炎，在诊断以后，应采取必要的预防流产措施，尽早手术。

孕妈妈完美大全

怀孕生子是一件令人喜悦的事，不过妈妈的身体为了迎接宝宝的到来，总有许多变化，有些孕妈妈因此变美了，有些孕妈妈却觉得自己变丑了！虽然每一位女性怀孕时面临的变化不尽相同，但如果能掌握一些重要原则，您不仅能做一个健康美丽的孕妈妈，产后也照样完美哦！

■ 呵护肌肤

每个女性在怀孕时，体内的激素会有所改变，而身体组织对激素改变的反应不一，受影响的程度也不同。同样，每一个孕妈妈的皮肤组织会有不同的改变，有的妈妈皮肤仍然光滑，有的妈妈却会长痘痘或有色素沉淀等现象，导致皮肤变差。过去会有人以皮肤的变化来判断胎儿是男是女，认为怀男宝宝的妈妈皮肤会较差，怀女宝宝的话，皮肤就很漂亮，但其实孕期皮肤的好坏，与胎儿的性别并没有关联。

虽然每个人的体质不同，怀孕时的皮肤状况也不一，但是整体来讲，孕妈妈常见的皮肤困扰有以下几种：

❶ 色素沉淀、色素斑。在体内激素的改变之下，色素沉淀是孕妈妈身上最明显的变化，通常在颈部、腋下、乳晕、腹部中线、腹股沟，以及手脚的关节部位等，会有变黑的现象。当黑色素集中在面部两颊、额头或上唇时，就称为孕斑或黑斑。另外，原有的斑点也可能会加深，例如雀斑或是晒斑等。

❷ 小垂疣。小垂疣是一些小的1毫米厘左右突起的小东西，颜色多半是深肤色、咖啡色或是黑色，常发生在颈部、胸、腹、乳晕，或是眼皮的皱折部分。

❸ 产后掉发。压力会导致掉发，而生产对妈妈来说，也是一种很大的压力。因此在生产之后的3～6个月，有些妈妈会有掉发现象，这是正常的，而且也不需要特别去预防掉发。但是掉完发之后，头发还是会再新生的。

❹ 其他皮肤疾病。除此外，孕妈妈尚有青春痘、皮肤瘙痒等皮肤问题，尤其在后期睡眠不足的情形下，可能更容易发生。另外，在怀孕之前，就有异位性皮肤炎、脂溢性皮炎、干癣、湿疹等皮肤疾病的准妈妈，可能会担心：这些疾病在孕期

会复发或恶化吗？

怀孕后，确实有一些妈妈的皮肤疾病因此恶化，但也有人的症状因此减缓，这个问题没有统一的答案，这是因为，在医学上虽有治疗这些疾病的方式，但是尚未能确定这些疾病的致病原因，而怀孕之后，更无法确定这些疾病为何会恶化或是减缓，而且也无法事先预期某位妈妈的某个皮肤病会因怀孕而复发、恶化或是减轻。唯一能确定的是，这些皮肤疾病的变化通常与激素脱离不了关系，而准妈妈的情绪也会影响病情的轻重变化。

虽然上述的皮肤状况都来自于身体内部的变化，但是孕妈妈如能做好基本的保养与防护，可以避免或减轻这些症状。

❶ 防晒。阳光中的紫外线不仅会破坏皮肤中的胶原蛋白与弹性纤维，同时也会产生自由基，使皮肤容易老化。再者，有些脸上的斑点在日晒之后，颜色会加深，所以防晒是一定要做好的，包括擦防晒品、撑伞、戴帽子、穿长袖外套等。

❷ 基础保养。除了防晒之外，皮肤尚需做好清洁与保养的功夫。而在产后，皮肤容易变得粗糙、多油又干燥，可使用含有乳糖酸、乳酸、胶原蛋白、尿素等高效保湿成分的产品。另外，怀孕时皮肤胶原蛋白的流失可能因激素而增加，可使用含有抗老化成分的产品，例如，雷公根、褐藻萃取、五胜肽、维生素C。在头发方面，妈妈不须禁止自己洗头发，但尽量不要染头发或烫头发，以免对宝宝造成不良影响，尤其是妈妈喂母乳时。

❸ 保持愉快心情。怀孕时千万不要因为皮肤有某些改变，例如痘痘变多，或是有色素沉淀等，而感到心情不好，这样反而可能使症状更加恶化。有些时候，保持愉快的心情反而能使皮肤的问题减轻，以异位性皮肤炎为例，通常皮肤会痒，让人想抓，而患者的心情也会烦躁，但假使怀孕时的情绪稳定，心情愉快，或许较能控制想抓皮肤的冲动，反而使症状减缓了。相反，如果孕妈妈并不想在此时怀孕，或感到困扰，情绪十分不稳，皮肤可能更加瘙痒，若又忍不住去抓，症状就会加重。

❹ 营养均衡、睡眠充足。均衡的营养是不可少的，再者是要作息正常，不过这一点，对于很多人来说可能很难，但至少要有充足的睡眠。

医生们表示，一旦产后体内激素恢复原有状态，有些皮肤问题也会随着消失，例如孕斑，但消失的情形仍然因人而异，假使过了一段时间仍未消退，而妈妈又想除之而后快的话，可以再考虑使用医学美容的方式做治疗，一般来说，色素沉淀、孕斑，会视个人不同情形使用美白产品，或给予美白导入、果酸换肤、脉冲光或镭射进行治疗。而小垂疣则可用镭射去除。

■ 赶走妊娠纹

妊娠纹其实是扩张纹，又称萎缩纹，形成原因到目前为止并未完全确定，但最广为接受的学说是：是因为有强大的拉力将皮肤撑开，也就是腹围增长过快，皮肤来不及扩张，使得皮肤表皮与真皮层变薄，以致产生纹路。这种现象不只发生在孕妈妈身上，也会出现在体重增加很快的人身上，如青春期的少年，尤其是生长特别快速的位置，例如膝盖、小腿、后腰部位等，而怀孕妇女的

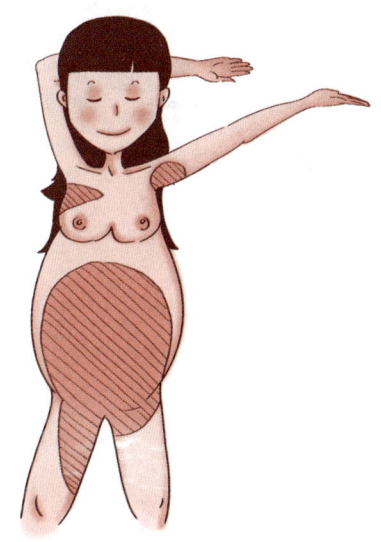

身体会出现妊娠纹的部位

腹部是被撑得最大的地方，最容易发生扩张纹，因此也被称为妊娠纹。除了腹部之外，臀部、大腿、手臂内侧，甚至是乳房都可能会有妊娠纹产生。

另一种可能性是，孕妈妈的激素影响了皮肤纤维细胞的发育，阻碍了皮肤细胞的新陈代谢，使得皮肤变薄了，因此产生妊娠纹。

妊娠纹的生长，大约可分为两期，初期呈现红色或紫红色的纹路，摸起来甚至有点凸凸的感觉，孕妈妈可能感到有点痒，不太舒服，类似发炎的反应，通常都发生在怀孕后期肚子被撑大时；过一段时间后，纹路会萎缩，变成白色，就像疤痕

一样，摸起来会有一点凹下去的感觉，凹下去的部位代表皮肤变薄了。

多数的妈妈都会有妊娠纹，只是轻重的程度不一，不过也有孕妈妈属于不容易长妊娠纹的体质，可能是因为她的皮肤弹性纤维特别强韧，或是身体对怀孕分泌的激素反应较不强烈。另外，妊娠纹从初期发展到后期所需的时间，每个孕妈妈也不一样。

妊娠纹生成，表示皮肤已被撑开，使得弹力纤维变形，就不容易恢复原状，而一旦妊娠纹变成白色萎缩的疤痕，就更难消除。尽管目前在医学上尚无正式的证据显示，但在孕期擦拭妊娠霜可以降低妊娠纹产生的比例。

怀孕时适度地使用妊娠霜按摩胸部与腹部（怀孕前3个月应避免刺激乳头，以免造成子宫收缩而有流产之虞），可帮助血液循环较顺畅，皮肤的延展性也会比较好，多少可降低皮肤被快速撑开的程度，按摩方式是从离心的地方往心脏的部位按摩，而腹部则是由中央（肚脐）往两侧推，腹背的部分则是由后背部中央往两侧推。

下列几种成分通常会被应用在妊娠霜中，试图减少妊娠纹的产生：

❶ 维生素B_5、硅胶：减少疤痕形成。

❷ 椰子油、不饱和脂肪酸：滋润皮肤，使之更健康。

■ 消除静脉曲张

静脉曲张是因为血管长期承受过大的压力而变粗，静脉中的瓣膜无法有效关闭起来，将血液往上输送，造成血液逆流且沉积

于下肢。孕妈妈在怀孕时期面临的以下几种状况，使孕妈妈容易产生静脉曲张：

❶ 腹压增加。膨大的子宫使得腹压增加，腹压增加会使得腿部的血液回流困难，因为身体上方的压力大，会使得腿部的血液无法顺利回流上去。

❷ 激素的改变。激素的改变，使得血管容易扩张，因此，血管里较有机会聚积较多的血液。

❸ 便秘。有一些孕妈妈会有肠胃蠕动不顺而致便秘的状况，而便秘时直肠被撑大，也会压迫腹压上升。

其他常见发生静脉曲张的原因尚有持续长时间久站或久坐，穿着紧身衣物、高跟鞋，或是进行过于剧烈的运动，例如马拉松。穿高跟鞋会使得脚跟无法着地走路，无法拉到脚跟来帮助血液回流。而过度剧烈的运动，也会使得腹压变大。

初期脚踝内侧或是腿部会出现紫色的小血管，状似蜘蛛，严重的话，腿部会有水肿现象。不过，腿部未出现水肿或紫色血管并不代表就没有静脉曲张，因为有些较肥胖的人血管藏在脂肪下，不容易看出。有效确认的方式通常是透过血管超声波找出静脉曲张的部位再加以治疗。

另外，因为静脉曲张是腿部的血液循环不佳，无法顺利地往上回流到心脏，因此腿部容易有酸麻、胀痛的感觉，即便只是走了一小段路，也会有这样的感觉。通常不舒服的感觉在晚上最明显，而睡觉时，受地心引力影响减弱，因此症状会稍微减轻，但到了第二天又会开始发生同样的状况。

静脉曲张也会影响到腿部皮肤外观，这是因为腿部血液循环不良，代谢物累积过多会使组织缺氧，一旦缺氧就会导致皮肤色素沉淀现象，甚至溃疡。在夏天，血管肿胀情形尤其会加重，一般人以为腿部血液循环不良可泡热水改善，但对静脉曲张的人来说，泡热水只会使病症更严重，而且泡热水后皮肤较干燥，还可能因为发痒挠抓皮肤而挠破血管。减轻静脉曲张的办法有以下几种：

❶ 走路。在走路的过程中，脚尖与脚跟接触地面，会有一个收缩与舒张的过程，这个过程会帮助血液回流，如果无法多走路，可以模仿走路的方式，踮脚尖、拉脚跟，也有帮助血液回流的效果。

❷ 避免久坐，久站，穿高跟鞋与剧烈运动。孕妈妈尚需避免久坐与久站，或是双腿交叉跷二郎腿，穿高跟鞋或过紧衣物，并且避免腹部需要持续用力的剧烈运动，如举重，当然马拉松也要避免。另外一个保养秘方就是多抬腿，帮助小腿血液回流。

❸ 穿弹性袜。虽然一般的丝袜就有帮助血液回流的效果，但效果有限，仅可作为预防静脉曲张使用，如果已经有静脉曲张现象，则必须穿着以毫米汞柱（mmHg）为压力单位的弹性袜。

这种以毫米汞柱（mmHg）为压力单位的袜子所产生的压力是渐进式的，它能在脚踝处提供较大的弹性压力，并在小腿、膝盖，还有大腿部分递减，例如在脚踝处的压力为20（100%），依次递减为14（70%），再变成8（40%），这样一来，在走路时，小腿肌肉收缩，而弹性袜产生的反作用力可将血液有效地送回心脏，整个腿部也会很舒适，不会让腿部有太过紧绷的情形。

对于想要预防静脉曲张的妈妈而言，选择（脚踝）压力在15～20毫米汞柱左右的小腿袜即可。如果已经有静脉曲张现象，或症状已经很严重，则应就医，通常必须穿着全腿的弹性袜。

有一些孕妈妈在生产之后，静脉曲张的现象就会消失，如果在6个星期之后症状仍存在，才需考虑就医治疗，同时，若生产之后马上就治疗，因为生产后属于高血液凝固期，此时进行手术也不恰当，容易发生血液栓塞现象。

目前治疗的方式可分两种，对于症状较轻微，只有表层微血管浮出的孕妈妈，可使用新式泡沫硬化剂或是体外镭射去除；对于大静脉瓣膜关闭功能不佳的孕妈妈，则可以镭射加热的方式来治疗。

孕妈妈必知的补血妙方

约40%的孕妈妈有贫血现象，孕期贫血会影响母亲及胎儿的健康。那么应该如何预防贫血，又该如何补血呢？本文探讨这个被众多孕妈妈关心的话题。

■ 如何判断孕妈妈贫血

血液可将身体代谢产生的废物及二氧化碳带到相应的器官去排泄，同时也将营养素、电解质、激素、维生素、抗体及氧气等运送到身体的细胞组织去利用。血液中的红细胞正是携带氧气与二氧化碳的主角，红细胞数目及所含的血红蛋白与铁质多寡，是决定是否贫血的因素。

临床上以血容积及血红蛋白值作判断；即使孕妈妈在怀孕早期血液指标正常，也不能保证后期就不会发生贫血。

■ 哪些孕妈妈容易发生缺铁性贫血

怀孕到中晚期，母体血流量增加了50%，以应对逐渐长大的胎儿所增加的营养素及氧量需求，如此一来，红血球及血色素的浓度相对被稀释，这种生理性贫血现象适应一段时间后，血色素会因母体适度补充蛋白质及铁剂后，会再提升。但有些状况会促使孕妈妈容易发生缺铁性贫血。

❶ 有妊娠孕吐症者，因呕吐而使营养素（尤其是铁质）易缺乏。

❷ 二胎间隔小于2年。前一胎产后恢复期太短，无法好好储备下一胎之营养，尤其是铁质的贮存。

❸ 多胞胎怀孕。所需铁质必然更多，以一胎的贮存量要应付多胞胎的需求，当然不够。

❹ 孕前生理期的经血量多者，较无

法储存足够的铁质以供怀孕期所需。

❺ 不喜食用富含铁的食物者或正在施行减重者，是不易有铁质的储存的。

❻ 饮食不均衡。例如喝酒等，会造成营养素吸收不良。

■ 贫血对孕妈妈及胎儿有何影响

通常若怀孕前有多余的铁质储存在妈妈的骨髓中，则怀孕后（约20周开始）可用来支应胎儿成长所需的铁质；若妈妈本身铁质贮存不足，或怀孕早期便发生缺铁现象时，则孕期可能出现严重的缺铁性贫血，对孕妈妈及胎儿都有不良影响，因此孕前及怀孕中、晚期铁质的摄取及储存相当重要。

❶ 孕期贫血对孕妈妈的影响：

· 抵抗力下降，容易感染。

· 缺铁现象如果未予治疗，贫血现象很可能持续至授乳期间，甚至延至授乳期以后。

· 缺铁现象即使未引起贫血，亦可能造成一些不良后果，例如运动表现及认知能力的退步，并可能增加疲倦感及注意力难以集中的现象。

❷ 孕期贫血对宝宝的影响：

· 宝宝出生后会较早出现缺铁状况，必须比一般婴儿更早给予补充铁剂。

· 如果贫血出现在怀孕的前早及中期（约7个月之前），胎儿会有早产及体重过轻的情形。

✚ 您贫血吗

❶ 由检查判断：在孕期中，初次产检及怀孕28周共作2次血液检查，项目包括血红蛋白及血比容，由其数值作判断。

❷ 由症状判断：有人没有感觉，而有人会有疲倦、头晕、心跳加速、心悸、脸色苍白、下眼睑苍白、呼吸短促、指甲苍白等症状出现。

■ 如何治疗缺铁性贫血

❶ 依医师处方给予铁剂：以每天60～120毫克元素铁治疗，例如一颗325毫克的硫酸亚铁含60毫克的元素铁。

❷ 注意不良反应：高剂量的铁剂会造成一些不良反应，例如便秘，肠胃不适，恶心，偶尔拉肚子，解决的方法为：

· 以黑枣汁配铁剂一起服用，可以改善便秘症状。

· 铁剂由少量逐渐增量，或一日剂量分数次服用，以减轻肠胃不适状况。

· 改在睡前服用铁剂，可以驱除恶心的感觉。

✚ 服用铁剂4大注意事项

❶ 空腹服用，吸收效果佳，但若造成肠胃不适时，则改为睡前服用。

❷ 与白开水或含维生素C的果汁（如柳橙汁）一起吞服，切忌与牛奶同食，因为奶中钙质会干扰铁质吸收。

❸ 铁剂不要置放于孩子伸手可及之处，防止误食致命。

❹ 服用铁剂后，大便会呈深绿或黑色乃正常现象。

第六章 胎宝宝第5个月

■ 预防缺铁性贫血八大妙方

❶ 怀孕前就应均衡饮食，摄取足够的富含铁质的食物，以便将多余的铁储存于骨髓中，以备怀孕后供应胎儿。

❷ 若有食用孕期综合维生素，必须注意标示上元素铁的剂量，以每天30~50毫克，不超过60毫克为宜。

❸ 摄取富含铁质的食物。

❹ 人体对铁质的吸收是有弹性的，体内铁贮存量越多，吸收率就越低；当体内缺铁时，吸收率可提高到20%~30%。

❺ 家禽、家畜及海鲜的肉属动物性来源，所含的铁以血红素铁为主，可以直接由肠道吸收，不受其他因素干扰，其铁质吸收率为15%；五谷蔬果属植物性来源，所含铁以"非血红素铁"为主，吸收

富含铁质的食物来源

铁质的动物性来源	家畜类：牛肉、猪肉、羊肉、动物内脏
	家禽类：鸡、鸭、火鸡、肝脏、蛋黄
	海鲜类：蚌壳类（如蚵仔）、沙丁鱼、鲣鱼等
铁质的植物性来源	豆类：荚豆、青豆仁、干豆类（黑豆、花生、黄豆）
	绿叶菜：颜色越深，铁含量越多，如青花菜
	干果核果类：核桃、葡萄干、腰果、枣干、花生等

富含铁质食物的铁含量

食物名称	数 量	铁含量毫克	食物名称	数 量	铁含量毫克
鸭血	3/4块（165克）	32.7	牛腱	1两（35克）	1.1
猪血糕	2块（70克）	9.2	鸡蛋黄	1个（19克）	1
猪肝	2两（70克）	6.6	红苋菜	100克	12
蚵仔（大）	8个（65克）	4.6	紫菜	3张（10克）	9
豆腐干	2片（80克）	3.8	苋菜	100克	4.9
猪血	1碗（225克）	600	玉米笋	100克	3.9
文蛤肉	10个（27克）	3.5	茼蒿	100克	3.3
鸭肉	2两（100克）	2.7	莴苣叶	100克	2.4
猪腰	1/2个（65克）	2.6	黑枣干	10颗（30克）	0.7
猪心	1/8个（45克）	2.2	葡萄干	40克	0.6
传统豆腐	100克	2.0	红枣	9颗（30克）	0.5
鸡心	4个（45克）	1.4	葡萄	13颗（130）	0.3
豆腐皮	1片（35克）	1.4	黑枣汁	120毫升	5.2

率较差，为3%～8%，而且通常含多量植酸、草酸及磷酸盐，会与铁质形成不易溶解的铁盐，因而抑制了铁的吸收。蛋黄虽属动物性来源，但其所含铁会与鸡蛋白的高磷结合，吸收率仅为3%。

❻ 摄取非血红素铁时，若与维生素C同时食用，则可提高铁质的吸收率。

❼ 含铁食物配合肉类饮食，可使铁质吸收率提升3倍。含铁食物配合25毫克维生素C，可以提高铁吸收率3倍；加入100毫克维生素C，可以提高铁吸收率4.6倍；加入200毫克维生素C，可以提高铁吸收率6.1倍。

❽ 茶及咖啡含鞣酸，会干扰铁质吸收，应在餐间食用，以避免影响食物中铁质吸收。

素食孕妈妈怎么吃

看看到处林立的素食餐厅，就可以想象目前素食人口增加的速度有多快！除了宗教及环保理由外，有很多人吃素纯然是为了健康，然而吃素是否真能带来如预期的效果？尤其是"一人吃两人补"的孕妈妈吃素够营养吗？要如何吃素才健康？

从流行病学角度来看，由于素食的关系，罹患心血管疾病、2型糖尿病、乳腺癌、直肠癌、胆囊疾病的概率比一般肉食者低很多。素食因为食材的限制，分为蛋奶素（吃植物来源食物、蛋及奶制品）、蛋素（吃植物来源食物及蛋）、奶素（吃植物来源食物及奶制品）、全素（只吃植物来源食物）、去红肉素（吃植物来源食物、蛋、奶制品、鸡、鱼等，唯独不吃红肉动物食物），由于饮食有限制，容易在营养素摄取上有所偏颇。

■ 素食的优点

❶ 由于不吃动物肉，摄取的胆固醇及饱和脂肪酸较肉食者少，可降低心血管疾病及高血压罹患率。

❷ 由于吃大量蔬菜，摄取较多钾、抗氧化营养素、维生素、植物醇、植物性化合物、纤维质、低热量等，可降低癌症罹患率。

❸ 健康的生活形态，较少抽烟、喝酒，较常运动，降低新陈代谢症候群罹患率。

■ 素食的缺点

❶ 全素食者如果没有摄取大量且足够的蔬果、谷类、荚豆类，将会造成营养不良及失衡。

❷ 蛋奶素者虽营养佳，但若选大量全脂奶制品，或大量油脂及高热量（如棕榈油、氢化油、椰子油等酥炸食品），仍易招致心血管疾病。

❸ 蛋素者因不喝牛奶，钙质及维生素D较不易足够，需从其他食物及通过晒太阳来获取。

❹ 由于没有吃肉，光从植物性来源食物所含铁质吸收较少，因此餐食中必须配搭大量维生素C，以提高铁质吸收率。

❺ 长期吃全素会有维生素B_{12}缺乏症，导致巨球性贫血；而维生素B_{12}存在于动物性肉类、鸡蛋及乳制品中，对蛋奶素者较不会缺乏。

■ 素食准妈妈七大注意事项

对于怀有身孕的素食准妈妈，在摄取素食时，除了需注意前面所述营养素摄取优缺点，还需留意：

❶ 质的方面。要提高蛋白质生理价值，特别注意餐点中各式蛋白质的搭配。一般而言，动物性肉类具有的蛋白质氨基酸成份，含较高且均匀的人体必需氨基酸，所以吸收到体内后，很易被身体利用，故称高生理价值的蛋白质；而植物性来源蛋白质（如黄豆制品、毛豆、五谷根茎类、蔬菜）的氨基酸组成，含较少且不均匀的人体必需氨基酸，所以吸收到体内后，较不易被身体利用，故称低生理价值的蛋白质。如果将不同食物中的氨基酸，用取长补短方式组合，即可提高蛋白质吸收率，如荚豆类富含离氨酸，贫于硫氨酸；五谷类、玉米、坚果类及种子富含硫氨酸，贫于离氨酸；此时搭配豆子炒三丁（青豆仁、玉米粒、胡萝卜），则蛋白质吸收率可提高。另外像四季豆切丁炒饭、吐司涂花生酱、饭配豆腐等，都是很好的组合。

❷ 量的方面。依照孕期健康建议，怀孕中期每日需增加20克蛋白质，要达到这个量，可以按素食类形检视每天的食物：

蛋奶素者：1个蛋、2～3杯奶、坚果及种子1～2汤匙、水果2～3份、叶菜3～4盘、荚豆及豆子1～2碗、五谷杂粮饭2～3碗、黄豆制品2～3份（4～6汤匙）。

全素者：坚果及种子1～2汤匙、水果2～3份、叶菜4～5盘、荚豆及豆子2～3碗、黄豆制品5～6份（10～12汤匙）、五谷杂粮饭3～4碗。

❸ 钙的获取。蛋奶素者虽因喝牛奶，有较多钙质来源，但仍不够，需要在饮食菜色选择上多费心，例如摄取加有钙化合物的豆腐（如传统豆腐、豆干）、叶菜类所含的钙需有大量维生素C伴随，人体吸收率才会提升。如果孕妈妈小腿还是会抽筋，则可补充钙片。建议孕妈妈每天摄取1000毫克的钙（最高剂量不要超过2500毫克）。

❹ 铁质的获取。素食者的铁质来源为黄豆及蔬菜，但为了提升人体吸收率，需有维生素C伴随，所以饭后马上吃水果有其必要性。但以民众摄食状况，很难由食物来完全提供所需的铁，可以在怀孕期间，尤其是孕后期补充铁剂。建议孕期妈妈在孕早、中期每天摄取10毫克的铁，孕晚期摄取40毫克的铁。

❺ 维生素B_{12}的获取。维生素B_{12}多存

富含钙质食品含钙量：

食品	含钙量（毫克）	食品	含钙量（毫克）
奶酪2片（45克）	258	芥蓝（100克）	238
鲜奶1杯（240毫升）	257	红苋菜（100克）	191
酸奶（240毫升）	150	绿豆芽（100克）	147
养乐多（100毫升）	29	红凤菜（100克）	142
五香豆干（80克）	218	甘薯叶（100克）	85
传统豆腐（3格）	112	腰果7粒（11克）	12
豆浆（240毫升）	26	葡萄干33粒（20克）	11

在于动物性食品中，蛋素者可由蛋黄中获取；全素食者除了经发酵制成的味噌酱可获得外，大概只能靠维生素补充剂。

❻ 维生素D的获取。蛋奶素者可从牛奶（有加强维生素D的奶粉）中获取，全素者则可晒太阳获得。

❼ 锌的获取。牛、猪、羊肉、生蚝及肝脏含丰富的锌，植物性来源为荚豆类、花生、花生酱等，全素者易缺锌，孕期更甚，可借由矿物质补充剂补足。

总之，限制越严格，营养素摄取越局限，为达到足够营养，食物搭配就很重要。准备怀孕的女性或已怀孕的准妈妈，不妨在自己可以放宽的范围下，尽量放宽，譬如可以奶素或蛋素，就不要选择全素食；可蛋奶素就不要选择蛋素或奶素。愈均衡的饮食对胎儿的成长会愈有益处！

✚ 素食烹调窍门

为了保存食物中的维生素，烹调蔬菜时不宜加水烹煮，应大火快炒。

吃鱼好处多

宝宝的脑部发育是爸妈们关心的重点之一，而DHA似乎与脑部发育有很大的关系，究竟这个营养素的重要性何在？又该如何摄取？

DHA是脑神经与视神经细胞膜的主要成分之一，因此它是脑神经与视神经育时不可或缺的营养素。深海鱼类含有丰富的DHA，例如沙丁鱼、鲭鱼、鲱鱼、鲑鱼、鲔鱼等，不过有些深海鱼却有汞污染的疑虑，孕妈妈可以轮流吃不同的鱼类，今天吃鲔鱼，明天吃鲭鱼，后天吃鲑鱼等，不要每天都吃同一种鱼，那么同一毒素就不容易累积在体内了。

除了吃深海鱼类之外，只要从饮食中摄取油脂，人体也能将这些油脂转换成身体所需的油脂，所以吃素的孕妈妈不必为无法吃鱼过度担心。另外，除了鱼肉以外，亚麻子、坚果类也含有油脂，孕妈妈不妨在日常餐饮中加入此类食物，增加食物的丰富性及营养的均衡。

煮鱼小常识

虽然深海鱼类中含有丰富的DHA，但不适当的烹煮方式可能会使它的营养成分打折扣。DHA的不饱和度很高，较不稳定，如果加热时间过久，例如油煎、热烤等，就很容易氧化，进而形成致癌物。因此，最好的烹煮方式是清蒸或是水煮，水煮时须先等水滚开后，再将鱼放入，只要熟了就可以熄火，不但保持鱼的鲜度与美味，也保留完美的DHA。

胎教课堂
Taijiao Ketang

宝宝的感官发展

胎儿的听觉在怀孕第18～20周之间开始发展，宝宝能够同时听到妈妈体内器官运作的各种声音和外界的噪音。在临床上，会以低频的声音刺激35、36周大的胎儿，观察在睡眠中的胎儿是否会清醒，来判断他是否健康。

胎教重点

胎教的第二阶段就是依照宝宝的感官发展，适当地给予刺激，也就是分别从视觉、听觉、触觉、味觉与嗅觉下手。外界较难给予宝宝味觉与嗅觉上的刺激，因此，视觉、听觉与触觉是胎教的重点，而这个时期可以先从刺激听觉开始。

胎教方式

■ 与宝宝说话

宝宝不仅能够听到声音，同时也有辨识声音的能力，尤其在孕期最后3个月，只要宝宝清醒，他可是随时都张开着耳朵在听

宝宝会听到什么声音呢

研究人员在靠近子宫的地方放置麦克风，记录胎儿能听到的各种声音，结果发现，子宫内不仅有妈妈的心跳声、妈妈的血液流经胎盘的声音、空气在消化系统四周移动产生的泡泡声，还有肺呼吸的充气声。

着外界的声音呢！由于妈妈日日夜夜与宝宝相处，因此，妈妈的声音对宝宝的刺激最大，在宝宝出生之后，他也能够辨识陌生人与妈妈声音的差异。不过爸爸不需因此而气馁，高频的声音较容易被皮肤吸收，而低频的声音较能穿透肚皮，因此在理论上，爸爸的声音更容易传到胎儿耳里。

胎儿不仅能够辨认他常常听到的说话声，同时也能感受到声音里头的表情，例如温柔或是不悦的语气，所以爸爸妈妈们可别随便敷衍胎儿，随便讲句话就了事哦。

另外，胎儿不仅能辨识妈妈的声音，妈妈与他说话时呈现的语言模式，对宝宝日后的语言发展能力也有帮助！不过这可不代表宝宝已经能够听懂大人们说的话。

■ 与宝宝一起听音乐

听音乐除了能帮助妈妈放松心情，对宝宝也有帮助！音乐能够刺激胎儿，并引发他兴奋、安定或放松等各种不同的情绪反应。在孕妈妈怀孕第32周左右，胎儿甚至能够记得他每天听到的音乐，在出生之后，也同样能够认得出来，因此，这些音乐对出生后的宝宝有时候会具有安抚的作用。

有些妈妈可能会直接在肚子上放置随身听或是扩音器，好让肚子里的宝宝听到音乐，不过，妈妈与宝宝一同聆听音乐的效果比较好，因为这样一来，可以有双重刺激，一是宝宝直接听到音乐得到的刺激，二是妈妈听到音乐进而使心情放松，间接对宝宝产生的刺激。如果妈妈真的只想直接让宝宝听音乐，也记得不要太过大声，否则可能会惊吓到宝宝。另外，让宝宝听音乐的次数也不要太过频繁，一天一两次即可，以免宝宝没有机会休息。

建议孕妈妈养成每天睡觉前听固定音乐的习惯，久而久之，胎儿听到这个音乐也会想睡觉，日后假使妈妈在睡觉时，肚子里的胎儿动个不停，吵得妈妈不能睡觉，妈妈不妨试着播放睡前必听的音乐，会比较容易让宝宝入睡。当宝宝出生之后，爸爸妈妈照样可以利用相同的音乐，帮助宝宝入睡。

记忆的训练

西班牙胎儿研究中心对"腹内胎儿的大脑功能会被强化吗？"这一课题进行了研究。结果表明，胎儿对外界有意识的激动行为、感知体验，将会长期保留在记忆中，直到出生后。而且对于婴儿的智力、能力、个性等均有极大的影响，也证明了胎教是教育的启蒙。由于胎儿在子宫内通过胎盘接收母体供给的营养和母体神经反射传递的信息，使胎儿脑细胞分化，在成熟过程中，不断接受母体神经信息的调整和训练，因此妊娠期间，母亲的七情（喜、怒、哀、思、悲、恐、惊）的调节与胎儿才能的发展有很大的关系。加拿大著名交响乐指挥家鲍里斯·布洛特在回答记者问中有这样一段描述："也许听起来有些奇怪,但的确在我出生前,音乐已经是我的一部分了。在我年轻时,当我发觉自己有异常的天才时,我感到疑惑不解,初次登台时就可以不看乐谱指挥,大提琴的旋律不断浮现在脑海里,而且不翻乐谱就能准确地知道下面的旋律。有一天,当母亲还在演奏大提琴的时候,我向她说了此事。由于脑海里总是清晰地浮现大提琴的旋律,所以引起母亲的兴趣。当母亲问我脑海里浮现什么曲子时,谜被解开了。原来我初次指挥的那支曲子,就是我在母亲腹内时她经常演奏的那支曲子。"这些事实都说明胎儿是有记忆的,胎儿不是无知的小生命,孩子聪明才能的启蒙,是孕育在胎儿期,对胎儿的潜能进行及时合理的训练,使大脑得到全面的发展。

听觉训练

从本月起,可以开始有计划地进行胎教,每天1~2次,每次15~20分钟。应选择在胎儿觉醒期,即有胎动的时期进行,也可固定在临睡前。可通过收录机直接播放。孕妇应距音箱1.5~2米远,音响强度可在65~70分贝,可使用胎教传声器,直接放在孕妇腹壁胎头部位,音响大小可依据成人隔着手掌听到传声器中的音响强度以及相当于胎儿在孕妇腹腔子宫内听到的音响强度进行调试。腹壁厚,音响稍大,腹壁薄,音响稍小。千万不要将收录机直接放到腹壁上给胎儿听,噪音可损害听神经。孕妇也可同时通过耳机收听带有心理诱导词的孕妇专用音乐,或选用自己喜爱的各种乐曲。可随音乐进行情景联想,力求达到心旷神怡的境界,借以调节精神情绪,增强胎教效果。

游戏训练

随着医学科学的发展和超声波临床的应用,发现胎儿在母体内有很强的感知能力,父母对胎儿通过游戏的胎教训练,不但能增强胎儿活动的积极性,而且有利于胎儿智力的发育。专家们通过超声波荧屏显示了胎儿在母体内活动的情况。胎儿在宫内觉醒时,伸一下懒腰,打一个呵欠,又调皮地用脚踢了一下子宫壁,这使他感到很满意。偶然用手碰到漂浮在身边的脐带,他会抓过来玩弄几下,有时还会送到嘴边,这些动作使他感到快乐。从这些动作和大脑发育情况分析,专家们认为,胎儿完全有能力在父母的训练下进行游戏活动。据国外报道,天才儿迭戈在母亲腹内3个月起,他的父亲就开始对他进行游戏训练。通过敲他母亲的腹壁,观察他的反应,经过一段时间的训练,小迭戈已经会调皮地与人游戏了。当他父亲敲一下母亲的腹壁,他也敲一下,当他父亲敲两下时,他也敲两下,他们经常做游戏训练。小迭戈一出生后，他的父母很自豪地说，他认识他的父母，可见胎儿是很有潜能的。只要父母不失时机地通过各种渠道对胎儿进行早期训练，并进行特殊的训练，就可使胎儿的体能、智能的潜能得以开发。

语言对话的胎教

胎儿5个月感觉器官初具功能，在子宫内能接收到外界刺激，能以潜移默化的形式储存于大脑之中。实践证明，父母经常与胎儿对话，进行语言交流，能促进胎儿出生后的语言及智能发育。专家们提出，早期教育应从胎儿时期开始，父母与胎儿对话要继续，每天定时刺激胎儿，每天1～2次，对话内容不限，可以问候，可以聊天，可以讲故事，也可以读诗歌。

父亲每天也要在固定的时间和胎儿说话。随着妊娠期的进展，每天可适当增加对话次数，把每天快乐的感受告诉胎儿。父、母亲的声音通过波长和频率储存在胎儿大脑的感觉区域，可以产生记忆。母子对话内容不必太复杂，而需要重复。实践证明，胎儿能接受父、母亲的感情。对话时一定要把他当做家庭中的成员，认真感受他的感情，才能达到胎教的目的。经过胎教训练的胎儿，出生后3～4天就能用声音与父母交流，连续发出咿咿呀呀的声音。

DIY宝宝围嘴

❶ 剪下围嘴纸样，准备合适大小的表布、里布、辅棉各一片。

❷ 在里布反面画好纸样轮廓。

❸ 辅棉铺在最底下、表布正面朝上居中、里布正面朝下铺在最上方，3层对齐用珠针固定。

❹ 沿着所画轮廓线疏缝一圈，在底

部留下约5厘米做为返口。

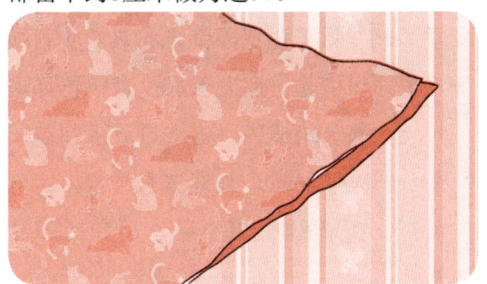

❺ 沿着缝合线外侧约0.5～0.6厘米将整个围兜修剪下来。

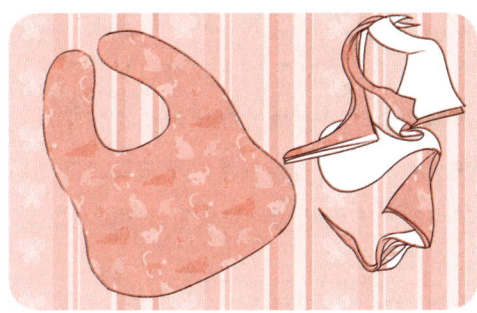

❻ 将辅棉缝份修剪至最窄,注意不要将底下的布料及缝合线剪掉。

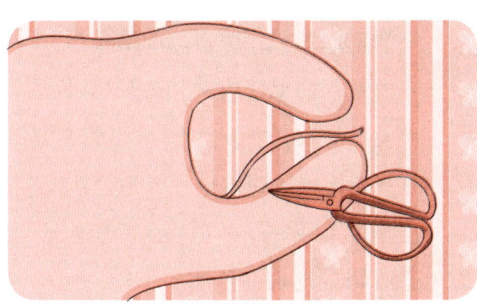

❼ 在有弧度的缝份上剪开一些牙口。

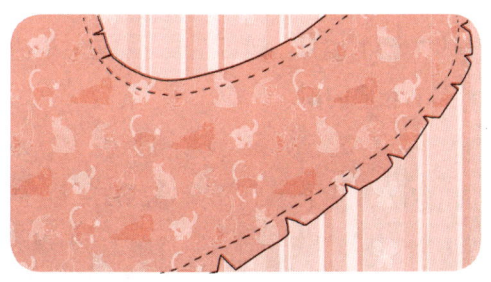

❽ 将围嘴翻出正面,用手缝针缝合底部返口,并用熨斗将围嘴四周熨平。

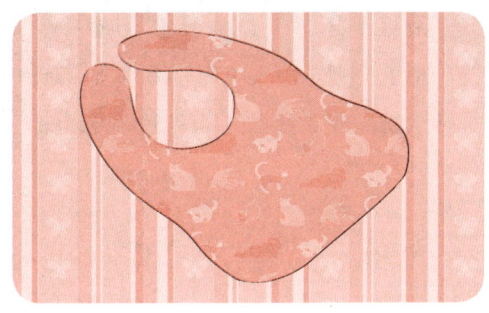

❾ 在围嘴的四周压上一圈线。最后钉上五爪扣,也可用树脂四合扣或者魔术贴等等。

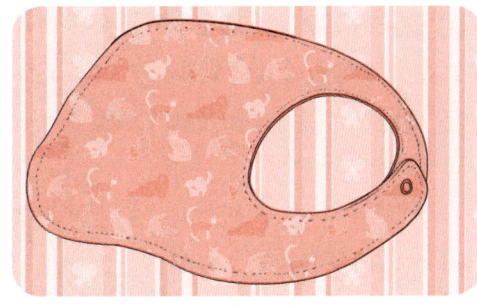

孕5月的中医胎教

刘向《古列女传》中说:太任,文王之母,挚任氏之仲女也,王季(西周文王姬昌之父,即季历)娶以为妃。太任之性,端一诚庄,惟德之行。及其娠文王,目不视恶色,耳不听淫声,口不出敖言,生文王而明圣,太任教之以一而识百,卒为周宗。君子谓太任为能胎教。

古者妇人妊子,寝不侧,坐不边,立不跸跸(一只脚站立)。不食邪味,割不正不食,席不正不坐,目不视邪色,耳不听淫声，夜则令瞽诵诗，道正事。如此，则生子形容端正，才过人矣。

故妊子之时，必慎所感。感于善则善，感于恶则恶。人生而肖万物者，皆其母感于物，故形音肖之。文王母可谓知肖化矣。

胎教故事

胎儿的视觉比其他感觉的发育缓慢，其原因是显而易见的，即子宫虽说不是漆黑一片，却也不适于用眼睛看东西。然而，胎儿的眼睛并不是完全看不见东西，从第4个月起，胎儿对光线就非常敏感。母亲进行日光浴时，胎儿就可通过光线强弱的变化感觉出来。

刚刚出生不久的新生儿，视觉并不特别灵敏，而且其视野比较狭窄，但如果把一样东西放在新生儿眼前，新生儿能够十分清楚地看到那件东西。而且，新生儿还能够在离自己15～30厘米处分清自己母亲表情的变化。

艾伯特·赖利博士从理论的角度精辟地论述了这一点。据博士讲，新生儿视觉上的缺陷，至少还部分地残留着胎内生活习惯的痕迹。如果说新生儿只关心30～40厘米以内的物体，那是因为这一距离与他所刚刚脱离的子宫长度相等。日本专家用强光照孕妇的腹部，发现胎儿闭眼。当摄影灯突然打开发出强光后，强光透过躺着的孕妇腹壁射入子宫内后，胎儿马上活动起来，要等几分钟的适应之后，才使胎动减弱下来。为了避免因强光的热效应刺激孕妇腹部而引起的胎儿反应，把白炽灯泡浸入装水的玻璃槽内，光线透过水和玻璃照在孕妇腹壁，然后光线透入子宫内，同样发现了受光线突然照射，引起了胎动增强。

美国哈佛医学院的医生发现，利用仪器得以目视观察妊娠后半期的胎儿眼睛显影，辨认区分眼动的方式。妊娠期16～42周的胎儿眼睛90％以上目视可见。16周出现慢速眼动，23周开始出现快速眼动，而在妊娠24～35周较频繁出现眼动。36周后常见的是眼无活动，呈现出深睡眠状态。

心理游戏

■ 你的记忆水平如何

你能很快地记住所得到的信息吗？

你能长久地记住所得到的知识吗？

你对于数目、词汇、图形和课文等信息，哪些能比较快和比较容易地记住？

这里，向你推荐苏联心理学家设计的测定原始记忆水平的测验，你只要准备纸、钢笔、铅笔和有秒针的钟表就行。

测验一 在40秒内努力记住下面20个词和它们的编号，然后在纸上写上它们的编号和相应的词。

❶ 乌克兰人；❷ 经济；❸ 饭；❹ 刺的花纹；❺ 中子；❻ 爱；❼ 剪刀；❽ 良心；❾ 黏土；❿ 词典；⓫ 油画；⓬ 纸

第六章　胎宝宝第5个月

⑬ 甜点心；⑭ 逻辑学；⑮ 标准；⑯ 动词；⑰ 破裂；⑱ 逃兵；⑲ 蜡烛；⑳ 樱桃。

按下面公式计算记忆效率：

正确写出来的词的数量规定的词的数量×100%。

测验二　在40秒钟内努力记住20个数目并记住它们的编号，也按测验一的公式计算出正确回答的百分数。

❶ 43；❷ 57；❸ 12；❹ 33；❺ 81；❻ 72；❼ 15；❽ 44；❾ 96；❿ 7；⑪ 37；⑫ 18；⑬ 86；⑭ 56；⑮ 47；⑯ 6；⑰ 78；⑱ 61；⑲ 83；⑳ 73。

测验三　用10秒钟时间观察填入正方形里的图形，然后将它们按着同样的顺序画下来或者说出它们的号码和图形。

计算公式：$\dfrac{\text{正确回答的数量}}{\text{图形数量}} \times 100\%$。

测验四　在60秒钟内读课文，其中有10个主要意思。试试复述它们，保持原来顺序。

1912年，在大西洋中发生了一场大灾难。巨大的客轮泰坦尼克号首次从欧洲开往美洲，在大雾中撞在浮在水中的冰山上a，结果被撞出一个大洞并开始下沉b。船长发出"放下舢舨"的命令，但是后来发现舢舨不够用c，只有半数的旅客抓住了它们。船长又发出"妇女和儿童快上跳板，男人戴上救生圈！"的命令d。男人们默默地离开了船舷。轮船慢慢沉入到黑暗的冷水之中e。舢舨载着的妇女和儿童一个跟着一个脱离了死亡。于是，开始放人上最后面的一些舢舨f。有一个因为恐惧而面孔抽搐的胖子突然大叫着冲向跳板g，他推开妇女儿童并塞给水手一叠钱，试图跳上已经挤满人群的舢舨h。人们听到了一声不太大的无情的声音——船长的手枪射击声i。胆小鬼被打死在跳板上j。人们谁也没有看他一眼。

正确复述出来的数量课文中出现的数量×100%。

将这4个测验的得分相加后除4，你就知道自己记忆效率平均数了。

90～100分，优秀；
70～90分，很好；
50～70分，良好；
30～50分，中等；
10～30分，差；
0～10分，非常差。

一周后，重复做这4个测验，但不重复写出，只根据你的记忆，努力重复出词、数目、图形和课文。这样长期下去有助于保持你的记忆力。

准爸爸必读
Zhunbaba Bidu

关爱孕妻居家生活11守则

让孕妈妈最放松的地方，当然就是家了！有好的居家生活，才能使孕妇身心放松，腹中的宝宝也能在好的环境下成长。以下收录居家生活须注意的事项，为正在烦恼的准父母们提供一些实用的建议。

Q1：居家环境须注意什么？

A1：其实，孕妈妈已熟悉原所住的环境，但随着肚子变大，家中空间摆设应尽量简化，不要有太多突出的摆设，以避免腹部受到碰撞，特别要注意浴室的地板是否湿滑，拖鞋要具防滑功能。室内环境要干爽，湿度不要太高，不能太燥热。有下厨习惯的孕妈妈，因肚子卡在前面，腰会愈来愈弯，且怕肚子碰到火源会越往后站，更容易腰酸背痛，建议有人帮忙下厨或做一会就休息一下，以减轻孕妈妈的负担。

家具方面，不要购买太软的椅子或沙发，这会造成孕妈妈坐下时，整个身体下沉，站起来时更费力，造成不便。怀孕时，孕妇的腰椎会向前倾，且会越来越弯，再加上坐姿不正确、椅垫太软容易陷下去，都会加重腰酸背痛的症状。也不建议坐会滑动的椅子，怕孕妇重心不稳而跌倒。

建议坐有扶手、不要凹陷太深的椅子，让孕妇的背容易靠到椅背，且比较容易站起来。若不准备替换坐椅，可用抱枕或靠背枕作为支撑腰部的工具。

Q2：太太怀孕时是否可以搬家？

A2：因为搬家会使孕妈妈紧张、过度疲累，也需帮忙提重物，这容易使腹压上升而产生宫缩，容易流产，所以不建议在太太怀孕时搬家。若真的有搬家的需求，建议孕妈妈不要提重物，且要多休息，当有腹部变硬的宫缩现象就要立刻停止工作，并且卧床休息。

Q3：准爸爸在清扫家里时要注意什么？

A3：怀孕时因激素的关系，孕妇鼻黏膜会肿胀而有鼻塞的症状。准爸爸打扫时灰尘大，孕妇须戴口罩或是远离打扫的地方，以避免灰尘引起更严重的鼻塞症状。

Q4：家中是否适合种植花草或养宠物？

A4：家中是否适合种植花草视人而定，若对花粉过敏者，则尽量不要养开花的植物；另外，卧室内不宜置放花草，以免熄灯后植物因呼吸而放出二氧化碳，影响孕妇及胎儿的健康。

至于养宠物，要注意宠物的清洁及排泄物的处理，在太太怀孕前，先将宠

第六章 胎宝宝第5个月

物带去作检查；太太怀孕之后，宠物的排泄物最好由他人处理，以免孕妈妈感染寄生虫，例如最常见的是潜藏在猫粪中的弓形虫。

弓形虫的传染途径：接触到猫粪、接触到园艺植物上的泥土、生吃肉类（特别是生吃羊肉、猪肉）、生吃蔬菜。

怀孕的女性若在初期3个月初次受弓形虫感染，发生胎儿感染的机会约1/7，胎儿可能眼睛、脑部受侵犯，造成失明及脑损伤钙化，甚至死亡；胎儿4个月后，被母亲感染的概率会提高到4/7，但病情较轻微，出生时甚至没有症状，但以后学习障碍及脑病变的机会较高。

要避免发生上述情况，最好的方法是怀孕前检查血液中有没有弓形虫的抗体，若没有，则在怀孕中应定期检查，若发现抗体有上升的情形，代表孕妈妈有急性感染弓形虫，可能经过胎盘传染给胎儿，应抽羊水、做超声波，以确定诊断，再以药物治疗。

预防胜于治疗，婚前或孕前最好作弓形虫检验，若没有抗体，应特别小心不要被感染；若正处于急性感染期，则6个月内不要怀孕，可避免胎儿受到伤害。

Q5：太太怀孕时，床铺及睡姿该注意哪些事项？

A5： 床垫不要太软，但若不打算更换，孕妈妈睡觉时可在腰部加毛巾或小靠枕，也可以购买蝴蝶枕，在孕妈妈侧躺时可以支撑肚子，减少肚皮张力增加所造成的不适。而睡姿以左侧躺较好，因为平躺或右侧躺容易压到下腔静脉，使血液不易回流，容易发生头晕、心跳加速、血压降低等情况。

Q6：如何帮怀孕的太太选择好穿的鞋子？

A6： 常看到不少孕妈妈将运动鞋或休闲鞋当孕妇鞋穿，其实，还有更多安全原则必须考虑：

❶ 鞋子的高度宜在1.5～2厘米：不要太高，以免重心不稳，也不要完全平底，因稍微有点高度的鞋子可以修正孕妇后倾的姿势。

❷ 鞋子必须合脚、透气：若太太的脚有水肿的情形，最好带太太本人到现场试穿，才不会买一双漂亮却不合脚的鞋子。

❸ 鞋底要有防滑设计，耐磨度佳。

❹ 选择全包式或有鞋带的鞋子：不适宜穿拖鞋式的鞋子，以免走路时掉落或容易造成扭伤。

❺ 足部出现异常状况应尽快就医：如果到怀孕晚期，足部产生异常症状，必须由医生诊疗，建议穿着特殊鞋款。

Q7：怀孕多久才适合出游，出游时要注意什么？

A7： 孕妈妈在怀孕早期会不想动、爱睡觉，也因孕吐的关系，会有比较怕冷的现象；而晚期的孕妇因新陈代谢增加，比较怕热，腹部变大、行动不便会想睡觉，不想到外面走动。所以适合旅行的时间是在怀孕中期的时候，就是怀孕的4～7个月。

出游时要依孕妈妈的体力安排行程，准爸爸也要在一旁协助并注意安全，不要吃生冷的食物，注意饮食卫生。若搭飞机，要先询问航空公司对孕妇的搭乘限制；出国旅游则先打听当地的医疗资源，并请自己的妇产科主治医生开立中英文产检简历，以备到国外时就医之需。

Q8：在怀孕中、晚期或是夜间时，孕妈妈会有抽筋的现象，该怎么办？

A8：孕妈妈腿部抽筋的情况，常发生在怀孕中期以后，导致的原因包括：

❶ 下肢的负担增加，局部血液循环不良。

❷ 抽筋也常发生在夜晚时分，这是因为不当的睡眠姿势维持过久所致。

❸ 孕妈妈的钙质或矿物质不足，会产生体内电解质不平衡，也容易引起抽筋。

预防和改善抽筋的方法包括：

❶ 饮食要均衡，多吃含钙的食物。

❷ 平时应作好腿部保暖，可局部按摩、热敷。

❸ 睡觉时调整成舒适的睡姿，平常要有适当休息，不使腿部过度疲劳，并且每天应维持适度的运动。

❹ 当腿部发生抽筋时，可平躺将腿部伸直，脚跟抵住墙壁，也可以请人协助，一手按住孕妈妈的膝盖，另一手将足部往小腿方向向上推，以拉直小腿，或站立，腿部伸直，脚跟着地。若经常发生，应请医生诊治。

Q9：当孕妈妈疲劳或不舒服时，准爸爸可以帮孕妇按摩吗？

A9：当孕妈妈腰背疲劳时，可以按摩腰部的脊椎骨两旁；若是下肢疲劳时，可以按摩小腿；孕妈妈头痛时，可以帮她按摩整个头部及太阳穴。不建议按摩肩膀，因为刺激肩膀的穴位，可能使子宫收缩，容易导致流产；不过如果肩膀酸痛，轻轻按揉肩膀及肩胛骨附近肌肉是无妨的。

Q10：是不是每次产检或课程，准爸爸都要参与？

A10：准爸爸最好尽量参与，尤其在怀孕20周左右会做超声波，准爸爸到场除表示对母子的关心外，也可以通过超声波画面看到胎儿，增加做父亲的实际感受。当需要作进一步的检查，例如羊膜穿刺等，准爸爸最好在场一起了解情况，并且可以给予妻子支持与鼓励。

Q11：有哪些运动适合夫妻一起做，运动时有何禁忌，什么时段运动较好？

A11：有氧运动是最适合的，例如散步、游泳；避免从事无氧运动，例如提重物等，因为会增加腹压，容易引起流产。运动的时间没有特别限定时段，可依照个人的习惯及方便，也可利用午休时间把下肢抬高，做做伸展运动，例如扶着固定的椅子把脚向后伸展。

Chapter 7
胎宝宝第6个月

· 丈夫协助妻子给胎儿播放音乐，进行对话，抚摸腹部，实施胎教。注意调节妻子的情绪。做好后勤工作

· 孕妇可进行短距离旅游，饱览秀美景色，旅途要注意安全

· 肚子开始显著凸出，由于对身体变化的不习惯，故有易倾倒的危险，要谨慎

· 本月产前检查一次

胎儿发育和母体变化

胎儿发育

胎儿身长28～34厘米，体重600～800克，皮下脂肪开始发育，但皮肤有皱纹。此时胎儿面目清楚，骨骼健全，经常改变位置。6个月的胎儿肌肉发育较快，体力增强，越来越频繁的胎动表现了他的活动能力增强。大脑继续复杂化，眉毛已长出，鼻子更挺起，脖子更长了。当胎儿睡觉时，两条胳膊弯曲抱在胸前，膝盖提至腹部。

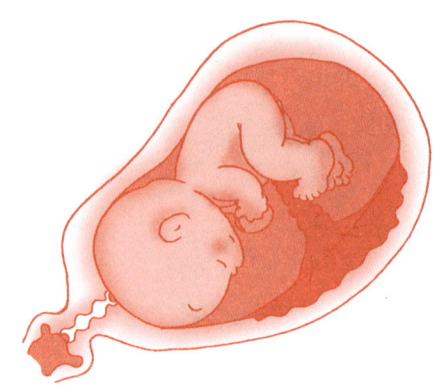

孕6月时的胎儿

这个月的胎儿已经长出浓浓的头发、眉毛和睫毛等，骨骼已相当的结实了。若在X光下，胎儿的头盖骨、脊椎、肋骨、四肢的骨骼都能清楚地显示出来，骨关节也在开始发育了，身体逐渐匀称，皮下脂肪少，皮肤呈黄色。开始有胎脂附着，胎脂的作用是给胎儿皮肤提供足够的营养保护皮肤，并且为出生分娩时做好准备，到时可起到润滑作用，使胎儿能顺利通过产道。

脑神经发育。大脑继续发育，大脑皮质已有六层结构，沟回明显增多。

胎儿经常处于睡眠状态，睡觉姿势已经与出生后的姿势相似，或者下巴贴着胸膛或者脑袋向后仰。

手足的活动逐渐增多，身体的位置常在羊中水变动，如果出现臀位的胎位也不必害怕，因为胎位还没固定。此时如果胎儿出生可有浅表的呼吸，能存活几小时。

母体变化

此时子宫底高18～21厘米，下腹明显隆起，体重增长快，容易感到疲劳，腰部疼痛，乳房也有明显变化，偶有淡初乳溢出。另外，由于母体的钙质被胎儿摄取利用，有时孕妇会感到轻微的牙痛或患口腔炎。

此期可明显地感到胎动。

随着怀孕月份增加，肚子越来越大，在日常生活中，要特别注意安全。特别是体育锻炼时或上下楼梯时，都要格外小心。除此之外，还应注意以下事项：

• 睡眠要充足，有条件的可以午睡1～2小时；

- 要注意保护牙齿，如有病牙需要治疗，在这个时期较为适宜；
- 注意保护腹部，不能弯腰，不能让腹部长时间受压迫；
- 要保持良好的情绪，可对胎儿进行美好的想象，加强母子情感沟通；
- 作好产前检查。

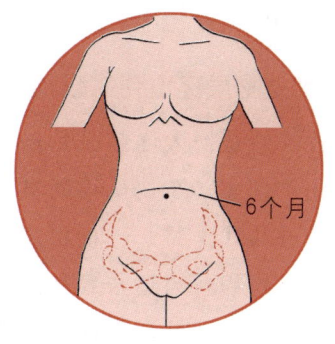

妊娠6月时的宫底高度

优境养胎
Youjing Yangtai

美孕妈9大穿衣术

■ Tip1 紫色正火爆

紫色系相当适合白皙孕妈妈，搭配小小的亮色系饰品，浪漫味十足，喜爱参加派对的您，又怎么能少了？切记全身上下只能"单一重点"，整身深紫色的打扮会让人误以为看到茄子！

■ Tip2 交叉、V领

不少孕妈妈反应，怀孕后脸变圆、身材变形，衣服怎么穿都不对劲！其实，孕妈妈可以选择V领设计的款式，或胸前有宽松交叉设计的上衣，在视觉比例上，不仅拉长脸形，还能修饰身材！

假使上衣是一字领或是圆领设计，可以搭配V领设计的小外套，或搭配有垂坠感的长项链，一样能有拉长身形的效果。

■ Tip3 孕妈妈专属——珍珠

带有光泽的粉色系珍珠最能衬出妈妈的好气色！无论是搭配T恤、V领上衣、蝴蝶袖上衣、一片式洋装、衬衫等，都相当完美！假使嫌珍珠项链太老气，带有珍珠纽扣的小外套也不赖，或是搭配小珍珠别针，都有异曲同工之妙。

饰品搭配上，孕妈妈要把握亮色系的重点！因为孕妈妈的生理变化，加上有时睡眠质量不佳，假使配戴暗色系的配件，整个人反而会显得没精神！

■ Tip4 粉红带来好气色

和孕妈妈最搭配的颜色就是粉红色！粉红色不但凸显女性的柔美，更能散发母爱的女性光辉！无论是上衣或洋装，皆能展现孕妈妈的好气色。不过，切忌选择荧光粉红！太过膨胀的色调会让您的身材看起来更加臃肿。

Tip5 弹性材质穿出利落感！

一件式的宽松大洋装虽然舒适，但若想显出利落感，孕妈妈不妨尝试具弹性纤维的一片式洋装！纯棉材质吸汗，透气性佳；针织材质适合春秋两季，也具有弹性极佳的特性，即便是产后也能继续穿着。无论是搭配球鞋或者低跟鞋，仍旧很有型！别忘了，怀孕的女人最有资格露出肚子！

要特别注意的是，清洗这类具弹性的服装时，别忘了准备一个细网洗衣袋，可别一股脑儿就把衣服丢进洗衣机，避免经过洗衣机无情的扭转、拉扯，降低衣服的寿命！

Tip6 上窄下宽（或上宽下窄）永不出错

上班族孕妈妈若想穿出利落感，可以把握上宽下窄或上窄下宽的原则！上半身的话，孕妈妈可以挑选宽松的针织衫或者纱质上衣，下半身再搭配腰部有弹性设计的裙子或者长裤。此外，想塑造利落感觉的孕妈妈们，衬衫也是相当不错的选择！胸前有特殊立体剪裁的款式或V领设计，不仅可以让整体曲线拉长，硬挺的布料还有缩小视觉比例的功效！

随着怀孕周数增加，孕妈妈的肚围一天天变大，不妨到孕妇装专卖店找找专为孕妈妈设计的牛仔裤、长裤、裙子。特殊的腰部弹性设计，不仅穿脱方便，吸汗透气，包覆力和支撑力也相当足够！

Tip7 蝴蝶袖上衣

嫌自己怀孕发胖，担心自己成为虎背熊腰"大"美人？试试蝴蝶袖上衣吧！无论是轻薄毛呢剪裁的大V领蝴蝶袖上衣，或是斜肩设计的款式，加上宽松喇叭垂坠式的袖子，把所有肥肉都藏起来了！

宽松的下摆设计，让肚子不会有压迫感，记得下半身别再搭配宽松的大澎裙，想让自己有利落线条感的美人，还可以搭配牛仔裤和马靴。这时候，别忘了帮头发绑个小马尾！大圆脸美人可以在发鬓留下几撮发丝，马尾高度扎在太阳穴以上，还能拉长脸形！

Tip8 V领小外套，拉长脸部线条

季节交替之际，还是得随身带一件小外套才行！V字领小外套兼具修饰圆脸和拉长身形的功效，是不错的选择。孕妈妈也可以选择带有腰身设计的硬板小外套，腰身的弧度设计，可以藏住腰部的肥肉，牛仔外套就是不错的选择！

Tip9 造型好帮手——大披肩

办公室空调冷飕飕，中午一踏出公司大门又要面对炙热阳光，温差之大，令人困扰，就连早上出门穿的薄毛呢上衣也显得闷热无比！孕妈妈不妨准备一条大披肩。颜色上，白色、粉色调都能让妈妈的气色看起来更好！平常出门内搭一件较贴身的V领薄上衣，下班后，只要轻松一披，再别上亮色系的别针或水钻夹，立刻有型有款！

产前衣物必备清单

怀孕之后，除了大声昭告亲朋好友这个好消息，以便接收二手用品之外，还是有不少衣物用品必须重新添购，建议孕妈妈提早确认与选购孕产期需要的相关用品，才能够多作了解与比较。以下就为孕妈妈们介绍孕产期用品，让孕妈妈们依据自己的需求与预算拟一份用品清单。准爸爸也要一起阅读。

■ 内衣、哺乳内衣

❶ 使用原因。孕妈妈的胸部会逐渐变丰满，必须要更换大小合适的胸罩，否则过小、过紧的胸罩有可能压迫到乳腺，影响产后分泌母乳的状况。再者，胸部变大后也需要稳定的支托力量，以免变形、下垂或是外扩哦！

胀大的胸部需要合适的内衣支托，才不会把胸部的皮肤拉松。假使胸部的皮肤被拉扯过度，理论上在产后或是不再喂母乳时会回复原先的尺寸，但胸部会因为皮肤松弛显得变小了！

❷ 使用时机。只要胸罩穿起来有过紧的感觉，或是胸部有压痕，甚至在乳房下缘形成色素沉着，就代表内衣过紧，必须更换！每个人胸部胀大的情形不同，一般来说，通常在怀孕三四个月时需要更换胸罩，更换次数也要随个人乳房变化而有不同。

❸ 款式建议。正因为产前、产后胸部都会比孕前丰满，专家们建议计划要喂母乳的妈妈直接选购哺乳内衣。哺乳内衣可让妈妈在穿上内衣时将罩杯打开，让宝宝吸吮乳房，等到喂完奶后再将罩杯穿上，省去必须重穿或脱掉内衣的不便。

孕妈妈直接购买哺乳内衣不仅可在产前先熟悉其用法，也便于擦拭汗水或是溢出的少量乳汁，保持胸部的卫生舒适。更重要的是，哺乳内衣在产前产后均能使用。

❹ 选购要诀。第一是大小合适。换新内衣的时候，不要因为预设之后胸部还会变大，就更换尺寸过大的内衣。孕妈妈如要预留空间，胸罩背部不要留超过两个手指可放入的空间，同时内衣穿起来应服帖在胸部上，才代表大小适当。最重要的是，孕妈妈购买内衣的时候一定要试穿，才能确定大小是否合适。

第二是支托力佳。胸罩应具有良好的支托力，避免乳房外扩或是下垂，而有钢圈的胸罩支托力较好，但胸罩内部要避免使用衬垫，以免感到不适。妈妈睡觉时可随个人习惯决定是否穿内衣，想穿内衣又怕不舒服的妈妈可以选择无钢圈的内衣。

提醒妈妈，产后喂母乳时，由于胸部仍会胀大，喂奶的时候务必要穿着内衣，给胸部适当的支托。

❺ 舒适干爽易清洗。孕妈妈的乳头会变得较敏感，到了后期可能也会产生少许乳汁，选择吸汗且透气的内衣非常重要，同时内衣也要容易清洗，才能保持胸部的干净与舒爽。

> **哺乳内衣设计原则**
>
> 哺乳内衣的外观与一般内衣无异,即便不再喂母乳也可以穿着,但设计上则有不同。一般内衣会强调托高与集中乳房,但给孕妈妈穿的内衣强调的是稳定支托胸部以及穿起来舒适。因此,在设计上强调几个重点:
>
> - 罩杯可打开直接哺喂母乳(大致分为可打开整个罩杯或是只打开2/3罩杯)。
> - 罩杯底的钢圈较宽且罩杯也较高。
> - 罩杯材质有弹性,有容纳乳房变大的空间。
> - 使用支托力佳且舒适的(软)钢圈。
> - 加宽背部伸片,以加强支撑力。
> - 材质吸湿排汗、透气。

❻ 可单手操作穿脱。孕妈妈若计划喂母乳,建议选择能单手打开胸罩并穿上的内衣,将来喂母乳时比较方便。

■ 托腹带、托腹裤

❶ 使用原因。孕期使用托腹带,可以协助支撑胀大的肚子,减轻腰酸背痛现象,同时也可以避免腹部的皮肤被往下拉扯,多少可预防妊娠纹并减轻产后肚皮松弛状况,不过关键的要点还是体重勿增加太多,肚子才不会被撑得过大。

❷ 选购要诀。托腹带的设计原理大同小异,最重要的是材质需透气、舒适,尺寸大小合适,且容易清洗,建议至少购买两件,可轮流替换。另外,有些孕妈妈觉得托腹带太热穿不住,亦可以托腹裤替代,但托腹裤的效果不如托腹带来得好,到了怀孕后期仍以穿上托腹带为佳。在怀孕前期肚子稍微隆起时,若不想穿托腹带,可穿着托腹裤,在后期肚子更大时,如果要加强支撑力,可以同时穿着托腹裤与托腹带。

孕妈妈若要避免上厕所穿脱托腹带的麻烦,可以直接将托腹带穿在肚皮上,再穿上内裤。

❸ 使用时机。当妈妈觉得肚子有下坠感,想要用手支托腹部,就代表可以开始穿托腹带了。

■ 内裤

孕妈妈的阴道分泌物会增加,因此内裤一定要保持干爽,避免细菌感染。最好的方式是一天准备两到三条内裤更换,如果怕麻烦,亦可使用卫生护垫,但必须一个小时更换一次,以免感染。在孕妈妈的肚子较大之后,如果要避免着凉,可以穿着包覆性好的孕妇内裤保暖。

目前的孕妇内裤设计强调包覆力好、扩张性强、吸湿排汗,而内裤底部也有防菌抗臭的功能。在孕妇内裤中，高腰内裤的包覆性与保暖性较佳，而低腰内裤则是因应孕妈妈的时尚穿着而设计的类型，因此建议想穿低腰内裤的孕妈妈在怀孕早期与中期穿着，而晚期还是以穿着高腰内裤对妈妈与胎儿最有保护力哦！

■ 孕妇装

孕妈妈穿着的衣服以舒适为重点，计划产后喂母乳的妈妈可考虑购买哺乳衣，因为产前产后均可穿着，提高使用上的经济效益。

孕妇装通常会加大胸围与背围，让孕妈妈肚子逐渐变大时亦可穿着。而孕妇裤均有松紧带可调整大小，外观上也与一般裤子无异，但裤管会比较宽，且材质弹性佳，可容许妈妈在肚子变大后或大腿较粗时继续使用。假使妈妈的肚子变得极大，亦有大尺寸肚围的裤子可供选择。

■ 弹性袜

穿着弹性袜可预防静脉曲张，孕妈妈可视个人需求使用到小腿、大腿，甚至包覆住肚子的弹性袜，但要注意不要穿着过紧的弹性袜，以免引起皮肤不适。若孕妈妈习惯穿着裤袜，市面上亦有孕妇专用弹性袜，除了肚围有弹性，可以包住肚子，同时腰肚围的部分也有松紧带可调整大小，阴部底部也镂空，不必因为上厕所而重新穿脱，十分方便。

至于已有静脉曲张现象的孕妈妈，建议穿着以毫米汞柱（mmHg）为压力单位的医疗用弹性袜，这种医疗用弹性袜产生的压力是渐进式的，其压力在脚踝处最大，并在小腿、膝盖，还有大腿处逐步递减，穿上后不会让腿部有太过紧绷的情形。孕妈妈应先就医了解静脉曲张的程度，再由医生建议弹性袜的压力大小。没有静脉曲张的孕妈妈若想有更好的预防效果，则可选择（脚踝）压力在15～20毫米汞柱的小腿袜来穿。

使用时机与方式：

当小腿有肿胀的感觉时就可使用，想要提早预防的妈妈也可以在怀孕之后就穿。在早上下床时可稍微抬脚30～40度再穿上，或是抬腿半小时后再穿，效果较佳。

孕中期要格外注意家中安全

进入怀孕中期，孕妈妈挺着大肚子，行动实在不方便，因此需要格外注意家中家具摆放上的便利性及安全性。

■ 采光照明很重要

尤其是夜间照明上，在通往洗手间的走道上，或是在厨房、客厅、卧室，最好都加装小夜灯，保持适当的夜间照明，让孕妈妈行动更安全。

■ 主要通道保持足够宽敞

随着怀孕周数的增加，以及孕妈妈体形的明显改变，家中家具的摆置。诸如各厅室间的走道、门口的鞋柜，都应尽量避免堆放杂物。原本放置在主要通道上的储物柜，也应尽量移往别的房间。此外，也应该避免将自行车停放在大门口，导致出入通道过于狭窄，对孕妈妈行动造成困扰。

■ 浴室里应铺上防滑垫、安上扶手

洗澡是一天中最令人舒服的享受了，但是建议家中有孕妈妈者，无论是盆浴或是淋浴，最好都在浴室里铺上防滑垫。建议习惯使用莲蓬头淋浴的孕妈妈，可以在莲蓬头下方贴上防滑垫；至于习惯站在浴缸里面淋浴或是泡澡者，最好在浴缸里也贴上防滑垫，以免肥皂泡沫导致孕妈妈不小心滑倒。浴室中也可以加装扶手，加强孕妈妈的支撑力，提升浴室安全性。

■ 物品收纳，请集中在孕妈妈肩膀及膝盖间的高度

家中有孕妈妈者，物品收纳的习惯也必须调整。因为孕妈妈容易重心不稳，加上挺着大肚子，无论是踮起脚尖、蹲低，都非常困难。因此，经常使用的物品，收纳高度不应超过肩膀以上、膝盖以下。

■ 有高低落差的地方，请贴上防滑贴条

譬如在楼梯最后一阶与地板交接处、和室地板与室内地板之间的落差，应贴上防滑贴条，避免孕妈妈因重心不稳而摔倒。另外，床铺与地板之间可以适当铺上小地毯，有些家中浴室门口会铺上踏垫，但是这些地垫底下，最好都能再使用防滑贴条固定，避免滑倒。

要预防肾结石

妊娠期肾结石发病率很高，这是因为妊娠期妇女内分泌发生很大变化，代谢加快，这使肾盂、输尿管的正常排尿功能出现异常变化，主要是收缩蠕动作用减退，随即发生一定程度的扩张，使尿流淤滞、变缓。这样，就很容易诱发肾结石。另外，增大了的子宫压迫输尿管，使输尿管发生一定程度的扩张和积水，也很易于诱发结石。妊娠期肾结石，以右侧为多，这与右肾位置稍低等原因有关。

妊娠期妇女应注意以下事项预防肾结石。

❶ 怀孕以后每天要有一定量的活动。要多散步、做操，这样可以促进肾盂及输尿管的蠕动，防止子宫长时间压迫输尿管。

❷ 要多喝水。孕妇应养成多喝水的习惯，喝水多排尿也多，特别是晚间要注意喝水。因为在夜间，输尿管的蠕动会减慢，再加上尿液分泌少，尿液中的结晶物质很易沉淀变为结石。

❸ 不要偏食。特别注意不要过量进食某些容易诱发肾结石的食物，例如菠菜、白薯、豆类等。菠菜必须用沸水烫过去除茶酸后食用。

在妊娠期发生肾结石，尽量采用非手

术治疗，特别是注意多饮水。如果没有反复发作，可以等到分娩后再进行排石治疗。

要预防妊娠高血压综合征

妊娠高血压综合征，是孕妇特有的疾病，一般发生在妊娠20周以后。这种病的主要症状是水肿、高血压和蛋白尿，在过去，称为妊娠中毒症。

妊娠高血压综合征的发病原因至今尚未完全阐明，一般认为与内分泌改变有关，主要是肾素，血管紧张素，醛固酮，前列腺素系统功能失调。过去有人主张妊娠后期孕妇要多活动，有利于顺利分娩。近年来研究认为，妊娠后期要少站立，少走动，适当增加休息。因为妊娠后期膨大的子宫压迫盆腔血管，可使下肢回流心脏的血液减少，这自然会影响肾脏及子宫胎盘的血液供应，从而导致血压升高、水肿。因此孕妇除增加安静休息时间外，要注意睡眠以左侧卧位为主，轻度妊娠高血压患者禁止仰卧位。在侧卧位有内输液的作用，能增加脏器、胎盘的灌注量，并可排纳利尿，有控制及预防妊娠高血压的作用。轻度患者每日上、下午应各左侧卧2小时。

是不是需要限制食盐来预防妊娠水肿呢？现在认为，孕妇新陈代谢较旺盛，正常妊娠时肾脏的血流量、肾小球滤过率增加，钠丢失较多。一般妊娠期孕妇下肢常有不同程度的浮肿，这主要是子宫压迫，使下肢血流回流不畅，静脉压升高所致，这种情况限制食盐量对改善症状没有多大效果。减少摄入食盐，会使孕妇对钠的调节处于不稳定的平衡，低钠饮食使孕妇食欲下降，影响蛋白质的摄入，不能满足胎儿生长发育的需要。因此，除严重水肿和某些合半症需低盐饮食外，一般妊娠高血压综合征患者均采用普通饮食。

孕妇不要随便服用利尿药，如双氢克尿噻，可促进肾脏钠、钾、氯的排泄，易造成电解质紊乱。对于妊娠高血压综合征孕妇来说，其体内有效血容量不是多而是少，利尿过多更会减少血容量，使肾及子宫胎盘更为缺血。所以除非出现脑水肿、心力衰竭、肾功能衰竭等严重并发症，一般不宜大量长期使用利尿药。

为了预防妊娠高血压综合征，每个孕妇都应在妊娠6个月时定期到医院去作产前检查，测量血压，检查小便。在平时，孕妇要密切注意是否出现水肿，有无头痛，体重是否增加。如果发现低压超过90毫米汞柱（120kPa），同时出现较重水肿，有剧烈头疼、眩晕、呕吐、视力模糊、胸闷等症状时，要及时到医院检查治疗。

妊娠高血压综合征发展到严重的阶段可发生子痫，或合并心力衰竭、肾功能衰竭等。重度妊娠高血压综合征对母体及胎儿的影响如下：

❶ 孕妇较长时间处于全身小动脉痉挛，病程拖延时间越长，遗留高血压后遗症的机会越多。

❷ 胎盘缺血。在妊娠34周时，正常孕妇胎盘每分钟通过600～750毫升血液，

而妊娠高血压综合征患者由胎盘通过血液循环发生障碍，功能降低，自然致使胎儿缺血，胎盘逐渐发生退行性变或自溶，由母体进入胎儿体内的营养不足，使胎儿有缺氧、窒息的危险。

准妈妈痔疮的对策

妇女在妊娠期痔疮患病率在70%左右。这是因为子宫静脉与直肠静脉密切相连，妊娠期因腹压增加，日益膨大的子宫压迫盆腔，同时也压迫直肠静脉，使血液回流不畅，产生淤血。另外，妇女在妊娠后，胃酸分泌减少，胃肠蠕动减缓，大便在肠道内停留时间过久，水分被吸收，硬结的粪块压迫肛门周围静脉，发生便秘。这时排便要用较大的腹压，腹压愈高，盆腔静脉淤血愈甚，从而引起直肠下端肛门处的静脉血管扩大增粗、扭曲成团，发展成痔疮。

孕妇应注意防治痔疮，平时多吃蔬菜和水果，尤其是含纤维素多的蔬菜，如芹菜、韭菜、白菜等。水果以香蕉为佳，不要吃柿子和柿饼。在妊娠后期要注意多活动，除了做较轻家务劳动外，还要散步、做操。工作时要注意经常变换姿势，不要过久地坐、立。要养成每日定时大便的习惯，便后要用温水洗肛门。

如果妊娠期发生痔疮，可在医生指导下服用麻仁滋脾丸或口服石蜡油，缓解便秘。若痔疮出血，可服安络血、止血敏、维生素C等。若发炎肿痛，可用祛毒汤清洗，外敷痔疮膏等。但注意一定不能吃泻药，否则易发生流产或早产。

告别孕期腰酸背痛

孕妈妈腰酸背痛的原因，主要是肚子日益增大，造成骨盆前倾，使腰椎的弧度变大，当腰椎曲线前倾，就容易造成腰、背酸痛。另一方面，在怀孕最后阶段时孕妈妈全身的韧带（韧带好比是两块骨头间的贴片，其功能在于让关节稳定）变得较松，原本的目的是为了生产时骨盆可以扩张，但当韧带变松时，孕妈妈若是姿势不良也容易损伤关节或产生腰酸背痛现象。

孕妈妈虽然容易发生腰酸背痛现象，但这是可以预防与缓解的！除了使用托腹带（36周以后尽量不要再使用托腹带，因为这样会延缓子宫颈变薄、变软的时间）之外，提供给孕妈妈几个日常生活的预防与保健的方式：

❶ 勿久坐或久站。避免长期维持久坐或久站的情形，只要坐或站了一段时间，就应该变换姿势。

❷ 维持身体的正确姿势。

· 站姿：眼睛平视，抬头挺胸，肩膀后缩、放松，双手自然放下，收小腹，将脊椎挺起，双脚应平踩地面，膝盖朝正前方，保持重心平稳。

· 坐姿：坐椅高度应与体形成正比，先坐正坐直，再轻轻地弯曲腰部，身体约呈20度，使背部形成半后倾姿势，并于背部与头颈部放置小枕头，脚下可垫小板凳。

第七章　胎宝宝第6个月

❸ 适度锻炼肌肉。适度地锻炼腰、腹、背部等部位的肌肉，有助于预防及缓解腰酸背痛现象。

针对孕妈妈的腰酸背痛现象，设计了几招简易且有效缓解这些不适的体操，孕妈妈们赶快动动您的身体吧！

盘腿坐运动

这项运动可放松腰关节，伸展骨盆肌肉。

盘腿坐，把两手交叉放在膝盖上

两手轻轻地向大腿根方向推

呼吸一次把手放回膝盖上

右侧位卧姿运动

改变动作时，不要过急，不要给腹部带来震动

从侧坐到躺下，要用胳膊支撑着，把头缓缓地放在枕头上

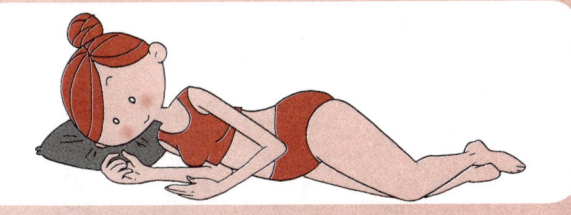

右侧位卧姿是饭后休息的好姿势

按摩和压迫

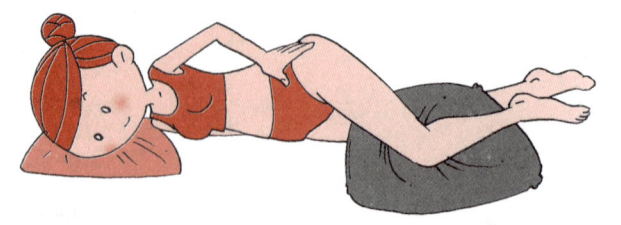

平时按摩和压迫酸痛的腰部可感到舒服（压迫腰部）。在分娩阵痛时，按摩腰部配合正确的呼吸有助于分娩

按摩腹部进行鼓腹深呼吸，吸气时手向上抚摸，边吐气边向下抚摸

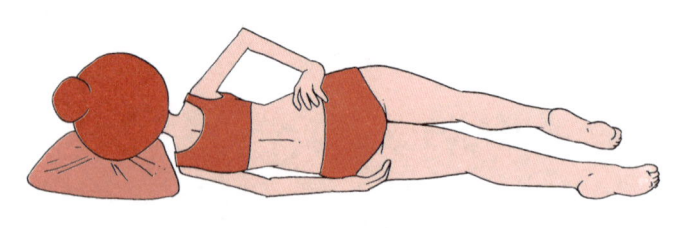

拇指按压腰肌，吐气时用力压，吸气时放松，也可同样按摩脊背疼痛部位

鼓腹呼吸

鼓腹呼吸是分娩时应采用的一种呼吸方法，可以减轻疼痛，平时要多练习，熟练掌握。

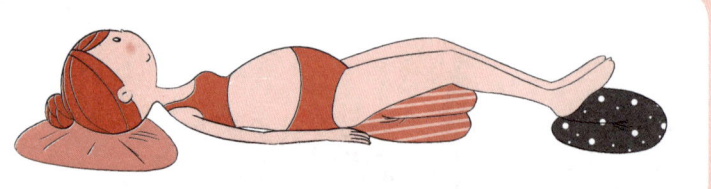

身体仰卧，完全放松，嘴微闭，吐气，可发出"噗噗"声

第七章 胎宝宝第6个月

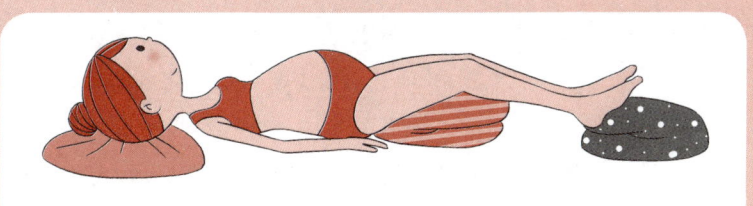

腹部一上一下慢慢地做深呼吸，呼吸一次约10秒

腰背训练

锻炼下腹部及产道的肌肉。早晨起床前，晚上睡觉前练习。

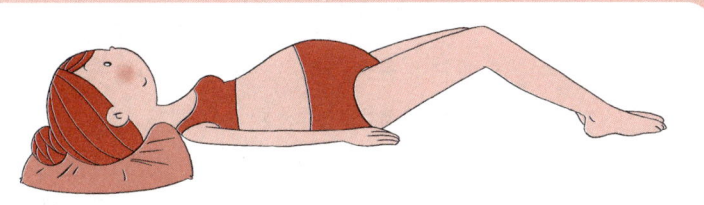

腰贴在床上，轻轻挺起肚子，使背和床之间出现空隙，再慢慢放下，然后放松休息，根据孕妇情况增加次数

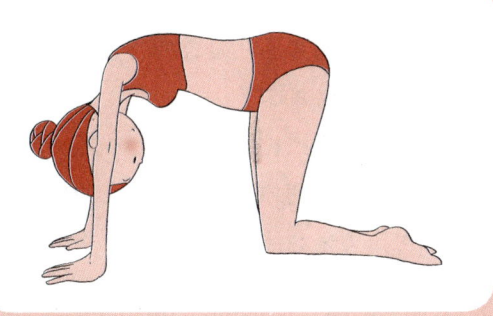

膝盖着床，头下垂，脊背向上弓，支撑上半身的重心

抬头将腰向前移动，身体重心随之向前移，再逐渐恢复到仰卧位

瘦孕妈该这样吃

现代女性拼了命在节食、减肥方面下工夫，只因为社会普遍认为"瘦就是美"！然而太瘦的孕妈妈容易生出低体重儿，而且孕妈妈本身营养摄取不足，更会影响胎儿发育！为了孕育健康的下一代，太瘦的孕妈妈在饮食上要如何补救呢？

■ 怀孕期间过轻

❶ 对母体而言：可能导致孕妈妈贫

血、脚水肿、慢性高血压、子痫症。

❷ 对胎儿而言：胎儿体重过轻、生长迟缓。

您必须了解体重过轻对身体的影响，当然也应避免短时间体重变化过快，以免身体产生代谢异常。如果您想要养好身体怀一个健康宝宝，那么，您要订好您的体重管理计划。

身体质量指数（BMI）的计算方法：体重（千克）除以身高（米）的平方

BMI＜18.7→体重过轻

BMI＝18.7~24.99→体重正常

BMI＝25~29.99→体重过重

BMI≥30→肥胖

女性的理想BMI值为20.8，介于18.7（下限）与23.8（上限）之间，超过上限则属体重过重。至于男性的理想BMI值则为22，介于20（下限）与25（上限）之间，超过上限则属体重过重。

■ 瘦孕妈的12项饮食建议

那么太瘦的孕妈妈，在孕期饮食上要如何补救？

三餐不可少，中间要加2~3次点心。三餐营养均衡，食材品种及颜色越多样越好，如卷心菜，可加胡萝卜、菇类及黑木耳一起炒，比单炒增加更多营养素。点心也要选高蛋白及高营养素的食物，如酸奶、三明治、卤蛋、豆浆、馄饨、水果。

营养素的浓缩：例如原本2片吐司的早餐，再夹1片奶酪，或抹上花生酱，加1杯牛奶；以牛奶取代水；生菜色拉加肉或蛋，并加入坚果类。

以水果或果汁取代甜饮料：可增加维生素C或β胡萝卜素等抗氧化剂的吸收。

适度的运动：进行不会撞击到腹部及胎儿的运动（如走路、游泳），有助于增加食量。

食用适量且优质的油脂：可以增加食物的美味及香味，刺激食欲、增加热量。

以浓汤取代清汤或白开水：例如熬排骨汤、鱼骨汤或鸡汤，如此可以增加热量及营养素的摄取。

少骨、少刺、多肉：食物以少骨、少刺、多肉，取代多骨费时的食物，例如以鸡腿肉块取代鸡翅、鸡脚等。

生活作息的调整与饮食的搭配：正常作息，饮食搭配可多样化，易达到均衡目标。

戒掉会伤害胎儿发育的习惯：例如抽烟、喝酒、喝咖啡等。

减轻压力：神经质体质，或压力超过负荷，常是孕期体重增加不上去的原由，应针对压力来源给予降到最低，将有助于体重提升。

先吃干的餐食再喝汤：以免喝了汤之后就吃不下其他食物了。

布置舒适愉快的用餐环境：愉悦的心情可提升食欲并促进营养吸收。

改善贫血这样吃

孕妈妈比一般人需要摄取更多铁质。提到富含铁质的食物，大家总会想到牛肉、猪肝，不过除了这些食物之外，植物性的食物，例如紫菜、黑豆、黄花菜以及糖蜜（由黑糖提炼而成）等都含有丰富的铁质，而紫菜更是其中的佼佼者。

马铃薯补血什锦汤

用料：马铃薯150克，胡萝卜50克，干海带、干黄花菜、红枣各20克，当归1片。

做法：❶ 马铃薯与胡萝卜去皮切块；红枣泡软，切开去籽。❷ 海带泡软切细丝；黄花菜以沸水氽烫1分钟后捞起沥干。❸ 全部材料加水1000毫升，大火煮滚后转小火续煮20分钟，酌加粗盐、素克粉与冷压麻油调味即可。宜趁热进食。

功效：改善贫血。

马铃薯的钾含量高，而钾是制造胰岛素不可或缺的矿物质，经常榨马铃薯生汁饮用，对降血糖有效，而钾也能结合体内多余的钠代谢出去，有助于改善高血压和水肿。另外，马铃薯也富含果胶与膳食纤维，能促进胃肠蠕动，改善消化不良与便秘。

胡萝卜有清热解毒、润肠通便，并有补血、明目作用，可以改善下半身怕冷的症状，尤其对病后体虚或是孕妇有食疗滋补的功效，也有助于妈妈产后补充母乳。

黄花菜富含β胡萝卜素、磷、钙、铁、硫胺素、尼克酸、核黄素等，日本把黄花菜列入植物性食物中最具有代表性的健脑食物之一，适合孕妈妈进食，对胎儿的脑部发育也十分有益。

高铁紫菜芝麻糊

用料：干紫菜、发菜各10克，甘草粉2克，黑芝麻粉5克，红糖10克。

做法：❶ 紫菜与发菜加水300毫升，大火煮滚后转小火续煮5分钟，关火待凉。❷ 加入甘草粉、黑芝麻粉与红糖，拌匀即可。

功效：改善缺铁性贫血。

紫菜除了含有丰富的铁质之外，也富含钾、钠、钙与食物纤维，其独特的滑溜成分为褐藻酸，一旦进入胃中就会因胃酸而释放出钾，一旦进入小肠后就会排出多余的钠，可有效防止高血压。而紫菜所含的粗纤维，有助于排泄坏的胆固醇，可防止动脉硬化与高血脂症的发生。

发菜含有高钙、高铁，对孕妇、佝偻症患者有极大帮助。

归参炖母鸡

用料：当归15克，党参15克，净母鸡1只。

做法：❶ 当归、党参放入鸡腹内，置砂锅中，加葱、生姜、料酒、盐、清水各适量。❷ 放火上炖烂，吃肉喝汤即可。

功效：食疗补品，补血壮体。

猪脊煲莲藕

用料：猪里脊肉500克，莲藕250克。

做法：❶ 猪脊肉洗净，切大块；莲藕去皮，洗净，剁块。❷ 将两者一同入锅，加适量水，煮熟食用。

功效：猪脊髓性味甘平，功能是补阴益髓。莲藕是睡莲科多年生草本植物莲的根茎，性味甘涩平。熟用健脾开胃，益血生肌。

归芪参鸡汤

用料：母鸡1只，生黄芪60克，当归30克，党参20克，白芍15克，葱、姜、料酒、盐各适量。

做法：❶ 将黄芪、当归、党参、白芍放鸡腹中。❷ 将鸡放入锅中，加入葱、姜、料酒煮烂，加盐调味，炖熟饮汤。

功效：可治气血两亏的贫血。

扶中糕

用料：面粉100克，白术、茯苓各20克，党参10克，陈皮5克，山药20克。

做法：❶ 除面粉外，其余食材粉碎，与面粉拌匀，加适量白糖和水，和成面团。❷ 上屉蒸成糕。

功效：可治脾胃虚弱造成的贫血。

汽锅乌鸡

用料：乌鸡1只，玉兰片、冬菇、料酒、盐各适量。

做法：乌鸡放入汽锅，加玉兰片、冬菇、料酒、盐各少许，蒸2～3小时。

功效：可治气血两亏的贫血。

去水肿这样吃

除了冬瓜之外，玉米须也是很好的消肿食物哦！孕妈妈若担心消除水肿的食物较为寒凉，只要在食物中加入姜就没有这个问题了。

玉米须瓜皮汤

用料：老玉米须30克，西瓜白色内皮、冬瓜皮各250克，红豆150克。

做法：❶ 老玉米须彻底洗净，并用沸水氽烫1分钟，沥干备用。❷ 将老玉米须放入药袋（或纱布袋）中，连同西瓜皮、冬瓜皮、红豆加水3000毫升，大火煮滚后转小火续煮约半小时，滤渣后饮用。

功效：改善肾炎浮肿、孕期水肿。

说明：老玉米须中药房有售。

中医学认为玉米具有补中健胃、滋养利尿功效。玉米须能清热、利尿、平肝，可改善高血压、糖尿病、肾脏炎、水肿、黄疸、肝炎、胆结石或溽暑引发的小便困难等。

凉拌萝卜洋葱

用料：洋葱、小黄瓜、白萝卜各100克，柠檬醋50毫升，褐色冰糖（细粒）30克，葡萄干60克。

做法：❶ 洋葱、白萝卜去皮切丝；小黄瓜切片。❷ 洋葱、小黄瓜、白萝卜、柠檬醋、冰糖拌匀，食用前再加入葡萄干即可。

功效：利尿消肿。

注意：此菜宜尽快吃完。

洋葱可提高胃肠道张力，促进胃肠分泌消化液，有助于整肠健胃，促进食欲。

小黄瓜所含的钾能利尿消肿，排除体内多余的盐分与废物，使血液净化、改善高血压。另外，其嫩籽富含抗氧化剂，可预防孕妇流产。

白萝卜生食可帮助排出胃部、肺部的秽浊之气，同时可解毒、利尿，并有良好的清水退火作用。熟食可改善腹胀、促进肠道蠕动。

孕妈妈菜谱黑名单

含有咖啡因的食物，诸如浓茶、咖啡等刺激性饮品，要忌口。成人一天咖啡因的摄取量不宜超过300毫克，假使孕妈妈一时之间很难克制自己的欲望，可以采取逐渐减少分量的方式，降低体内摄取咖啡因的比例。

此外，豆类制品也应适量食用，因为豆类容易产生胀气。

女性因为怀孕，体内激素改变，就连肠胃蠕动也受其影响，因此，孕妈妈特别容易胀气、恶心。在用餐时，尽量不要边喝饮料（或喝汤）边吃饭。因为固体与液体食物在胃中混在一起，很容易造成孕妈妈胀气，不舒服，最好在两餐之间的空当，喝饮料或汤。

油炸类的食物，也应远离孕妈妈食谱。油炸制品热量极高，却鲜有营养，容易造成孕妇虚胖、营养失调，甚至让孕妈

✚ 烹煮小技巧

切洋葱时常常会让人热泪盈眶，此时可以先将菜刀沾冰水再切，或在砧板旁放一杯水，让水分子稀释洋葱的催泪元素即可。吃过洋葱后口腔若有异味，只要喝浓茶或柠檬汁便可迅速消除。

✚ 孕妈妈应避免的茶类饮品

芦荟露：容易使孕妈妈腹泻。
甘菊花：容易造成孕妈妈过敏。
人参：易造成乳房疼痛、阴道出血、血压升高、失眠、腹泻。
杜松子：对孕妈妈的肾脏过于刺激。
甘草根：容易使水肿加剧、血压升高。

妈的孕吐更加严重。

孕妈妈随着体内激素的改变，老是想吃点零食，但是又要兼顾宝宝的健康、妈妈的均衡营养，适合孕妈妈的零食有哪些呢？

建议正餐之间的零食可以多选择坚果类、全麦面包、牛奶、新鲜水果（或果汁）。

孕期妈妈钙健康

■ 孕期补充钙要适量

在妇科门诊最常听到孕妈妈们诉说，"我怕胎儿钙质不够，为了补充钙质，所以喝很多牛奶"、"我会抽筋，所以想多喝一点牛奶"、"为了补充钙质、除了一天喝3次牛奶外，还另外补充钙片及综合维生素"……其实，胎儿的牙齿形成早在8周时就开始，骨骼也在子宫内第2周开始钙化，由于胎儿的骨骼及牙齿占了整个身体中相当大的部分，因此怀孕期间需要额外的钙质。门诊也曾遇到怀孕妈妈摄取很多钙质，仍然会脚抽筋的情形，所以正确地补充钙质是很重要的。

对于钙质的摄取，建议于平时的饮食中补充增加，每天摄取1000毫克，怀孕早、中、晚孕期不需要额外补充。有一些孕妈妈仍会担心，这样真的够吗？如何达到？其实，怀孕期间对于钙质的吸收要比正常情况有效，以便应付胎儿的大量需求，只要摄取富含钙质的食物，应该很容易达到。

■ 高钙菜肴帮您补钙

从上表发现，喜欢喝牛奶的人1天2~3杯，就摄取了514~771毫克的钙质；每天2~4份的肉类中，再选择一份五香豆干或传统豆腐就接近建议量（1000毫克）了！

对于不喜欢喝牛奶者，也可选择高钙菜肴，提供几道高钙食谱，让您可以轻轻松松做出高钙菜肴：

❶ 低脂高汤：大骨熬煮高汤，加些许醋，促进钙质游离，冷却后，捞除浮油。

❷ 牛奶蒸蛋：同时吃到钙质与维生素D。

❸ 香酥小鱼：鱼骨钙质高，连骨一起吃才能为钙加分。

❹ 开洋白菜、开洋胡瓜：多用小虾米、金勾虾。

❺ 发菜羹、蚝油芥蓝、炒地瓜叶、九层塔煎蛋：使用高钙深绿色蔬菜。

❻ 豆渣饼、红烧豆腐：黄豆制品菜肴，钙质一级棒。

❼ 药食两用类：枸杞、红枣、黑枣钙含量不低，养生又固本。

■ 促进钙质吸收的因素

除了增加钙质含量高的食物摄取外，有一些会促进钙质吸收的因子，例如：

❶ 维生素D：这是很重要的，所以适度地晒一晒太阳吧！

❷ 乳糖：也会帮助钙质吸收，这就是牛奶被认为是最佳钙质来源的原因了。

孕期安胎食谱

鲜蔬红枣烩鸡丁

原料： 彩椒50克，西蓝花25克，玉米笋20克，去骨鸡腿肉300克，红枣10克，高汤1杯

调料： 盐、糖、水淀粉各少许

做法：

1. 红枣去核，洗净后泡水；各种蔬菜洗净切块，入锅焯烫后捞出。
2. 去骨鸡腿肉切丁，入锅汆烫至半熟，捞出沥水。
3. 锅中倒入高汤，加入红枣烧煮片刻，放入鸡肉丁、蔬菜，拌炒至熟，加盐、糖调味，用水淀粉勾薄芡，炒匀即可。

功效： 补血补铁，宁心安神

营养叮咛

孕期应多摄取蔬果等天然纤维质，可视个人喜好佐以蔬菜，如西蓝花、甜椒、笋、苹果等，多吃蔬果可减少产前焦虑；搭配红枣及鸡肉等属性温和食材，较易消化；红枣亦具镇定心神的效果。

高钙什锦锅

原料：杏鲍菇150克，玉米笋、水发木耳各50克，鸡蛋豆腐、黄豆芽、豆苗各100克，手擀面适量、大骨高汤适量

调料：盐、鸡精各少许

做法

1. 杏鲍菇切片；玉米笋、黄豆芽、豆苗、水发木耳均洗净；鸡蛋豆腐切片。
2. 将所有材料放入一只砂锅中，倒入大骨高汤，大火煮沸，转中火煮至食材熟，下入手擀面，调入盐、鸡精，煮至面熟即可。

营养叮咛

怀孕期应摄取足够的钙质，此道料理高汤以大骨熬制而成，可满足胎儿的生长和母体所需的钙质。建议可再加入一些铁质含量较高的食物（如西蓝花、红枣、金针菇等），亦可增加所需的营养。

功效：健身养胎、补钙壮骨

红豆燕麦紫米粥

原料：红豆、紫米各50克，燕麦30克

调料：冰糖适量

做法

1. 红豆洗净，用清水浸泡1小时，捞出沥干；燕麦洗净；紫米洗净，用清水浸泡30分钟，捞出沥干。
2. 取一汤锅，将所有材料倒入，再加入适量水，大火煮沸，转小火煮至米熟豆烂即成。

营养叮咛

红豆的铁质含量相当丰富，能利水、清热解毒，且具有很好的补血功能；燕麦所含丰富的纤维素有润肠通便的作用；紫米含有丰富的B族维生素，有助新陈代谢，还有补血、益脾胃等效用。

功效：补血补铁，润肠通便

西芹双耳

原料： 西芹100克，木耳、银耳各15克，红甜椒50克

调料： 橄榄油、酱油、蚝油、味精、盐、糖各少许

做法：

1. 西芹去粗纤维，切斜段；木耳、银耳均泡发洗净，切小块；红甜椒去子、切菱形片。
2. 上述食材均入锅焯烫片刻，捞出沥水，加入调料，拌匀即可。

营养叮咛

西芹含有较多的膳食纤维，可防便秘。银耳有滋阴补肾、润肺生津、提神补气等功效；木耳味道鲜美，含有丰富的营养素，含铁量极高，为天然的补血佳品，也可避免抽筋。红甜椒富含花青素，并含有孕妇需要的叶酸、修补细胞的硒、可调节血压的钾离子及铬离子。

功效：健身养胎

秋葵牛肉羹

原料：秋葵、牛肉各100克，金针菇、番茄各50克、香菜末少许、高汤适量

调料：淀粉、料酒、香油、盐各少许

做法：

1. 牛肉洗净，切丁，加入料酒、淀粉、香油拌匀；番茄洗净，去皮、去子，切丁；秋葵洗净，切圈；金针菇洗净，去根蒂。

2. 锅中倒入高汤煮沸，加入番茄、秋葵、金针菇煮开，加入牛肉丁，用筷子搅散，见牛肉变色，加入盐、香菜末调味即可。

功效：健脾开胃，增强体力

营养叮咛

秋葵又名羊角豆、咖啡黄葵、毛茄，其脆嫩多汁，滑润不腻，香味独特，是受到热捧的营养保健蔬菜。

蛋烙生蚝

功效：补钙壮骨，促进胎宝宝发育

原料：鸡蛋200克，生蚝100克，胡萝卜、水发香菇各20克。

调料：葱末、清汤、盐、味精、植物油各适量

做法：

1. 鸡蛋磕入碗中，加盐、葱末、味精搅匀；生蚝去壳，洗净，放入蛋液中；水发香菇、胡萝卜分别洗净，切碎，倒入蛋液中调匀。

2. 平底锅倒油烧热，倒入蛋液，中火煎至两面金黄，加入清汤略烧，出锅切块装盘即成。

嫩香鱼蛋饼

原料:鸡蛋50克,青鱼肉200克,洋葱10克

调料:奶油、番茄酱各适量

做法:

1. 洋葱洗净,切碎;鱼肉洗净,入锅煮熟,研碎;鸡蛋磕入碗中,加鱼泥、洋葱末搅拌均匀。
2. 平底锅放入奶油烧化,倒入鱼蛋饼煎熟,盛出,淋上番茄酱即成。

功效:
健脾开胃、改善害喜

功效：
健身养胎、润肠通便

蜜汁杏鲍菇

原料：杏鲍菇250克

调料：香油、酱油、盐、胡椒粉、蜂蜜、香菜碎各适量

做法：

1. 杏鲍菇洗净，切厚片，剖花刀。
2. 蜂蜜、香油、酱油、盐和胡椒粉混合拌匀成调味酱汁。
3. 将杏鲍菇码放在平底锅中，均匀淋上酱汁，腌渍15分钟，撒上适量香草碎，小火将杏鲍菇煎熟，酱汁收干即可。

功效：
补钙壮骨、健脑益智

芝麻豆腐丸子

原料：豆腐200克，猪肉馅、芹菜碎各50克，白芝麻30克

调料：葱花、酱油、香油、淀粉、花椒盐各适量

做法：

1. 豆腐捏碎，加入猪肉馅、葱花、芹菜碎、酱油、香油、淀粉拌匀成馅料，将馅料捏成丸子，滚上白芝麻。
2. 将丸子放进已预热的油锅，以中温油炸熟，待丸子呈金黄色捞起，用吸油纸吸干油分，撒少许花椒盐即可。

番茄鱼片面

原料：番茄、净鲜鱼片各50克、面条150克

调料：葱姜末、盐、味精、植物油各适量

做法：

1. 番茄洗净，切丁，放入热油锅炒熟，加入葱姜末、盐、味精调味，盛出。
2. 净鲜鱼片、面条入锅煮熟，装入碗中，将鱼片摆在面条上，浇上番茄丁即成。

功效：
健脾开胃、补充维生素

冬菇鸡片

原料：去皮鸡胸肉200克，油豆皮、胡萝卜各50克，干冬菇20克

调料：盐、蚝油各少许

做法：

1. 鸡胸肉切厚片，再对切开口，加入盐、蚝油拌匀腌制10分钟；冬菇泡发后切斜片；油豆皮切片，胡萝卜切片。
2. 锅中倒水烧沸，加入冬菇、胡萝卜，倒入少许蚝油煮沸，再加入油豆皮烧至入味。
3. 对切的鸡胸肉，夹入胡萝卜片、冬菇片、油豆皮，入锅蒸熟，盛盘即可。

功效：
控制热量、预防便秘

营养叮咛

以低油的烹调方式——蒸，可避免摄取过多的油脂。香菇纤维含量高，增加饮食中的纤维可避免孕妇便秘喔！

❸ 钙磷平衡：非常重要，所以不是一味补充钙就可以，最佳的钙磷比为1∶1，当过多的钙导致钙磷不平衡时，反而会造成抽筋的现象。

■ 造成钙质流失的因素

有些饮食习惯会造成钙质流失，怀孕的准妈妈们要注意：

❶ 磷酸：磷在碳酸饮料中会快速地吸收，刺激副甲状腺激素的释放，使钙由骨骼中释放，而且过量的磷酸也会降低小肠对钙的吸收，所以过量饮用茶或咖啡也不好，喜欢喝汽水、咖啡、茶的孕妈妈，现在最好改以果汁或白开水替代！

❷ 过多的蛋白质：也会造成钙质流失，所以不是肉类吃越多越好。

❸ 光由蔬菜摄取钙质是不够的：孕妈妈们要注意！不要想说既然某些蔬菜类钙质含量高，因不爱吃肉类或豆制品，便改由蔬菜提供钙质，这是不行的！蔬菜含有植酸及纤维，会干扰钙质吸收，人体对于蔬菜所含钙质吸收率较差，所以均衡饮食最重要！

■ 怎样选择钙片

很多人会问，若是补充钙片要如何选择？

❶ 先以剂量作为考虑，符合膳食营养素参考摄取量较佳。

❷ 钙片中钙的含量，是依与钙结合化合物的重量而定，例如：碳酸约含40%的钙、葡萄糖酸钙含9%的钙。

❸ 市售钙片分为天然钙片与合成钙片，至于何种吸收率较佳，研究上仍有争议，但有些钙片会混合其他维生素和矿物质，但钙在含有铁的补充剂中因为吸收竞争，会降低吸收；含维生素D的补充剂，需注意维生素D的使用，高剂量会造成中毒。

❹ 一些由骨粉、牡蛎壳等所构成的天然钙片补充剂，需注意原料来源，若有重金属污染，长期服用会造成健康伤害。

另外有些人会使用含钙的制酸剂来作为钙来源，若使用错误，例如含镁与铝的钙片反而会增加钙的排泄，过多的制酸剂亦会造成其他肠胃道问题。所以，食物才是最佳钙质来源！从食物中绝不会单单摄取某一种营养素，同时也必然获得其它必需营养素。

怀孕40周时，胎儿体内的钙已增至30克左右，大约只有母体所需量的2.5%，只要孕妈妈多注意一下饮食，除了本身可以保证钙充足外，也能提供胎儿所需。

胎教课堂
Taijiao Ketang

第21~28周胎教重点

除了给予听觉上的刺激之外,准爸妈可以通过温柔地按揉肚皮给予胎儿一些推挤、敲打的刺激,和胎儿玩互动游戏。

通常生第一胎的妈妈会在第19~20周时发现胎动,第2胎以后的妈妈则是第17~18周就会感受到了。妈妈可能会发现宝宝的手或脚凸出肚皮,或是整个背部会把妈妈的肚皮拱出来,这个时候,爸爸或妈妈可以透过肚皮温柔地轻拍或推挤宝宝的手、脚,摸一摸宝宝的背部,或是敲一敲肚皮,看看宝宝的反应。这样做除了能刺激宝宝的知觉之外,通过这些小游戏,也能每天观察宝宝是否有正常的活动力!不过一天只需观察胎动一到两次,不需要时时刻刻关注,以免准妈妈过分紧张。

对身体健康的孕妈妈来说,适度的运动对妈妈与宝宝都有好处,例如妈妈的心肺功能较好,肌耐力佳,也能让身体的血液循环较好,有助于生产,同时胎儿也不会过大。除了这些好处之外,孕妈妈走路、游泳或是做任何运动时,胎儿也能感受到妈妈身体的波动,进而刺激他的感官发展。孕期所做的运动务必要温和、低冲击性,例如走路、游泳、低冲击性的有氧运动,记得一定要避开跑、跳或会跌倒的活动。若是担心运动会有不良影响,可以多走路,因为走路是最温和、安全的运动,不过也不需要太久,每天半个小时到一个小时即可。

你和胎宝宝说什么

6个月的胎儿,不只是能听母亲的心跳了,对外界的声音也很敏感了,并且具有记忆能力和学习能力。我们可利用胎儿对语言的反应,对胎儿进行智力开发。

孕妇要时时想到胎儿的存在,并经常与之进行发自内心的谈话,保持情感的沟通。谈话内容可有3个方面:

❶ 给胎儿讲故事、背诗歌、说歌谣、唱歌曲。

❷ 教胎儿学习语言。

❸ 教胎儿学算术和图形。

这些内容可以交替使用。在进行过程中,母亲可以细细体会胎儿的反应,这对促进胎儿的身心发展是很益的,有利于母子情感的交流。在与胎儿开始对话时,可以给胎儿起一个乳名,一直用这个乳名呼唤他,他会感到亲切,并有安全感,对于将来他健康人格的形成是很有利的。

每次与胎儿谈话的时间约1分钟,不要太长,内容要简洁、轻松、愉快,丰富多彩。父母在做什么，天气如何，有什么感想，要到哪去等都可以与胎儿说说。早晨起床了，可以告诉胎儿，"起床了，早上好，今是晴天，天气真好"，或告诉胎儿今天刮风了，阴天下雨了，飘雪花了等。在生活中还可以告诉他，天天要洗脸、刷牙，便后要洗手，爸爸要刮胡子，妈妈要梳妆等。

母亲还可以把自己每天穿的服饰，漂亮的颜色、舒适的布料感觉讲给胎儿听，这也是美感胎教的方式。

在吃饭前，孕妇还可以把吃什么饭菜告诉胎儿，吃饭之前深深吸一口气，问胎儿闻到香味了没有，这样有利于胎儿摄取各种营养。

散步时，可以把周围环境，花草树木，清新的空气，池塘中的鱼儿，讲给肚子里的宝宝听。

总之，可以把生活中的每个愉快的生活环节讲给孩子听，通过和胎儿共同生活、共同感受，使母子间的纽带牢固，并且为孩子日后的智力发展打下良好的基础。胎教使胎儿对母亲和其他人有信赖感、安全感，出生后生活的适应能力强，能感受人间的幸福。

母胎传递爱美之心

孕妇的行为举止对胎儿能产生一定的影响，因而孕妇的心灵、语言、行为的美与丑，不仅表现了她自己的修养与文明程度，也对胎儿产生影响。

孕妇的心灵美，主要应表现在她内心广袤的母爱。她应该对胎儿充满柔情，充满美好的希望。母爱是一种献身精神，母爱是无私的。为了胎儿，孕妇应有一种自豪感与优越感；为了胎儿，孕妇面对各种困难和不适应该变得更坚强。而在孕期过于娇气和挑剔的孕妇，则自爱的成分过多，爱别人的成分少了一些。更有甚者，有的孕妇因与丈夫或家人争执，便迁怒于胎儿，拿胎儿泄愤，这就更不对了。

不可能要求每个孕妇说话都像诗一样优美，但是孕妇应该要求自己说话和气、谦虚、温文尔雅；在与人接触时，不讲粗话、脏话；与人发生矛盾时，不恶语伤人。这样做，有益于自己拥有良好的心境。在休息时，孕妇可读一些优美的散文、诗歌，要注意选择积极向上的文章、诗句，不要读伤感消极的东西。

孕妇在日常生活中，举止应稳重大方，要保持健康整洁的仪表美。有的人在怀孕后，认为既然要心情舒畅就是想怎么做就怎么做，想干什么就干什么，这种放纵对孕妇、对胎儿都是不利的。还有的孕妇怀孕后不再注意自己的仪表，大大咧咧、邋里邋遢，这对培养胎儿细腻、优美的气质也是不利的。

因此，孕妇在妊娠期不仅要注意营养，保持健康，还要加强修养，使自己成为一个合格的母亲。

孕妈妈营养不良影响胎宝宝

① 早产儿。早产儿指妊娠期少于37周即出生的婴儿。早产儿常见的并发症是低血糖，低血糖可导致中枢神经损伤，影响胎儿的神经发育。

② 低出生体重。指新生儿的出生体重小于2500克。出生体重不足有不同原因，常见的一是胎儿营养素供给不足，生长缓慢，称为宫内发育迟缓，使婴儿足月出生但体重小于2500克。二是胎儿不足月出生，胎儿生长尚未达到2500克。与其相应的月龄相比，又可以分成小于胎龄儿和近似孕龄儿。

孕妇营养不良是早产儿和宫内发育迟缓的主要原因。孕妇妊娠前体重过轻或在妊娠期体重增长不足是低出生体重的因素。妊娠期体重增长不足是指在孕早期每周体重增长<0.1千克，在孕中期或孕晚期每周体重增长<0.3千克。

③ 围生期新生儿死亡率。指妊娠28周后的死胎率和早期新生儿（出生后一周内）死亡率之和。新生儿体内营养素储备不足，任何可以引起营养素吸收障碍和消耗过多的因素都可能引起新生儿死亡，如发热、腹泻等。

④ 对大脑发育的影响。出生前半年到出生后一年，是脑细胞的快速增长期，这个时期蛋白质供给不足会影响日后的智力发育。

⑤ 先天畸型。孕早期锌缺乏或叶酸缺乏可以发生胎儿神经管畸形、无脑儿、脊柱裂。孕妇期给予大剂量维生素A，可以造成胎儿颅骨、脸、心脏、胸腺和中枢神经系统发育不全。缺碘可以引起克汀病，缺铜也可以引起大脑萎缩和小脑发育不全等先天畸型。

和胎宝宝一起旅行

在妊娠中期，孕妇已大致能习惯怀孕中的生活，胎儿亦逐渐地在稳定中成长。在行动上，孕妇不似初期那么有所顾忌。到了妊娠晚期，由于濒临生产时刻，孕妇大部分时间都待在家里，顶多动动身子外出一下换换环境气氛，让胎儿生活得更舒适。胎儿一生下来，孕妇便得每天忙碌地照顾他，很难有空暇。倒不如在这时（怀孕第6个月）做一下短程旅行，让生活多些闲情逸致，对胎儿而言，亦不失是一个不错的胎教机会。

在旅行之前，先作好旅行计划，不要让孕妇及胎儿太劳累，避免人多嘈杂的地方，事先安排好周全的计划，不但能让孕妇和胎儿达到寓教于乐的目的，同时亦让孕妇不至于太过疲惫。对胎儿来说，空气清新、宁静的地方较理想。旅行不一定要离家很远，可以去离家较近的场所，如公园、温泉度假村等都很适合孕妇。孕妇愉快地呼吸清新的空气，肚子里的胎儿也会感觉心旷神怡。如果能边进餐边和丈夫讨论肚子里的胎儿，不但可以充分享受野外用餐的乐趣，也能增进彼此的感情。制订旅行计划时，必须考虑到胎儿是否也能愉快地参与，比如在旅行中，夫妻一起讨论胎儿的命名，也许这种经历会成为日后的美好回忆。行程不要安排得太紧凑，千万不要让孕妇和胎儿过度劳累。不要将旅行想象得过于盛大，回娘家、回婆家住几天，享受悠闲的生活，对消除孕妇的疲倦很有帮助，也可以从现在起，和即将成为爷爷、奶奶和外公、外婆的长辈多接触，培养三代人之间的感情。

短途旅行对孕妇和胎儿来说，都是一种无上的享受。借着旅行使孕妇恢复精神，并增进夫妻之间的感情，让夫妻俩携手为更美好的明天而努力。

实施胎教不可心太切

生育一个健康聪明的孩子，是父母们共同的心愿，而胎教正是帮助实现这一愿望的有效手段。但有些父母出于对后代的责任感，想到此生只有一次养育子女的机会，因此"只能成功，不能失败"。这样往往容易出现操之过急、期望过高等情况，有时反而会物极必反，收不到好的效果。

为了正确实施胎教，使胎儿真正受益，孕妇必须认真学习胎教内容，准确掌握胎教的正确方法。孕妇生活要有规律，这既是胎教的一项内容，也是对每位孕妇的起码要求。在实施胎教过程中，严格按胎教的方法去做，如抚摸胎教，一两天不足以和胎儿建立起联系，需要坚持长久

地、有规律地去做，才能使胎儿领会到其中的含义，并积极地响应。但不是所有的胎教只要比规定的多做一些就会更有效，比如有的孕妇在进行语言胎教时，长时间将耳机放在腹部，造成胎儿烦躁，导致胎儿生下来，变得十分神经质，并对语言有一种反感和敌视态度。听音乐时也不能没完没了地听，如果连孕妇本人都感到疲惫不堪，那胎儿的感觉也绝对不会好。某些父母盼子成龙心切，想把胎儿培育得更出色一些，这种心情是可以理解的，但任何事情都有个度，一旦过度其结果就会适得其反，不仅达不到预定的目的，而且会导致不良结果。

每种胎教都会使胎儿受益，如果不能适度地对胎儿实施，恐怕胎儿不但不能获益，还会受害。因此，孕妇对胎儿进行胎教，不能热情过度，不能太急。孕妇的信心和持之以恒，是胎教成功的保证。只有母亲和胎儿相互配合、相互协作，在这种配合的乐趣中，胎儿的智力发育才能得到激励和发展。

实施胎教忌懒惰

许多女性在怀孕后，由于害怕过多的活动会伤着胎儿，对胎儿不利，于是容易发懒，什么也不想干，什么也不愿想。有人认为，这是孕妇的特性，随她去好了。殊不知，这正是胎教学说的一大忌。

根据研究，胎儿能够感知母亲的思想，孕妇与胎儿之间是有信息传递的，如

果母亲既不思考也不学习,胎儿也会深受感染,变得懒惰起来,这对于胎儿的大脑发育是极为不利的。

因此,怀孕的母亲要始终拥有浓厚的生活情趣,保持强烈求知欲和好学之心,充分调动自己的思维活动,从自己做起,勤于动脑,勇于探索,在工作上积极进取,在生活中注意观察,把自己看到和听到的事物通过视觉和听觉传递给胎儿,使胎儿不断接受刺激,促进大脑神经和细胞的发育。

胎宝宝的感知能力

胎儿的感知能力是一种很微妙的能力,它能清楚地分辨出母亲的态度、情感等一系列心理活动意图。如果母亲痛苦难过,胎儿也会痛苦难过;如果母亲情绪良好,胎儿的情绪也会相应处于良好的状态。德国的一位心理学博士对2000名孕妇的追踪调查,发现那些盼望子女的母亲所生的孩子要比厌恶子女的母亲所生的孩子强壮得多。在对待胎儿的态度上孕妇也不能有矛盾心理,当孕妇处于口头上表示不愿意生孩子,但内心却又十分想生孩子的矛盾状态时,胎儿也会感知母亲的这种矛盾心理,从而引起精神上的混乱。这样的孩子出生后,大多感觉迟钝,体弱乏力,因此孕妇一定要保持良好的心理状态。

那么,胎儿对母亲的感知是如何来实现的呢?

母亲和胎儿在生理上有着各自的大脑神经系统和血液循环机能。有人根据大量有关知识提出,胎儿对母亲的感知主要是通过一种复杂的神经激素来实现的,这种神经激素能打开母亲与胎儿之间的通路,使胎儿获得对母亲的感知能力。

人的行为与思维的指令机构是大脑,而大脑所感觉、所思考的事情是在与大脑皮层直接相连的下丘脑的作用下转化为情感的,这种情感继而会转化为躯体的感觉。

胎儿的意识是在6个月后萌生的。胎儿在6个月前所受到的影响,虽然不能说全部,但大部分都是作用在躯体上,胎儿的意识很少受到应激反应的影响。这主要是因为胎儿的大脑尚未成熟到将母亲的情感信息转化为情绪的地步,也就是说,欲把情感或感觉转换为情绪,需要一个感知过程,这就要求大脑皮层要有复杂的运行能力。胎儿在6个月前还不具备先感知母亲的情感,再对其加以分析,然后作出适当反应的能力。胎儿在6个月以后才开始具有明确的自我意识,并能把感觉转换为情绪。这时,胎儿与母亲的情感信息才得以息息相通。

随着胎儿记忆和体验的加深,胎儿就渐渐拥有了极其复杂的思维路径,感知能力也随之形成。

正是由于胎儿具有这种感知能力,才使得母亲能够充当胎儿的老师,也才使得我们作用于母亲身上的一些有益活动能够对胎儿产生影响,我们的胎教活动才有意义。

胎宝宝的听觉能力

胎儿深居子宫中，隔了不少组织器官，胎儿究竟能不能听到外面世界的声音呢？对于这个问题，回答是肯定的。在胎儿的几种感觉器官中，最为发达的就是听觉系统了。在妊娠的前半期，由于其听觉器官尚未发育完善，胎儿宛如生活在一个几乎没有任何声音干扰的平静世界中，"两耳不闻宫外事"，过着平静、安闲、舒适的生活。

自妊娠6个月起，胎儿就开始不断地"凝神倾听"。妊娠期间，母亲的腹内（子宫）其实非常嘈杂，有大量的声音传入胎儿耳内。在这些声音中，最为嘈杂的是母亲胃内发出的咕噜咕噜的声音。另外，即使是父母比较轻微的谈话声，胎儿也会全神贯注地倾听。

然而，母亲那富有节奏的心脏搏动声才能真正对胎儿起到支配作用。如其节奏正常，胎儿就会知道一切正常，即胎儿会因感到所处环境安全而无忧虑。何以见得呢？随着现代医学的发展，借助于超声波诊断仪，人们已能观察到胎儿在母亲子宫内的活动情况，以及吞吐羊水的有趣模样。胎儿能接受外界刺激，并作出反应。当胎儿听到音响时，胎心音会变快；听到汽车的喇叭声时，会出现频繁的胎动；用光照射孕妇的腹部，胎儿会有眼球活动。有些孕妈妈也曾提及，猛然一下关门声会使腹中胎儿缩成一团；置身于车水马龙的街头，噪杂声与喇叭声常会引起频繁的胎动。

有人曾作过这样的实验：在音乐会上，当孕妇沉溺于优美平缓的轻音乐中时，腹内的胎儿也在有规律地做动作；而当演奏完毕，观众爆发出热烈的掌声时，胎儿却受惊般地加速运动，心率也急剧加快。这就说明，此时的胎儿已经具备了分辨音响和信息的能力。为此，胎教学主张应不失时机地抓住胎儿听觉发育过程中对音乐的反应能力，适时引导胎儿听一些轻柔的乐曲，以及富有情感的诗歌朗诵，和孩子进行亲切的对话，对其进行适度有益的刺激。准妈妈和准爸爸们应及时抓住怀孕26周以后的有利时机，每天有计划地对胎儿进行听觉训练，以培养孩子灵敏的听力和对外界事物敏锐的反应能力。

运动能力的训练

胎教理论主张对胎儿适当地进行运动训练，以激发胎儿运动的积极性，促进胎儿身心发育。现代医学证明，胎动的强弱和胎动的频率，预示着胎儿在母体宫内的健康状况。科研人员对两组胎儿在宫内胎动强弱分别进行了观察，直到出生后发现，宫内胎动强者出生后其动作的协调和反应速度均优于出生前胎动弱者。他们还发现，在母体内，受过运动训练的胎儿，出生后翻身、爬行、坐立、行走及跳跃等大动作均明显早于一般婴儿。

触摸运动：从妊娠6个月开始，或感知有胎动时起，每日早晚各一次，每次触摸5～10分钟。具体的方法是：孕妇仰卧床上，头部不要垫高，全身放松，双手捧住胎儿，从上到下，从左到右，反复抚摩10次后用食指和中指轻轻抚摩胎儿，如有胎动，则在胎动处轻轻拍打，要注意胎儿的反应类型和反应速度。如果胎儿对抚摩、推动的刺激不高兴，就会用力挣脱或者做踢腿反射，这时应马上停止抚摩。如果胎儿受到抚摩后，过一会儿才以轻轻蠕动的方式作出反应，出现这种情况则可以继续抚摩，一直持续几分钟后再停止抚摩，或配合语言、音乐的刺激。较为理想的抚摩时间是傍晚胎动活动频繁时。但有早期宫缩的孕妇，不可进行触摸运动。

触压拍打法：从妊娠5个月开始，在孕妇的腹部摸到胎儿的肢体，在按压胎儿的肢体后，胎儿马上会缩回肢体或活动肢体，可以通过触压和拍打胎儿的肢体同胎儿玩耍，刺激胎儿活动，让胎儿在宫内"散步"，做宫内"体操"。反复训练，可以使胎儿建立起条件反射，并增强肌肉肢体的力量。经过触压、拍打增加胎儿的肢体活动，是一种有效的胎教方法。当胎儿出现蹬腿不安时，要立即停止训练。

做触摸拍打要轻柔，不可随意乱揉肚子，造成意外。

孕6月的中医胎教

古人说，妊娠6月"身欲微劳，无得静处，出游于野，数观走犬马。宜食鸷鸟、猛兽之肉，是谓变腠理纽筋，以养其力，以坚其脊"，"调五味，食甘美，无大饱"。6个月大的胎儿发育较快，孕妇腹部显著隆起。孕妇这时不要懒散，不要因体形的变化而羞于出门。要多做力所能及的活动，多散步，参加社会活动。要注意营养，多吃优质蛋白食物，使胎儿长得壮实。

做快乐孕妈妈

尽量不让原先的生活受到太多影响：孕妈妈在怀孕之后，固然会因为健康因素作些生活上的调整，但不要因此而限制了自己原先的生活圈、兴趣或活动。维持心理健康很重要的三项要素就是：自我实现、身心活动、社交联结。因此即使怀孕了，孕妈妈仍然可以继续工作、运动、上课、和朋友出去走走，不要因为怕东怕西而整天窝在家，这样反而容易使自己陷入沮丧、忧郁的情绪。

和丈夫多聊天：丈夫是妻子能否快乐度过孕期的关键因素，若是先生能常常陪在身边（建议准爸爸们最好在这段期间尽量减少出差），对孕妈妈来说，心理的压力将会减轻不少，且孕期中身心上若有任何不舒服，或是工作压力等，另一半的了解、体谅，是最能安慰、鼓励孕妈妈的。

社交活动不可少：谁说孕妈妈就只能在家安心养胎？怀孕之后其实还是一样可以和姐妹们出去逛街（但别太累）、喝下午茶。不过除了原有的好姐妹之外，怀孕后不妨去各大妈妈教室走走，结识一些同期的孕妈妈，不仅可以吸收到孕期产后的专业知识，还可以和其他孕妈妈交流心得，也许你会发现很多孕期不适或烦恼原来别人也会有，自己一点都不奇怪，而且问题也没有自己想的那么严重。

安排旅游：怀孕中期因为胎儿较为稳定，许多怀孕早期会有的不适也都缓解了不少，因此是最适合安排旅游的时候。若是要坐飞机出国，建议可以在登机前就先穿上防静脉曲张袜，以避免腿部水肿不适。不过不管是在国内或国外，选择旅游景点或游玩方式时，最重要的还是安全第一，且行前最好也先咨询妇产科医师。

孕妇按摩：由于胎儿日益增大的缘故，孕妈妈容易感到腰酸背痛，后期更容易有水肿问题，因此现在坊间也有专门针对孕妇需求而推出的孕妇按摩，孕妈妈亦可一试。

其他妙招：主要就是从事一些会让自己心情愉快的活动，例如：阅读喜爱的书籍杂志、逛街、看展览、听音乐、轻度运动；或是看一些可爱宝宝的照片、跟肚里的宝宝说说悄悄话。也有的孕妈妈会借着布置婴儿房、逛婴儿用品店，来转移自己的孕期不适，因为只要想到宝宝出生后穿上这些可爱衣服的画面，当下的烦恼、压力似乎都抛到九霄云外去了！

什么时间进行音乐胎教好

专家经研究发现，胎儿在3～4个月时便开始有了听觉能力，6个月时听觉能力已发育到相当完备的程度，不仅能听到母亲的心跳声音，对外界发出的各种声音、音乐都会有一定反应。如听到外界过响或不舒服的噪声时，胎儿会有皱眉、踢脚、显得烦躁等动作反应；听到熟悉的母亲的声音或优美的音乐时，会有安静地吸吮手指、轻轻踢脚等表现。所以从胎儿4个月大起，就可以对胎儿进行直接音乐胎教了。妊娠4个月以前，由于在音乐熏陶下，母亲的身心愉悦舒适，能为胎儿创造一个温馨美好的世界。这种美好的环境是通过母亲血流中的化学物质如肾上腺素、皮质醇、5-色胺等升降维持的，这时的音乐对胎儿间接产生影响。所以孕妇进行音乐熏陶，可通过神经递质对胎儿产生潜移默化的影响。

选择适合的胎教音乐教材

适合的胎教音乐一般有以下一些：

音质柔和的、优美的、带磁性的，如抒情歌曲、摇篮曲、中国除打击乐以外的传统音乐，以及男低音、男中音哼唱的歌曲等，比如《大海啊，故乡》、《草原之夜》、《美丽的哈瓦那》、《睡吧，宝贝》、《小路》、《春江花月夜》、《雨打芭蕉》、《江南丝竹》、《再见吧，妈妈》、《啊，克拉玛依》等。

节奏明快或舒缓的，如听起来很舒畅的小步舞曲、进行曲、儿歌和儿童舞曲、民族歌舞曲，以及表现美丽风光的田园曲等，比如约翰·施特劳斯的《春之声圆舞曲》、《蓝色的多瑙河》、《运动员进行曲》、《小蘑菇》等大部分儿童歌曲、磁带《恋人浪漫曲》中的全部曲子以及目前市面上有售的长短笛、排箫、芦笙、小提琴、萨克斯管等乐器演奏的轻音乐曲子等。

频率适中的一般不超过70分贝，或C调的曲子比较合适。

在放音乐前，孕妇最好先熟悉一下歌曲的背景，找不到背景资料的，可以先听一下曲子，熟悉曲子后凭感觉体会一下其中所表达的意境和情调。然后放音乐时让自己完全沉浸到音乐所演示的意境中去，边听边感受音乐的美妙。孕妇能从音乐中感受到愉悦，说明音乐对她起了作用，从而也会对胎儿起良好的刺激作用。

实施音乐胎教不可损伤胎儿听力

有人认为，胎儿生活在母亲的子宫中，是一个不受外界干扰的理想环境。其实，科学家的研究发现，外界声音的基本音节能全部传入子宫，胎儿能清晰地听到3米之外人们的讲话声、开门声和小车通过的声音，其所感受的声音只比外界低25～30分贝。由此可见，胎儿在子宫内也深受外界噪声之害。构成胎儿内耳一部分的耳蜗从妊娠第20周起开始发育，其成熟过程在婴儿出生后30多天内仍在继续进行。由于胎儿的耳蜗正处于发育阶段，极易遭受噪声损害，对2000赫兹以上的高音尤为敏感，所以胎教磁带中若出现2000赫兹以上高音时，必将损害胎儿的听力。

另外，胎教磁带的选择也是至关重要的，一般要求乐曲要平稳、明朗，节奏接近人的正常心率、配器简练考究、频率在500～1500赫兹，使人感到舒适、安静、愉快、优美的音乐才可选用。有些音乐制作条件较差，音质不纯，伴有较强的噪声，这些都不适于做胎教音乐。不久前，国家优生优育协会和中科院声学研究所对市面上出售的胎教音乐磁带进行随机抽样调查，音频超过2000赫兹的不合格胎教磁带大量存在。有的磁带盒上标明音频范围是500～2000赫兹，但实际检测结果音频最高者竟达4000～5000赫兹。用这样不合格的产品进行胎教，对胎儿听力造成的损害是可想而知的。

为了预防高频声音损伤胎儿的听力，在进行音乐胎教时，请注意以下几点：

❶ 尽量降低音乐的噪声。

❷ 无论是收听卡带、CD还是MP3，都应选择正版音乐产品，以确保质量。

❸ 每次听的时间不宜过长。

胎教故事

医学界大多数人都认为，胎儿具有记忆、感觉的能力，而且这种能力还将随着胎龄的增加而逐渐增强。

这里有一些有趣的故事，讲的是一些音乐演奏家在他们的演奏生涯中都曾对一些从未接触过的曲子"似曾相识",即使不看乐谱,乐曲的旋律也不由自主地在脑海中源源不断地涌现。究其原因,发现原来是他们的母亲在怀孕时曾经反复弹奏过这些乐曲。加拿大哈密尔顿乐团的指挥鲍里斯在一次演奏时,一支从未见过的曲子突然在脑海里出现,而且十分清晰,这使他迷惑不解,后来得知原来他的母亲曾是一位职业大提琴演奏家,在怀鲍里斯时曾多次演奏过这支曲子。一位名叫海伦的妇女经常给她腹中7个月的胎儿唱一首摇篮曲,等孩子出生后,不论其哭得多么厉害,只要海伦一唱那首摇篮曲,孩子就立即安静下来。

苏联著名提琴家列昂尼德·科根曾讲过这样一件事。有一次,他决定在一次音乐会上演奏一段新乐曲,他曾在妻子的伴奏下,对这首曲子做过短期练习。当时他的妻子正临近产期,不久生了一个儿子。儿子4岁时就学会了拉提琴,表现出过人的音乐天赋,更令人惊讶的是有一天这孩子突然奏出了一支从来没有人教过他的乐曲旋律,这个旋律正是列昂尼德·科根在那次音乐会上演奏的乐曲。

我们再来看一下这样一个有趣的实验:日本的幼儿教育家井深先生请播音员录制了小林一茶的俳句:"秋风扶枝摇,飒飒落叶遍地飘,猫儿追逐跳。"之后,他将录音带交给一名孕妇,请她每天听录音两次,每次3分钟。由于这句俳句有一种独特韵律,这样一来使深居子宫内的胎儿反复受到这种声音的刺激。新生儿出生后2~6天,实验人员分别对在母亲体内听过此俳句和从未听过此俳句的2名新生儿进行测试,即让他们听上述俳句、其他俳句和普通讲话三种录音带,看2名新生儿听后分别产生什么样的反应,观察指标是记录新生儿的心脏跳动次数。结果,发现了一个十分有趣的现象。在胎儿期从未听过俳句的新生儿,听了这三种录音带后都表现出了相同的反应;而在胎儿期反复听到上述俳句的新生儿,再次听到上述俳句时反应比较稳定,而听到其他句子时则显示出强烈的反应。由此可见,新生儿能够把在母体内听过的俳句同其他相似而又不同的俳句准确地区别开来。

在出生前数月内,胎儿的行为渐趋复杂、成熟。这是因为迅速增大的记忆储存促进了自我形成,并开始引导胎儿行为的发展。在某一个阶段内,人的对立情绪皆起源于记忆,不管这一记忆是有意识的,还是无意识的。每个人都有自己所忘却的记忆,而且这种记忆,正在无意识地对人们的一生产生着巨大的影响。

心理游戏

■ 自测焦虑水平

焦虑为现代生活中常见的一种精神疾患,它也会影响准妈妈的孕期健康和胎儿的身心发展。下表可供读者自我测算,总分在5分以下表明心理健康;6~15为轻度焦虑;16~30分为中度焦虑;在31~50分或50分以上者,为重度和极严重的焦虑症状，凡属此项者均应尽早求医。

具体计分规则：文中所列的每条表现，全无者得0分，稍有者得1分，有一半左右者得2分，全有者得3分。最后将各项分数相加，即为总分。

❶ 焦虑性情感的表现：
- 焦急、神经过敏、忧愁或恐惧；
- 对身边的事件、情景感到朦胧、糊涂、莫名的奇异；
- 自我感觉与自身机体的某部分或整个机体相分离；
- 突发的、无从解释的惊慌失错；
- 担忧或自我感到死亡逼近；
- 感到紧张、压抑、惶惶不安或者容易激怒。

❷ 焦虑性思维方面的表现：
- 注意力难以集中；
- 思绪如流而难以驾驭，东想西想而难以自制；
- 惊恐性的幻想或空想；
- 感到自己处于失去自我控制的地步；
- 害怕身体衰弱，担忧精神失常；
- 害怕会出现晕厥或昏倒；
- 害怕自己有病、有心脏疾患，担心自己将要死亡；
- 担心自己在他人面前出洋相或作出愚蠢的举动；
- 害怕自己会孤独，会被遗弃，会无人理睬；
- 害怕会被人训斥，会遭人非难；
- 担心某些可怕的事情会临头。

❸ 身体方面的表现：
- 心脏突突跳得使人发慌；
- 胸口疼痛、压迫或有紧缩感；
- 脚趾、手指麻木或颤抖；
- 神经质的发抖或害怕引起颤抖；
- 便秘或腹泻；
- 心惊肉跳、烦躁不安；
- 肌肉强直，抽筋；
- 精神紧张性或惊恐性发汗；
- 因激动等因素所致的喉咙哽塞；
- 精神性哆嗦、全身振颤；
- 头晕目眩、心慌意乱；
- 因紧张等情感因素而致的呼吸急促、噎塞感；
- 头痛、颈部、背部疼痛；
- 疲乏、虚弱或稍微活动就筋疲力尽。

第七章 胎宝宝第6个月

准爸爸必读
Zhunbaba Bidu

给胎宝宝取个乳名

每当一个新的生命诞生，年轻的父母，甚至孩子的爷爷奶奶、外公外婆等亲戚朋友都会引经据典、反复推敲，为孩子起一个响亮的名字。但是，从胎教的角度出发，孩子出生后再起名字已经晚了。

据国内外的研究发现，6个月的胎儿听觉器官已经发育成熟，并与神经系统反射建立联系。此时的胎儿不仅具有听的能力，而且能对听到的不同声音作出不同反应。因此，应当在这个时候给腹中的胎儿先取一个乳名，父母亲经常呼唤，并且经常与之说话，使腹中的胎儿记住自己的名字。这样更容易沟通父母和胎儿之间的信息，进行感情交流，更重要的是，在胎儿出生后，再次呼唤其乳名时，孩子能够回忆起这熟悉的名字，会具有一种特殊的安全感。据曾经采取过这种方法的父母介绍，当父母对刚出生不久的婴儿呼喊他曾经熟悉的名字时，婴儿的烦躁、哭闹明显减少，有时甚至会露出高兴的表情。

准爸爸要多和胎儿搭话

准爸爸可常抚摸妻子的肚子和胎儿搭话，在给胎儿唱歌、训练胎儿运动等实施胎教手段的过程中，将发挥无可比拟的作用。那是因为男性特有的低沉、宽厚、粗犷的嗓音更适合胎儿的听觉功能，所以每当这种声音出现时，胎儿都会表示出积极的反应。父亲在与胎儿的对话过程中得到了感情的升华，充分体察到身为人父的责任，对做母亲的心理也是一种极大的安慰和鼓励，而且，对创造良好的胎教气氛也具有积极的作用。日本育婴文化研究所的谷口裕司，在妻子妊娠期间曾经实验过"父亲式的胎教"。每天晚上临睡前，他都把手放在妻子的腹部，跟胎儿搭话："你今天又长了这么多，我是你爸哟！"父亲抚摸妊娠中的母亲的腹部，对情绪容易陷于不稳定状态的母亲来说，是一件令人感到舒畅的事情，她会体会到这是丈夫对自己的爱、对孩子的爱。这种良好情绪的信息还会进一步传递给腹中的胎儿，让胎儿分享父亲的爱。我们说妊娠期间母亲身心状况完全取决于父亲的力量，也许是不算太言过其实的。父亲完全可以同胎儿谈话，特别是妻子不舒服的时候，应给予更多的关怀，因为母亲的不舒服常常使胎儿不安。在这时候，父亲就可以把手放在妻子的腹部，对胎儿说"宝宝，振作起来！"、"你坚强一些！"等。

有的年轻丈夫虽然也想同胎儿谈谈话，但又觉得难为情，不好意思。其实，在自家的小天地里，随便你怎么做都可以，没有什么不好意思的。你们可以给胎儿起个名字，比如"小贝贝"。下班的时候可以说："小贝贝，爸爸回来了。"胎儿活动激烈，你的妻子受不了时，你就可以说："我的小贝贝，妈妈不好受，你老实一些吧。"其实，同胎儿谈话的内容是丰富的，只要你有耐心，胎儿是很乐于与你交谈的。

Chapter 8
胎宝宝第7个月

- 积极进行分娩训练
- 注意个人孕期保健,讲卫生、宽着衣、慎起居、避寒暑
- 不饮酒、不吸烟、不喝咖啡、不浓妆艳抹
- 不与猫、狗多玩耍,以防感染胎儿
- 每日散步,可适当增加运动
- 孕妇注意个人精神、品德修养带给胎儿的影响
- 本月每两周产前检查一次

胎儿发育和母体变化

胎儿发育

胎儿身长已达30～35厘米，体重1200克左右。胎儿皮下脂肪较少，皮肤折皱多，看上去像老年人。全身皮肤上都有胎毛，头发眉毛已长出。指（趾）甲均未达到指（趾）尖。男性胎儿的睾丸已下降到阴囊内，女性胎儿的阴唇已经发育，这时胎儿的神经系统进一步完善，胎动变得更加协调，而且更多样了，不仅能手舞足蹈，而且会转身。胎儿的眼皮可睁开，但眼珠上还蒙着一层薄膜。如果胎儿此时出生，能啼哭，能吞咽，但生活力弱，必须在良好的条件及特殊的护理下才能生存。

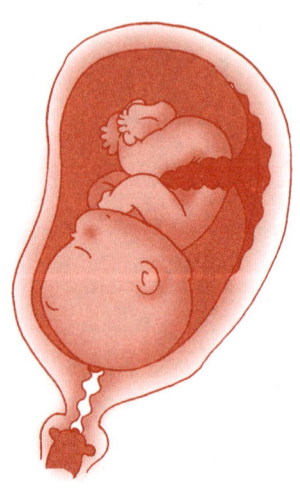

孕7月时的胎儿

母体变化

孕妇的腹部变得更大，下腹部与上腹部都变得更为膨隆。子宫底上升至脐上三横指处，子宫底的高度为21～24厘米。子宫也越来越大，可压迫到下腔静脉的回流，出现静脉曲张，有的孕妇还会出现便秘、痔疮、腰酸、背痛等症状。大腿、小腿容易出现静脉瘤。胎动剧烈，通过腹壁可以直接看到胎动。较长时间站立，脚部容易出现水肿，但休息后能消失。

日常生活注意事项：

❶ 要常运动，但要适当，不要做过度激烈的运动，上下楼梯的次数应尽量减少，以防早产。

❷ 若要长时间站立，注意预防静脉回流受阻，加重静脉曲张。为防止出现静

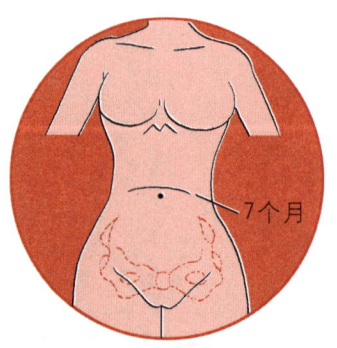

妊娠7个月时的宫底高度

脉曲张，还应该注意，睡觉时尽量放宽内衣的尺寸，双足可轻度抬高。如静脉曲张严重，可在曲张部位使用弹性袜加以保护。

❸ 做好乳房保健卫生准备。

❹ 要防止便秘，每天早上喝牛奶，多吃水果和蔬菜。

❺ 做好产前检查。

优境养胎
Youjing Yangtai

要预防低体重儿的降生

如今生活水平提高了，人们都为孩子过胖担忧，实际上，生下来就又瘦又小的低体重儿，也给父母带来了无穷的烦恼。低体重儿（出生时体重低于2500克）各系统器官发育不完善，功能也差，还可能伴有智力发育不全，生长发育障碍等疾病。低体重儿与一般婴儿相比，更易患各种各样的疾病。

形成低体重儿的原因主要有以下几点：

❶ 胎龄短。正常胎儿胎龄为38～42周，出生时体重为2500～4000克。一般来说，胎龄越短，体重越轻。早产儿多为出生体重不足2500克的低体重儿。早产儿在宫内生长发育正常，因娩出过早，器官尚未发育成熟，生活能力差，抵抗力低下，易感染。因此要预防孕妇发生早产，加强孕期检查，搞好孕期的劳动保护，使孕妇在妊娠32周以后适当减轻劳动强度，保证足够的睡眠，避免性生活。引起早产的原因有孕妇患有急慢性疾病、子宫畸形、妊娠并发症、胎膜早破、多胎妊娠、胎盘功能不全等。发生这些情况，应及时治疗加强监护，避免早产的发生。

胎龄与体重的关系

胎龄（周）	平均体重（克）
28	1000
32	1700
36	2500

❷ 营养不良。孕妇营养不良是娩出低体重儿的重要原因。在孕期，要注意摄入易消化的高蛋白、高维生素食品，如鱼、蛋、肉、水果、蔬菜等。为预防贫血及缺钙，应多吃动物肝、血等。目前，真正因经济困难所致的营养不良已少见，因挑食、偏食造成的营养不良却屡见不鲜。

孕妇自以为花钱买了高档食品，营养水平挺高，实际上食物的营养比例失调，挑食、偏食造成母胎的营养不良。

❸ 孕期的并发症。孕期的妊娠高血压综合征、胎盘功能不全和宫内感染常造成胎儿死亡，即使活着出生后也常为低体重儿。这是因为上述疾病导致子宫血管痉挛，胎盘供血不足，胎盘功能减退，从而使胎儿在宫内发育迟缓。因此，孕妇要按时进行检查，发现异常，及时纠正。

❹ 孕妇患有某些严重疾病。孕妇患有心脏病、糖尿病、肝炎、肾炎时，可发生缺氧，引起子宫收缩，发生早产或胎儿发育迟缓。患有严重疾病的妇女，以不生育为宜，否则不仅可能生出不健康的婴儿，而且会给自己带来危险。如果要生育，也要在疾病基本治愈，在医生的指导下开始妊娠。在妊娠期，要加强产前检查，同时对疾病进行监测和治疗。

❺ 妊娠年龄。妇女妊娠的最佳年龄是24～29岁，这段时期女子身心发育完善，腹部肌肉发达，骨盆韧带处于最佳状态。这个时期生育，胎儿发育最好，出现低体重儿的情况最少。

当然，产生低体重儿的原因很多，如孕妇吸烟、酗酒、滥用药物、接受大量射线等，都可能导致低体重儿的出生。

要预防娩出巨大胎儿

胎儿出生时体重达到或超过4000克时，称巨大胎儿。在母体骨盆正常、胎儿位置正常、产力强而有规律时，超过4000克的胎儿也能够安全娩出。可但对于一般产妇来说，巨大胎儿则给分娩带来困难，使分娩带有一定的危险性。

形成巨大胎儿常见的原因有：

父母体格高大，特别是父体高大。

孕期营养过剩，特别是糖类及脂肪类食物摄入过多。

糖尿病患者因新陈代谢异常，常娩出巨大胎儿。

过期妊娠常使胎儿体重增加较多。

巨大胎儿在产前检查时可发现，怀有巨大胎儿的孕妇较一般孕妇腹部明显膨大，子宫底较高，可摸到特别宽阔的胎头。医生通过B超等可较准确地估计胎儿大小。

在分娩时，由于胎儿过大，常引起胎儿肩部娩出困难，时间过久就可出现胎儿因缺氧而窒息甚至死亡。牵拉过程中用力过猛可引起胎儿上肢神经损伤、颅内出血或母亲骨盆底部肌肉撕裂等。产后由于孕期子宫过度膨胀，子宫肌收缩力差，可引起产后大出血。

如在妊娠中后期发现胎儿较大，孕妇应适当限制饮食。在产前确诊为巨大胎儿，医生会根据孕妇骨盆大小，初产还是经产，羊水多少等情况，确定分娩方式。

职场孕妈妈减压轻松法

现代人身兼数职的女性太多了！近年心灵减压已经成为重要课题，依照临床案例来看，职场孕妈妈最常遇到的困扰，就是担心自己因为怀孕生理变化造成疲累，进而影响工作上的表现。

■ 减压方式1：给自己放一天假

不少孕妈妈除了白天上班，晚上回家还有做不完的家事，遇到假日加班的话，那真是一点喘息的时间都没有了。建议孕妈妈偶尔喘口气，不要帮自己安排太过于固定的生活，只做自己想做的事情，去吃自己想吃的东西，把家事托给丈夫代劳，又或是干脆和丈夫来场约会，都能帮助孕妈妈转换心情！

■ 减压方式2：朋友聚会不可少

不少孕妈妈都有相同的经验，自己怀孕之后，因为行动上的不便加上怀孕身体不适，久而久之，参加朋友聚会的次数也变得越来越少！其实孕妈妈更需要朋友的关心和陪伴！认识新朋友或参加聚会都是不错的减压方式，现在也有很多提供妈妈交换怀孕心得、育儿心得的网站或是博客。在"大家都是孕妈妈"的前提下，彼此不但多了共同的聊天话题，也能互相分享怀孕的心情和过来人的经验。如此一来，便增加了更多让自己心情放松的方式和空间。

■ 减压方式3：适度运动很重要

有时候，运动也需要一点冲劲！不晓得孕妈妈是否也曾有原先打算假日外出运动，最后却赖床到下午的经历呢？其实，到郊外或公园散步，对孕妈妈和肚中的宝宝的健康有很大的帮助！孕妈妈若能保持适度运动，譬如每天利用10分钟散步，都能帮助孕妈妈在生产时更加顺利。除此之外，利用休假时，和丈夫到郊外踏青或喝一杯下午茶，不仅让自己的心情更好，也能趁机和丈夫好好甜蜜一下呢！

■ 减压方式4：丈夫是重要的支持者

孕妈妈因为怀孕体形的改变，也无法像怀孕前穿上漂亮的衣服，美美地打扮一番，这时候，丈夫可别把太太当成黄脸婆！这时候的孕妈妈最需要丈夫给予无限的热情和鼓励！

■ 减压方式5：饮食减压法让心情up and up！

工作压力过大的孕妈妈可多补充具安定神经的食物，让自己的心情up and up！

❶ 适当补充蛋白质或是B族维生素。如B_1、B_2、B_6、B_{12}、烟酸、泛酸、叶酸，都具有稳定神经、消除疲劳、增强肌力的功效。

❷ 多吃蔬菜水果。现代人饮食过于精细，常造成腹泻或常便秘，因此建议多食用高纤维的蔬菜、水果，可祛火，舒解腹泻或便秘症状，并补充维生素C。

❸ 多喝牛奶。每天早晨饮用一杯鲜奶，除可预防骨质疏松外，鲜乳中所含的镁、钙等矿物质，还可帮助稳定情绪。

女性的压力一直容易被大众忽略。她们往往要扮演好太太、好妈妈、好媳妇甚至是女强人的多重角色，但是所付出的心力和所承受的压力却很难被人理解。

女人应勇敢地表达自己的意见、适时地表达想法！把"必须牺牲自我，成就家庭"的传统观念和包袱丢掉，而丈夫更应该好好地理解妻子的辛苦，因为有丈夫的支持，才能让妻子更有勇气面对接下来的育儿挑战！

什么是先兆子痫和子痫

先兆子痫多由中度妊娠高血压综合征发展而来，除有高血压、水肿、蛋白尿外，又出现头痛、头晕、视力模糊、胸闷、恶心等症状，如不加治疗，很快便会进入子痫阶段。

先兆子痫没有及时控制，患者可突然发生抽搐或昏迷，称为子痫。子痫出现后，对母子生命的威胁很大，抽搐次数越多，后果越严重。抽搐可发生于妊娠期、分娩过程中和产后，分别称为产前子痫、产时子痫及产后子痫。

子痫发作时，患者眼球固定，凝视一方，瞳孔散大，口角及面部抽动。随后，四肢、躯干强直。过十几秒，患者全身肌肉强烈抽动。口吐白沫，舌头常被咬破，眼球上翻，呼吸急，面色青紫。1～2分钟后，患者深吸一口气，抽搐渐停，大小便失禁。轻者昏迷几分钟后可清醒，治疗得当不再复发，重者可反复发作。

子痫过程中可发生多种合并症，并可引起早产和胎盘早期剥离，胎死宫内，因而必须加强防治。

在先兆子痫发病时，患者血压往往超过160/100毫米汞柱，但这个阶段很短，如未处理，很快进入子痫。因而先兆子痫应住院治疗，或全天休息。休息的环境要安静，避免噪声，使病人可以入睡，安心休养。经过治疗，可降低血压，消除水肿，提高胎儿成活率，防止胎盘早剥。如果发生子痫，要迅速急救。先将患者放入安静暗室中，避免一切不良刺激，如音响、亮光等。使患者头偏向一侧，便于口涎流出。将压舌板或筷子用纱布缠好，放在臼齿之间，防止抽搐时咬伤舌头。如有条件，迅速吸氧。同时请医生不失时机地进行抢救。

为什么早产

一般来说，妊娠28足周至37足周之内出生的婴儿称早产儿。早产的原因有些出在孕妇身上，有些问题在于胎儿。患心、肺、肾疾病及高血压的孕妇，早产率较高。阑尾炎及妊娠高血压综合征也容易造成早产。有子宫畸形的孕妇，因子宫发育不良，不易使胎儿发育到足月。子宫口松弛也易发生早产。怀孕后期频繁性交并出现性高潮也是早产的原因之一。前置胎盘和胎盘早剥是妊娠后期的严重并发症，它们本身就会造成早产。多胎和羊水过多使子宫过度膨胀，也会造成提早分娩。

对孕妇来说，如果是顺产，早产儿更易娩出。但对早产儿来说则易损伤。因此早产多主张剖宫产。早产儿的孕龄短，体重轻，身体各部分尚未发育完善，特别是主要器官的功能难以正常地维持生命活动，所以比足月儿容易死亡。早产儿占新生儿的3%～4%，但死亡数却占新生儿死亡总数的一半。早产儿容易死亡的原因有三种，即呼吸功能不良，调节体温能力弱，吸取营养困难。这些都是抚养上的难题，需长期住院由医护人员精心护理。如不能住院，最重要的是不要让孩子着凉，必须提高室内温度，给孩子保持足够的温度。早产儿最好用母乳喂养，少量多次喂。如没有吮吸能力，可用滴管喂水、喂奶，每1～2小时喂一次，每次由几滴增加到十几滴、几十滴，并密切观察喂奶后的反应，看吞咽得好不好，有没有呕吐、溢奶等。由于早产儿抵抗力很弱，所以护理早产儿时一定要注意清洁卫生，奶具及其他用品要消毒，护理人员要戴口罩，护理孩子之前先用肥皂洗手，尽量少让无关的人接触孩子。如果孩子呼吸不规则，皮肤呈青紫、严重呛水、吐泻，出现黄疸并逐渐加重，或虽然采取了种种措施保暖，孩子体温仍然不升，应尽量早去医院救治。

早产的预防

怀孕满38～42周出生的婴儿称为正常新生儿，而怀孕满28周不满37周出生的婴儿就是早产儿。

早产儿与正常足月儿的区别主要是早产儿的发育还不够成熟，婴儿体重不足，皮肤细嫩，汗毛浓密，头发稀少，耳郭紧贴颅骨，指甲未超过手指尖，囟门宽大……总之，早产儿生活能力低下，生命力很弱，容易患病，哺育早产儿比哺育正常新生儿困难得多。所以，孕妇应注意预防早产。

早产的原因大多与母体情况有关，如母亲患有妊娠高血压综合征、重度贫血、心脏病、慢性肾炎、糖尿病等，此外还有双胎、多胎、羊水过多、胎盘早期剥离、前置胎盘等情况。胎儿先天发育不良或有先天畸形等，也容易发生早产。另外，母亲在怀孕后期患有急性传染病或遇到外伤，也会成为早产的原因。孕妇繁重的家务、过度疲劳、精神刺激等也会增加早产的危险。怀孕后期频繁性交并出现性欲高潮也是早产的原因之一。总之，早产的原因有些是孕妇的问题，有些是胎儿的问题。

早产往往也有先兆，可出现不规律的宫缩，孕妇感到腹部"发硬"，同时伴有疼痛，还会有阴道流血及流水，程度因孕妇情况而有所不同。但不管怎样，只要发现有早产的征兆就应立即去医院。这时若宫口未开，胎膜未损，医生会让孕妇卧床休息，服用镇静药使宫缩停止，大多数情况下会让孕妇住院保胎治疗。但有时，这些措施也不能阻止早产的发生，这时，医生就会让孕妇提前生产。

准妈妈左侧卧位好

正确的睡姿，不但保证胎儿的血液供应，还会使准妈妈恬静入睡。对一般人来说，由于心脏居于胸腔左侧，故最好是右侧卧，这样可以减小对心脏的压力。妊娠以后随着胎儿的生长，子宫不断增大，最后几乎占据了整个腹腔，致使邻近器官受到挤压，子宫不同程度地向右旋转，从而使维护子宫的韧带和系膜处于紧张状态，系膜中营养子宫的血管也同时受到牵拉。

如果准妈妈右侧卧位，势必会影响胎儿的氧气供应，很容易造成胎儿的慢性缺氧。此时准妈妈采取左侧卧姿势，则可减轻子宫的右旋转，缓解子宫的供血不足，有利于胎儿生长发育。

洋葱式穿衣法吸汗透气

■ 天然棉质为主

孕妈妈在穿着上，最重要就是舒适、宽松。由于孕妈妈体内激素的改变、微血管充血，皮肤变得敏感，加上春夏季节到来，更要注意衣物的透气性。棉麻透气性佳，对孕妈妈的皮肤不易造成刺激。化学纤维的衣物透气性差，孕妈妈穿在身上，容易使敏感肌肤感到压迫。建议上班族孕妈妈多放一件薄外套在公司，因为长期待在空调房间内，体温和外界湿度容易落差悬殊，如果正值春夏交替时节，早晚温差大，一不小心，就有可能让孕妈妈感冒！

■ 洋葱式穿法

在季节交替时，孕妈妈们更应注重身体的保养。无论孕妈妈做哪种打扮，衣服款式都要以穿脱方便、洋葱式的穿法为原则。而对于有需要参加宴会的孕妈妈来说，服装款式要以宽松为原则。

孕妈妈尽量不要穿戴有毛绒材质的披肩或是饰品，避免造成孕妈妈皮肤过敏；此外，对于穿着其他非纯棉材质的孕妈妈来说，在贴身的内衣裤上，一定要选择透气、吸汗的材质。有些孕妈妈不习惯穿着孕妇的专用内衣，可以运动型内衣代替，只要把握有支撑力、棉质、吸汗、弹性佳的原则，避免蕾丝、尼龙纤维，穿得舒适就行！

■ 托腹带让孕妈妈更挺立

在孕期周数增加后，体形的改变让孕妈妈常感腰酸背痛不舒服，而托腹带则可以加强孕妈妈的腰背支撑力。其原理是利用弹性纤维设计，帮助孕妈妈腹部及腰背部的肌肉，不会因腹部肌肉长期拉扯而松弛，导致酸痛。其次，托腹带也可以帮助孕妈妈随时保持抬头、挺胸，矫正不良姿势。不过，在挑选上，则要把握纯棉、高透气性、宽幅够大、穿脱方便的款式为主，若使用后感到不舒适，应停止使用或向医生咨询。

产前做好乳房保健

妊娠期要注意乳房保健，为产后哺乳打下基础。

首先应选配合适的胸罩，保护孕期增大的乳房，不致其下垂和损伤。

其次，要注意乳头的护理。初产妇乳头上皮组织薄而细嫩，授乳时较长时间被婴儿含在口中，乳头上皮浸软后易发生剥脱、破溃及裂伤。因此在孕期的后3个月，要常常用湿热毛巾轻轻地擦拭乳头，不要用肥皂之类的洗洁用品清洗，以免洗掉乳头乳晕上自然分泌的润滑物和油脂。当然洗后也不用涂护肤用的油脂。

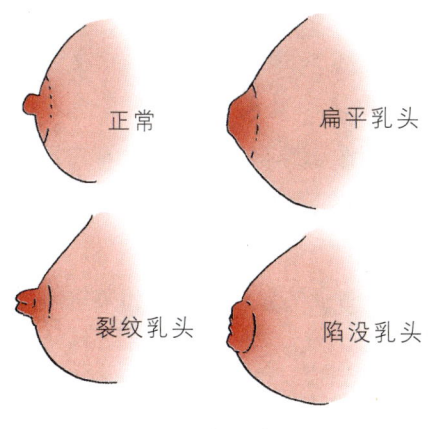

乳头形态

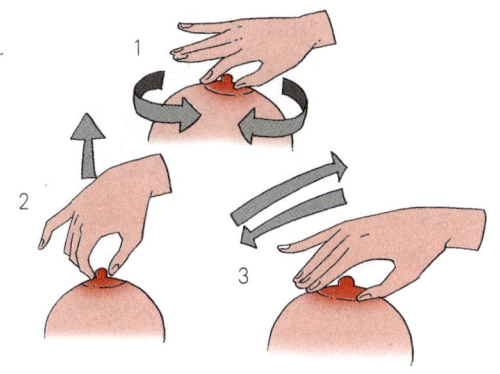

乳头内陷自我矫治法

孕妇的产前训练

为了能够自然顺产和无痛分娩，孕妇应在产前进行训练。下面这套体操，分呼吸法及放松法两种，供孕妇练习参考。

■ 呼吸法

分娩时，产妇要随阵痛调整呼吸，以使身体放松，缓和疼痛，减少疲劳，以利于分娩。孕妇可在调整呼吸的过程中，打消不安和恐惧的心理，专心积极分娩。在分娩中怎样调整呼吸呢？产前就应做以下练习。

❶ 深呼吸练习。仰卧屈膝，由鼻平静吸气，使肺吸满空气，然后从口慢慢地吐气。

❷ 第一产程开始时呼吸的练习。在阵痛开始时，要做深呼吸，一边吐气一边使紧张的肌肉放松，在阵痛持续期间，反复做有节奏的缓慢深呼吸。

❸ 胸式浅表呼吸。仰卧，屈膝，扩张胸部呼入空气，腹部不动，嘴唇放松，微张口，吐气和吸气相同。开始练习时做15秒，习惯后持续练习30秒。

有的妇女先天性乳头凹陷，即民间说的"瞎奶头"，整个乳头向乳房里面陷入，乳头变得平坦，甚至低于乳晕。诊断的方法是用大拇指和其余四指的指尖压迫乳晕部位，正常的乳头便会突出，而内陷的乳头会内缩。乳头内陷容易引起湿疹或是不能清洗而引起感染，发生乳晕部肿痛。产后，因乳头内陷，乳汁聚积在乳房内，不能喂养婴儿，还会引起乳房炎症。所以在妊娠期应及早矫治内陷。大多数孕妇可通过挤压、牵拉将乳头翻出来，呈正常状态。自我矫治的方法是，用大拇指和食指轻轻地捏住乳头，使其在大拇指和食指中间来回转动，同时将乳头向外轻轻地牵引，每日2~3次。这种方法既可使乳头上皮增厚，又可治疗乳头内陷。此外，也可用乳头负压吸引器等辅助工具矫治乳头内陷。

❹ 在第一产程中，阵痛逐渐增强。在阵痛开始时要深呼吸，使肌肉放松。随着阵痛增强，由缓慢地深呼吸过渡到浅表而快的呼吸。在阵痛顶峰时呼吸最浅表，逐渐恢复到缓和的深呼吸。

❺ 第一产程快完成时的呼吸法。在阵痛消失前，产妇应张口轻轻地吐气，似喘气样，腹部不要用力。阵痛开始，便做深呼吸，闭口深吸气，停顿呼吸，使劲加腹压（在分娩前数周，练习时不要加腹压，只做呼吸练习）。如没能深吸气，应改为快速喘吸气，放松身体，不要紧张。阵痛停时吐气，深呼吸并使身体放松。

❻ 第二产程（娩出期）的呼吸法。当胎头娩出时，腹部和大腿肌肉放松，喘息样呼吸，在停止使劲时，行短促呼吸。

■ 放松法

放松法可使产妇身体的肌肉和关节放松，在阵痛间隔可用此姿势休息：

放松的体位是，侧卧位，上侧手臂在前，下侧手臂伸向后方，下肢上腿屈膝向前，下侧腿轻度屈曲。无论哪一侧在下，感觉舒服即可，可经常改变方向。

■ 分娩时的辅助动作

分娩中的辅助动作除上所述外，还包括按摩和压迫。

❶ 按摩。两手轻放于下腹部，缓慢深吸气的同时用手掌向肋部按摩，随即呼气两手还原。手掌可作直线来回按摩，然后再作圆形按摩。按摩时仰卧，屈膝。

❷ 压迫。仰卧位，屈膝，握拳放在腰下压迫，再把手置于骨盆和髂骨两侧，拇指向内，其余四指向外，呼气时松开，呼气时加强压迫。压迫法用于腰部酸痛时。

及时治疗胎儿宫内发育迟缓

凡有妊娠合并症、不良分娩史的孕妇，如发现胎儿大小与妊娠月份不相符合，应请医生检查，是否胎儿宫内发育迟缓。通过以下几种方法，可以判断胎儿的生长状况。

❶ 测量子宫底高度。如果宫底高度在4周内一直在正常限度下，应怀疑生长不良。

❷ 测量孕妇体重。孕妇体重应随妊娠月份的增加而增加，到妊娠中后期平均每周增加350～400克。如果每周称一次体重，连续3次没有明显增加，表示有胎儿生长不良的可能。

❸ 用超声波检查胎儿坐高、胸部、胎头等，推算胎儿体重，是比较可靠的方法。

❹ 检查孕妇尿中雌三醇含量。如果胎儿宫内发育迟缓，经检查没有先天性疾病，应给予及时治疗。

首先，孕妇应增加间断性休息和左侧卧位休息，使全身肌肉放松，减低腹压，减少骨骼肌中的血容量，使盆腔血量相应增加。要增加营养，增加高蛋白、高热量饮食，严禁烟酒。要积极治疗妊娠合并症，如有贫血应尽早纠正。如有条件应每日给孕妇吸2～3次氧，每次1小时。同时，请医生给予药物治疗。

胎儿宫内发育迟缓的孕妇，要密切观察胎儿的情况，出现胎儿危象及时救治。

轻松挑选孕妇鞋

随着小宝宝在肚中一天天长大，孕妈妈的负担也逐渐增加，虽然妈妈们都会说："这是一个甜蜜的负担"，可是妈妈的脚丫子可不一定这么想！

■ 孕妈妈如何挑选一双合适的鞋

❶ 有气垫款式最佳，可以平均分散双脚的压力、减缓胎儿体重增加对脚跟造成的压力。将身体力量平均分散到气垫上，才不会让孕妈妈走路时感到重心不稳。

❷ 尖头、高跟及细跟鞋皆不宜。因为这些鞋会左右摇晃，容易重心不稳而跌倒。

❸ 有防滑功能。鞋底要有防滑设计，且具耐磨性；若本身鞋子未具有防滑设计，则可购买防滑鞋垫。

❹ 透气性高。因为孕妈妈排汗增加，所以选购透气性佳、能帮助排汗的鞋更显重要。

❺ 容易穿脱。因为孕妈妈挺着肚子，弯腰和抬脚的动作都相当不便，因此选择站着就能轻松套入的款式为佳，例如鞋面是魔鬼粘、松紧带的设计都是不错的选择。

■ 孕妈妈可以穿高跟鞋吗

在必须的情况下，孕妈妈还是可以短时间地穿着高跟鞋，例如：喝喜酒、做造型……但千万不可以在逛街、休闲时穿高跟鞋，因为怀孕时孕妇体形会改变，胎儿的重量会造成孕妈妈的重心向前，为了保持重心平衡，孕妈妈会习惯向后挺，造成脊椎前凸，若再加上长时间穿着高跟鞋，便容易导致重心更加前倾，身体机制因为要预防摔倒，脊椎就会更加前凸，如此一来，便会导致孕妈妈感到腰酸背痛了。

■ 外出不宜穿拖鞋，室内拖鞋要有防滑设计

若孕妈妈需要长时间行走，最好避免穿拖鞋。因为孕妈妈本身就重心不稳，拖

➕ 选鞋不可忽略的技巧

买鞋时可以轻微弯曲鞋底，拉拉鞋面材质（尽量选择柔软上皮），看看弹性如何，看看脚部是否有活动空间，避免楦头太窄而造成脚跟摩擦、脚趾变形等问题。

鞋子的大小，不只是指长度适合，也必须包括鞋子的长、宽以及鞋面外围都要符合脚形，否则可能会因为宽度及外围不符合而使脚受到压迫变形。

➕ 气垫鞋款更舒适

怀孕的过程中，体重增加不要超过12千克，因为体重过重会造成腰部、髋、膝、踝关节至脚跟负荷加重。所以孕妈妈最好能够控制体重，若不行的话，建议孕妈妈尽量选择气垫鞋。

鞋没有包覆脚部,行走时,脚掌便需要花更多的力量来抓住拖鞋,因此容易造成孕妈妈行走时分心,增加跌倒的可能性。而长时间用脚抓住拖鞋,也容易引起足底筋膜炎。不过,若平日在家,不需要长时间行走,孕妈妈还是可穿着室内拖鞋,但是最好鞋底有加强防滑设计,能帮助孕妈妈稳固重心,去浴室或上下楼梯时,避免因重心不稳而滑倒。

■ 扁平足孕妈妈如何选购合适的鞋

正常人走路的着力点是在外侧,而扁平足的人行走时的着力点在内侧,当孕妈妈因体重持续增加,行走时便会影响腰部、膝盖及脚底的内侧关节,因此,扁平足妈妈可以选择内侧有足弓垫的鞋子,或是订做特殊鞋垫,放在鞋子里,帮助身体重心的着力点移到外侧,便可以降低足底筋膜炎发生的机会。

选择适合孕妈妈的鞋款,定能帮助孕妈妈走得舒适、体态优美,美丽舒适地度过280天!

脐带血非存不可吗

现代的准爸妈都知道脐带血,但对脐带血的具体内容却所知甚少!准爸妈经常会问:到底需不需要存脐带血?脐带血有什么功用?存脐带血有什么好处?什么情况会用得到?万一将来需要用时,这一袋血够用吗?这么多家脐带血银行,该如何选择?公捐及私存,哪种好?

■ 什么是脐带血

婴儿出生时,脐带及胎盘所存留下来的血液就是脐带血。脐带有两条动脉、一条静脉,集血袋要收集的是含氧的脐静脉血。

■ 脐带血主要是干细胞的作用

成人身体的防御机转在骨髓,骨髓可制造免疫细胞,以抵抗外来的感染及伤害。脐带血就如同成人骨髓的角色,但潜能更多!脐带血主要是利用其中的干细胞(stem cell),这是具有分化潜力的细胞,可分为胚胎干细胞与成体干细胞:

❶ 胚胎干细胞。胚胎干细胞研发是目前的潮流趋势,但伦理议题仍是最大考虑。2007年,日本学者研发出iPS细胞(诱发型复分化干细胞)的成功经验,也就是把4个基因植回纤维母细胞的细胞核,结果本来成熟等死的细胞,居然变成如胚胎干细胞般,可以分化成三个胚层的能力,就是因为植入这些基因而返老还童了!不过这项技术距临床应用仍有一段时间。

❷ 成体干细胞。含造血干细胞、间叶干细胞、乳牙干细胞等。

健康的脐带血含约2%的造血干细胞,会分化成两条路径,一个是血液系统,如制造白血球、T细胞及B细胞等免疫细胞;另一个路径是血管的修补,很多成人疾病都跟血管的破坏有关,例如癌症、中风,尤其香烟当中的尼古丁会影响血管,引发很多种癌症。

此外,脐带血中还含有间叶干细胞,

虽然潜能更强,但数量太少,需进行细胞扩展才能达到细胞治疗之目的。

乳牙干细胞则与骨骼发展及修复有关,需要更多的研发、处理与分化。

■ 脐带血尽量多收集

干细胞的治疗重点是细胞数要够,而脐带血之所以被广为利用,主要是脐带血当中的干细胞数目是目前可被利用中最多的。

而脐带血所收集的量也会影响将来的疗效,收集含氧的脐静脉血,一袋集血包可收250毫升,一般收个90~100毫升没问题,最少一定要40毫升,医师都会尽量多地收集,脐带血数量越多,代表其中的干细胞数越多。

■ 脐带血给谁用

❶ 自体移植。也就是有需要时自己用,绝对不会排斥!但若是这名宝宝的血液有先天的基因缺陷,就需要基因改造,可透过脐带血在体外作基因改造再输回去,重新制造输血系统,否则使用的是原本就有缺陷的脐带血,等于白用了。因此需要时要将脐带血作基因改造,可运用于海洋性贫血、血癌等案例。但若是健康的脐带血,就可以直接治疗这些疾病。

❷ 同种异体移植。例如人类之间的移植,但不同人体之间会有排斥性,因此必须比对人类白细胞抗原(简称HLA)。以骨髓移植来说,至少要有6个以上HLA位置配对成功才可以移植,这样才不会造成移植物宿主反应(简称GVHD)。若是脐血移植,因为脐带血是较不成熟的细胞,辨识能力差,所以只要4~6个HLA位置配对成功就可以移植,排斥性比较不高,比较容易配对成功。

HLA存在于染色体基因片断上,因此血缘越近的人越容易配对成功。

❸ 异种异体移植。例如移殖猪瓣膜、猪的胰岛素。

■ 脐带血移植的优点

❶ 再生力强:脐带血中干细胞的生命力及分化能力强。

❷ 取得简单:脐带血移植已经有半数以上取代骨髓移植,因为捐赠脐带血很简单。

❸ 排斥性低:因为脐带血辨识能力差,较少有移植物宿主反应,只要4~6个HLA位置配对成功就可以移植。

❹ 容易准备:脐带血收集之后,在室温放两天没问题,活性并不会受影响,所以输送上是安全的。

❺ 保存稳定:脐带血保存于-196℃之液态氮,除非有外力介入干扰,否则可长久保存。

■ 一袋够用吗

一袋脐带血的数量是否足够?要看接受者的体重,若用在成人身上,则视需要,有时移植用到两袋或两袋以上的脐带血都有可能。体重比较轻的小孩,则只要一袋脐带血就够用了。很少有须要用到三袋的情况。

■ 到底要不要存脐带血

门诊常碰到准爸妈问：到底要不要存宝宝的脐带血？其实存脐带血跟保险的意义一样，并不希望用到，是存个保障，若经济许可，不妨保存。

■ 脐带血存久了会不会失效

不会！在－196℃的液态氮中可永久保存，但合约一般以20年为主，到期可再续约。

■ 自存或公捐

脐带血若是自存，当然可用在自己身上，有绝对优先权；若公捐，不知道由谁配对使用，若自己需要用时也没有优先权。目前各家脐带血银行都有提供客户公捐的脐带血，万一一袋不够用时，可配对其他人的脐带血，也就是代表该脐带血银行有足够数量的公捐库可供需要者配对使用，增加配对成功的概率。

目前脐带血运用最多的是血液疾病，例如小孩的癌症，其他还有大人的脑神经损伤，如中风、出血性脑外伤、脊椎神经损伤等，都已经有脐带血移植成功的案例；也运用在治疗脑性麻痹、糖尿病、冠心症、艾滋病、器官移植等，运用已经很广。

炎夏慎防中暑和食物中毒

■ 预防中暑

夏天外出时必须作好防晒准备，尤其是孩子的体温调节仍未成熟，更要作好防范中暑措施，包括：

❶ 穿着必须清凉，以宽松、舒适为主，并避免穿塑料制衣物。

❷ 避免直接晒太阳，以免中暑和晒伤，因此，小孩也需要擦防晒油。

❸ 准备遮蔽物品，包括防晒伞、遮阳帽等。

❹ 随身携带水，最好带点盐分，而冰水应该避免，因为太冰的水或饮料容易导致血管收缩，反而不舒服。

❺ 避免长时间待在太阳底下和长时间运动。

孕妈妈除了体温比常人高之外，并没有特别的问题，所以只要避免穿紧身衣服，不要直接晒太阳，并适当补充水分即可。

此外，夏天要注意避免经常出入冷气房，因为进出频繁容易影响身体的调节功能；吹冷气时也不可太冷，让身体流些汗会比较好。

■ 防食物中毒

食物中毒常常发生在夏天，据统计发现，中毒食物最常出现在盒饭，其次是海鲜，第三是肉类。4～65℃之间，是细菌最易滋生的温度，食物一旦放置过久，微生物会增加而产生毒素，所以足够的烹煮时间以及妥善的保存方式很重要。

在室温下，熟食必须在2小时内食用，因此，孕妇在外用餐最好选择用餐尖峰时间进食，例如自助餐多在上午11点至下午1点之间供应午餐，此时段里客人流动大,食物几乎是刚煮好,若等到下午3、4点,食物多半已放置一段时间,卫生条件将大打折扣。所以,如果无法在正常用餐时间进食,建议选择现煮的餐饮店(如面店)。

避"重"就"轻" 少油炸

在饮食方面,孕妈妈要格外注重饮食卫生、均衡多样化以及尽量少吃生食为大原则。

孕妈妈每餐以吃到五六分饱为宜,少量多餐才健康。怀孕期间,每天的热量可多摄取70焦耳,尤其孕妇因为子宫变大、血量增加,且宝宝需要充足蛋白质以利发育,因此需要多摄取富含蛋白质类的食物。另外,适当补充含叶酸类的食物或是叶酸锭剂,可预防神经管缺陷与巨细胞性贫血的产生,并降低产下无脑儿、脊柱裂宝宝的机会,还可避免怀孕早期流产,尤其前胎曾生出神经管缺陷宝宝的孕妈妈,更应特别增加叶酸的摄取量。

而糖尿病孕妈妈要特别控制血糖。孕妈妈在怀孕时血糖高者,容易使宝宝畸形的概率增加。

而在怀孕期间,孕妈妈的骨骼中会释放出钙质,透过血液循环经胎盘转送到宝宝身上,奠定宝宝成长发育的基础,所以孕妈妈每日需要补充约1200毫克的钙质(约两杯牛奶份量),才能提供足够的钙来供给宝宝正常发育之需,同时补足妈妈体内流失的钙质,避免造成妈妈罹患骨质疏松症。

此外,多摄取铁质可减少孕期贫血的发生,孕妈妈可以多补充含铁量高的食物,譬如牛肉、菠菜等。有些孕妈妈习惯重口味的饮食,但是盐分摄取过多,会让水肿更加严重,血压升高,甚至造成妊娠高血压综合征!因此,孕妈妈应尽量避免进食腌渍物,可多以水果醋(柠檬汁更佳)、洋葱、芝麻、香菜来提升食物的口感。

胎教课堂
Taijiao Ketang

科学地进行语言胎教

孕妇在进行语言胎教时，和进行音乐胎教、抚摸胎教一样，也要先调整好自己的心情，放松全身肌肉，内心充满爱意及愉悦，学会流露发自内心的微笑。

对胎儿说些充满爱意的话。

在妊娠早期，孕妇可配合抚摸胎教，在午睡或晚上睡觉前进行语言胎教。躺下后，温柔地抚摸胎儿，对胎儿说些充满爱意的话，如：

"宝宝，你好！一天过去了，高兴吗？妈妈爱你，非常爱你！"

"宝宝，妈妈要睡觉了，你和妈妈一块儿睡，好吗？"

"宝宝，听妈妈给你哼首歌吧！"

"宝宝你好！看外面正在滴答滴答地下雨，你喜欢下雨吗？"

"宝宝，今天妈妈吃了好吃的鱼，你喜欢吗？"

表达日常生活的对话内容可以根据日常生活内容随意定，所以语言胎教时间也可不固定，在任何时间孕妇进行任何活动时根据活动内容可现编一些内容来进行。

简单并重复的短句，最好能将有些针对日常生活内容和表达感情的话语简化，如"宝宝，我们吃饭了。""饭好香。""宝宝，我们很爱你！"等，然后经常性地重复对胎儿讲，以加深胎儿对这些话的印象，促进他的记忆力和理解力。给胎儿起个乳名经常呼唤他，也是一个加强记忆的好方法。到妊娠中期时，孕妇便可开始系统的规律性的语言胎教，即每天睡前在固定时间内对胎儿说话，时间长短也要相对不变，一般每次10分钟，以养成胎儿聆听的习惯，内容要在一段时间内重复，以加深胎儿对有些简单句子的理解和领悟。

父亲也要参与到语言胎教中来

进行语言胎教时还有一点很重要，就是父亲的参与。父亲的声音一般较厚重、雄浑、有磁性，胎儿听了会觉得舒服，会很喜欢，所以父亲有时间时，最好也能抚摸着胎儿对他说些充满爱意的话。这样做不仅会使胎儿觉得舒服，还能使胎儿记住父亲的声音和特点，加深胎儿出生后对父亲的认同和感情。专家们发现，父亲参与做语言、音乐等胎教活动的胎儿，出生后对父亲的声音很早便有辨别力，感情上也有较明显的亲近表现，日后对父亲会更喜欢。

另外，孕妇在进行语言胎教时要让自己放松下来，选择一个舒服的姿势，别把与胎儿的对话当做是一项必须进行的任务，不要勉强，也不要有太多目标上的设定，最好能在自自然然的环境中进行。

实施语言胎教要注意什么

和胎儿对话，语言要形象化，要体现形象美，不能进行枯燥无味的说教。

通常我们在进行儿童教育时讲究教育内容的形象性和形象美，因为儿童的思维带有很大的直观性和形象性。胎儿的思维更是如此。语言胎教更应突出并追求形象性和形象美。

首先，语言讲解要视觉化。不能对胎儿只念画册上的文字解释，而要把每一页的画面进行描绘，仔细地讲给胎儿听。例如画册上画着金鱼，孕妈妈就可以对胎儿说："这叫金鱼，多有趣啊。你看，它有红红的头，红红的尾，身上的鱼鳞闪耀着金色的光芒，它在水中游起来慢悠悠的，圆圆的眼睛瞪着你，好像在对你说：'你看，我这个金鱼公主是多么美丽呀！'……"这样，就是把画面的内容视觉化了。胎儿虽然不能看到画册上画的形象或外界事物的形象，但妈妈用眼看到的东西，胎儿可以用脑感受到。妈妈看东西时受到视觉刺激，这种视觉刺激通过生动的语言描述就视觉化了，这种视觉化的语言让胎儿对外界事物会有一种感性认识。

其次，要将形象与声音同时传给胎儿。先在头脑中把所讲的内容形象化，像看到影视的画面一样，然后用动听的声音将头脑中的画面讲给胎儿听，这就是"画的语言"。例如讲"小猫钓鱼"的故事时，要声情并茂地描绘小猫兴冲冲地去钓鱼和后来在河边三心二意的样子，有声有色地讲述河边美丽的花草和翩翩飞舞的蝴蝶，栩栩如生地表现小猫又想抓蝴蝶又想钓鱼的不专心的情形，惟妙惟肖地表露小猫最后一条小鱼也没有钓到的懊丧感觉。这样，胎儿就会和妈妈一起进入了小猫活动的世界。小猫遇到的种种事情及其个性特点，就通过形象和声音输入到胎儿的头脑里了。

再次，要把形象和情感融合起来，创造出情景交融的意境。例如孕妈妈到公园里去散步，一边走一边看，感到轻松愉快，有一种安详、宁静的情绪荡漾在心头。这时，孕妈妈就要把这种感觉通过形象化的语言讲给胎儿听："儿童乐园里的小朋友们玩得多么高兴呀，他们在笑，他们在跳，他们胸前的红领巾迎风飘。小宝宝，你看见了吗？你听到了吗？等你长大了，你也会与他们一样，妈妈带你到这里来和他们一起笑、一起跳，胸前也有红领巾飘呀飘。"

在和胎儿对话时，只有将形象、声音、情感三者融合在一起，形象才鲜活了，生动了，孕妈妈才能感到对话的有趣和快乐，这样胎儿的听觉才会感受到美好的信息，心灵才会留下美好的痕迹。

最后还需要提醒的是，由于胎儿还没有关于这个世界的认识，不知道谈话的内容，只知道声音的波长和频率，而且他并不是完全用耳朵听，只是用他的大脑来感觉，接受着母体的感情，所以在与胎儿对话时，孕妇要使自己的精神和全身的肌肉放松，精力集中，呼吸顺畅，排除杂念，心中只想着腹中的胎儿，把他当成一个站在你面前的活生生的孩子，娓娓道来，这样才能收到预期的效果。

愉快的声音有助于胎宝宝的脑成长

如果长久让胎儿听令人讨厌的声音，到底会产生什么后遗症呢？对猿猴所做的实验表明：怀孕中的母猿听到电铃声，会使血压骤然升高，胎儿也会有同样的反应。而且，生下的小猿猴情绪不安，个性容易焦躁。这有可能是小猿猴脑部运作被扭曲所带来的不良影响。

如果进一步看，声音和脑部的运作大有关系。我们人类的脑会不断地放出电波，脑部松弛时放出α波，紧张时刻便放出β波。放出α波的时候，脑部将分泌各种激素，促进脑部生长。另一方面，放出β波时，脑部则会停止生长，进而分泌出妨碍细胞分化的激素。

听着令人愉快的声音会使孕妇和胎儿心情舒畅，脑部松弛，有助于胎儿的脑部发育。

孕7月的中医胎教

古人说，妊娠七个月，孕妇应"劳身摇肢，无使定止，动作屈伸，以运血气。自此后，居处必燥，饮食避寒，带食粳稻，以密腠理，是谓养骨而坚齿"，"无大言，无号哭，无薄衣，无洗浴，无寒饮"。7个月的孕妇要注意保健，注意养生，仍要多活动，进行必要的体育锻炼。这时胎儿的神经进一步发育完善，感觉更加敏锐，父母对胎儿进行的音乐、艺术胎教可适当增加。

张介宾《景岳全书》卷三十九中说：凡小产有远近，其在二月、三月之为近，五月、六月之为远。新受而产者，其势轻；怀久而产者，其势重。此皆人之所知也。至若犹有近者，则随孕随产矣。凡今艰嗣之家，犯此者十居五六。其为故也，总由纵欲而然。第自来人所不知，亦所不信，兹以笔代灯，用指迷者。倘济后人，实深愿也。诸详言之。

盖胎元始，一月如珠露，二月如桃花，三月四月而后血脉形体具，五月六月而后筋骨毛发生。方其初受，亦不过一滴之玄津耳。此其囊正无根据，根尚无地，巩之则固，决之则流。故凡受胎之后，极宜节欲，以防泛溢。而少年纵情，同知忌惮，虽胎固、欲轻者，保全亦；多其有兼人之勇者，或恃强而不败，或既败而复战。当此时也，主方欲静，客不肯休，无奈狂徒敲门撞户，顾彼水性热肠，有不启扉而从、随流而逝者乎？斯时也，落花与粉蝶齐飞，火枣共黄梨并逸，合污同流，已莫知其昨日孕而今日产矣，朔日孕而望日产矣。随孕随产，本无形迹。盖明产者，胎已成形，小产必觉；暗产后，胎仍以水，直溜何知？

妊娠之妇，大宜寡欲。其在妇人，

提前学会控制产痛

什么是拉梅兹呼吸法

拉梅兹生产法最早是由俄国医学家发明，俄国心理学家称之为"心理预防法"，其目的在于训练产妇利用放松技巧和各种呼吸技巧，来应付子宫收缩时的痛楚。而后，法国拉梅兹产科医生经过再研究改进，成为目前使用广泛的"拉梅兹生产减痛法"。

拉梅兹运动法包含了：

一、神经肌肉控制运动；

二、产前运动；

三、呼吸技巧的运动。

其中，呼吸运动是进入产程时最广为使用的减痛方式。

孕妈妈在怀孕7个月后就可以和丈夫，或是其他陪产者一起接受呼吸技巧训练，持之以恒的练习有下列好处：

1. 夫妻共享怀孕及生产过程，培养默契，增加亲密感。
2. 减少对生产的陌生及恐惧，并拥有足够的信心迎接生产。
3. 生产时，利用呼吸技巧，控制子宫收缩引起的产痛，维持镇定及保持体力，使生产过程更顺利。

拉梅兹呼吸法的注意事项

想要练习拉梅兹呼吸法的孕妈妈，必须先做到下列事项，才能发挥拉梅兹呼吸法的减痛功效喔！

1. 胎位正常，无任何危险妊娠征兆，可自然生产，并得到产科主治医生同意。
2. 建立基本生产过程(包括产兆)概念，以配合呼吸技巧的应用。
3. 怀孕满7个月后开始练习呼吸技巧，需要反复练习至技巧熟练。
4. 需丈夫(同伴)一起陪同接受训练及练习。

拉梅兹呼吸法操作方法

产前运动种类众多,下面将以拉梅兹呼吸法为主为大家择要介绍,有需求的准爸妈们,就可以边读文章边做喽!

练习前的原则

在练习拉梅兹呼吸法之前,孕妈妈要遵守几个原则:

- 选择坚固的硬板床或地板做练习,避免在弹簧床或是软床上练习;
- 运动前先排空膀胱;
- 需穿着宽松的衣服;
- 空腹或饭后2小时做;
- 次数由少逐渐增多,并配合个人身体状况,避免太过疲倦;
- 练习环境保持温暖。

一、廓清式呼吸运动

适用时间:

在所有的运动开始及结束前,需做一次廓清式呼吸。

方法:

鼻子慢慢深吸一口气,再以口缓慢吐出,并全身放松。

练习姿势:

孕妈妈如果上了产床,通常身体会呈现半躺的姿势,不过在家中练习运动时,可采取坐姿练习,最重要的是熟悉控制身体与呼吸的方式。

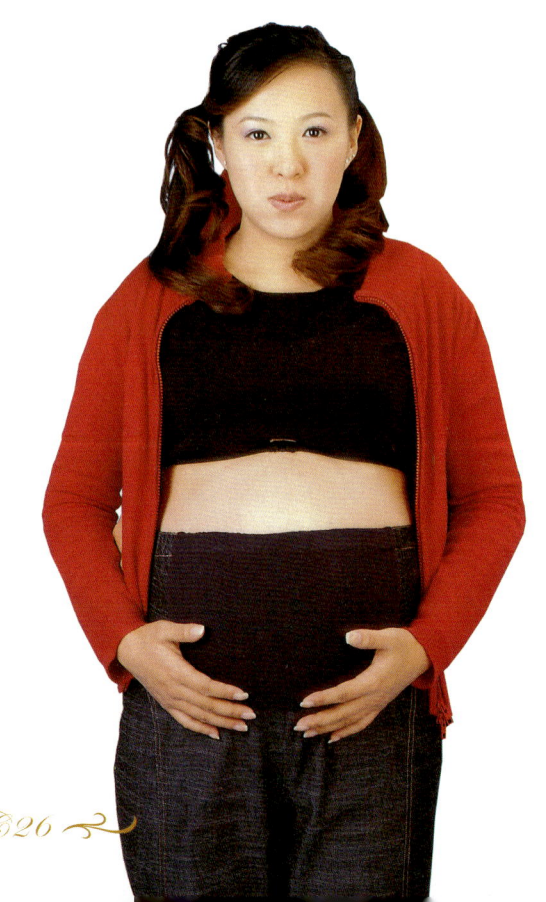

二、神经肌肉控制运动

目的：

- 使产妇在产痛发生时，仍能自由自在地放松全身肌肉，不致无谓地浪费体力，亦能让胎儿持续得到足够的氧气。
- 生产时能将产痛解释为"开始工作—呼吸"的讯号，而不是感觉疼痛及紧张。
- 集中精力在呼吸技巧上，控制宫缩引起的产痛，提高对产痛的忍受力。
- 保持体力，较轻松地度过产程。

原则：

- 选择清静，不受干扰的环境练习，才容易进入状况。
- 与同伴一起练习，随时检查放松情况，才容易收到效果。
- 每天练习，才会熟练。
- 须习惯同伴的指挥（口令）。

方法：

1. 孕妈妈背部平躺在地板上，头下、膝下各垫一枕头，或坐在地板上，深深地吸气及呼气，全身放松（若只练习手部放松，站立亦可）。
2. 进行廓清式呼吸。
3. 缩紧身体某部位（例如右臂、左臂、右腿、左腿）。
4. 放松同一部位。
5. 进行廓清式呼吸。
6. 轮流练习缩紧与放松四肢，亦可应用到全身任何一个部位的肌肉。

练习步骤：

缩紧右臂；缩紧左臂；
缩紧右腿；缩紧左腿；
缩紧右手右腿；缩紧左手左腿；
缩紧右手左腿；缩紧左手右腿。

三、产前运动

盘腿运动

目的：
　　增加骨盆底的可动性和肌肉的韧性，以利生产。

方法：
　　坐在地上，背部靠着墙壁或是沙发，两脚盘腿，每天可进行5~10次。

压膝运动

目的：
　　增加骨盆底的可动性和肌肉的韧性，以利生产。

方法：
　　两脚底合在一起，将两脚与膝盖尽量靠近身体，双手放在膝盖上，温和地向下压，再轻放。每天可进行5~10次。

待产按摩法

目的：
　　要生产时，腰背会有非常酸痛的现象出现，利用按摩可减轻这些不适。

方法：
　　弯曲大拇指的第一个关节，并露出关节，以此关节按住酸痛的地方即可。

四、呼吸运动

胸式呼吸

适用时间：

第一产程初步阶段。

1. 当孕妈妈开始有不规则阵痛(有时伴随腰酸)的现象，但是每次阵痛的时间间隔较久，且阵痛的程度较低时，便可进行。
2. 此时子宫颈变薄扩张约开2~3厘米，子宫收缩30~50秒，收缩间隔(两次阵痛的间隔时间)5~20分钟(约持续8~9小时)。

方法：

1. 身体完全放松，眼睛选定一个定点凝视。
2. 进行廓清式呼吸。
3. 鼻子吸气5秒，再以口缓慢吐气5秒，腹部保持放松。
4. 一次吸气吐气过程约10秒，并进行6~9次胸式呼吸，直到子宫变软、不痛为止，结束后再做一次廓清式呼吸。
5. 每天进行5次，每次约60秒。

口令：
"收缩开始"、"廓清式呼吸"、
吸二……三……四，
吐二……三……四(进行6~9次)、
"廓清式呼吸"、
"收缩结束"。

浅而慢加速呼吸

适用时间：

第一产程加速阶段。

1. 此时进入规则阵痛，子宫收缩压力大，孕妈妈感受到的阵痛更强，孕妈妈的脾气会变坏。
2. 子宫颈变薄扩张约开4~8厘米，子宫收缩60秒，收缩间隔2~4分钟（约3~4小时）。

方法：

1. 完全放松，眼睛选定一个固定点凝视。
2. 先做廓清式呼吸身体。
3. 鼻子吸气，再以口缓慢吐出，腹部保持放松。
4. 配合子宫收缩的强弱，来决定呼吸的快慢，子宫收缩增强则加速呼吸速度，子宫收缩减缓则减慢呼吸速度。由于子宫收缩程度会由弱至强，再由强至弱，因此，呼吸的速度应由慢而快，再由快而慢。
5. 吸气吐气过程配合子宫收缩持续时间，约为45~60秒，最后以廓清式呼吸结束。
6. 每天5次，每次以60秒为计。

口令：

"收缩开始"、"廓清式呼吸"。
吸二……三……四，吐二……三……四。
吸二……三，吐二……三。
吸二……，吐……二。
吸……吐，吸……吐(再逐渐减缓呼吸速度至吸二……三……四，吐二……三……四)。
"廓清式呼吸"、"收缩结束"。

浅的呼吸

适用时间：

第一产程转变阶段。

1. 阵痛最剧烈的时刻，会感觉到产道有东西，或有想大便的感觉，产妇可能会失去耐性，发脾气大叫。

2. 子宫收缩最强烈，子宫颈变薄扩张约开8~10厘米，子宫收缩60~90秒，收缩间隔30~90秒。

方法：

这时因为产妇已痛到无法吸足一口气，因此要分段吸气，再一次吐完气，确保胎儿拥有足够的氧气。这个阶段无论宫缩程度大小，均维持快速吸吐的速度。

1. 完全放松，眼睛选定一个固定点凝视。

2. 进行廓清式呼吸。

3. 微张开嘴巴吸吐发出"嘻嘻嘻"声音。

4. 连续"4~6个"快速吸气，再吐一次气，以吸吐为一个循环，并反复进行，直到子宫收缩结束。

5. 随子宫收缩之强度调整速度。

6. 吸及吐的气的量需一样(即分段将气吸饱，再一次将吸饱的气吐完)，避免换气过度，因为产妇若换气过度，会将体内二氧化碳过度排出体外，造成手脚麻的不适状况。

7. 再以廓清式呼吸做结束。

口令：

"收缩开始"、"廓清式呼吸"、吸吸吸吸吐、吸吸吸吸吐……吸吸吸吸吐、"廓清式呼吸"、"收缩结束"。

闭气用力运动

适用时间：

子宫颈全开，胎儿随时可能娩出时。产妇是否能正确用力会决定该时期的时间长短，正确的方式是在子宫收缩时用力，子宫收缩时停止用力并完全放松以便获得力量继续用力。

方法：

1. 孕妈妈平躺在地板上，或坐在地板上，两腿跷高贴放在椅子或沙发上，两膝屈曲，两腿分开，臀部移近椅子边缘，手握住椅子的脚。也可坐在地上，双腿张开。

2. 大口吸气后憋气、往下用力将力用在肛门上，像排解较硬的大便一样。

3. 头抬高看肚脐，下巴向前缩。

4. 憋气20~30秒，吐气后马上再憋气用力直到收缩结束。

5. 预产期前3周每天练习两次即可，但切记练习时不可真的用力！

口令：

"收缩开始"、"廓清式呼吸"、吸一口气、憋气、往下用力、用力……吐气。
吸一口气、憋气、往下用力、用力……吐气……、"廓清式呼吸"、"收缩结束"。

哈气运动

适用时间：

不能用力，却不自主用力时。

1. 子宫未扩张而有强烈的便意感想要用力，用哈气运动，以避免子宫颈水肿，延迟产程。

2. 当胎头已娩出2/3，但为了避免冲力太大造成会阴撕裂伤而要求产妇不要用力，此时可使用哈气运动，口张开连续喘气直到想用力的冲动过去为止，并等待医护人员再次提示。

方法：

1. 嘴巴张开像喘息似的急促呼吸。

2. 不可憋气，并全身放松。

口令：
不要用力、哈气（要练习到有很快的本能反应才行）。

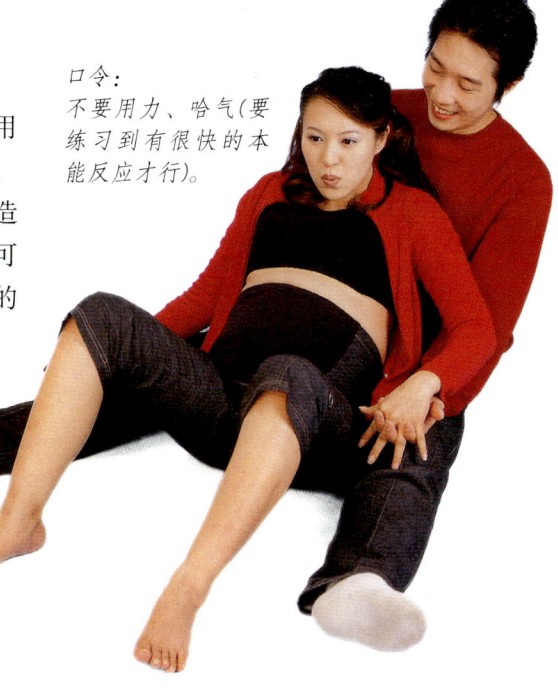

正确姿势：避免背痛、腰酸

坐姿：

坐椅高度与体型成正比，先坐直，再轻轻弯曲腰部，使背部形成半后倾斜姿势，可于背部或头颈部置于小枕头，脚下可以垫小板凳。

站姿：

双腿平行直立，膝盖微向前弯曲、重心置于足部，抬头、挺胸、肩稍往后、两臂放松、放下巴、缩臂。

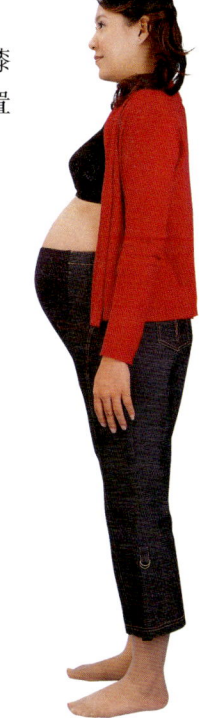

全起身法：

　　由平躺姿势先弯起小腿，抬高膝盖，以双手支持身体，侧身，再以上方的手横过胸前按住床沿，慢慢变成坐姿再下床。

1 由平躺姿势先弯起小腿，抬高膝盖。

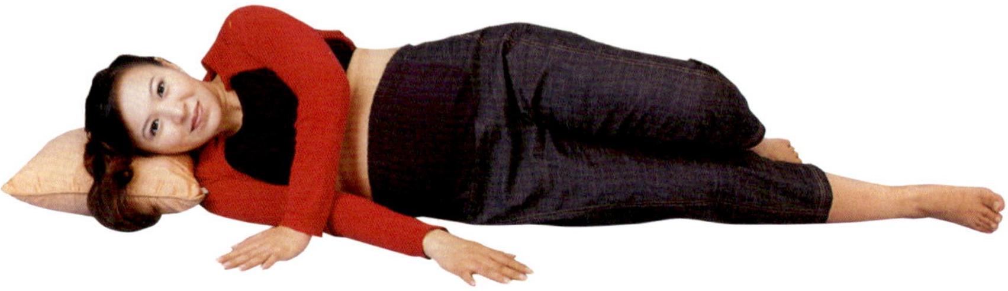

2 一手平放地面，一手斜撑。

3 使用要起身那一侧的手臂，将身体撑起来。

4 双手将身体撑起来。

　　生产时面临的痛楚，不仅令人紧张，也可能会让产妇失去理智与分寸，要让拉梅兹呼吸法发挥功效，孕妈妈一定得在平时勤加练习，让这些运动变成反射性的反应，才会帮助您顺利生产喔！

多所不知；其在男子，而亦多有不知者，近乎愚矣。凡胎元之强弱，产育之难易，及产后崩淋经脉之病，无不悉由乎此。其为故也，盖以胎神巩固之日，极宜保护宫城，使不知慎而多动欲火，盗泄阴精，则藩篱由不固而伤，血气由不聚而乱，子女由无亏而夭，而阴分之病亦无不由此而百出矣。此妇人之最宜慎者，知者不可不察。

陈自明《妇人良方》中说，妇人以血为主，惟气顺则血和，胎产则产顺。今富贵之家，过于安逸，以致气滞而胎不转动；或为交合，使精血聚于胞中，皆致产难。

如何培养胎儿的"艺术细胞"

时下，家长纷纷把学龄的孩子送进艺术培训机构，进行钢琴、小提琴、绘画、书法等艺术教育，当然明智的家长并不是指望把孩子培养成什么钢琴家、画家等等，而是通过在艺术氛围中的勤奋学习，增加头脑中的"艺术细胞"，提高艺术修养和综合素质。

上面所提到的"艺术细胞"，并不是特指某个生物学上的生理结构，而是表达了一种较模糊的艺术概念。然而科学家却真的在生物体内找到了类似于"艺术细胞"的生理结构。在美国洛克菲勒大学，几位科学家在研究会"唱歌"的雄黄雀时，发现了它大脑里的秘密——一种新生命组织。这种新的生命组织控制着雄黄雀的"音乐兴奋中枢"。而原来会婉转鸣唱的雄黄雀的这种生命组织经过特殊手术移植进雌黄雀的大脑后，只是会聆听情歌的雌黄雀居然也能一鸣惊人，无师自通地"唱"起了迷人的"歌曲"。也许这种还没有被命名的生命组织，就是黄雀的"音乐细胞"吧！

人们也许会问，人是否也有"艺术细胞"呢？如果有，人的"艺术细胞"从何而来？胎教能不能培养出孩子的"艺术细胞"？

虽然人类遗传学家至今还没有明确，人的大脑中是否有类似雄黄雀那种"艺术细胞"存在，但心理学的研究证实，人类脑功能活动有其各自不同类型的特点。其中，的确存在"艺术型"大脑。艺术型大脑以直接印象、想象丰富和形象记忆为脑功能活动特征。胎儿在母腹内，可通过母亲来接受艺术熏陶。在子宫内生活的每天、每时、每刻，都离不开母亲良好的胎教。胎儿通过孕妇，感受艺术作品的美好，感受大自然的丰富色彩和美丽风貌，这些积极情绪刺激，促进了胎儿大脑细胞和神经系统的发育，并且在胎儿大脑相应部位的沟回处打上"艺术细胞"兴奋的烙印。

根据生物学的一般规律揭示：外来世界的长期的特定刺激（如音乐、绘画），通过相应的神经通路到达大脑皮质相应的兴奋点，强化其发展，促进其该方面功能的发挥和完善，然后再相应地指挥眼睛、耳朵等感官更易于接受图画、景物、音乐、歌曲等信号的刺激，形成良性循环。这个规律实际上也应该适用于胎教。胎儿尽管对外来世界的音乐和景物等刺激的理解尚不清楚，但反复的刺激可形成一种条件反射，促进大脑中相应"艺术细胞"留下粗浅的痕迹，作为以后发展的基础。更何况这些艺术修养不仅对胎儿有益，对孕妈妈本身的素质的提高也会带来促进和帮助。当然，胎儿长大成人后能否成长为艺术方面的出类拔萃的什么"家"，还要看他有没有艺术天赋和后天的努力程度等其他非智力因素。

经常与胎儿"对话"

根据胎儿具有辨别各种声音并能作出相应反应的能力，父母就应该抓住这一时机经常对胎儿进行呼唤训练，也可以说是"对话"。孩子一出生就会马上识别出父母的声音，这不但对年轻父母是一个激动人心的时刻，而且对你的孩子来说，刚来到这个完全陌生的世界时如果能听到一个他所熟悉的声音，对他来说是莫大的安慰和快乐。同时消除了由于环境的突然改变而带给他心理上的紧张与不安。

曾有一位父亲从胎儿7个月大开始常向胎儿说："小宝贝，我是你的爸爸！"一边抚摸着胎儿，以后每当这句话一出现，胎儿就会兴奋地蠕动起来。当这个孩子出生后因环境的突变产生不安而哭闹不止时，他的父亲突然想到了与胎儿经常说的话，于是马上说："小宝贝，我是你的爸爸！"话刚出口，婴儿就像着了魔法一样突然停止了哭声，并掉转头来寻找发出声音的方向，后来竟高兴地笑了。以后每当孩子哭闹时，这句话就会使孩子从哭闹中安定下来。

可见父母通过声音和动作与腹中的胎儿进行呼唤训练，是一种积极有益的胎教手段。在对话过程中，胎儿能够通过听觉和触觉感受到来自父母亲切的呼唤，增进彼此生理上的沟通和感情上的联系，这对胎儿的身心发育是很有益的。

胎宝宝最喜欢听父母的歌声

有专家将微型话筒放入孕妇子宫内录音，可听到母亲的心音和说话声。因此认为，母亲对未出生的孩子唱歌比单纯给胎儿放音乐唱片或录音带效果更好。因此，在进行音乐胎教时，母亲应更多地为未出生的胎儿唱歌，这样，更易于刺激胎儿的听力，促进胎儿神经系统的发育。

孕妇平时要经常给胎儿唱欢快的歌曲。在厨房做饭的时候，在打扫房间的时候，只要有时间就可以哼唱歌曲。

孕妇唱歌时身心会处在比被动听音乐更活泼、愉悦的状态，歌唱会使她肺活量增加、全身气血更顺畅、细胞更活跃，这对胎儿是极有好处的。

摇篮曲是世界上许多民族都有的愉悦胎儿、安抚胎儿、帮助胎儿入眠的歌曲，孕妇给胎儿唱摇篮曲是一种很好的传统胎教方法，有条件的孕妇最好能学一些摇篮曲，经常给胎儿唱唱。

父亲对胎儿唱歌，虽然其声音传给胎儿不如母亲那样直接，但也有良好的作用。做父亲的不妨利用晚上入睡前的时间，轻轻地为胎儿哼唱一些歌曲，使胎儿熟悉父亲的声音，这对于培养父亲与孩子的亲密关系是大有益处的。

当然，如果父母会弹奏钢琴、拉小提琴或是会演奏其他乐器，这时不妨自己每天演奏一些轻松愉快的曲子。在这样的气氛中，父母和孩子之间的关系会更加和谐融洽。

怎样给胎儿唱歌

母亲亲自给胎儿唱歌，会收到更为令人满意的胎教效果。

有的孕妇认为，自己歌唱得不好，怎能唱给孩子听呢？这是一种错误认识。要知道，胎儿不是苛刻的音乐权威，他是母亲肚子里孕育着的小宝宝，母亲的声音对他来说是最动听的声音。所以，孕妇要尽量亲自给胎儿唱歌，这样可起到更好的效果。

由于胎儿对母亲有特殊的依赖性，再加上母亲在唱歌时产生的物理振动，会使胎儿在生理、心理或者感情上都能得到满足。这样不仅会使胎儿更熟悉孕妇的声音，也能使胎儿通过音乐的方式得到良性刺激。

孕妇唱歌时咬字要清晰，声音要甜美，尽量选择欢快的歌曲，让美妙宁静的歌声洋溢在生活的每一个角落。唱得是否好并不重要，只要倾注自己的一片爱心，胎儿一定会很喜欢。

准爸爸必读
Zhunbaba Bidu

孕产妇常见的心理症状

■ 焦虑性症状

焦虑是一种过分担心发生威胁自身安全或其他不良后果的心境。孕妇出现的焦虑通常较轻，主要是对其自身的健康、胎儿状况、可能流产或分娩疼痛等问题流露出忧虑不安、恐惧紧张。在面临复杂情况难以应付而顾虑重重，或懊恼过早怀孕，在即将分娩的时期，孕妇产生的焦虑紧张情绪达到高峰。孕妇焦虑的情绪表现在以下几个方面：

❶ 产痛的顾虑及对自身耐受力的估价，这主要是在耳濡目染中得知分娩将是很痛苦与难熬的时期；

❷ 对剖宫产手术的不良反应及安全性产生怀疑或矛盾心理；

❸ 胎儿是否健康，有无畸形，盼望对

某一性别孩子的迫切心情；

❹ 分娩时是否有亲人陪伴，对医务人员的态度、技术水平等的顾虑。

■ 抑郁性症状

孕妇的抑郁表现一般程度较轻，通常发生于妊娠的中后期，持续的时间可能较长。妊娠期中常见的抑郁情绪有：对自身状况或今后环境的过分忧虑与信心不足；易伤感自卑；由于对怀孕缺乏充足的思想准备而懊丧自责；对可能出现的不利、不便有失落感。一般情况下，怀孕之后由于体态与体重的改变使以往积极好动的女士或注重自己形体的女士感到自己受到限制或挫折，常是她们产生抑郁的主要的心理基础。同时，孕吐时间过长，亲人的过分期待或关心不够常会使孕妇的抑郁心境加重。

■ 强迫性症状

孕妇常见的强迫性倾向表现为过分担心胎儿是否畸形而穷思竭虑；害怕感染其他疾病危及胎儿，而过分讲究卫生，不敢去医院，不敢去公共场所，甚至不敢串门；办事犹豫不决，时时处处谨小慎微，生怕可能出现或遇到伤害等。孕妇的强迫性症状多发生于妊娠初期与中期，且多见于有消极的个性倾向或特殊职业者。

妊娠期出现上述各种症状，考虑到胎儿的安全问题，一般不主张药物治疗，宜采用心理治疗，如倾听、支持、保证、解释、教育、鼓励及暗示等心理治疗。如孕妇的情绪与行为障碍较重，可到精神科或心理咨询门诊去进行特殊的心理治疗。专科医师会根据孕妇的具体情况给予不同的心理治疗，如精神分析法、行为疗法、咨客中心疗法、森田疗法及认知疗法等。

孕期出现心理问题对胎教十分不利，因此丈夫及亲人要及时发现并帮助孕妇疏导与治疗。

Chapter 9
胎宝宝第8个月

· 做好产前体操，以运行气血、心意养生，锻炼积蓄体力
· 避免过于疲劳，预防早产
· 涵养母亲情感、准备婴儿用品
· 预防妊娠高血压综合征
· 本月每两周产前检查一次

胎儿发育和母体变化
Taierfayu He Mutibianhua

胎儿发育

本月胎儿身长约40厘米，体重1500~1700克。胎儿主要器官已初步发育完毕，胃、肠、肾等的功能已达到出生后的水平。覆盖在皮肤上的细绒毛消失，被胎脂取代。眼球表面的薄膜被眼睛吸收。8个月的胎儿期，羊水量增加减慢了，胎儿成长较迅速，身体紧贴着子宫壁，胎儿位置相对较固定了，不像以前一直是自由转动的。现在胎头较重，自然趋向头朝下的位置。

这时由于胎儿长大，母亲的腹壁和子宫壁都撑得很薄，外界的声音很容易传到胎儿耳中，因而可以多与胎儿对话，让胎儿多听听父母亲的声音，待出生后，婴儿很快就可以辨认出妈妈爸爸的声音了。

胎儿皮肤发红，脂肪稍增多，位置开始稳定，生活能力比7个月的胎儿强，如果出生，在适当的护理下可以存活。

母体变化

怀孕8个月的母亲，腹部已经相当大了，行动起来也不太方便。子宫底上升到肚脐与心口的中间，高达25~27厘米。随着子宫的增大，腹部、肠、胃、膀胱，受到轻度压迫，孕妇常感到胃口不适，有尿急的感觉。由于激素的影响，很多孕妇常在面部皮肤上出现色素沉着，如黄褐斑，以嘴、面颊、额头部最明显。还有乳头的乳晕，下腹部，外阴部颜色也逐日加深。部分人已在腹部长出妊娠纹，显浅红色。这些外表的变化都属于正常的范围。

日常生活需注意的事项：

8个月的妊娠孕妇身体比较笨重，在活动时要注意安全，尤其是走路要注意脚下，千万不要摔倒绊倒。凡事要量力而行，不要过于疲劳。

饮食上除了营养要丰富外，口味不要太咸。要定期到医院接受产前的检查。若孕妇出现阴道血性分泌物，要预防早产及

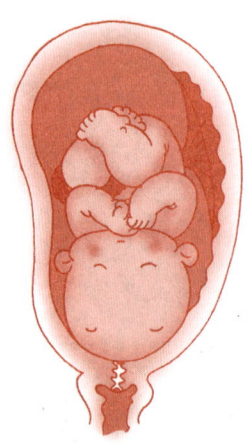

孕8月时胎儿

胎盘前置的可能。

　　孕妇睡眠一定要充足，一般母亲睡觉胎儿也在睡觉。胎儿生长所需要的荷尔蒙激素是通过下丘脑垂体部位制造的，只有在充足的睡眠情况下，才能促使胎儿正常生长。

　　孕妇应做适当的运动，轻度劳动也是不可缺少的。这对胎儿的身心发育是有促进作用的。

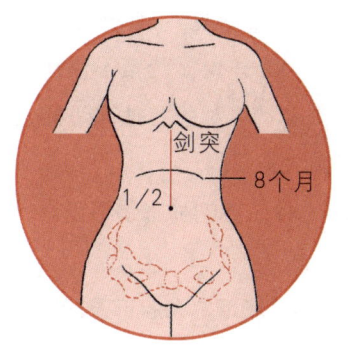

妊娠8个月时的宫底高度

优境养胎
Youjing Yangtai

摆脱孕期水肿9大须知

　　在整个怀孕过程中，会使孕妈妈体液增加6～8升，其中4～6升为细胞外液，它们贮留在组织中造成水肿。这种现象在孕程中相当普遍，脚掌、脚踝、小腿是最常出现的部位，有时候甚至脸部也会轻微的肿胀，越是接近临产日，这种情况会越严重。如果又碰上热天，肿胀就越发明显。轻度的肿胀是正常的，但如果伴随高血压及蛋白尿，那就有罹患"子痫前症"的危险，必须作好产检并与医生充分配合。

　　以下就针对孕妈妈常见关于"水肿"的疑问给予解答。

Q1：为什么怀孕期间脚踝及下肢会水肿？

A：由于子宫变大，压迫到骨盆腔静脉及下腔静脉（位于身体的右侧）等大血管，以致静脉血回流变慢，并挤压血管中的液体到身体循环的末梢处，如脚背、脚踝、小腿、手指及手背，因而造成水肿。

Q2：什么时候会出现水肿现象？

A：80%的孕妈妈在怀孕第8～9个月时开始，会有这种生理现象出现，有一些孕妈妈则会提早一点出现。

Q3：什么时候会恢复正常？

A：产后数日，借由频尿及大量流汗，可将体内过多水分排掉，而排水速率与水肿严重程度成正比。有一些孕妈妈产后脚的大小会回复，有些则会比原来大些，这是因为体内松弛素不仅作用在松弛骨盆腔关节，以利胎儿从产道娩出，也连带把脚撑大的原因。

Q4：什么样的肿胀是不正常的？

A：

❶ 当肿胀部位在脸部及眼周围时。

❷ 当脚背、脚踝、手指或手背肿胀程度很严重时。

❸ 当肿胀的发生很突然，且短时间内形成时。

当一只脚肿胀比另一只脚明显严重，尤其是伴有小腿或大腿的触痛感时。有这些情况时都要立即咨询妇产科医生。

Q5：如何减少肿胀？

A：

❶ 坐着工作时，在脚下垫一个矮凳。

❷ 躺着时，尽量平躺或左侧卧。

❸ 平常坐着时，不要跷二郎腿，要常常伸展腿部，动动脚跟、脚趾、旋转脚踝关节，以伸展小腿肌肉。

❹ 不要长时间坐或站，常常走一走、动一动，以增加下肢血流循环。

❺ 穿着让胀大的脚背舒适的鞋子，不要穿会压迫到脚踝及小腿的附有松紧带的袜子。

❻ 如果想穿可预防或治疗水肿的弹性袜时，应选择高腰式，并在早晨醒来离开床之前先穿好。

❼ 避免食用高盐、加工、腌渍或罐头食物；此外，孕期别因担心水肿而不敢喝水，因为孕期下肢水肿，是子宫压迫或摄取盐分太多（盐分所含的钠会使体内水分滞留）所造成的，并不是喝水太多的关系，所以孕妈妈仍要适量喝水，因为喝水对促进新陈代谢，预防尿道炎是有好处的。

❸ 站在深及腋窝的水中45分钟，比传统的双腿抬高的方法更能有效减少水肿现象。这种方法是利用水平静力压促使细胞外液进入静脉血流系统，血流量一增加，肾小球过滤率就会提升，使得排尿增加，水肿就会减轻。但因为站的时间较长，孕妈妈可能会觉得冷，所以有学者作实验，如果在水中做有氧运动30分钟，也可以达到消水肿的效果。具体方法为：在深及腋窝的水中走路5分钟先暖身，随后上肢用泳圈，下肢在水中跑10分钟，接着双脚夹着圆筒漂浮10分钟，最后5分钟缓缓地停下来。

Q6：如何利用饮食消除水肿？

A：

❶ 摄取高蛋白、低盐饮食。每天都应摄取优质的蛋白质，例如：家禽、家畜、肉、鱼、海鲜、贝类、蛋类、奶类及奶制品、黄豆制品（如豆浆、豆腐、豆干、素鸡、豆包、干丝）等。这些食物以新鲜材料配合浓味的蔬菜，例如：洋葱、西红柿、蒜头、茴香、芹菜、九层塔、香菜、香菇、枸杞、红枣、黑枣、柠檬、醋、月桂叶等来料理，可以减少盐的使用量。

❷ 摄取维生素B_1，补充B群维生素。富含维生素B_1的食物包括酵母、肝脏、全谷类（如糙米）、黄豆、豌豆类、小麦胚芽、马铃薯。其中以动物性来源利用率较

高，但以饮食摄入量来看，植物性来源为平常摄取维生素B_1的主要来源。

❸ 摄取具有利尿作用的食物。被认为有利尿作用的食物，包括芦笋、洋葱、大蒜、巴西里、南瓜、冬瓜、菠萝、葡萄、绿色豆子、薏苡仁等。

❹ 减少摄取高糖食物。

Q7：盐分（钠）要限制多少量？

A：

❶ 钠为电解质，可调节体液，维持体内酸碱平衡，并协助营养素通过细胞膜。当处于怀孕及哺乳期，钠的代谢与利用被激素的活动所改变，黄体素增加尿中钠的浓度，使得此时期的妈妈不论是否水肿，对钠的需求都比平常还多。所以一味地严格限制钠的摄取量是不必要的。

❷ 即使不加调味料，天然食材中亦含有钠，牛奶240毫升含120毫克、蛋1个含70毫克、鱼或家禽家畜或肉0.05千克含25毫克、贝类0.05千克含50毫克、鲜蔬菜半碗含40毫克、水果半碗含2毫克。

❸ 正常人对盐的需求，一般建议摄取量约为一天6克（=1茶匙，含2400毫克的钠），除上述特殊生理变化而需提高外，气温升高、运动也需额外补充盐分，所以烹调时，应避开各种含钠的酱类，例如甜辣酱、豆瓣酱、菠萝酱、辣椒酱等，味精也含有钠，不宜多用。

❹ 加工食品均含高钠，应尽量避免，例如烟熏肉类（火腿、培根、香肠、鸭肉扁、熏鱼、咸腌鱼、肉酱罐）、腌瓜、酱菜、冷冻食品（冷冻酱汁、冷冻披萨、冷冻面条、冷冻薯条、冷冻炒饭）、罐头汤（除非注明无盐）、婴儿食品（除非注明无盐）、吉士。

Q8：市售标榜低盐或无盐的产品，如何区分？

A： 目前国内对于食品含钠量尚无标示规范，兹以美国标准介绍于下，可供参考：

❶ 无钠：每份含钠少于5毫克，产品没加盐。

❷ 极低钠：每份含钠少于或等于35毫克。

❸ 低钠：每份含钠少于或等于140毫克。

❹ 少钠：比一般相同产品每份至少少25%的钠。

❺ 微钠：比一般相同产品每份至少少50%的钠。

❻ 不加盐：加工过程中没加盐。

❼ 微咸：比一般相同产品每份少加50%的钠。

Q9：市售代盐的真相如何？

A： "市售代盐"是以氯化钾、氯化钙、氯化氨取代氯化钠，所以产品中不含钠，但并非每一位有水肿的人都可以食用，应在营养师的指导下选用这类产品。

妊娠8个月的孩子能活吗

根据妇产科学所述，胎儿在子宫内生长发育，经过280天，即40周成熟而呱呱落地。然而由于某些原因，胎儿可在妊娠的任何1周出生。我们习惯将出生体重低于2500克，或怀孕不满37周出生的婴儿称为早产儿。但在产科常可见到妊娠才七八个月就出生的婴儿，体重并不太轻，生活能力也较强，会哭、会吸吮乳汁。也有已经满月的婴儿，其出生体重才2500多克，甚至还不足。由于遗传、生活环境、营养条件等因素的影响，即便是同一年龄的人，其身高、体重和体质都不会十分相同。不同的妇女在同一孕周出生的婴儿，他们的身长、体重生活能力等也会有较大的差别。据统计，正常的孕妇在各孕周生出的婴儿有大有小。比如在孕32周出生的婴儿体重，最轻的为1200克，最重的可达2200克；孕36周出生的婴儿，体重轻的仅为2300克，重的可达3200克；足月出生的婴儿体重也有一个上下浮动值，均属于正常范围。

另外，胎儿在子宫内生长发育的速度是人体第一个生长最快的阶段。怀孕三个月时，身长7~9厘米，体重15~30克，四肢已分清并开始活动。孕5个月时，身长约25厘米，体重约300克，四肢活动较有力，皮下开始有脂肪积存。孕6个月时，身长28~34厘米，体重600~800克，娩出后已能呼吸，但很难存活。孕7月，身长30~35厘米，体重则达1200克左右，各脏器发育已齐全，出生后能啼哭和吞咽，但生活力很弱，成活率很低。孕八九月时，胎儿发育生长极快，身长40~50厘米，体重增加快，皮下脂肪逐渐丰满，出生后哭声响亮，生活力较强，成活可能性大。由此可知，孕期越长，胎儿发育就越臻完善，妊娠8个月出生的婴儿，其存活的可能性必然比孕7个月出生的婴儿更大，也更好养。

宝宝血型怎样判断

宝宝通过染色体上的基因，遗传得到了父母的特征。人的体细胞中的46条染色体，其中也有血型基因。人类血型分类有很多种，常见的为ABO血型系统。

含有血型基因的那一对染色体，一条上有父亲的血型基因，另一条上有来自母亲的血型基因。这样，宝宝由A、B、O三种血型，形成OO、OA、AA、OB、BB、AB六种血型。那我们常说的为什么只有四种呢？这是因为A型和B型血型基因是显性基因，O型血型是隐性基因。O型血型基因在与其他血型基因并存时，只显对方，不显自己。OA表现为A型，OB表现为B型，OO表

血型的遗传关系

父母血型	子女可能有血型	子女不可能有血型
O、O	O	A、B、AB
O、A	O、A	B、AB
O、B	O、B	A、AB

(续表)

O、AB	A、B	O、AB
A、A	O、A	B、AB
A、B	A、B、AB、O	—
A、AB	A、B、AB	O
B、B	O、B	A、AB
B、AB	A、B、AB	O
AB、AB	A、B、AB	O

现为O型，BB表现为B型，AA表现为A型，AB就是AB型。

由上可见，父母血型不一定与子女相同。

血型的遗传规律是这样的：父母一方为O型，一方为AB型，子女血型是A型或B型，不会出现O型或AB型。父母一方为O型，子女不会是AB型。父母一方为AB型，子女不会是O型。另外，如果父母血型为A型或B型，因为这两种血型可以是OA、AA、OB、BB，所以可出现三种情况：如果父母是OA和OB，子女可出现OO（O）型、OA（A）型、OB（B）型及AB型。

胎位不正别慌张

■ 什么是胎位不正

"胎位"是指胎儿在母体子宫最接近子宫颈的部位。在怀孕初期，因为羊水很多，胎儿在子宫内动来动去，姿势和位置都会改变，此时并没有固定胎位。到了准妈妈怀孕约7个月时，子宫渐渐成为长椭圆形，这时候胎儿的位置才慢慢地固定下来，通常是胎头较重，朝下接近子宫颈的位置，而脚部在向上活动空间较大的子宫底部。这种头下脚上的姿势是"头先露"的正常胎位。

胎位既是最接近子宫颈的部位，因此也是胎儿出生时最先露出的部位。除了头骨先露的头胎位是正常的胎位外，其他如先露部是胎儿的臀部、肩膀或手的横位以及颜面位和额位，都属于胎位不正。根据统计，正常的头胎位约占95.7%、臀位约占3.5%、横位约占0.4%、颜面位和额位各约占0.2%。

■ 胎位不正的原因

胎位不正的原因，除了可能是孕妈妈骨盆腔太小、胎头无法进入外，胎盘着床太低或脐带太短都可能让胎头不易下降；有些生过孩子的经产妇腹肌松弛，到了9个月时，胎位可能还无法固定下来。此外，如果孕妈妈患有子宫肌瘤、子宫肌腺瘤、子宫畸形等情况时，胎位不正的概率也会增加。

■ 胎位不正的检查方法

在怀孕20周左右，可以作一次超声波检查，这个检查的目的在于观察胎儿的器官是否发育正常，同时也可以得知胎位的情形。通常在此时期，约有1/3的孕妈妈会出现胎位不正的情形，而大多数孕妈妈在得知胎位不正后，都会担心引发危险和难产。事实上，在此时有胎位不正的情形，无须过度惊慌，因为根据医学上的统计，当怀孕至8个月时，胎儿头部较重，会呈头下脚上的姿势，此时胎位不正的比例已下降到10%；等到足月生产时，胎位不正的比例仅有5%左右。

在怀孕后期，检查胎位主要靠的是腹部触诊，通常胎头较为圆且硬，当子宫松软时，可清楚地由腹部检查出头部、臀部、背部和胎儿手脚的位置。但有时因为臀部较硬，也可能误诊，因此可以靠超声波检查来得知胎儿靠近子宫颈口的部位，此时如有胎位不正的情形，医生就应先提出建议和看法，和孕妈妈商量如何处理。

■ 如何让胎位转正

❶ 膝胸卧式。在怀孕7个月时，可以做"膝胸卧式"的姿势来让胎位转正，但这种姿势对孕妈妈来说不太舒服，加上在这个时期胎位不正的比例约达1/4，因此到了怀孕32周时，如果仍然有胎位不正的情形，再来做膝胸卧式的姿势矫正也不迟。

不过对这种方法，也有许多医生持保留的态度。一来是大腹便便的孕妈妈做起来很不舒服，二是效果并不显著，若不幸发生虽然胎位转正但脐带却绕到颈部而发生早产或并发症的情形，实在是得不偿失。

膝胸卧式的做法：双膝跪在软垫上，脸和肩膀贴在垫上，胸部渐渐向膝部靠近，然后将臀部抬高，起初先维持这样的姿势约2分钟，待习惯后渐渐增加到10分钟。

膝胸卧式

胎位外转术。在某些臀位或横位的情况下，如果孕妈妈子宫未曾动过手术，有人会考虑于第一胎怀孕32周、第二胎怀孕34周时实施行"胎位外转术"，不过这种手术也可能引起胎盘早期剥离、脐带绕颈、子宫收缩或破裂的危险，除非孕妈妈坚持，否则并不建议如此做。

■ 胎位不正的危险

在胎位不正的情况下，产妇生产时依不同的胎位情况，可能会产生几种不同的并发症：

❶ 头位：若是有枕骨横位或枕骨后位的情形，胎儿的头部可能无法顺利地通

过骨盆，因此胎儿可能面临拉伤或窒息死亡的危险，母亲则可能产生产道裂伤及产程延长的情形。

❷ 臀位：自然生产时可能发生胎儿在肩膀出来后，胎头仍然卡在阴道内，因而引发胎儿脑内损伤、缺氧甚至窒息而亡，还要慎防产前脐带脱垂的情形。

❸ 横位：自然生产时要慎防产前脐带脱垂的情形。

❹ 颜面位和额位：生产过程会较长，因此产道受伤、难产和胎儿窘迫的危险性也较大。

■ **怎么生产才安全**

胎位不正的孕妈妈最关心的是，要怎么生产才安全？

❶ 臀位：在胎位不正的情况中，臀位占80%以上，如果胎儿大小正常且前胎曾经自然生产，可以考虑自然生产；但若

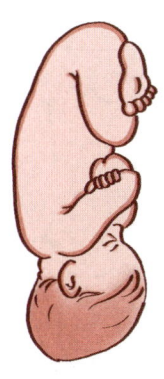 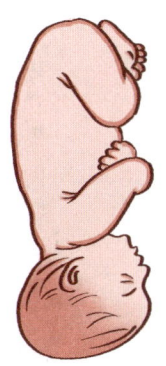  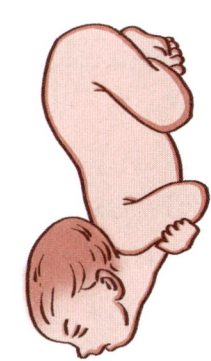

| 枕先露 | 前囟先露 | 额先露 | 面先露 |

头先露的种类

 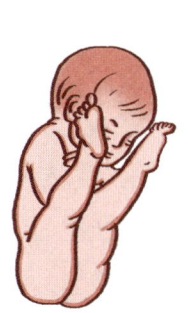 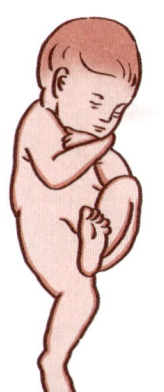 

| 混合臀先露 | 单臀先露 | 单足先露 | 双足先露 |

臀先露的种类

是第一次生产，则要考虑在怀孕38周时剖腹生产。

❷ 横位：接近子宫颈口的先露部是肩膀或手，接近产期时一有阵痛就应当立即到医院检查，横位的情形是不可能自然产的，一定要剖腹生产才安全。

❸ 头位：若是有枕骨横位或枕骨后位的情形，可以等到生产前子宫颈开全、胎头下降时，再由医生将胎头转成正常的枕骨前位，使其容易顺利自然产。

❹ 颜面位：大多是在生产前子宫颈口开了2～3厘米时内诊才被察觉，胎儿头部向上仰起，枕骨贴靠近背部，对经产妇而言，即使是颜面位，只要产程进展顺利，也可能自然生产，但若产程拖得过久，就要进行剖宫产。

❺ 额位：也是在生产前子宫颈口开了2～3厘米时内诊才被察觉，头部部分向上昂起，枕骨前端的额部成了先露部。额位一定要转成颜面位或头位才能自然生产，如果子宫颈口开全1小时仍持续停留在额位姿势没有改变，就应当立即进行剖宫产。

胎位不正的胎儿死亡率高出正常头胎位胎儿一倍以上，但只要孕妈妈定期产检，和自己的妇产科医生配合良好，还是可以平安顺利生产的。

首先，若是在怀孕26周前发现胎位不正的情形先别太紧张，不过要留意是否有其他因胎儿、子宫和胎盘的问题而造成胎位不正的情形，如果一切没有异常，就可以安心静待胎儿自然转正。

在怀孕7～8个月时，可以考虑做膝胸卧式的姿势来让胎位转正，但若不舒服也无须勉强。32周起，每两星期检查一次胎位是否转正，到了36周，若仍是胎位不正就应和医生讨论，在考虑母亲和胎儿安全的前提下选择最适合的生产方式。

只要事前作好详细的检查及评估，尽管胎位不正，仍可借由自然产、产钳辅助生产及剖腹产方式让母子均安，顺利产下健康的宝宝。

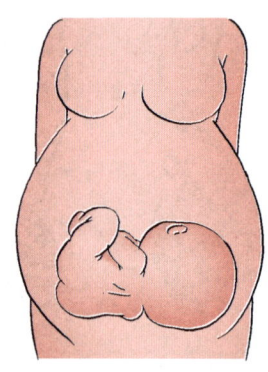

横产式

孕期容易并发肾盂肾炎

肾盂肾炎是妇女妊娠期最常见的泌尿系统并发症。它的发病率为1%～6%，多发生在妊娠后期。

妊娠期，在女性生殖器官形态和机能改变的同时，输尿管也发生变化，组织松弛，管腔膨大，蠕动力减弱，因而排尿缓慢。尿潴留在输尿管和肾盂内，成为细菌繁殖的良好环境。同时肠道运动也迟缓，发生便秘。大肠中的细菌容易从肠管经淋巴途径侵入肾盂及输尿管，造成感染。其他如扁桃体、牙齿等病灶的病菌也可经血液循环到肾脏。妊娠合并肾盂肾炎多在右侧。

肾盂肾炎发生后，急性期患者可有高热、腰痛、尿急、尿频等症状。如发生在妊娠早期可引发流产，发生在妊娠晚期可引发早产。此病可反复发作，并可引起高血压。

孕妇应注意预防肾盂肾炎，在妊娠期多喝水，保持大便通畅；加强体育锻炼，增强体质。如发现有尿急、尿频症状及早彻底治疗。

孕期忌滥用补品

怀孕对家庭来说是一件大事，特别是现在，家家都希望自己的独生子女健康聪明，因而不仅对孕妇呵护备至，而且用各种补品来培育胎儿。孕妇需要营养丰富的食物，但如果滥用补品，则是有害无益。

❶ 不要过多服用鱼肝油。鱼肝油的主要成分是维生素A和维生素D，适量服用有利于胎儿发育，防止孕妇缺钙抽筋。但如果鱼肝油用量太大，服用时间太长，就会刺激胎儿骨细胞，引起严重的骨畸形，还可引起胎儿血钙过高，造成大动脉发育障碍及智力发育迟缓。

❷ 不要过量使用维生素。推荐的孕妇膳食，即可保证孕妇免于发生维生素缺乏症。孕妇有哪方面的症状，可在医生指导下补充。超量使用维生素，其毒副反应对胎儿及孕妇都有害，如维生素E可使人出现疲倦、头痛、恶心和肌无力等症状；维生素K可抑制凝血酶原的产生等。

❸ 干荔枝。其中含有葡萄糖、维生素等，具有补心安神，养血益脾的功能。但其性温大热，而孕妇往往阴虚内热，多吃可造成大便干燥、胎热，出现阴道流血、腹痛等先兆流产症状。

❹ 人参。人参容易导致气盛阴耗，阴虚火旺，不仅对胎儿和孕妇无益，反而会加重妊娠反应、妊娠高血压综合征，促使流产。

另外，鹿茸、鹿胎膏、胡桃等温热大补之物孕妇也不宜服用。

水果吃太多，肥胖上身

■ 水果好处多，热量也多

水果的好处大家都知道，它可以养颜美容、补充维生素、促进肠胃蠕动、改善孕期便秘的情况。

但是水果也是有热量的，而且热量还相当高！

从下表中，我们可以得知表中的一份就是60千卡，略少于1/4碗的白饭（约704卡，一般我们吃饭是添到约3/4碗，大约是210千卡）。很常见的水果，菠萝1/10颗就等于3碗的白饭！芒果1颗就有4份，1颗芒果热量比一碗白

各种水果的热量分析	每份含糖类15克，热量60千卡			
食物名称	购买量（克）	可食量（克）	份量（个）	备注直径×高（厘米）
香瓜	185	130		
红毛丹	145	75		
黑枣	20	20	4	
李子	155	145	4	
石榴	150	90	1/3	
苹果	125	110	4/5	
葡萄	125	100	13	
红枣	25	20	9	
葡萄柚	170	140	2/5	
杨桃	190	180	2/3	
樱桃	85	80	9	
山竹	440	90	5	
荔枝	110	90	5	
枇杷	190	125		
香蕉	75	55	1/2	小
椰子	475	75		
水蜜桃	145	135	1	小
芒果	150	100	1/4	9.2×7.0
菠萝	205	125	1/10	
橙子	170	130	1	大
猕猴桃	125	110	1	
柠檬	280	190	1	
番石榴	180	140	1/2	
草莓	170	160	9	
木瓜	275	200	1/6	
鸭梨	135	95	1/4	
红西瓜	300	180	1片	1/4个切八片
哈密瓜	455	330	2/5	

饭还多。香蕉则是半条等于1份，葡萄约是13粒就是1份了呢！其他的部份请大家自行对照参考。

■ 因为"好"所以狂吃

大家都认为水果是好东西，因此完全都没有戒心，有时甚至还会刻意去多吃它。事实上，水果确是非常好的东西，但是要知道，任何一种东西，不管它的本质再好，摄取上一定都是适可而止的，只要过量，则反受其害。

■ 不经意就吃进"额外"热量

绝大部分人都是饭后才吃水果，常常会摄取到"额外"的热量！也就是说正餐已经吃饱了，或是一些需要控制饮食的孕妈妈，有时应该摄取的热量已经正好了，但是餐后再多吃水果，热量就超过了。

■ 吃进多少难计算

有一些水果很"单纯"，容易判断，例如苹果、梨、番石榴等一个一个的，一次大概会吃一个或半个，很容易算出吃进多少的热量。但有一些水果却很难算出吃了多少量，例如芒果、菠萝、西瓜等，吃的时候常是切成小块用叉子叉来吃，绝少有人会真的算自己叉了几块。又如葡萄、荔枝、龙眼这种小颗水果，也很少人会算自己到底吃了几颗，再加上全家人在一起，大家餐后聊天、吃水果，心情愉快，你一颗我一颗，往往吃了非常多也不自知。更糟糕的是上述这些水果，都是属于热量密度非常高（简单地说，就是很甜、很营养）的水果，很容易造成热量摄取过多。

■ 糖分高，易肥胖

水果的热量绝大部分都是糖类，几乎没有脂肪和蛋白质，同时人体在运用能量上有一个很重要的特性，就是在需要时会优先使用糖类，除非不够才会去燃烧脂肪或是分解蛋白质。网球名将张德培网球比赛打到中场的时候都要吃一点香蕉以迅速补充热量，这是一个经典的例子。没有人打球打到一半的时候，会拿鸡腿出来啃的吧！也就是说，当您活动量大，或要从事体力劳动的时候，糖类多摄取一些就无妨，甚至还是必需的，但是当活动量少，糖类摄取过多的时候，人体会把它转化成肝糖或是脂肪来储存，无法变成蛋白质，也不可能自己排出体外。这反应在一般人身上就是造成肥胖，但在孕妈妈身上，问题就更复杂了，怎么说呢？孕妈妈本身除了体重过重可能造成妊娠高血压、妊娠糖尿病等并发症之外，还有可能因为皮下脂肪增加过多，而在生产的时候造成"软组织难产"的现象。

■ "好"水果要正确吃

要避免像水果这样的好东西，因为认识不清，食用过量反而造成身体的负担，其实非常简单，只要把握以下几个原则：

❶ "量"的控制。想吃、该吃多少水果，可以先挑出来用私人的容器装着，如果是一人一份，就不容易吃太多，也容易计算热量。

❷ 改成餐前吃水果。若是怕热量摄

取过多，可以改成在餐前吃水果，如果发觉水果吃得太多了，米饭少吃一点就可以稍微互补一下。另外，如果希望大量摄取水果的人，可以选择热量浓度较低的水果，这方面的首选是西红柿，在量的方面几乎完全没有限制。

吃得健康而不发胖

现代人营养的摄取较以前改善许多，也比较注重产前照顾，相对的体重也会随之扶摇直上，再加上许多女性为保持好身材而经常节食，怀孕之后，如同解禁一般暴饮暴食，最后体重增加20千克以上，是非常普遍的现象。

因此，保持合理的体重增长，作好孕期体重管理，对孕妈妈和体内的胎儿宝宝来说，都是一件很重要的事。

孕期如何正确补充营养素，应考虑到：

❶ 不需要增加更多的主食，而是应当增加副食品的种类和数量，尤其是要注意摄入足够的蛋白质和钙质。

❷ 饮食结构搭配要多样化，避免偏食，以求全面摄入营养素。

❸ 要做到因人、因时、因地安排膳食。

❹ 常吃精加工类粮食如大米、白面者，应当多补充维生素B族，添加杂粮和粗粮。

❺ 夏天蔬菜多时，可多吃些新鲜蔬菜。秋季水果多时，可多吃些新鲜水果。

❻ 地处缺碘内陆地区的孕妈妈，要补充一些含碘多的海产品。

❼ 平时不习惯吃肉、蛋、乳类高蛋白质食物的女性，可多吃些豆类和豆制品，以补充蛋白质的不足。

❽ 身材高大、劳动量和活动量大的女性和平时饮食量过少的女性，应当适当多吃，补充足够营养。

■ 孕期体重应该增加多少

胎儿的营养供给主要来自母亲的摄食，孕妈妈为了哺乳及妊娠生理变化，孕期需增加体重约10～12千克。

一般来说，理想的孕期增重，是怀孕第1～3个月增重2千克，第4～6个月增加5千克，第7～9个月增加5千克，总共约12千克。对于担心产后瘦身不容易的妈妈，

✚ 什么是"软组织难产"

就是指原来骨盆的结构是足够让胎儿通过的，但是因为母体的软组织增加太多，造成产道变得狭窄，因而导致难产以及剖宫生产。在胎儿方面，肝糖的堆积和皮下脂肪的增加都会造成同样的现象，就是体重增加和腹围增加。体重过重固然会增加生产的难度，但腹围的增加又更危险，因为所谓的"肩难产"就是这样产生的——头生出来后，身体却因为太大生不出来，宝宝因而受到伤害。

将体重尽量控制在理想增重范围内,未来要进行产后塑身,也不至于太辛苦。

需要体重控制的孕妈妈,每日热量摄取以不低于1000千卡较为恰当,建议以均衡营养的方式进行,并密切配合医生定期作产检,随时注意胎儿的生长情况。

孕期增重的原则,是妈妈的体重不要增加太多,而胎儿能正常生长。最好能和妇产科医生和营养师讨论,依自己本身的健康状态,和妇产科医生、营养师共同拟出一套最适合自己的体重管理计划。

孕妈妈当心血糖飙高

■ 错误饮食观念,会让孕妈妈血糖飙高

在产科的营养咨询访谈中,常常发现准妈妈们多半有某一些相同的误区,例如:

❶ 为了让胎儿生出来后皮肤水嫩,一天要吃很多水果,少则4份,多的甚至把水果当正餐吃;

❷ 准妈妈不喜欢白开水的味道,因为怀孕又不敢喝茶,于是改用大量的果汁解决水分补充的问题;

❸ 有的准妈妈担心变得太胖不敢吃饭,却因此常常觉得饿,于是饼干、面包、蛋糕,甚至零食等不离身,反而在不知不觉间吃下过多油脂和糖分;

❹ 为了补充蛋白质,一天吃很多的肉、鱼、蛋、豆类,结果蔬菜量反而减少,只好靠营养补充品来帮忙,却仍然少了纤维质帮助肠胃蠕动;

❺ 为了避免动到胎气,很多准妈妈都不敢动,使活动量大幅减少。

以上种种,其实对血糖的稳定都没有正面帮助。但是,除了饮食内容不正确的原因之外,还有什么因素会影响血糖呢?

■ 妊娠糖尿病的危险因素

就罹患妊娠糖尿病的危险因素来说,在怀孕前,如果准妈妈明显体重过重或肥胖、有家族糖尿病史、有过血糖不耐的记录,加上若是高龄产妇,都属于妊娠糖尿病的高危险人群,所以在怀孕时应该要多加注意饮食上的控制。

而当准妈妈们在产前检查时,若已发现有血糖耐受性不佳或妊娠糖尿病时,除了需要维持稳定的血糖值之外,应再留意尿中是否有酮体反应,以免影响胎儿的发育。所以,饮食控制就非常重要,不但需要作种类、份量上的调整,甚至是餐次的搭配,才能确保胎儿的健康。

■ 拒绝妊娠糖尿病

究竟要如何才能预防妊娠糖尿病的发生?当医生诊断出孕妈妈有血糖耐受性不佳或妊娠糖尿病的问题时,该怎么办呢?

❶ 维持理想体重。孕妈妈若体重过重,会增加血糖不耐的危险程度。原则上孕前就已过重的准妈妈,体重只能增加6.8~11千克;孕前过轻的准妈妈,则体重应增加14~18千克。建议准妈妈与您的营养师及医生讨论找到对策。

❷ 均衡摄取六大类食物。怀孕时期最担心的就是营养不够,其实准妈妈不用担

心吃的量不足，只要每天"均衡"摄取六大类食物，就不怕营养不良啰！每日应摄取的六大类食物有：奶类、五谷根茎类、肉鱼蛋豆类、蔬菜类、水果类、油脂类。

❸ 三餐以五谷为主食。建议准妈妈在正餐时间，仍应以五谷根茎类为主食，不但能有饱足感，更可以使身体获得充足能量，滋养宝宝，同时避免因饥饿而随便进食。

❹ 运用"三少"原则。少油、少盐、少糖，如此不但能避免因吃进过多热量使体重增加太多，更能避免产生其他不良的症状，如高血压、高血糖等。

❺ 选用高纤维食物。富含纤维质的食物，如蔬菜、豆类、五谷杂粮、水果，如能广泛摄取，不但能帮助维持血糖值稳定，更有帮助肠胃蠕动之效，可以缓和因运动量变少而发生的便秘情况。

❻ 摄取钙质丰富的食物。怀孕妈妈是"一人吃、两人补"，胎儿正在发展阶段，需要充足的钙质帮助骨骼的形成，所以，准妈妈必须多食用高钙食物，以确保两人的钙量需求。高钙食物包括：小鱼干、虾类、牡蛎、深绿色蔬菜及豆类。

❼ 多喝白开水。水分的补充，对胎儿及准妈妈很重要，因为水可以维持血液正常的浓度，同时可以协助准妈妈维持良好的新陈代谢。

❽ 维持适度的运动。帮助血糖值稳定的很多研究都显示，运动可以有良好的效果，不论是为了避免糖尿病发生，或已发生糖尿病而需要控制血糖者，都必须在计划中加入运动项目。所以，建议准妈妈在顾及营养之余，也能选择一些轻度或中度的运动，例如散步就是不错的运动，在控制血糖上很有效！

胎教课堂
Taijiao Ketang

抚摸胎儿与胎教

抚摸胎儿是胎教的一种形式。抚摸胎教指孕妇本人或丈夫用手在孕妇的腹壁上轻轻地抚摸胎儿。胎儿可以感受抚摸的刺激，以促进胎儿的感觉系统、神经系统及大脑的发育。

专家研究报道，胎儿大部分体表神经细胞已发育，且有接受触摸信息的初步能力，可以通过触觉神经来感受到母体外的刺激，逐渐接受，趋于灵敏。法国心理学家贝尔纳·蒂斯认为：父母给予胎儿的抚摸，再配合语言和声音，与子宫中的胎儿信息沟通，敏感度更高，胎儿可以得到更安全、愉快的情绪。

抚摸胎教一般在7个月以后进行。最好定时，每次5～10分钟，这样可以使胎儿对时间建立起信息反应。

在抚摸时要注意胎儿的反应，如果胎儿是轻轻地蠕动，说明可以继续进行，如胎儿用力蹬腿强烈反应，说明你抚摸得不舒服，胎儿不高兴，就要停下来。特别注意抚摸要轻柔，不要用力。

抚摸顺序由胎头部开始，然后沿背部到臀部至肢体，要轻柔有序，最好记录下胎儿的反应情况。

人类皮肤需要抚触

孩子都喜欢母亲亲吻、搂抱，当母亲和孩子脸贴着脸，并用手轻轻抚摸孩子的头和手，孩子很快会停止哭闹，在母亲的怀抱中酣然入睡或甜甜嬉笑。人们都认为这是母亲特有的魅力，很多人没有注意母亲和孩子的肌肤接触，能满足了孩子的"皮肤欲"或"皮肤饥饿"。

人的皮肤有一种欲望或需要，实际上也是一种心理器官。皮肤接触的需要得到满足，则产生愉快的、积极的情感，否则会产生不愉快的、消极的情感。许多心理学家发现，儿童特别需要皮肤接触，不能满足儿童的这种需要，就会导致儿童"皮肤饥饿"，还会影响他们生理心理健康发展。"皮肤饥饿"实际上是人体的各种感官对相应刺激（信息）的一种需求、一种欲望。不仅如此，它还是人类最早发育的欲望之一。从生物发生学角度看，"皮肤饥饿"不仅是儿童的需要，也是胎儿的需要。父母应该为胎儿提供丰富而适宜的皮肤接触，这样才能更好地促进胎儿感官的发育。我们应把触摸作为胎教的一项重要内容。

有人会产生疑问：胎儿在母腹内，怎么接触他的皮肤？这不用担心。原来，触摸胎教首先是触摸母腹，由于母腹通过子宫、羊水和胎儿紧紧相连，触摸母腹时也就间接地触摸到了胎儿身上，使胎儿的皮肤获得了与母体更多的接触机会，从而满足了胎儿皮肤接触的需要。胎儿本来就和子宫壁、羊水接触，但这种自然皮肤接触远远不够，还需要人为的皮肤接触，只有通过人为皮肤接触，才能使胎儿的皮肤接触需要获得最大的满足。当然，对胎儿人为的皮肤接触并不是越多越好，因为皮肤接触过多会使胎儿感到很累，甚至会损伤胎儿机体，使人们良好的愿望适得其反。

触摸胎教能加强父母和胎儿之间的交流，因为触摸实际上也是一种"体语"（身体语言）。在日常交往中，眼神的顾盼、表情的流露、身体的某一个动作和姿势，都是一种无声的体语，它会向双方互传信息、表情达意，让双方彼此了解。胎儿作为一个有感情有一定感受能力的人，也能理解、接受甚至是使用"体语"。父母和胎儿可以通过彼此的动作来了解对方、传递信息、表达感情。

父母对胎儿的抚触刺激可以让胎儿作出应答反应，伸伸胳膊、蹬蹬腿，转动头部和身体，不仅能让父母和胎儿之间充满真实感和亲切感，而且有助于培养胎儿的学习能力，有利于胎儿智力和感情的发育。

孕8月的中医胎教

《千金》论曰：儿在母胎，受其精气，一月胚，二月胎，三月血脉，四月形体成，五月能动，六月筋骨成，七月毛发生，八月脏腑具，九月谷神入胃，十月百神备而生。生后六十日，瞳子成，能笑语，识人；百日，任脉生，能反覆；一百八十日，尻骨成，能独坐；二百一十日，掌骨成，能匍匐；三百日，髌骨成，能独立；三百六十日为一期，膝骨成，乃能移步。此理之常，不如是者身不得其平矣。或有四五岁不能行立，此皆受胎气之不足者也。若筋实则多力，骨实则早行，血实则形瘦，多发，肉实则少病，精实则伶俐，多语笑，不怕寒暑，气实则少发而体肥，此皆受胎气之充足者也。大抵禀赋得中，阴阳纯粹，刚柔兼济，血气相和，精神全备，形体壮健，其未周之先，颅囟坚合，睛黑神清，口方唇厚，骨精臀满，脐深肚软，茎小卵大，齿细发润，声洪睡稳，此皆受胎气之得中和者也。以故听其声，观其形，则可以知其虚实寿夭矣。

万全《妇人秘科》中说：受胎之后，喜怒哀乐，莫敢不慎，盖过喜则伤心而气散，怒则伤肝而气上，思则伤脾而气郁，忧则伤肺而气结，恐则伤肾而气下，母气既伤，子气应之，未有不伤者也。其母伤则胎易堕，其子伤则脏气不和，病其于多矣。

万全《育婴家秘》中说：夫至精才化，一气方凝，始受胞胎，随母听闻，自妊娠之后，则须行坐端严，性情和悦，常处静室，多听美言，令人诵朗书，陈说礼乐，耳不闻非言，目不观恶事；如此则生男女福寿敦厚，忠孝贤明，不然则生男女多鄙贱不寿而息顽，此所谓因外象而内感也。昔太任文王，耳不听恶声，目不视恶色，口不吐恶言。世情胎教之道，此之谓也。

妇人受胎之后，凡行立坐卧，俱不宜久，久则筋骨肌肤受伤，子在腹中，气通于母，必有伤者。妇人怀胎，睡卧之处，要人护从，不可独寝，邪气易侵虚险之处，不可往来，恐甚堕矣。

古人说，妊娠八月孕妇应"和心静气，无使气极，是谓密腠理，光泽颜色"，"无食燥物，无辄失食，无忍大起"。8个月的胎儿的主要器官已初步发育完毕，胎儿开始"为自己美容"，以变得更丰满、漂亮一些。这时孕妇不要多吃辛辣、肥腻食物。孕妇因腹部膨隆，多不注意修饰，这样做对身心不利。应在头发、衣着方面多下些工夫，胎儿可以体会到母亲积极的生活态度。

胎儿的性格培养

性格是儿童心理发展的一个重要组

成部分，它在人生的发展中起到举足轻重的作用。人的性格早在胎儿期已经基本形成，因此在怀孕期注意胎儿性格方面的培养就显得非常的必要。胎儿性格的形成离不开生活环境的影响，母亲的子宫是胎儿的第一个环境，小生命在这个环境里的感受将直接影响到胎儿性格的形成和发展。研究结果表明，早在胎儿时期，母子之间不但有血脉相连的关系，而且还具有心灵情感相通的关系。母亲与胎儿分别通过不同的途径彼此传递情感信息。首先，胎儿能够通过母亲的梦，向母亲传递信息。同样，母亲的情感，诸如怜爱胎儿以及恐惧、不安等信息也将通过有关途径传递给胎儿，进而发生潜移默化的影响。比如说，当母亲心情愉快时，胎儿随之安静下来。而当母亲盛怒时，胎儿则迅速变得躁动不安。据报道，一些毫无医学原因的自然流产正是由于母亲的极度恐惧和不安造成的。总之，母亲与胎儿之间是存在情感沟通渠道的。至于这条渠道是怎样建立，这些影响又是如何发生的，目前还是一个令人费解的谜。但是充分的事实已经证明，凡是生活幸福美满的母亲所生的孩子大都聪明伶俐、性格外向，而生活不幸福的母亲所生的孩子却往往反应迟缓，存在自卑、怯弱等心理缺陷。因此，准父母应把握这一特点，从现在起，尽力为腹内的小生命创造一个充满温暖、慈爱、优美的生活环境，使胎儿拥有一个健康美好的精神世界，促使其良好性格的发展。

心理游戏

■ 你精神抑郁吗

孕期抑郁症是一种精神心理疾病，对孕妇及胎儿有很大影响，应及早发现及早治疗。下面这份"贝克心情抑郁调查表"（简称BDI），以极其规范的数据帮助读者判断自己有无心情上的抑郁，估计抑郁的严重程度，简便易行，并可反复使用。表后附有BDI应用示意图，可供一般读者参考。

贝克心情抑郁调查表（BDI）

以下21个问题要求您在10分钟内完成，完成后最好由其他人帮助您将所得分数加起来，这样可以除去一些心理干扰因素。

判断方法（指标）：

0～10分，正常心理状态；11～16分，轻微压抑；17～20分，可能怀疑有抑郁症；21～30分，中等抑郁表现；31～40分，严重抑郁表现；41分以上，极端抑郁表现。

如果您得11分以上就应当去找心理咨询医生作一些心理检查。

注意：仔细阅读每个题目中的每句话，选出最能表达您在这一周来（包括填写当天）的心情的话，如果一个题目当中有几句话都符合您的心情，那么都选出来做好标记。

得分：

❶ 0，我不感到悲伤；1，我感到悲伤；2，我一直感到悲伤又不能振作起

来；3，我悲伤得不能忍受了。

❷ 0，我对未来从不失去信心；1，我对前途感到灰心；2，在我的生活中没有什么值得期待的事；3，我对前途不抱希望，目前的情况不能有所改善。

❸ 0，我没有失败；1，和一般人比起来，我觉得是失败了；2，每当回首往事，我想到的都是失败；3，我认为我就是一个总会失败的人。

❹ 0，我对周围的一切总是很满意；1，我不喜欢我过去的所做所为；2，我对任何事情都不太满意；3，我对周围的每件事都感到厌烦、不满意。

❺ 0，我不感到内疚；1，我有好长时间感到内疚；2，我在大多数时间里感到内疚；3，我时刻都感到内疚。

❻ 0，我觉得现在没有受到惩罚；1，我觉得或许要受到惩罚；2，我认为我要受到惩罚；3，我觉得我现在正在受惩罚。

❼ 0，我对自己并不感到失望；1，我对自己感到失望；2，我讨厌我自己；3，我恨我自己。

❽ 0，我并不比其他任何人坏，1，我时常检讨自己的软弱与错误；2，我一直在责备自己的过失；3，我对我的每一点毛病都要自责。

❾ 0，我没有任何自杀的想法；1，我有过自杀的念头，但又不愿意那样做；2，我想要自杀；3，如果有可能我就会自杀。

❿ 0，我现在不常哭；1，我比过去爱哭；2，我现在总是哭；3，我过去总哭，但现在想哭却不能哭。

⓫ 0，我现在不常发脾气；1，我比平常爱发脾气；2，我好些时候动不动就发脾气；3，现在我总是发脾气。

⓬ 0，我对周围人感兴趣；1，我不像过去那样对周围人感兴趣了；2，我对周围人不太感兴趣；3，我对周围人一点也不感兴趣。

⓭ 0，我能像过去一样很快作出决定；1，我不像过去决定问题那样迅速了；2，我决定问题比以前困难多了；3，我现在不能解决任何问题。

⓮ 0，我觉得我并不比以前难看；1，我对我现在的衰老与失去魅力感到焦虑；2，我的容貌全变了，不再那么动人了；3，我认为我现在很丑。

⓯ 0，我工作做得很好；1，我现在做一件事要花很大的气力；2，我现在想自己去做一件事很难；3，我现在什么工作也做不了。

⓰ 0，我睡觉很好；1，我睡觉不如以前了；2，我比平常要早醒一二个小时，并且很难再入睡；3，我比平常要早醒好几个小时，并且不能再入睡。

⓱ 0，我不感到疲劳；1，我变得比平常容易疲劳了；2，我现在做什么事都感到疲劳；3，我太疲劳了，什么事都不能做。

⓲ 0，我的食欲同以前一样，1，我的食欲不如以前了；2，我现在食欲很坏；3，我没有任何食欲。

⓳ 0，我最近没有瘦；1，我的体重减轻了1.5千克；2，我的体重减轻了3千

克；3，我的体重减轻了4.5千克。

❷ 0，我不担心我的健康情况；1，我对胃胀、大便干燥等很忧虑；2，对身体问题我很苦恼，很难解脱；3，对身体问题我过于忧虑，不能自拔。

㉑ 0，我对异性仍然感兴趣；1，我对异性不如过去感兴趣了；2，我现在对异性不太感兴趣了；3，我对异性完全不感兴趣了。

BDI应用图表：

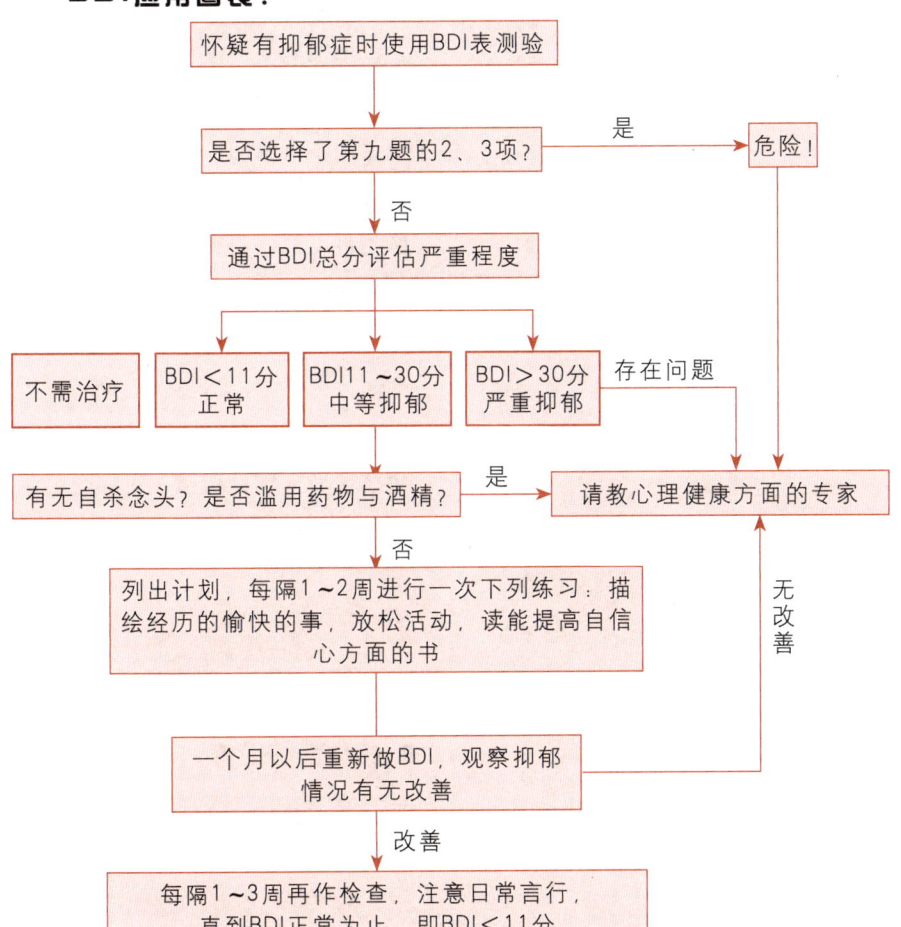

准爸爸必读
Zhunbaba Bidu

取名字学问大

名字只有短短一两个字，却往往让爸妈们伤透脑筋，在茫茫字海里，究竟该挑哪些字组合起来，才是最适合宝宝的名字呢？

■ 命名规矩多

取名字最让人痛苦的就是，规矩实在太多啦！单就日常生活中想得到的，就是名字的意思要好，发音要好听，而且要普通话、方言念起来都好听响亮，其谐音不要含有反面意义。而在世界已变成地球村的今日，命名这档事更多了古人所没想到的诸多烦恼，例如中文名字的发音要和英文名字像，或者中文名字用英文拼音之后，不能太难发音，等等。哎哟，想来想去真是伤透脑筋呢！

■ 七嘴八舌命名考虑

四处搜罗到取名的考虑大致如下，有需求的爸妈们可以参考看一看。

❶ 名字笔画尽量简单一点。这样孩子学写名字时会比较方便。

❷ 名字不要太少见又很难念。最好是在中学毕业以前一定会出现在课本上的字，不然老师点名或其他人员要帮孩子建立计算机数据会很痛苦，也很容易出错。

❸ 避免谐音。尤其是好笑意思又是贬义的谐音，会害得孩子从小被笑到大。

■ 命名有方法

命名有这么多学问，常会搞得准爸妈们一个头两个大，完全不知从何下手。如果爸妈本身有耐心的话，不妨多买几本取名类书籍回来慢慢研究，久了自然有个概念。再不然，直接找一个对这方面专精的老师，请老师取名字也很方便。

当然，也有天不怕地不怕的父母，管他什么考虑，只要自己念着好听也未尝不可。又或者挑几个喜欢的名字，一个个拿来呼唤宝宝，看孩子对哪个名字最有反应，这搞不好就是最适合他的好名字啰！

夫妻按摩，浪漫又解压

■ 按摩前的准备

❶ 彻底清洁双手。

❷ 服装以舒适为主。

❸ 时间避开刚吃饱或饥饿的时候，以免影响消化器官。

❹ 可搭配婴儿油、乳液、精油，让按摩过程更为舒适、好推拿。

❺ 选择温度适宜、灯光柔和、安静的地点，例如卧室的床上就是不错的地方。

❻ 可播放一些轻松的音乐来放松心情。

▌帮孕妇按摩时的注意事项

在帮孕妇按摩前，要先征询中医师的意见，力道的控制要稳定适宜，针对酸痛的地方进行轻压即可，并随时感受自己的力量，避免造成孕妈妈的不适或伤害。

一般来说，怀孕初期（0～3个月）以及产前1个月的孕妈妈，医生是不鼓励按摩的，因为穴道与人体各部位器官皆有呼应，此时按摩很容易因为按摩穴位不当或者力道过大，对孕妈妈以及腹中胎儿造成不良影响。

怀孕中后期因为孕妈妈腰部承受较大的压力，可针对几个紧张或酸痛的地方，以轻柔力道进行肌肉放松式的按摩。

胎气弱、有流产史的孕妇应尽量不要按摩。

适合孕妈妈按摩使用的润滑液（例如精油），要以低刺激性、舒缓为主，不可使用具有活血功能的精油（例如罗勒、川红花、辛夷、高浓度的玫瑰），凡对孕妈妈皮肤会有刺激感的都要避免。

按摩姿势以侧躺较为舒服，记得千万不要压到肚子喔！

准爸爸们只要遵循以上原则，就可以依下述方法开始按摩了。

❶ 肩部按摩要诀（帮助气血循环，达到舒缓、放松经络的目的）

• 双手按压在孕妇肩上，并慢慢地下滑至肩膀处。

• 再以手掌之力将肩胛骨附近肌肉轻轻地往上推，重复数次。

❷ 头部按摩要诀（增进头部气血循环顺畅）

• 双手放在孕妇头部两侧轻压，以帮助松弛，然后用手指轻柔弹压整个头部。

• 拇指放于鬓角处，以食指中指轻压太阳穴。

• 以拇指轻按眉间位置，然后推向眉毛至太阳穴。

• 轻按眼部周围。

• 双手轻放孕妇的两边脸颊。

❸ 腹部按摩要诀（可预防妊娠纹产生、并且增加脂肪代谢率）

• 双手放在孕妇的腹部上，以顺时针方式轻轻地搓揉。

❹ 背部按摩要诀（与五脏内腑息息相关的部位，可增强器官功能并舒经活络）

• 双掌放在孕妇肩胛中央位置，以垂直和平行方式向外及向下轻压。

❺ 脚部按摩要诀（可适度减轻孕妇腿部水肿）

• 以双手从孕妇小腿至大腿方向轻轻地按压。

• 以拇指轻轻地按压妈妈膝关节。

• 先托着孕妇的脚跟，用另一只手轻轻地按压小腿直至大腿。

• 撑住孕妇的脚跟，双手拇指按压孕妇脚掌。

• 轻轻地按摩每一根脚趾。

按摩是非常舒适放松的，也可借此让夫妻了解对方的身体状况，并在过程中分享彼此心情，夫妻感情也在无形之中渐渐深厚。婚姻即是生活的累积，而生活就是由这些小细节建立起来，唯有永续不断的经营，才能提高生活质量并维持合谐快乐的婚姻。

➕ 按摩小技巧

·将手打直并微微向前倾，以身体力量进行按摩会较省力。

·孕妇也可以依上述方式帮丈夫按摩，以手肘或掌心根部按摩丈夫肩颈，可省下孕妇许多力气哦！

·以婴儿油或乳液轻轻地按摩妈妈的腹部及腰部，可减缓或预防妊娠纹的产生哦！

按摩完后，来一杯养生饮品

通常按摩结束后，身心都会有很大的放松，此时可喝些温开水、温牛奶，牛奶中所含的钙质以及氨基酸可帮助肌肉放松，让孕妇更好入睡。

推荐按摩后适合饮用的养生饮品：敲碎的酸枣仁15克、红枣5个、甘草10克。将这些材料冲入1000毫升热开水，待稍降温之后温热饮用，对于入眠以及放松身心压力有不错的效果。可在按摩前将饮品先冲泡好，按摩结束后即可马上享用好喝的饮品。

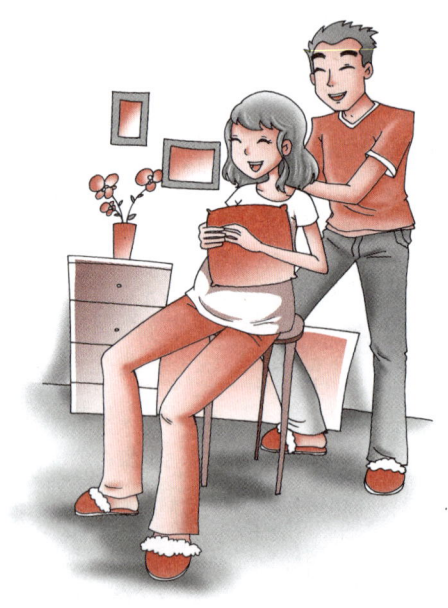

Chapter 10
胎宝宝第9个月

- 聆听音乐，书写胎教日记
- 坚持胎教运动、散步
- 坚持身体清洁，每天洗澡，勤换内衣内裤
- 停止性生活
- 准备好随时分娩用的物品
- 继续练习分娩的辅助动作
- 本月每两周产前检查一次

胎儿发育和母体变化
Taierfayu He Mutibianhua

胎儿发育

9个月的胎儿身长约45~48厘米，体重2000~2800克。皮下脂肪较之前更丰满，周身呈圆形，皮肤的皱纹、胎毛均减少许多，皮肤颜色为淡红色，指甲长至指尖部位。男孩的睾丸已降至阴囊中，女孩的大阴唇已隆起，左右紧贴在一起，性器官、内脏已发育齐全。

大脑发育良好。听觉发育已健全，对外界的声音已有反应，而且能够表现出喜欢或厌烦的表情。此时的早产儿较易存活，因为各系统发育较完善，生存能力较强。

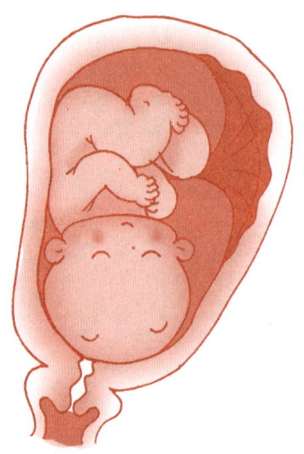

孕9个月的胎儿

母体变化

9个月的时候，宫底已升至心窝正下方，子宫高28~30厘米，胃和心脏受压迫感更为明显有时感到气喘、呼吸困难，胃饱感。由于子宫压迫膀胱，排尿次数增加，尿频明显。有些孕妇感到有时有轻度子宫收缩。这些都是正常的生理过程。

日常生活注意事项：

怀孕9个月时，妊娠高征的危险系数加大，应注意控制体重的快速增长。同时还要注意，如出现突然出血、羊水流出的情况应立即上医院。

另外，在日常生活中要继续注意外生殖器卫生，此期分泌物多，容易污染，每日清洗后，要注意勤换内衣裤。

家务劳动量力而行，不要做重体力劳动，不要长时间洗澡淋浴，按计划进行各项产前检查，以防早产。

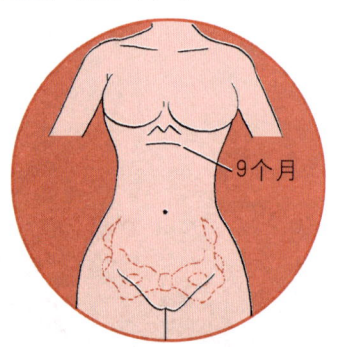

妊娠9个月时的宫底高度

优境养胎
Youjing Yangtai

什么情况应立即去医院

❶ 孕妇阴道突然出现血性分泌物，俗称"见红"或"血先露"，是由于子宫颈内口附近的胎膜与子宫壁分离，毛细血管破裂出血所致，属分娩先兆。这预示孕妇一般将在24~48小时内分娩，所以应尽早到医院就医。

❷ 出现阵发性规律性子宫收缩，至少10分钟一次，每次约30秒，历时1小时缓解，此时无论是否临产均应立即去医院就医。

❸ 阴道突然有大量液体流出，似尿液，可能是胎膜早破，有引起上行感染的可能，有脐带脱垂危害胎儿的可能。此时，孕妇应平卧，立即由他人用担架或救护车送往医院。

❹ 头痛、头晕、血压突然升高；阴道流血但无腹痛，可能有胎盘位置异常。若有腹痛，可能胎盘早剥的情况应立即到医院。

❺ 胎动次数逐渐减少。若胎动次数减少或12小时未感胎动，这提示胎儿在子宫内有缺氧的表现，需立即入院作吸氧等处理。

❻ 胎儿心率每分钟＞160次或每分钟＜120次或胎心减弱、不规则，都说明胎儿有危急情况需立即送医院。

以上情况也是做丈夫的日常需要观察的主要内容，同时要安排好妻子去医院的车辆、衣物。

呵护好孕妈妈的双足

孕妈妈们随着肚子一天天变大，身体的负担也逐渐增加，尤其是支撑孕妈妈全身重量的双足，负担也日益沉重，再加上激素的变化，难免有些不舒服的感觉产生，只要了解产生不适的原因，并依循适当的方式，就可有效舒缓准妈妈怀孕期间的足部不适。

■ 孕期脚肿

水肿，可分为生理性水肿和病理性水肿两类。生理性水肿可由以下因素引发：

❶ 水分滞留。怀孕期间因体内激素改变，黄体素增加，使水分容易滞留在体内，有些妇女在月经来之前，也易有水肿的情形。

❷ 血液循环不良。一般孕妈妈在怀孕后期体重比未孕时平均增加13千克左右。孕妈妈在站立及行走时，膝盖与腿部会承受较大压力，使腿部血液循环不良，而略显水肿。

有些准妈妈则因姿势不良，如在站立或行走时，为维持身体平衡，会将身体微向后仰，或是睡觉时采用平躺姿势，因肚子会压迫到分布在脊椎骨前的动脉血管，而使血液循环不良，使末梢血液增加，使得腿脚水肿。

❸ 新陈代谢量增加。在怀孕时，肾脏除代谢母体所产生的废物外，胎宝宝所产生的废物也会经胎盘由母体代谢。由于新陈代谢量的增加，肾脏负荷过大，导致水分滞留而发生水肿情形。

另外，在怀孕时，孕妈妈体内的血液总量会增加1/3，此时母体体内的血液与水分都较多，在新陈代谢不及的情况下，也会发生水肿。

❹ 饮食习惯改变。准妈妈在怀孕期间可能因胃口不佳或口味发生变化而想吃重口味的食物，在不知不觉中可能摄取过多盐分，体内钠离子增加，使水分滞留，导致水肿。

病理性水肿则有两个因素：

❶ 高血压。若孕妈妈本身有高血压，在怀孕期间又有蛋白尿与水肿情形，要特别留意是否有妊娠高血压综合征的可能。

❷ 妊娠糖尿病。因胎盘分泌激素的影响，导致某些孕妈妈在怀孕期间患有糖尿病，而糖尿病会使末梢血液循环变差，易产生水肿症状。

如何舒缓水肿不适呢？以下是医生与专家们所提供的饮食、穴位按摩及精油芳香疗法等三种舒缓方式：

❶ 饮食方面。有水肿情形的准妈妈在饮食上应尽量清淡，掌握少盐、少糖、少油的原则，少吃辣及刺激性食物，平时可用冬瓜、瘦肉加上一点姜丝煮汤，而食用青木瓜炖排骨与红豆水，皆有利尿、排除体内多余水分的效果。

❷ 穴位按摩。承山、委中、足三里、三阴交与阴陵泉五个穴位皆有促进血液循环的作用，常按压上述穴道，可帮助排除体内多于水分，有消肿与促进血液循环的效果。

按摩时，由膝盖往下按摩，沿着委中穴、足三里至足跟，阳陵泉往下至脚踝外侧，与阴陵泉往下至脚踝内侧三条路径由上往下按摩，促进血液循环，并舒缓因水肿产生的不适。

穴位说明与位置：

阴陵泉穴：膝盖内侧胫骨骨边凹陷处，有收缩及消肿的作用。

复溜穴：位在脚踝上方2寸，有利尿的作用，帮助排除体内多余水分。

承山穴：沿跟腱向上，小腿肚正中央，用力伸小腿时，人字纹中央处。

委中穴：位于膝关节后横纹正中央。

足三里穴：膝盖下3寸外侧。

三阴交穴：内踝骨上3寸处。

阳陵泉穴：位在膝盖下1寸外侧，外尖骨前凹陷处。

❸ 芳香疗法。准妈妈在怀孕4个月后，可使用柠檬、橘子、柳橙、葡萄柚等柑橘类的按摩精油，由脚踝处向上按摩，柑橘

第十章 胎宝宝第9个月

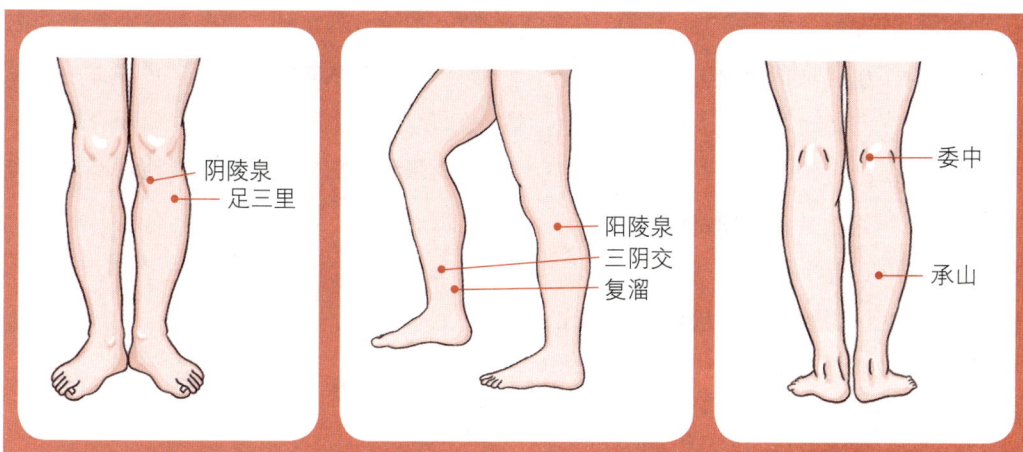

类的精油具有促进血液循环与排水的效果。

不过，准妈妈在使用精油之前，最好先征询医生或专业芳疗师的意见，所使用的精油是否会对胎儿有不良影响，且不会引起过敏反应，才能安心享受芳香疗法所带来的舒适感。

❹ 改正姿势。准妈妈可用托腹带减轻身体的负担，使站立及行走时能维持良好姿势，不会压迫到脊椎骨前血管。睡觉时，采左侧卧，避免压到血管。并可利用枕头垫高腿部，帮助末梢血液回流。坐时，腰部用靠垫支撑腰部力量，减轻准妈妈腰背负担，维持血液循环顺畅。

■ 腿部抽筋

抽筋最常见的原因是缺钙。由于胎儿生长时会从母体吸收大量的钙质以供应生长所需，孕妈妈若没有适当地摄取钙质，便易发生抽筋。

其实，只要营养均衡，从平时所摄取的食物如豆腐、牛奶等之中摄取钙质就足以供应母体对钙质的需求。

如何避免抽筋呢？以下介绍饮食、穴位按摩与芳香疗法等三种改善之道：

❶ 饮食方面。怀孕期间容易抽筋多是因缺乏钙质引起的，因此只要补充足量的钙质，便可减少抽筋。建议准妈妈可适量摄取豆腐、小鱼干、牛奶等富含钙质的食品，只要维持均衡的饮食，即可从日常饮食中获取身体所需的钙质。

有抽筋的孕妈妈可利用芍药10克、甘草10克，加以100毫升水，熬成60毫升，去渣后饮用，可减少抽筋概率。

❷ 穴位按摩。由膝盖后方的委中穴向下沿着足三里穴按压至足跟，或由膝盖下方外侧的阳陵泉穴往下顺向按摩致脚踝内侧，平时可有多按压有益血液循环的穴道，一方面促进血液循环，另一方面可舒缓肌肉紧张，减少抽筋发生。

❸ 芳香疗法。准妈妈可采用足浴的方式让双足放松，水位约在脚踝上方15厘米左右，并可添加葡萄籽精油或葡萄柚精油，舒缓腿部肌肉的紧张的状态，并促进血液循环。

■ 脚底角质增厚

怀孕时，妈妈体重增加太快，加上久站、缺乏运动，脚部承受太大压力，易使足部角质增厚。

有些准妈妈则是有例如足癣或疣等足部疾病而有角质增厚的情形。

若非疾病所引起的角质增厚，只需注意保持脚底角质水分便可改善角质增厚情形，在沐浴时可将脚泡在温水中5～10分钟，再抹上润肤乳液，滋润脚底肌肤，减少角质增厚。

若是因足癣等足部疾病引起的角质增厚，则需寻求皮肤科医生的专业协助，配合医生处方，才可有效改善角质增厚。

■ 减轻腿脚负担

随着孕期周数增加，孕妈妈因为激素改变，容易造成下肢及足部水肿。除此之外，因体重的改变，膝部足部的压力也随之增加。尤其在爬坡、上下楼梯时，膝部所承受体重的压力是走在平路时的4～6倍！

换句话说，以一位体重50千克的女性来说，在爬坡或是上下楼梯时，膝部就要承受$50\times4=200$千克的压力。多数的孕妈妈因体重的增加，会有膝盖酸痛或是脚跟痛的毛病，因此平常应尽量减少外来重量的负担，撇开"能提多少就提多少"的错误观念，尽量不要手提重物（包括肩上的背包）。为了准妈妈和胎儿的健康，准爸爸或是家人应适时给予孕妈妈协助！

有些孕妈妈因为职业关系（诸如教师、护士、药剂师、百货服务业等），需要长时间的久站或是走动，再加上本身重心的改变，更容易产生足底肌膜炎或是静脉曲张的腿部病变，更加要注意减轻腿脚负担。

■ 足底筋膜炎

症状：初期症状为早晨下床后，足底疼痛难忍，即便是久坐或是行走时也感到足底疼痛。

引起原因：足底筋膜因长期承受重量过大，渐渐累积导致疲劳发炎，最后导致疼痛。假使不尽快就医，最后容易因足底筋膜长期拉扯刺激导致"骨刺"发生且足底筋膜炎的好发率，女性是男性的两倍！

如何预防：避免穿高跟鞋或是尖头鞋、皮鞋、拖鞋运动，对孕妈妈来说，鞋跟高度2.5厘米左右的鞋款最适当，选择合脚的宽楦头鞋款，可以让每跟脚指头平摆、通风，也可以选择全气垫的鞋款。

睡眠会影响生产

睡眠可以消除疲劳、恢复体力；睡眠不足会影响生活质量和心理健康。

曾经有研究指出，怀孕中睡眠不足和产后忧郁症有关。2004年12月美国妇产科学期刊的一项研究，则发现睡眠也会影响生产。

这项研究分析了131位孕妇在怀孕第9

个月的睡眠时间和睡眠质量,结果发现每晚睡眠时间不到6个小时的孕妇,生产的过程比较长,而且剖腹产的机会是睡眠时间足够的孕妇的4.5倍。而睡眠质量不好的孕妇,产程也比较长,剖腹产的机会是睡眠质量良好孕妇的5.2倍。所以我们建议孕妇每晚要有8小时以上的睡眠时间,而且睡眠的质量与时间一样重要。

孕妈妈在怀孕过程中大多会觉得疲倦、想睡觉,尤其到后期会更严重。这项研究并没有发现睡眠和宝宝的体重有关。一般孕妈妈都知道"一人吃,两人补"的道理,这项研究则提醒孕妈妈注意睡眠的重要性。

产妇分娩住院必备物品

住院分娩所需物品包括:

❶ 孕期的病历、产前检查记录、妊娠日记、医保证卡。

❷ 干净内衣2~3件、内裤2~3条、乳罩2~3条、卫生巾2包。

❸ 饭勺一把、茶杯一个、小茶壶一个、毛巾2条、拖鞋一双、洗漱用具一套。

❹ 巧克力2块、饼干等食品,可将红糖放在容器里蒸45分钟,带若干备用。

接产妇出院,天凉可带棉衣、帽子;天暖也要带风衣等稍厚些的衣物,给产妇穿。接婴儿需带有帽的小衣服一套、一条尿裤、2块尿布、一条毛巾、一条毯子。如天凉可带小棉被或小斗篷。如离家远,应带一个暖水袋以备不需之用。

先到产房走一遭

生孩子是最令人紧张的一刻,因为自然生产虽是人的本能,却也有风险,不过只要多了解生产这回事,绝对有助于生产。这里帮助准爸妈们多了解一下生产过程。

■ 生产的原理

生产,指胎儿从产道生下来,而产道指的是从子宫颈口经骨盆腔到阴道这条路径。产程的进展是否良好,取决于子宫颈打开的速度(快或慢),以及胎儿先露部位下降(一般的自然产指的是胎儿的头部)的情形。有些准妈妈从规则阵痛到生下宝宝只要三个小时,也有的准妈妈要一两天之久!

那么,究竟是哪些因素在影响着子宫颈扩张速度与胎头下降状况呢?

影响准妈妈产程的要素有三项:一是子宫收缩的力量(power),二是产道大小(passage),三是胎儿大小(passenger),即医学上所称的"3P"。当子宫收缩的力量适当,而产道大小也足以使胎儿通过,也就是骨盆腔与胎儿的大小能够对称,那么在子宫收缩时,就能顺利地将宝宝往妈妈的产道推挤。

假使这三个要素中有任何一个因素出了问题,都会拉长产程。

■ 运动有助于生产

经常运动的准妈妈肌肉力量好,而且骨盆的弹性较佳,生产时骨盆比较容易张开，产道也比较容易扩张，所以从阵痛到生下宝宝，平均需要8～14小时。准妈妈如果体力好，心肺功能佳，才有办法承受漫长的生产过程，并在最后的关键时刻用力把宝宝生下来。建议孕妈妈在孕期最后一个月多走路与爬楼梯，可帮助胎头下降。

■ 出外待产

不少准爸妈都有跑到医院要生产，却被医院赶回家的经验，究竟有哪些标准，可以判断准妈妈是否快要生了，而不必白跑医院一趟呢？

这个部分牵涉到产程的进展，基本上，除了产妇的羊水已经破了，必须尽快到医院生产之外，一般的产妇必须先确定已经有规则阵痛的现象，才表示真的要生了。不过，从规律化的阵痛到生下宝宝，第一胎的产妇通常需要9～15小时左右。除非产妇有急产的可能，否则当产妇刚发生规则阵痛时赶去医院时，医院通常会请产妇再多走动、爬一爬楼梯，或是回家休息。

■ 5分钟痛一次，即可待产

通常当准妈妈痛到不行，跑到医院想住院时，医护人员会进行内诊，了解产妇的子宫颈究竟开了几厘米。一般来说，当产妇的子宫颈口开了3厘米以上（医院会以手指作为测量标准，一指大约2厘米左右），医院才会让产妇待产。不过，每家医院或诊所的做法会略有差异，有一些私人医院在妈妈有产兆时，就可以让产妇先到待产室待产。

尽管产妇无法自行检测子宫颈张开的程度，但准爸妈可以由子宫收缩的程度，来判断自己的产程进展。基本上，当初次生产的产妇5分钟收缩一次，而怀第二胎以上的产妇约10钟收缩一次时，就应到医院待产。

为什么医院会在子宫颈开了3厘米以上才让产妇待产呢？

这是因为当子宫颈开了3厘米以上之后（即进入第一产程中的活跃期），产妇子宫收缩的强度与密度都会变高，子宫颈会开得比较快，而在这之前，子宫颈扩张的速度较慢，距离生下宝宝的时间较长。

■ 生产过程

❶ 进入待产室。进入待产室之后，医院通常会为产妇作一些检查或医疗措施，近来，在主张人性化生产的趋势下，有些医疗措施被质疑是否有进行的必要。但医生们表示，在考虑到产妇与胎儿的安全性，以及有利产后复原的原则之下，这些措施在多数情形下仍有必要实行，但做法上有弹性空间，会视产妇的状况或要求加以调整。

❷ 内诊。内诊的重点在于了解子宫颈扩张的程度，让医生判断产妇的产程进展。所谓的内诊，就是医护人员将手指伸进产道去探测子宫颈扩张状况，不少妈妈会因为此举感到不适，但内诊是唯一能了解子宫颈扩张程度的方式，因此妈妈需慎选自己能信任的医生来接生，降低生产的

第十章　胎宝宝第9个月

不适感。

❸ 绑上胎儿心跳监视器。这个仪器的功能，在于检测胎儿的心跳，以及产妇的子宫收缩强度与频率。生产过程存在着风险，使用这个仪器，能让医护人员随时掌握母婴状况，一旦胎儿心跳下降或是产妇的子宫收缩状况不良，就能马上作处理。不过绑上这个仪器之后，产妇就无法自由地活动。对此，有些医生认为可以间断性地使用这个仪器，而进产房前的最后一个小时则全程使用。也有医生认为，间断性使用的缺点是：一旦有状况发生，往往无法实时发现，因此，仍倾向让产妇待产后就绑着子宫监视器，但若产妇想要起身走动或是吃点东西补充体力时，再拿掉仪器，这样一来就可兼顾产妇的活动自由与婴儿的安全。

❹ 灌肠。灌肠的目的是要帮助产妇在生产前排便，其用意有几项：

- 让产妇安心用力。生产的用力方式就是像在解便，在这过程中，产妇多少都会排出大便来，虽然这些状况是正常的，但有些产妇总会觉得尴尬，若事先灌肠，产妇就不必因顾及形象问题，而不好意思用力。

- 如果产妇有大便卡在直肠里，多少也会压缩产道的空间，如果能清除大便，生产可以更顺利。

- 当产妇解出便时，因为大便充满细菌，可能会污染产妇的产道伤口。有部分产妇虽仍然可能在产台解便，但至少量能减少。

❺ 导尿。胎头下降，会压迫膀胱，造成尿积在膀胱里，假使膀胱里积了许多尿没有释放出来，会让膀胱失去弹性，导致完全解不出尿。另外，假使膀胱中积了太多尿，也会影响产妇产道的扩张空间，不利于胎头下降状况。因此，在待产过程中，以及上产台时，医护人员都会让产妇自行解尿或帮产妇导尿（医护人员一般会按妈妈下腹部，来了解积尿状况）。

❻ 打点滴。于一般的产妇而言，打点滴主要的目的在于建立一个预防风险的通道，一旦发生危急状况，医护人员可迅速地作出适当的处置。生产过程难免有风险，假使发生出血过多或是子宫收缩状况不良时，透过施打点滴的通道，可以让医护人员快速地输血（因为在大量失血时，血管会收缩，不易找到血管输血），或是施打加强子宫收缩的药物。

当产妇打点滴之后，就会像绑上胎儿心跳监视器一样无法自由活动，因此，亦有医院在子宫颈全开的时候，才为产妇装上打点滴的装置。但如果产妇在待产时因为太痛而吃不下东西、呕吐或是有脱水现象，那么医生会提早打点滴，补充产妇的营养。

❼ 剃毛。有一些医院会在产妇待产时就先为产妇剃毛，有些医院则是等产妇上了产台再进行，各家做法不同，但基本上，剃的位置是相同的，也就是在阴道口到肛门之间的位置，也就是会阴，并不会处理到阴道上方的毛发。剃毛的目的是便于缝合会阴伤口，并使伤口较快地愈合。

上述的医疗处置，每家医院的做法多

少有些差异，如果准爸妈有自己期望的生产环境与过程，应事前多探访、了解不同医生及医疗院所的做法，来选择能符合自己期望的生产方式。每一个医生有不同的专业判断与考虑，让医生采用其熟悉的方式来接生，才能把生产的风险降到最低，假使准爸妈的生产理念与医生或医院不同，若希望改变医生的做法，反而可能增加生产的风险，倒不如直接更换接生的医生或环境。

❽ 穿着无菌衣上产台。在胎头露出之后，无论产妇将换床被推进产房，或是继续待在产房生产（原来待产的床会调整成产台），产妇与陪产的丈夫都必须穿上无菌衣服、脚套与头套。而产台上也会铺设无菌床单，并在产妇身上铺设无菌单等。此时，医护人员会协助产妇继续用力直到完全生出宝宝。

❾ 剪会阴。通常在宝宝的头要滑出阴道时，医生会在会阴处剪一刀，防止会阴产生不规则的裂伤，另外，医生也会一手控制胎头，一手在会阴处施压，以免宝宝的头冲得太快，让伤口裂到肛门。

❿ 剪脐带。如果时间上配合得好，医院会让新爸爸帮忙剪脐带喔！

娩出胎盘、缝合会阴。这时候还需要产妇再用一下下力，把胎盘给生出来。而后，医生则会缝合产妇的会阴伤口。

检视子宫颈与宫缩状况。检查子宫颈的目的在于了解产妇有无裂伤的状况，并注意子宫收缩状况是否良好，若否，可是会有产后大出血的危险！假使产妇产后子宫收缩状况不良，医护人员会按摩产妇的腹部，直到腹部变硬，好压迫子宫内的血管止血，才不会失血过多，若是按摩仍无效，则会施打加强子宫收缩的药物。

第一次亲密接触。医院通常会在产妇产后让宝宝马上吸吮珍贵的初乳，这是升级为妈妈的产妇能成功哺喂母乳的重要开始！

还没生产的准妈妈真的不必担心，只要了解生产过程，产前多进行有助顺产的运动并维持准妈妈与胎儿理想的体重，生产的难度是可以降低的！

"真阵痛"还是"假阵痛"

当怀孕后期的准妈妈感觉下腹疼痛时，最常见的问题便是"这是真的阵痛还是假的阵痛？"，"我是不是快要生了？"，"现在到底要不要马上去医院待产？"，这些问题让准爸妈很担心与困扰，因为不知道是否该入院待产？

■ 案例A 假阵痛状况

张女士已经怀孕37周。一个星期以前，她开始偶尔会出现频率不规则、强度不固定的下腹部一阵阵的绷绷、紧紧、硬硬、痛痛、酸酸的感觉，别人告诉她这是子宫收缩的迹象。但是收缩的现象大多在晚上发生，往往在睡了一觉之后，到了早晨就又慢慢消失。

有时强度会增强，也可能有规则性的10~15分钟出现一次次收缩，会造成她非常疼痛不适，无法休息。但是持续一阵子，或是稍微走动、歇息后，疼痛的强度及频率又会改善,这常常使她因为不确定是否即将生产而感到困扰、焦虑,而且也不知道何时应该入院待产,因此所有的心神都耗费在这种不明确的疼痛上。

如何处理?

其实这就是所谓的"假阵痛"。假性阵痛时,子宫颈的厚度不会改变,而且子宫颈没有持续扩张的迹象。所以这种情形只要先待在家中休息并观察阵痛的发展即可,并不需要马上入院待产。

■ 案例B 真阵痛状况

陈女士距离预产期只剩不到几天。前些日子她感觉到子宫的位置好像变低,呼吸因此更顺畅、胃部较不易发胀、感觉比较轻松,再加上肚子都不曾绷紧,使得她对于即将生产所面临的恐惧因而减轻不少。

但是昨天下午,肚子开始突然出现疼痛的现象,她本来以为是肠胃不适,但是上完洗手间后,症状并没有改善。她想到大概是她参加妈咪教室时医师所提到的假性阵痛,所以也不以为意,可是当每5~10分钟出现规律性收缩的时候,她开始觉得不对劲。正要准备拿待产的行李的时候,突然一阵水状液体无法控制地由阴道流出,另外还有少量红色黏稠状的分泌物掺杂少量血液的黏液状白带出现。她警觉到其实她已经有产兆了,才匆匆忙忙地通知丈夫赶快送她到医院!

如何处理?

"真阵痛"时,规则的子宫收缩会使子宫颈厚度变薄,而且会持续扩张,因而

进入产程。所以这种情形当然必须要立即到医院生产。

为何引发阵痛?

就如同瓜熟蒂落一般,阵痛是一件相当奥妙的自然现象。但是人类经过数十年的研究,仍然无法解释生产的启始机制,只知道可能与母体、胎儿及胎盘之间的动情素、黄体素、前列腺素、催产素,及其他激素与其接受器之间的交互关系和消长作用所触发有关。但是由于精确的代谢及内分泌途径仍然不清楚,因此造成足月以后的孕妇子宫开始收缩的真正原因,尚无定论。

无独有偶地,子宫收缩引发阵痛的原因也并不明确,一般而言可能是下列各种可能性:

❶ 因为子宫肌肉层收缩所造成的缺氧。

❷ 子宫下段和子宫颈的神经结受压迫。

❸ 子宫颈口扩张时子宫颈的伸展。

❹ 覆盖在子宫顶的腹膜拉紧。

但是无论如何,生产(自然生产)必须先经过阵痛这一关是毋庸置疑的。

■ 如何区别真假阵痛

但是诚如前文所说的,阵痛有所谓的"真阵痛"与"假阵痛"。假阵痛,说穿了,就好像防空演习一样,一阵疼痛过了就没事了,但是真阵痛则表示即将进入产程,如果疏忽了,甚至有可能把宝宝生在不该生的地方。两种情形的后续处理大不

相同，因此区别"真阵痛"与"假阵痛"的重要性自然不言而喻。但是如何区别两者的差异呢？以下提供一些准则：

假痛VS.真痛

区别方式	假痛	真痛
子宫收缩时间及频率	不规则	频率越来越快，强度越来越强，收缩时间越来越长
疼痛部位	下腹部	整个腹部
疼痛感	无痛或轻微酸痛，腹部会变硬	整个子宫都会感到收缩痛，不痛时渐渐变软
子宫颈扩张	不会	子宫颈会扩张及变薄
因休息、走动而减轻疼痛	会	不会

假性阵痛在怀孕末期相当常见，特征是不规则的子宫短暂收缩引发下腹疼痛或腰背酸痛。间隔、频率及强度不一致，因此不会导致子宫颈的变化。假性阵痛是造成孕妇焦虑和提早住院的常见原因。

而真性阵痛为规则的子宫收缩，且其逐渐会间隔变短、频率变快及强度变大，伴随着子宫颈的扩张和变薄，表示进入产程的开始。

真假阵痛的应对措施

■ 假阵痛的应对

虽然假性阵痛会较为舒缓，但是当痛起来的时候还是会令人坐立难安。因此准妈妈除了放松心情、注意观察疼痛是否为真性阵痛，以便及早准备待产之外，也可以用下列方式来减轻假性阵痛所引起的不适：

❶ 改变姿势，试着走动或坐着、躺着休息。

❷ 利用产前运动所练习的拉梅兹呼吸法，有时候也能得到不错的效果。

❸ 尝试在特别疼痛或酸的部位进行按摩。

■ 真性阵痛的应对

至于真性阵痛，因为是进入产程后的子宫收缩，所以要缓解比较不容易。但还是可以透过以下方法来改善产痛：

❶ 周遭的亲人或医护人员给予心理上的支持，以减轻孕妇的情绪压力，以免疼痛程度加剧。

❷ 使用拉梅兹生产法，借由呼吸来分散注意力，并且调整肌肉的紧张度来减低疼痛感。

❸ 借由无痛分娩，在待产过程中适当地给予止痛药物，可以有效地控制子宫收缩所引起难以承受的疼痛。

三大考虑打造完美婴儿房

宝宝虽小,也是一个独立的个体,出生后,当然需要有自己的小空间。这小空间里,除了要布置得美观漂亮之外,爸爸妈妈也别忘了小宝贝有自己的特殊需求,在帮宝宝打理婴儿房时,宝宝自己住起来的舒适感、东奔西爬、到处乱抓乱咬时的安全性,以及爸爸妈妈整理房间乃至于婴儿房日后升格为幼儿房时的方便性,都是不能忽略的重要考虑。

■ 为什么要让宝贝睡婴儿房

宝宝出生后刚带回家时,由于还小,许多爸爸妈妈怕孩子一个人睡发生意外,妈妈更为了晚上喂奶方便,所以不仅没有事先准备婴儿房,甚至连张婴儿床都没有,直接让小孩和爸妈一起睡。宝宝和爸爸妈妈同床睡觉,虽然方便照顾,但这其实是非常危险的行为。因为爸妈一旦睡着之后,可能随便翻个身、挥个手就打到宝宝,甚至不小心把棉被盖到婴儿口鼻,运气不好,小宝宝可能因此就发生窒息。

除了安全考虑之外,从小给宝宝一个专属的空间,也比较容易培养孩子独立的人格。因此,如果家里一时真的挪不出空间当婴儿房,至少也要给宝宝一张专属的婴儿床哦!

考虑一:舒适性

出生1岁以内的婴儿,有许多生理状况都和大人不一样,因此,布置小宝宝专属的空间时,爸妈当然也不能只凭着自己的感觉,觉得舒服就OK。要让宝宝有个舒适的小空间,要注意的事情有:

❶ 温度适中。小婴儿的体温调节能力还不好,很容易随着外界温度高低变化,体温也像坐云霄飞车般起起伏伏。因此,室内温度最好控制在25～26℃左右,宝宝会觉得最舒服。为了控制温度,应在婴儿房内装好空调。如果觉得屋子内湿气太重的话,也可以装上除湿机。

❷ 灯光柔和。婴儿房内的灯光要充足柔和,不可太过刺眼。可以使用类似自然光的灯泡或是卤素灯照明。此外,也可以装上数段式转换的灯,偶尔改变室内光线强弱,给宝宝多种不同的视觉感受。由于宝宝夜里经常醒来,妈妈也有在夜间喂奶的需要,因此,夜晚时,最好在婴儿房里留上一盏小夜灯,以免宝宝半夜醒来看见一片漆黑被吓到,妈妈也不需要半夜摸黑到婴儿房探视宝宝。

❸ 色调协调。刚出生的宝宝视力还没发展完全,尤其是4个月以内的宝宝,可说是一个大近视眼,大概30厘米以外的景物就是一片朦胧。因此,婴儿房的色调最好不要太过鲜艳,以免过度刺激宝宝的眼睛。

为了让房间的色调协调统一、具有美感,选择主色调之后,房间内其他家具、床单、被单以及墙壁颜色等,最好也跟着搭配,才不会显得太过凌乱。

❹ 墙壁材质。由于许多小宝宝喜欢在墙上涂鸦,因此,可以考虑在婴儿房里贴壁纸,让宝宝能够随心所欲地发挥绘画天分。壁纸脏了可以自行选择更换,也可

以随着宝宝的年龄、喜好来更换花色，不过和油漆比起来，成本较高。假如婴儿房的墙壁是用油漆的，虽然比较经济实惠，但有一些油漆含铅量较高，万一宝宝误食剥落的油漆，可能有铅中毒的可能，这是要比较当心的一点。

❺ 加装窗帘。婴儿房内可以加装窗帘，避免阳光直射房内，刺激宝宝的眼睛。到了晚上，把窗帘拉下也可以增加孩子的安全感。此外，过长的拉绳易造成宝宝因好奇拉扯，使得拉绳缠住宝宝的颈部，发生危险与意外。因此，在选购上，婴儿房内的窗帘应避免附带拉绳的款式，或是挑选拉绳不超过30厘米的款式尤佳。

❻ 木质地板佳。石材地板太冷硬，而铺地毯容易暗藏尘螨，引起孩子的过敏问题，因此，婴儿房内的地板材质，最好选择木质地板。至于婴儿房内经常铺设的安全地垫，购买时，最好选择有厂牌的产品。此外，安全地垫买回来之后，最好先放到阳台暴晒，让地垫的塑料味散去。如果使用1个月后安全地垫都还有怪味道，最好停止使用。

事实上，不仅安全地垫，假如家里或婴儿房特地请人来重新装潢，由于许多装潢材质，例如胶合板等，都含有甲苯等化学物质，容易引起宝宝过敏。因此，重新装潢之后，最好先把房间的门窗通通打开，让空气流通，过一两个礼拜这些化学物质散去之后，才可以住人。

❼ 寝具要透气。婴儿床垫不要选择太厚的海绵垫，否则可能因汗水或尿水累积在海绵垫内无法挥发，而导致宝宝痱子、脓疮等问题。

床单最好选择棉质、吸汗且不起毛球的布料，可以准备1~2条来替换。棉被则以透气、舒适为标准，可依季节选择厚、薄各一条即可。材质方面，安全棉为佳，最好不要是尼龙材质，以免引起宝宝身体过敏，产生红肿等症状。建议新手爸妈还可以添购尿垫，尿垫具有防水功效，若是铺在床单下，可以防止尿液渗入床垫中，而尿垫的另一面为柔软吸水的棉质材质，所以小宝宝洗完澡后，若是习惯在床上更衣，可先铺上一条尿垫，可避免弄湿床单。特别是很多男宝宝洗完澡、尚未包上尿布时，很容易因尿尿而喷湿床单。此外，大部分的尿垫都可用洗衣机水洗，使用非常方便。

枕头方面，透气的材质较优，如果有防螨功能更好，可以防止易过敏的宝宝吸入尘螨，影响健康。此外，宝宝出生时骨头较软，最好不要将枕头垫太高。可以附带准备1~2个枕头套替用。

如果担心宝宝被蚊虫咬伤，也可以使用蚊帐，但要确定蚊帐不会被宝宝触碰拉扯到，以免发生意外。

考虑二：安全性

小宝宝正处于精力旺盛的学习阶段，对周遭的各种事物总是会充满好奇心，喜欢到处摸、到处抓、到处冲撞，还喜欢把所有没见过的东西都拿到嘴巴里咬一咬，然而，一不小心却可能发生危险，所以，新手爸妈在布置婴儿房的时候，别忘了安

第十章 胎宝宝第9个月

全才是最重要的考虑哦！

❶ 婴儿床。购买婴儿床时，记得注意婴儿床床板到上横杆的高度必须要有60厘米以上，婴儿床的栏杆间隙必须小于6厘米，以免小孩从栏杆探头往外被卡住。此外，假如小宝宝已经能够自己爬出床外了，就不能继续使用有摇摆装置的婴儿床，以免摔伤。使用电动摇床时，如果没有人能够在一旁照顾，最好把电动摇床的电源关掉，并固定住摇摆装置，以免发生意外。

此外，婴儿床两边的床缘，通常会有高、低的调整位置。这些调整装置必须具有防范宝宝误触的固定卡锁功能，以免宝宝误触让床板掉下来。婴儿床结构上的金属配件应该平滑且无尖锐边缘，才不会刮伤皮肤。婴儿床内最好有缓冲围垫，围在婴儿床四个内围，以保护宝宝的头部；围垫上的带子不宜过长，以免勒到宝宝的脖子。小婴儿长牙之后喜欢啃东西，因此婴儿床的涂料必须无铅、无毒且不易脱落，才不会使宝宝在啃咬中中毒。

为了刺激宝宝的听觉和视觉，当宝宝还没办法抓东西时，可以在婴儿床上放挂音乐铃吊饰。但音乐铃吊饰在宝宝5个月之后最好拿掉，以免小宝贝又抓又扯地弄坏玩具也弄伤了自己。

此外，婴儿床内最好不要放置玩具，以免宝宝睡觉时压到不舒服甚至受伤。

❷ 床垫。婴儿床垫应该有较硬的结构设计。太早让宝宝使用过软的弹簧床垫，容易造成孩子的脊椎变形。而且，太软的床垫在宝宝翻身时，容易遮住口鼻，造成窒息等意外。

❸ 床单。婴儿床的床单要拉紧一点，不要铺得太松，让床单有张力，以免床单松脱，宝宝手一挥，会不小心盖住口鼻，发生窒息。

❹ 棉被。为了考虑宝宝安全，睡觉时，可以考虑让宝宝穿睡袍而不盖棉被，以免宝宝睡觉的时候乱动，把棉被盖到口鼻而窒息。如果使用棉被，最好使用轻薄的棉被或毛毯，塞进睡垫内。宝宝睡觉时，最多只将棉被覆盖到胸部。

❺ 防撞条。假如是新买的家具，当然要选择边缘采用圆弧状设计的买，宝宝撞到后也不容易受伤。但假如宝宝和父母同屋，或是家具之前早就买好了，那么最好检查一下，凡是边边角角太过尖锐的地方，最好都用防撞条贴好。此外，防撞条最好选择与橱柜相似的颜色，以免宝宝因为好奇，反而会通通扯下来。防撞条其实很容易被宝宝扯下、啃咬而破损，对此，爸爸妈妈要定时检查防撞贴条的状况，而且家中最好多备几份新贴条，以便随时更新之用。

❻ 风扇网。可在风扇外头包覆细网，防止宝宝因为好奇心，而将手指伸进风扇中。

❼ 安全锁。为了防止宝宝到了6个月，到处爬翻东西，在各种柜子、冰箱、抽屉外头，都可以加装安全锁，以免宝宝打开后误食柜子里的东西，或者门没开好，手被夹到。

❽ 插座。插座是小婴儿最喜欢玩的地方。假如只是用手指头摸一摸就算了，

偏偏调皮的宝宝总爱拿个东西钻进插座里，要是刚好又拿到导电材质，一不小心就触电了，非常危险。因此，插座上假如没有插头，最好拿个插座孔护盖罩住，以免意外发生。

❿ 电线。婴儿房内的电线最好放整齐，不要在地板散落一地，以免宝宝东爬西爬绊到电器。至于电线的插头假如在插座里，外头最好也加个护套，以免宝宝随手就拔掉了。

考虑三：方便性

宝宝的东西又多又杂，成长过程中的需求也不断改变，因此，布置婴儿房时，最好多做些长远一点的考虑，免得一下子弄了一堆东西，使用起来却发现碍手碍脚，当宝宝稍微长大一点，又用不到了，会很可惜哦！

❶ 不用急着把所有的东西买齐。小宝宝最需要的其实是大空间，可以让他到处爬到处玩，因此，婴儿房内主要有一张婴儿床，还有收纳宝宝物品的柜子即可，并不需要添购太多家具，把房间塞得满满的。

❷ 婴儿房最好紧邻父母房。如此一来，宝宝有什么状况才能立刻察觉，晚上要照顾时也比较方便。此外，假如家里是自己一栋楼房的话，婴儿房最好安排在一楼。不然有时候小宝宝到处乱爬，不小心摔下楼梯就不好了。

❸ 提前索取婴儿床。由于婴儿床坚固耐用，但等宝宝过了一定年纪之后，就再也用不上了，因此，假如没有预算添购一张新的婴儿床，当宝宝还没出生前，看到亲朋好友家中有不用的婴儿床，也不妨跟人家要一张回家。但借婴儿床前，要先检查一下会不会太旧、坚不坚固等问题，假如婴儿床的木头上已经斑驳、有木刺出现的话，最好不要用了。

❹ 纸箱也是不错的收纳工具。由于小宝宝的物品又多又小又杂，因此收纳时，可以多买一些小箱子回来摆，方便分类。小箱子的形状可以多一点造型色彩，激发孩子的创意。

除了市面上卖的收纳柜之外，纸箱子由于材质柔软，尺寸齐全，放在房间内，就算小朋友撞到也不觉得痛，所以也是不错的收纳工具哦！

❺ 分类收纳。有许多女性当了妈妈之后，就从"败金女"演变成为"败金妈"，只要上街，就会忍不住帮小宝宝买一堆又一堆的衣物鞋子。东西多没关系，但整理起来，一定要更有系统，否则东西很容易就找不到了。建议即使是小朋友的衣物，也要比照大人分门别类，例如上半身、下半身、外套、冬天、夏天等分类收纳。此外，一双一双的袜子手套，一定要双双套在一起收好，否则到最后一定会东一只西一只找不齐。

❻ 玩具一次不要拿太多出来。玩具，也是小宝宝的另一大宗家当，几乎每个孩子都拥有好几箱的玩具。不用说，收纳玩具时，当然也要分门别类收好，之后要拿的时候才方便找。此外由于小孩子很容易喜新厌旧，因此提醒爸妈，当拿玩具给宝宝玩的时候，一次最好不要给他超过六样

的玩具。其他的玩具要收好,通通要藏在宝宝找不到的地方。等一个礼拜过后,再把这六样玩具收起来,给宝宝另外六样玩具玩。这样做有个好处:宝宝一次玩不到所有玩具,就不会同时对所有的玩具厌倦,反而觉得每个礼拜都有新玩具可玩。而且一次放一点玩具出来,房间内就不会同时摆满了所有的玩具而显得凌乱不堪。

❼ 柜子要考虑到妈妈的身高。婴儿房虽然是宝宝的专属房间,但其实经常在里面忙进忙出、收拾东西的都是妈妈。因此,婴儿房里的许多家具,尤其是柜子最好考虑到妈妈的需求,柜子高度尽量在妈妈的肩膀和手臂之间,要拿东西才比较方便。

此外,由于经常需要帮小宝宝换尿布,如果房间内没有适当的地方,也可以买个尿布台,会方便许多。

怀孕后期饮食营养须知

进入怀孕晚期,与宝宝见面的时间越来越近了!由于孕妈妈的体重会以每周增加约半千克的速度直线上升,所以应当养成不偏食的习惯,并保持适当的运动,为顺利生产作准备。

怀孕后期是从妊娠24周到分娩时刻,此时期胎儿成长最为快速,而中期时子宫体及乳房组织的成长,足以提供后期战备所需。这个时期可称为"诞生的前奏",孕妈妈每周体重约增加0.5千克,各类营养素的增加与中期的量相同。

妊娠28周时,胎儿肺泡的发育已渐渐成熟,眼睛偶尔也会打开来探索一下周遭,胎儿体内开始囤积脂肪,体重几乎呈现倍数成长,体重有0.9~1.4千克。32周时,听力已发展到一定程度了,对周遭人、事、物会产生反应,身长约41~46厘米,体重1.8~2.3千克。到妊娠36周时,身体内各器官已经分化并成熟,而且体内开始储存铁质、钙质、肝糖各营养素,有助于出生后营养提供,身长为48~53厘米,体重为2.7~3.6千克。

■ 怀孕后期的饮食及生活原则

❶ 少量多餐且多吃营养价值高的食物。怀孕后期因为子宫体上升而压迫到胃部,容易造成胃部不适、食欲下降,应避免油腻及油炸食物;另外,用餐时要保持心情愉快、轻松气氛,有助于提高用餐意愿。随着胎儿的成长、发育,进食时会感到不容易吞咽,建议少量多餐,吃些营养价值高和容易消化的食物,如瘦肉类、海鲜类、奶类、蛋品、豆腐等。

• 高价位食物并不代表营养价值就高!只要均衡、适量地选择当季食材,即可取得足够的营养素。

❷ 补充铁质。孕妈妈因为全身血液循环量增加,为避免在生产时大量失血,所以要储备足够量的铁质,因为铁质是红血球中血红素生成的重要成分。此外,补充铁质也可预防缺铁性贫血及避免影响胎儿发育。含铁质丰富的食物包括:肝脏、红肉、深绿色青菜。

• 增加铁质吸收率的方法:与含维生

素C食物一同食用。

- 会影响铁质吸收的食物：含茶碱、咖啡因及单宁酸的食物（如茶、咖啡、可乐）会影响铁质的吸收，要避免与含铁食物或铁剂一起食用。

❸ 补充钙质。在营养良好的状况下，胎儿对钙质的需求并不会对孕妈妈造成负面影响。若平时对含钙食物摄取不足，这时候就要选择含钙丰富的食物，必要时可补充钙片。

- 钙与铁两者的吸收会相互竞争，所以含铁及含钙食物最好分开吃，尤其是铁剂与钙片。

❹ 补充蛋白质。母体需要蛋白质来生长本身组织、成长胸部、弥补分娩时血液的流失，也可防止全身性水肿；胎儿也需要蛋白质来建造组织，所以蛋白质的量一定要增加。孕妈妈每天要增加10克含量，如1杯牛奶＋1两（30克）肉类或蛋、半碗饭＋1个蛋、1份豆制品＋1盘青菜。

❺ 不要摄取过多盐分。为了预防罹患妊娠高血压综合征，含盐分高的食物不能摄取太多，例如腌渍品、加工食品、罐头制品，尽量不吃。烹调时，选择新鲜食材、清淡烹煮为宜。

❻ 摄取适量水分。饮用过多水分，是造成身体全身性水肿的原因之一。我们一天所需的水分可依食物摄取热量大卡数作参考，摄取1卡热量就要摄取1毫升水分。也可以计算前一天的尿液量，再加500毫升即为应摄取的水分。一般若有水肿情形发生，可以减少水分到与尿液等量；若已减少但仍无法消除水肿情况，则应要请医生查明水肿原因，或询问营养师来调整饮食。

❼ 适量摄取奶类。奶类是钙质与维生素D的最佳食物来源，若每天能摄取2～3杯牛奶或2～3份乳制品，钙质、维生素B群都可以达到建议量。目前奶制品中都会添加维生素D，所以不用担心会有维生素D缺乏现象。营养美味的乳制品包括西式浓汤、巧克力饮品、吉士、奶酪、酸奶、酸奶，也可制成各式各样的水果牛奶，比如木瓜、酪梨、香蕉、苹果牛奶等，风味口感都不错。

- 对于铁及钙质摄取量仍低于健康建议量，虽然说目前尚没有因此引起的营养不良问题，但依然有10%左右的孕妈妈会发生贫血病症，这个问题必须认真去面对。也许人们对"奶类"的认知有一些差异，除了奶类以外，含钙、铁的食物选择还有很多的。

❽ 适当的休息。怀孕期间充足的休息，有助于孕妈妈的身心健康及胎儿成长，尤其是早期、晚期较容易疲倦，每天至少要有6～8小时充足的睡眠时间，白天也应要有休息时间。如果身体无法充分恢复疲倦，就没办法尽情享用食物，所以适当的休息是很重要的。

❾ 规律的运动。可以使孕妈妈有较好的体态，进而产生健康幸福的感觉，更能对自己有信心，而且适度的运动有助于孕妈妈控制体重及生产过程顺利。有数据显示，运动的孕妈妈在怀孕期间会有较佳体形、增

加的体重较少、产后恢复速度也较快。身体健康的妇女比体质弱的妇女更能忍受生产过程，而生下的婴儿也较有耐力。但是罹患疾病或肥胖的孕妇要请教医生、护理人员，了解哪些运动是合适自己的。

药膳食疗

枣仁粥

用料：酸枣仁60克，粳米400克。

做法：❶ 酸枣仁炒熟，放入铝锅内煎熬，取汁去渣备用。❷ 粳米淘洗干净，放入锅内，再把酸枣仁汁倒入，将粥煮烂，每日3次，每次食粥一小碗。

功效：养阴、补心、安神的功效，适用于心脾两虚的心烦失眠等症。

银耳羹

用料：银耳5克，鸡蛋1个，冰糖60克，香油适量。

做法：❶ 银耳用温水发透，放砂锅内炖烂。❷ 冰糖放入另一锅中，加水上火溶化，把鸡蛋取蛋清兑入清水少许，搅匀后倒入糖水中，烧沸后，打去浮沫，倒入沙锅内，起锅时加入少许香油即可。

功效：养阴润肺、益气生津，适用于肺阴虚咳嗽、咳血，阴虚型高血压、失眠等症。

莲子粥

用料：去心莲子30克，粳米100克。

做法：两味用料分别洗净，同入锅煮至熟烂，空腹食之。

功效：健脾益气、宁神益志，治心脾气虚、心神不宁，如心悸、怔忡、乏力、失眠、久泻等。

糯米麦粥

用料：糯米50克，小麦米60克，冰糖少许。

做法：两味用料均洗净，同入锅煮成粥后加少许冰糖，服用。

功效：可治妇女心神不宁，夜睡不熟。

胎教课堂
Taijiao Ketang

第29～40周胎教重点

■ 宝宝的感官发展

胎儿在第33周时，胎儿就能够感受到子宫内光线的明暗度改变，并有所反应，不过他得等到出生后才能看到物体的形状与模样。

■ 胎教重点

因为胎儿对子宫内光线的改变很敏感，准爸妈不妨借此刺激他的视觉发展，除此之外，宝宝的听觉、触觉等感官能力，也都在这个时期发展到成熟的阶段，因此这个时期准爸妈可以自由运用上述介绍的各种游戏，甚至是把不同的游戏组合起来，给胎儿全方位的训练。

■ 胎教方式。

❶ 照亮妈妈的肚皮。若是有较强烈的光线照到妈妈的肚皮，子宫内部的明暗度会稍微地改变，建议妈妈不妨试着用低瓦数照明灯照照肚子，当宝宝感受到光度的改变时，他会用力地踢脚，把灯拿开后，宝宝则会逐渐恢复休息状态，不过如果宝宝正在睡觉，他可能就没有反应。提醒准父母不要使用强光，因为宝宝的视网膜非常脆弱，太大的刺激会对胎儿有不良影响。

❷ 到户外晒晒太阳。建议孕妈妈不妨到户外晒晒太阳，不仅有助舒解身心压力，也可以刺激胎儿，不过记得一定要做好防晒，同时要避开紫外线最强烈的时间。

❸ 改变子宫的空间。由于宝宝对子宫内部空间大小的改变很敏感，尤其是怀孕后期，微小的空间变化都会影响到胎儿的活动。若在肚子上放一本书，或是把手放在胎儿突出来的手脚上，宝宝就可能因为空间被挤压而做出响应动作，不过在玩这个游戏时，记得要避免做出对子宫有严重影响的动作，以免伤害胎儿。

孕9月的中医胎教

古人说，妊娠九个月，孕妇应"饮醴食甘，缓带自时而待之，是谓养毛发，多才力"，"无处温冷，母着炙衣"。这时的胎儿在母亲体内增长力气和重量，活动越来越频繁，力气越来越大，但他也有安静的时候。孕妇要注意让胎儿休息，在他安静的时候不要过多地刺激他，而是给他听些轻柔流畅的音乐。同时孕妇要减轻紧张情绪，孕妇的紧张、恐惧心理对胎儿是一种不良的刺激。

陈复正《幼幼集成》论述了难产七

因：一因安逸。盖妇人怀胎，血以养之，气以护之，宜常时微劳，令气血周流胞胎活动。如久坐久卧而致气不运行血不流顺，胎亦沉滞不活动，故令难产。常见田野劳苦之妇，忽然途中腹痛，立便生产可知。

二因奉养。盖胎之肥瘦，气通于母。母之所嗜，胎之所养，如恣食厚味，不知减节，故致胎肥而难产。常见藜藿之家，容易生产可知。

三因淫欲。古者妇人怀孕，即居侧室，与夫异寝，以淫欲最所当禁。盖胎在胸中，全赖气血育养，静则神藏。着情欲一动，火扰于中，血气沸腾，三月以前犯之，则易动胎小产；三月以后犯之，一则胞衣太厚而难产，一则胎无漏泄，子多肥白而不寿。且不观诸物乎？人与物均禀血气以生，然人之生子，不能胎胎顺、个个存而牛马犬豕，胎胎俱易，个个无损，何也？盖牛马犬豕，一受胎后，由牝牡绝不相交；而人受孕，不能禁绝，矧有纵而无度者乎？

四因忧疑。今人求子之心虽切，保胎之计甚疏。或问卜祷神，或闻适有产变者，常怀忧惧，心悬意怯，因之产亦艰难。

五因软怯。如少妇初产，神气怯弱，子户未舒，更腰曲不伸，展转倾侧，儿不得出。又中年妇人，生育既多，气虚血少，产亦艰难。

六因仓皇。有等愚蠢稳婆，不审正产弄产，但见腹痛，遽令努力。产妇无主，只得听从，以致横生倒生，子母不保。

七因虚乏。孕妇当产时，儿未欲生，用力太早及儿欲出，母力已乏，令儿停住，因而产户干涩，产亦艰难，惟大补气血助之可也。

当心产前忧郁症伤害母子

孕妈妈因为激素的改变，情绪起伏本来就比较明显，若又碰上挫折与打击或丈夫无法陪伴时，很容易在饮食、睡眠和情绪各方面出现异常，极可能出现产前忧郁症。此时家人应多给予关心与协助，并求助于精神科医生，以免影响准妈妈和胎儿的健康。

■ 情绪低落、食欲差，可能是忧郁症作祟

产前忧郁症有两种情形，一种是在怀孕后才表现出忧郁；另一种是在怀孕前就有忧郁症病史，怀孕后又复发。产前一直到生产这段期间的忧郁表现概率较少，除非因为某些生理因素造成，例如已知道胎儿有问题，或怀孕期间很不顺利（例如罹患妊娠高血压综合征或妊娠糖尿病等）；若是心理因素，例如非计划性怀孕，未婚怀孕或是欠缺另一半支持的孕妈妈，则出现产前忧郁症的机会较大。

对于怀孕前就有忧郁症的孕妈妈，建议最好在怀孕前和医生讨论，先暂停用药，观察一段时间，若未发作应该就没问题。万一1~2个月后忧郁症又复发，偏偏在此时已怀孕，那就要密切观察病情的起伏变化。

产前忧郁症的表现，与一般忧郁症相同，通常会有以下现象：

❶ 情绪低落。孕产妇对迎接新生命的来临应该是高兴、喜悦的，如果常莫名地流泪、表现很沮丧，就要特别留意。

❷ 吃、睡状况不佳。除非严重"害喜"，否则孕妈妈都会为胎儿健康努力进食，若有忧郁倾向，不仅食欲变差，对任何事物也缺乏兴趣（例如不想参加妈妈教室、提不起劲练习拉梅兹等），睡不着、睡眠质量差，都可能是忧郁症作祟。

不过也有少数属于非典型的忧郁表现，很容易被忽略，这类患者无论吃或睡都明显增加，感觉不到即将当妈妈的喜悦，对任何事物都提不起劲，只好以吃来抒发情绪，或觉得无聊只好睡觉。要当心，这也是产前忧郁症的现象。

产前忧郁症的表现具有多样性，其原因包括受其他妊娠疾病影响或因焦虑所引起。焦虑是产前忧郁症的主要原因，孕妈妈常担心生产不顺利、可能会大出血，这种负面念头若一直存在，且是不由自主的，可能和本身的人格特质有关，这类孕妈妈原本就比较敏感、缺乏自信，总是在意别人对她的看法。若怀孕前就存在有忧郁的体质，甚至年轻时就受忧郁症困扰，则怀孕后会更加重忧郁程度。

通常怀第一胎的忧郁机会比第二胎高，多与初产妇缺乏经验、容易焦虑有关。不过，初产妇因焦虑而求助医生的意愿却较经产妇高，经产妇可能会认为生产后就能改善，事实上产前的忧郁会延伸到产后，根据统计，产前有忧郁症，得产后忧郁症的机会比一般产妇多出五成。

■ 产前忧郁会影响子孩心智发展

产前忧郁症也会影响生产过程，例如一直处在情绪起伏或焦虑状态，可能造成早期宫缩而导致早产。此外，食欲差、睡不好会影响生理状态，进一步影响胎儿的成长，若一直未做处置，除了早产外，宝宝出生后体重会偏低，发展可能较迟缓，甚至有心智发展晚熟的问题。因此，建议有忧郁症的女性在怀孕前就作好准备，即使不吃药，也必须定期回诊。

如果到怀孕后期，忧郁症仍未控制好，产妇无法用心分娩，也可能影响生产的过程，所以必要时要采取剖宫生产。

"产前忧郁症"是否会影响孩子将来的个性？孩子个性的发展与父母原本个性的关系较大，忧郁症主要影响孩子的心智发展，例如孩子缺乏安全感、容易有分离或陌生焦虑，也可能影响到智能表现（如学习意愿偏低）。也有研究指出，产前忧郁症妈妈生下的孩子多动、注意力较难集中。

■ 处理生理因素、解决心理问题

忧郁症药物应该尽可能避免在怀孕前3个月服用，因为此阶段胎儿神经正在发育，受药物影响的机会较大，除非孕妈妈症状严重到有自杀倾向，才会考虑以药物控制，否则多以心理治疗、家族治疗或住院进行缓和医疗处理。怀孕第4个月后进入安全的阶段，药物使用较无问题。

治疗产前忧郁症应该先去除生理因

素，例如疾病问题先由妇产科医生设法解决；若属心理问题，则先找出原因，观察是否属于人格特质或周围缺少支持系统，必要时医生会邀请准爸爸或主要照顾者，安排家族会谈以利于治疗。

■ 提高孕妈妈进食意愿、选择高营养食物

产前忧郁造成食欲不振时，应多给孕妈妈鼓励，告诉孕妈妈"一人吃不见得可以两人补，但是一人不吃绝对是两人都不补"，并设法排除孕妈妈心中烦闷、困扰的情境因素，转移注意力，将焦点放在孕妈妈自己可掌控的部分，例如谈谈对孩子的计划与期待或自己的兴趣、爱好等。如果仍无起色，可能要采取半强迫性，以医生的权威，用命令口吻对患者做出要求，并请家属盯着。临床也曾有厌食倾向的孕妈妈，在许多方法都无法奏效时，为了孕妈妈和胎儿着想，最后只能以强迫灌食或打针方式给予必要的营养补充。

孕期中，因忧郁症影响食欲时，建议除了补充孕妈妈专用维生素和矿物质制剂之外，最重要的还是想办法提高孕妈妈进食的意愿，例如：

❶ 家人可从孕妈妈最喜爱的食物着手。

❷ 选择密度高、热量高的食物，烹调煮成混合型食物。

❸ 选择营养价值高的食物，包括肉、鱼、蛋、奶类食物，面制品可减少。

由于孕妈妈胃口不同于一般人，所以没有特定哪一些食物或药膳对提高食欲会有帮助，医生和家属只能循序渐进给予协助。其实除非症状严重，否则一般孕妈妈都会为胎儿着想而进食。如果严重到需要住院时，通常也会伴随有其他症状（如低血糖），此时仍以经口喂食设法给予食物补充，还是没办法时，才会采取鼻胃管灌食。

■ 准爸爸应多分忧解劳

在治疗过程中，另一半扮演的角色相当重要，除非忧郁是因准爸爸引起，否则准爸爸应该多做些分忧解劳的工作，多花些心思协助妻子或倾听妻子的心事。有一些丈夫总抱怨自己比妻子更忧郁，其实孕妈妈激素改变造成的忧郁，绝对是男人无法想象的。

准爸爸的陪伴当然很重要，不过当准爸爸因为某些因素而无法陪伴时，此时孕妈妈应该将期待做些修正，找一个替代角色或参与活动，勿将所有期待全放在准爸爸身上。

属于怀孕前存在的忧郁症应该在计划怀孕时作处理，包括药物调整或尝试停药，但要定期回诊；对于怀孕后产生的忧郁症，应该尽量减少孕妈妈的压力，修正负面的想法和错误的期待，或加强抗压能力，同时提醒孕妈妈"你已经尽心尽力了"，尽可能做到"降低敏感度，转移注意力"的目标，以降低忧郁症对孕妈妈和胎儿的影响。

孕妇紧张会影响胎儿的性格

男性化或女性化的性格，一直都被认为是出生后的生活环境以及父母的养育方法等影响所造成的。当然，后天环境的影响是很重要的因素，然而，胎儿还在母亲腹中时，就可能已产生了男性化或女性化的性格倾向。而且，对于这种性格倾向，具有决定性影响力的，就是母亲的"紧张情绪"。

母亲妊娠后不久，就会形成决定胎儿性别的性器官。如果是女孩，就从卵巢，是男孩就从精囊，分别分泌出雌性或雄性激素。另外，母亲也会在子宫中分泌雌性激素。到了约4个月，胎儿的脑会变成泡在这"激素"中的状态。这种"荷尔蒙海"，若是男孩的话，就是由雄性与雌性的激素混合而形成的。女孩的话，则大部分都是由雌性激素所形成的激素海。

人类所谓男性化或女性化的性别倾向，是依照在胎内激素海中，男性和女性的比例而定的。雄性激素会形成决定性别的脑部组织，我们称之为"性的二型核"。这种组织大的话，胎儿的性格就男性化；组织小的话，虽为男孩，但女性化的性格也相当明显。像这种决定男性或女性性格的过程，在医学上称为"脑之性分化"。而这种能力，大约在怀孕3个月左右就可完成。这期间若无任何障碍，就可正常形成"性的二型核"，然后，男孩就会有男性化的性格，女孩也会有女性化的性格。

有关紧张情绪与"性的二型核"的形成关系，有人曾做用老鼠做过实验。将妊娠10天左右的老鼠，以每天三次，每次照射45分钟的亮光，使它紧张。影响的结果，只要观察出生后公鼠的脑就可知道。然后再解剖出生后60天左右小公鼠的脑，测出"性的二型核"面积为0.34平方厘米。这个面积只达到没受紧张情绪影响出生之公鼠的一半程度而已。

人类胎儿亦同。在脑中的性分化时期，孕妈妈总是紧张，胎儿就无法顺利分泌性激素，此时若胎儿为男性，性格就有可能倾向于女性化。

成熟胎儿的生活

多少年来，人们一直想了解未出生的胎儿是怎样生活的。现在超声扫描等新技术的出现和发展，打开了子宫的窗口，可以在电视屏幕上仔细观察胎儿的每一活动，亲眼目睹一个成熟胎儿的生活。

这个胎儿在自己生存的海洋里已经漂浮了9个月。他在这天早晨醒来，睁开双眼打着哈欠，使劲用脚踢了几下。他用小手去抓自己的脐带，把脐带当做玩具。他不时地把手伸到嘴里，吮自己的大拇指。在胎儿的上边是母亲的心跳声和消化系统的肠鸣声。他可以听到母亲和父亲的谈话，他是那样注意听着，甚至不再吮自己的大拇指。母亲开始走动，轻轻的摇晃使他睡去。

外面收音机、电视机传来的洪亮

的说话声和美妙的音乐声，可把胎儿吵醒。他眨一眨眼，对陌生的声音不免表示出厌烦的样子，但是很快胎儿就注意到了轻快、舒缓、悦耳的音乐。他常扭过头，把耳朵更贴近这外部世界，企图把声音听得更清楚。

母亲"咯咯"的笑声在胎儿听来好像沉闷的隆隆声。当母亲轻轻地拍打着肚子和胎儿游戏的时候，胎儿则高兴地用脚踢着，好像和母亲在一起玩。母亲和腹内的胎儿玩了好长时间，直到他失去兴趣，累了睡着为止。

有时胎儿被剧烈的振动惊醒，原来母亲被绊倒了。由于母亲担心伤害自己的孩子，心情紧张，导致肾上腺素和其他激素分泌增加。这些激素又通过脐带进入胎儿体内，使他烦躁、激动，便用脚踢蹬着，做出哭喊的样子，好像在向母亲提出警告，又好像在躲避危险一样。当这种惊恐平静下来，激素分泌减少以后，胎儿也就随之平静下来了。

胎儿有时也会喝一些羊水，吞咽后常常引起打嗝儿，母亲会感到一阵轻微的有节奏的跳动。打嗝儿停止后，便把自己安顿在很舒适的位置——背部靠着母亲的左侧，屁股蜷曲在母亲肋骨的下面，开始打盹儿了。

几个月以后，胎儿感觉他所居住的"宫殿"更加狭窄，好像母亲更加紧紧地拥抱、挤迫着他。忽然有一天对胎儿的拥抱挤迫更加频繁，更加有力，推动着他往下、往前运动。子宫有节奏地按摩，一股压力使得头部和身体在"隧道"里不断地往前"拱"。突然，前面豁然开朗，见到了强烈的光线，压力消失了，身体其余部分也从"隧道"里钻了出来。由于受到光线、寒冷和缺乏紧缩感的刺激，他"哇哇"大哭，两手和脚伸展，双目紧闭。

胎儿的宫内生活并不是孤立寂寞的，母体内和外部世界的变化，都会给"深宫大院"里的胎儿产生一定的影响，因此，母亲要创造各种有利条件，让宫内的胎儿顺利成长。

心理游戏

■ 你的心胸是宽还是窄

❶ 当别人因不小心损坏了你的东西时，你是否连声责怪，喋喋不休，使人难堪？

❷ 当你和别人分东西吃了一点亏时，是否闷闷不乐，有失落感？

❸ 当你和别人发生矛盾时，过后是否能主动找他人解开疙瘩，消除矛盾，委屈求全？

❹ 当别人没经你同意，动用了你的东西时，你是否能装做若无其事、无关紧要的样子？

❺ 当你的老乡或好友和别人吵嘴时，你是否能以调解人的身份，公正地进行调解和劝阻？

❻ 当别人跟你学习某项特长而最后

超过了你的水平时，你是否产生嫉恨情绪，后悔当初不该传教？

❼ 当你自己觉得工作成绩比别人好，但没有评上先进或受奖励时，你是否怨天尤人、消极怠工？

❽ 为了集体或他人的利益，需要你作出一些牺牲时，你是否能欣然答应、甘愿吃亏？

❾ 你是否感到自己总被生活中的一些小事所缠而情绪波动较大，时常感觉到惆怅和烦恼？

❿ 你是否能很快忘记一些令人不快的而又无关大局的事情，始终保持乐观的情绪和旺盛的精力？

本测验结果自明。产前你会有很多着急事、烦心事，你现在的状况要求你放宽心。解不开的疙瘩要与家人商量，办不了的事麻烦别人去办。你现在要做的事就是安心待产。

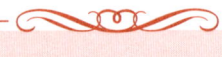

准爸爸必读
Zhunbaba Bidu

心理保健有助于优生

■ 产前的心理准备

分娩前的心理准备远远胜过了了解纯粹生理机制的知识，身体放松练习治疗以及呼吸练习。分娩前的心理准备必须研究包括冲突、情感焦虑、无理性的担忧和幻想，并扩展到与妊娠和分娩相关的所有问题。许多准父母没有意识到他们应该准备面对的问题，因此一旦面对这些问题时很无助。但是，当在医生的指导下，作过妊娠和分娩相关内容的心理准备后，他们更有信心去面对一些困难，所作的准备提供了更大范围的心理保护。

■ 产程中的心理支持

产痛是分娩过程中受注意的重心。在进行长时间的分娩心理准备时，应该让孕妇真正地了解产痛是有意义的，不危险的，是促进分娩的生理必需事件。消除对产痛的负面印象，并让产妇在分娩过程中得到充分的心理支持，有利于调整随后的母子关系。药物方法不应该代替分娩的心理准备。两种方法在许多病例中可以相互补充。从心身学观点，分娩体验看起来特别重要，因为它对母子关系有积极的影响。

分娩过程中，配偶的参与亦是来源于心理学考虑。配偶不再作为一个旁观者，而作为分娩的一个助手，他能帮助妻子保持合适的呼吸方法，提供安全和舒适给妻子。他能作为信息中间人，特别是在产妇受抑制、恐惧的病例中。这种分娩过程加固了家庭的情感结构。即使经历了一个消极的分娩过程，亦不会导致男性的任何性功能失调。

■ **产后的心理支持**

许多学者把早期的母子关系称为"二合一"、"两个自我"及"母子二重性"。学者如此描述母子间的这种共生联系：孩子作为一个不成熟个体，始终处于不能想象的忧虑的边缘。母亲必须行使"支持功能"，母亲的功能像一个鞘，保护孩子免受过分的外部和内部的压力。新生儿散发出的起始的幼稚情感，如高兴或不高兴，只有在情感表达得到母亲的接受和复制后，其情感才能发展。母亲起到一面镜子的功能。如果母亲没有理解孩子的信号，母子间的对话就扰乱了。这个过程让孩子很不高兴、很迷惑。如果让孩子反复处于这些负面的、受忽视的印象中，最基本的信任就不能发展。这种信任是形成进一步健康发育的重要基础。

来自母亲的充足的照料意味对着孩子自我的支持。因此，孩子作为个体的连续性得到发展。这是形成强烈的自我的基础，使人能面对未来的压力和阻扰。如果在宝宝出生后的第一周和第一月没有得到母亲的照料，"自我"发展的整个过程的失调就会出现。婴儿自身不能补偿母性的缺乏。

早期的母子联合将面对许多危险。儿童早期，母爱被掠夺将导致消极结果，导致焦虑，对爱过分的渴求，以及强烈的憎恨情感，这些问题能导致犯罪和抑郁并毁

坏其人际交流的能力。综合研究证实，在儿童早期只有来自母亲的持续母爱支持，才能保证成功的自我的发展。集体照料的儿童被认为缺乏人际交流的情感深度，因为他们没有体验过来自个别母亲的爱。

分娩后有一段敏感时期，对母子情感产生特别的影响。必须创造条件帮助激发母子间的这段宝贵的敏感期，母婴同室，母亲和婴儿可以整天待在一起，这有利于成功的母子关系的发展。母乳喂养对发展母子情感是非常重要的。母乳喂养的皮肤接触形成了母子宫外脐带式的联系，帮助母亲去理解孩子的非语言信号，母乳提供了孩子完善的营养，同时皮肤接触给婴儿一种温暖、舒适的感觉。同时，母亲的所作所为应得到尊重，她会发现接受母亲角色是容易的事。

准爸爸产前需知

怀孕是夫妻两个人的事，而腹中宝宝是两人爱的结晶，丈夫除了在居家生活中提供协助外，心理的支持更是不可少。怀孕时互相支持与鼓励，也是为两人感情加分的好方法。以下为心理支持与生活协助中常见的问题，提供准爸爸作参考。

Q1：哪些是产前忧郁症的症状，准爸爸该如何应对？

A1： 如果孕妈妈出现情绪低落、食欲减低，或是不喜欢与人互动、有伤害自己或其他人的负面情绪时，应先带去妇产科就诊，如果情况严重再转精神科治疗，希望孕妇能自行提出问题，准爸爸及家人多

给予孕妈妈支持与协助。

Q2：孕妈妈出现哪些症状必须立即就医？

A2：

❶ 出现宫缩，每10分钟痛一次，持续6次以上。

❷ 发烧。

❸ 出血，量多量少都一样，可能为前置胎盘、胎盘早期剥离、流产或早产。

❹ 严重头痛、腹痛、呕吐、血压高、视力模糊、不明原因淤血、黄疸（眼睛、皮肤）等，都可能是为子痫的症状。

Q3：哪些现象可能是生产的预兆？

A3：若孕妈妈发现宫缩的频率，每10分钟痛一次，持续6次以上，虽然不一定马上就要生产，但却是生产的信号；破水、出血也是产兆，要马上就医。

Q4：生产前该准备什么东西？

A4：准爸爸可以协助太太在预产期前先准备好生产包，一有产兆，就可以拎着生产包，从容地去医院待产，才不会临阵忙乱又东丢西落。

❶ 办理住院时应备相关证件。

❷ 住院必备物品。

❸ 妈妈方面：产褥型卫生棉垫、内衣裤、换洗衣物、毛巾、牙膏、牙刷、香皂、拖鞋。

❹ 宝宝方面：出院当日要穿的衣服及保暖的包巾或毛毯。

Q5：有预定坐月子中心的必要吗？

A5：依个人需求，家中有人愿意帮忙照护，则可待在家中坐月子。若要到坐月子中心，最好在怀孕中期身体情况还不错时，到几家坐月子中心加以考察比较，了解硬件设施、卫生、婴儿的照护情形及膳食的供应状况。

孕妇最需要的就是家人的关心与认同，不论是饮食、居家生活、胎教或是心理支持，若丈夫都能尽一份心力，陪伴妻子度过280天的生活，会使两人感情更加亲密，也与腹中宝宝的关系更为紧密！

孕晚期丈夫应帮妻子做点什么

妊娠晚期，孕妇从精神上、体力上更需要丈夫的支持和关心。这也是做丈夫的义不容辞的责任。即将做爸爸的丈夫应做好这些事情：

❶ 孕妇面临分娩，可能有些思想压力，有些烦躁不安的情绪，丈夫除了给予宽容、理解外，还要给予关心和照顾。

❷ 帮助孕妇学习有关分娩的知识，了解分娩也是一个自然生理的过程。不必过分担忧。

❸ 为孕妇分娩、为小宝贝的到来作好经济上、物质上、环境上的准备。可以和孕妇共同学点哺育抚养婴儿的知识，检查宝宝出生后用具是否准备齐全，主动操心补充齐全。

❹ 从生活上多关心孕妇，保证孕妇的营养和休息，让孕妇为分娩积蓄能量。注意保护好孕妇的安全。

❺ 进行胎教。作好家庭自我监护，以防早产。

Chapter 11
胎宝宝第10个月

· 摄取营养丰富的食物，保证充足的休息和睡眠

· 注意产前良好的情绪

· 不要单独出远门

· 严禁性生活

· 注意临产前的三大征兆——见红、破水、规律而剧烈的腹部阵痛（一般30分钟发作1次，约20多分钟，此时应立即送到医院准备分娩）

· 一定要坚持产前检查，每周一次

胎儿发育和母体变化

胎儿发育

10个月胎儿身长为48～50厘米，体重为3000～3500克。

胎儿外表皮肤呈淡红色，皮下脂肪组织发育良好，无皱褶，胖而圆。手、脚的肌肉已发达，骨骼已变硬。头发已长至3～4厘米。

胎儿的内脏系统，心、肝、肺、胃、双肾的循环系统已建立。呼吸、消化、泌尿器官已全部发育成熟可工作。胎儿的发育已具备了在母体外存活的能力（如出生后会吸吮但较弱，哭得有力，四肢动作活泼）。这个时期的胎儿很安静，很少剧烈活动。

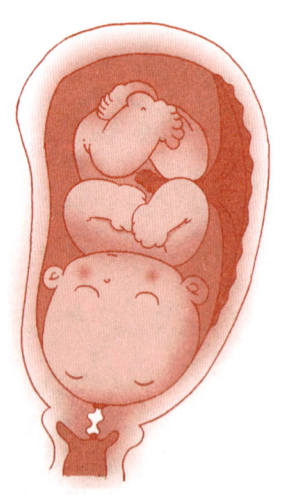

孕10个月的胎儿

母体变化

初产妇90％以上在预产期前2～6周，胎先露下降到骨盆入口平面以下，上腹憋闷的症状得以缓解，食欲变好，子宫较宽，宫底降至脐与剑突之间。

子宫底比9个月时有所下降，心脏、胃受影响的程度减轻，此时感到呼吸也畅通些了，食欲也变好了。

由于子宫下降入盆部，对膀胱的压迫增加，尿频、便秘会变得明显，肚脐眼成了平平的一片，感到腹部皮肤发胀。子宫出现收缩现象，这种情况反复出现就是临产的前兆。阴道分泌物增多，产道变得柔软有弹性而有利于胎儿的分娩。

日常生活注意的事项：

这个月继续每周体检一次，由于行动不便，走路要小心。

作好准备入院分娩的准备工作，并注意如下事项。

• 注意身体卫生，淋浴和擦洗都可以，但要特别注意外阴的清洁。头发也要整理好。

• 避免对母体不利的动作。避免向远处伸手和压迫腹部的姿势。

• 保证充足的营养和睡眠，以积蓄

体力。
- 严禁性生活，以免引起胎膜早破和早产。
- 不要一个人独自外出。
- 尽量抽时间思考一下美好的未来，抛弃不安的顾虑情绪。

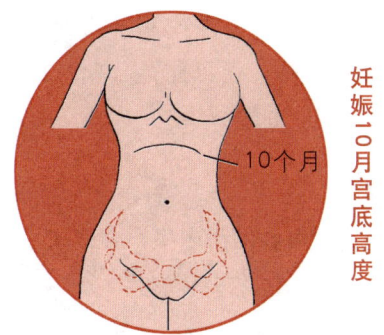

妊娠10月宫底高度

优境养胎
Youjing Yangtai

即将生产的三大征兆

对孕妈妈而言，从确认怀孕的第一天开始，就一直期待胎儿的诞生。而随着预产期的接近，孕妈妈的心情也更加复杂，一方面期待胎儿诞生，另一方面又紧张，害怕面对生产时可能碰到的一些状况。该如何为宝宝的顺利平安诞生作准备？什么时候去医院？这些疑虑不光是准妈妈一人操心，准爸爸也要弄清楚！

一般而言，在怀孕37周以后，都算是足月生产。到了孕期35～36周时，孕妇会有一些不同的感觉，如因为胎儿头部下降到骨盆中，会有一点肚子变轻的感觉，子宫也有一些不规则的收缩，叫做假性阵痛，这都是怀孕晚期容易发生的状况。

在正常情况下，孕妈妈在妊娠末期常会自觉轻微腰酸，伴有不规则腹部下坠感，特点是持续时间较短，往往少于半分钟，程度不重而且并不逐渐加强，这些症状多在晚间出现而清晨消失，不伴有子宫颈管长度的改变，也不伴有子宫口的扩张，常被称为"假象临盆"。

在即将生产的前一个礼拜，孕妈妈会感到胎头下降和稍许的轻快感，不过，还是必须等到以下三种情况发生时，才是生产的征兆。

落红或现红

在怀孕时，子宫颈头由子宫颈黏液栓塞着，以避免感染；当子宫开始收缩前24～48小时，子宫颈头的黏液栓塞会随着血液掉下来，这时孕妈妈会发现阴道排出类似果冻状的红褐色胶状黏液，大小约似硬币，这也就是俗称的"落红"。这虽是即将分娩的征兆，但并不代表会立刻生产，若出血的量不多，还不需要入院；一旦大量出血，便可能是"胎盘早期剥离"，必须立刻就医。

■ 阵痛

伴随子宫收缩而产生，会造成子宫颈变薄及扩张，它有下列特性：

❶ 阵痛时腹部整个变得很硬，整个子宫都会感到收缩痛，不痛时渐渐变软；

❷ 阵痛由开始的不规则渐渐变得规则，起初可能是每15分钟收缩一次，持续15～30秒，随着产程进展，收缩越来越密，持续时间和强度逐渐增加；

❸ 这种阵痛不会因为按摩、走动、休息而减轻疼痛。

★初产妇：等到规则的收缩阵痛约5分钟一次，就可到医院待产。

★经产妇：只要是规则收缩开始，就应到医院待产，尤其是曾有急产病史的孕妇更应提高警觉。

■ 破水

胎儿在子宫内由充满着羊水的羊膜腔包围保护着，使其不容易受伤和感染。破水是因为包围胎儿及羊水的羊膜破裂致，羊水（是无色、清澈、有腥味的液体）似尿液一般由阴道流出，当孕妈妈发现阴道有无色、腥味的水样液体流出时，就要怀疑是不是破水了。孕妈妈自我感觉无法控制它的流出。

破水，是正常的产兆之一，此时孕妈妈需减少走动，尽快到达医院，最好能平躺休息，接受医护人员的照护是保障安全的做法。如果羊膜腔破裂超过24小时，将会增加胎儿感染的机会。

■ 另一种可能征兆——有便意、腹泻或腰酸

当胎头下降压迫到直肠，此时产妇会有便意感，甚至会腹泻，通常这时子宫颈口已开7～8厘米，大约1小时内就可以生下胎儿。产妇阵痛时，通常也会感觉腰酸，那是因子宫收缩时压迫腰部及背部。有一些经产妇可能没感觉阵痛，只是觉得腰酸就已经快生了。

■ 用什么样的心情面对生产

每一位母亲都会经历这个疼痛又甜美的兴奋时刻！孕妈妈一定要尽自己最大的努力，让小宝宝安全健康地来到这个世界，让这一刻成为美好的回忆。

保持良好的精神状态，以乐观、豁达、积极、自信的心情去面对生产，并和医护人员密切合作，在他们的指导、帮助下，一定可以顺利生产。大多数生第一胎的准父母，对迎接生产的心情是既害怕又期待。如果准父母能在生产前，对生产相关事项多一些了解及准备，必能减轻焦虑并顺利地渡过生产过程。

早期破水的正确处理步骤

对于隔着肚皮的小宝贝，怀孕的妈妈总是既期待又怕他受到伤害，怕他营养不足，看了很多的胎教手册，希望他不要输在起跑点。然而，早期破水是什么？听起

来好像很可怕的样子，一定要对其有一定的了解。

■ 早期破水，胎儿失去保护

"早期破水"是指孕妇在进入生产阵痛之前，羊膜已自然破裂而致羊水流出。简单地说，就是孕妇坐在那里没做什么事，羊水就流出来了！

孕妈妈的大肚子里是膨大的子宫，内有一个大水球，水球内有一个胎儿，胎儿就是借由水球的存在，得以在妈妈的肚子里轻松地活动而不受压迫，保持体温、保持干净。如果羊水囊破裂，那么子宫内就无法保持清洁而容易受到感染，胎儿就有罹患败血症的可能；此外，没有羊水的缓冲，胎儿的四肢和躯干就会被压迫而变形，导致肺部发育不良。由此可见羊水的重要性。

■ 为何会早期破水

一般孕妈妈都可以把怀孕撑到足月，可见羊膜是很坚韧的。但是为什么有人会有早期破水的现象？根据临床的观察和研究，确实的致病原因仍未有定论，可能的原因如下：

❶ 最常见的原因是母亲产道内有细菌感染，这些细菌会造成前列腺素合成增加而导致早期宫缩及破水。

❷ 细菌产生之溶解酵素等发炎反应物也易造成羊膜破坏而导致早期破水。

❸ 其他常见的致病因素包括：羊水过多症、多胞胎妊娠、有过羊水穿刺检查、子宫颈闭锁不全、子宫异常、先天性结缔组织异常等。

■ 早期破水的诊断方法

看到上面的描述，真令人胆战心惊，赶忙自我检查一番。可是怀孕时期分泌物会有少许增加，有时候又有漏尿的现象，到底是不是早期破水？还真搞不清楚！

一般而言，早期破水的症状与征候，是有水样分泌物由阴道流出，或者是阴道异常湿润。不过这样的说法也令人不放心，难道没有其他更准确的方法可以检验吗？有的，临床上医生常用下列检查加以诊断：

❶ 阴道窥镜检查：看是否有羊水由子宫颈口流出。

❷ 石蕊试纸检查：正常孕妈妈阴道pH值为4.5~5.5，羊水pH值为7~7.5，石蕊试纸pH值由黄色变为蓝绿色。这是临床上最常使用的方法，因为简单、方便又准确，也可以在家自行操作。

❸ 羊齿状结晶试验：羊水由于含电解质、氯化钠及蛋白质，故羊水抹片干燥后，于显微镜下可见羊齿树叶状结晶反应。

❹ 内子宫颈分泌物加热试验：吸取子宫颈分泌物，于酒精灯下加热1分钟，羊水由于含电解质会呈白色，而子宫颈黏液则因所含之醣类碳化而呈褐色。

❺ 苏丹红染色试验：羊水分泌物因含胎脂，染色后可于显微镜下见红色结晶。

❻ 羊膜腔的染料注射法：利用羊水穿刺技术，将染料3.5~5毫升注入羊膜

腔内，于30分钟后以阴道窥镜观察产道内有无染料存在。此方法可用于分别多胞胎妊娠之早期破水，并可合并施行羊水补充。

❼ 超声波监测羊水量：不失为一种简便的方法。

■ 早期破水的处置步骤

知道了这么多，心里还是毛毛的，最好不要发生在自己的身上。但是，如果发生在自己身上，那该怎么办？这时候，应该尽快寻求医生帮忙，医生会先行作简单的基本处置，再作进一步处理。

第一步：基本处理方法

❶ 住院，实施住院常规检查，量身高、体重、腹围、子宫底长。

❷ 确定妊娠周数、详细病史、月经史、产检记录、超音波检视、估计胎儿体重。

❸ 测白血球分类、C-反应蛋白、子宫颈细菌培养、设法留取羊水做检查。

❹ 使用胎心及宫缩监视器、绝对卧床休息、避免便秘。

❺ 由肛门检查子宫颈扩张及变薄情形，或以阴道窥镜观察。

❻ 在基本处理后，再依据学理作进一步处理。

第二步：进一步处理方法

❶ 妊娠16～22周：由于胎儿存活率不到25%，母体继续怀孕之罹病率高达58%～65%，故处理原则为终止怀孕，或依病人意愿采取保守期待疗法。

❷ 妊娠22～24周：日本的研究，此时早产存活率可高达90%，唯胎儿早产并发症仍多，宜与小儿科医生、家属共同讨论后再决定终止妊娠或安胎。

❸ 妊娠25～33周：采取保守期待疗法处理，考虑使用抗生素、安胎药及类固醇。观察临床感染之症状，每三日测C-反应蛋白，每周评估胎儿成熟度。

❹ 妊娠34～36周：依评估胎儿肺部成熟度而采取期待疗法或引产。若胎儿肺部仍未成熟，可先安胎，并给予母体补充体液及卧床休息，以及超音波、胎心定期测量。

❺ 妊娠37周以后：80%～85%产妇于24小时内进入产程，引发产痛。据研究报告，早期破水于24小时内感染率为3.5%，24～48小时为10%，超过72小时感染率为40%。处理原则可先评估子宫颈成熟度。

❻ 有发炎迹象应尽快生产：临床上若发现母体有发烧、母亲及胎儿心跳持续变快、子宫压痛、子宫强度收缩、阴道分泌物恶臭、白细胞数增加、c-反应蛋白呈上升趋势，则羊膜绒毛膜发炎之可能性极高。羊膜绒毛膜炎要靠羊水细菌培养来确定诊断。由于子宫发炎对催生、引产常无反应，且对母体及新生儿预后极差，故有发炎迹象时，应尽可能使用广效抗生素治疗，并于短时间内（4～8小时内）将胎儿娩出。必要时可采取剖宫产。

第十一章　胎宝宝第10个月

> ✚ **前一胎早期破水，下一胎还会吗**
>
> 　　如果前一胎有早期破水的现象，那么这一胎会不会也有这样的现象？一般而言，这种状况是不会延续到下一胎的，但是我们也知道，早期破水最常见的原因是细菌感染，如果没有治疗好，下一胎也会有这种可能性。所以临床上有一句话说"第一胎早产，第二胎早产的可能性就比较大。"讲到这里，要提醒准妈妈们几件事：怀孕期间尽量保持身心愉快，尽量多休息，因为有体力才会有元气去对付那些潜在的感染，也才有余力去保住胎儿。

■ 预防方法

　　早期破水固然是无法预防，但是规则的产检监测会有预防作用，也可以借由卧床休息、服用安胎药、服用抗生素治疗感染、羊膜穿刺减少过多的羊水、子宫颈缝合治疗子宫颈闭锁不全来预防早期破水。相信在准妈妈和产科医生的合作下，这种罕见的情况应该会减少很多，也会减少一个家庭的忧烦。

当心危急的胎盘早期剥离

　　"胎盘早期剥离"是造成胎死腹中的第一名元凶！而且其征兆和症状的变异很大，从大量产前出血、休克，到毫无任何明显征兆都有可能。要如何察觉并紧急应变？不可不知！

■ "胎盘早期剥离"危害母体及胎儿健康

　　胎盘和脐带是胎儿与母亲间连系的桥梁。胎儿经由胎盘和脐带获取生长和发育所需的养分；同时亦经由此管道将其新陈代谢所产生的废物经由母体排出体外。因此，胎盘功能的健全与否，关系着胎儿的成长与健康。

　　"胎盘早期剥离"顾名思义，是指在胎儿出生之前，胎盘就和子宫从其着床处分离。如此一来，胎盘和子宫间的紧密连系被破坏，母亲会因此产生产前出血，而胎儿也因此而减少了正常来自母亲的养分供给，以致危害胎儿的健康。

■ "胎盘早期剥离"的高危险群

　　造成胎盘早期剥离的原因目前仍不清楚，但有些情况可能是危险因素，包括：

- 高龄及高产次的产妇
- 子痫症产妇
- 产妇本身有慢性高血压
- 早期破水
- 吸烟的产妇
- 使用可卡因毒品的产妇
- 血栓形成体质的产妇
- 之前曾经发生胎盘早期剥离的产妇
- 有子宫肌瘤，特别是在胎盘着床位置后方有子宫肌瘤的产妇

■ 造成胎死腹中的第一元凶

根据目前的统计报告显示，胎盘早期剥离的发生率约1/200。但值得注意的是，胎盘早期剥离却是造成胎死腹中的后果中，已知原因的第一名（约15%）！此外，胎盘早期剥离的个案，其新生儿死亡率亦高达25%；而即使新生儿存活，亦有高达14%的新生儿在第一年会有明显的神经学上的缺陷。

■ 症状差异大，留意危险征兆

胎盘早期剥离的征兆和症状变异性很大。从产妇大量产前出血，甚至休克，到没有任何明显征兆，而只是在生产中无意发现都有可能。其常见的征兆与症状包括：

- 阴道出血
- 子宫压痛或背痛
- 胎儿窘迫
- 高频率而密集的子宫收缩
- 子宫剧烈收缩
- 不明原因的早产
- 胎儿死亡（胎死腹中）

■ 未实时察觉与处理，可能导致严重并发症

若发生严重的胎盘早期剥离而导致严重出血，且没有察觉及紧急处理时，则可能产生产妇凝血机能被破坏而加速出血现象，进而导致产妇休克、肾脏衰竭及胎死腹中等严重的并发症。

■ 如何治疗与处理"胎盘早期剥离"

这主要须考虑妊娠周数以及产妇和胎儿的状况来决定：

❶ 若此时胎儿是足月且存活：除非状况允许立刻经阴道生产，否则紧急剖腹生产是最佳选择。

❷ 若产妇有大量出血，甚至休克：紧急输血并尽快地生产是控制其进一步出血，挽救产妇及新生儿的唯一希望。

❸ 若胎盘早期剥离的诊断并未非常确认，且胎儿仍存活，没有胎儿窘迫的状况发生。应给予非常密切的观察，同时作好一切准备，以便有任何不良情况发生时，能立刻采取必要的措施。

"胎盘早期剥离"是产科医学上一种严重而紧急的病症，它可能威胁到产妇及胎儿的生命及健康。此外，其症状表现变异性极大，有时又不易察觉。因此，对产妇而言，最重要的是随时注意各种可疑的征兆及定时产检，尤其是具有危险因子的产妇，只要有任何怀疑就应立刻就医，以便尽早诊断出胎盘早期剥离及采取必要措施，将其对产妇及胎儿的影响降至最低。

当心危险的植入性胎盘

■ 认识"植入性胎盘"

"植入性胎盘"，顾名思义就是胎盘不正常的植入子宫壁。正常情形下，胎盘与子宫壁之间有一层"蜕膜"隔开，当宝宝出生后胎盘便很容易剥离。但是如果产妇的子宫壁曾经受伤过，例如：流产手术、子宫内膜电灼手术或者以前曾经剖腹生产，以致于宝宝出生后胎盘无法顺利剥

离，会造成大出血而威胁到产妇的安全。

有时候虽然没有上述子宫内膜受伤的病史，而只有前置胎盘（胎盘附着在子宫颈上），但是因为该处较薄，胎盘较易植入，也会有造成大出血的危险。在少数特殊的病例，植入性胎盘也可能发生在还未生产时，因为植入子宫壁的胎盘由内而外，造成子宫穿孔破裂，危及产妇及胎儿的安全。

植入性胎盘依照胎盘和子宫壁密接的程度，可分成三种：从最轻微的"粘黏性胎盘"（紧黏住肌肉层）到中度的"穿入性胎盘"（穿入子宫肌肉层）及最严重的"穿透性胎盘"（穿过肌肉层到子宫的外层）。

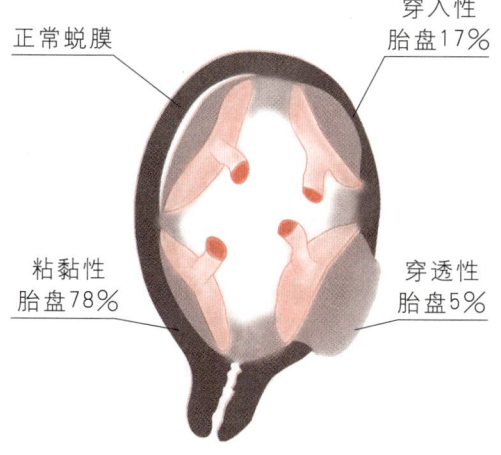

植入性胎盘的分类与发生率

■ 危险因子：前置胎盘、前胎剖宫、多次流产

"前置胎盘"及"前胎剖宫产"都是造成植入性胎盘的危险因子，依这两项因子的有无，其发生率如下：

第一，若只有前置胎盘而没有剖宫产或子宫手术的病史：发生植入性胎盘的概率约4%。

第二，若此胎有前置胎盘又曾有过一次剖宫产病史：植入性胎盘的概率增加为10%~35%。

第三，若此胎有前置胎盘又有多次剖宫产病史：植入性胎盘概率大幅增加到60%~65%。

另外，以前有过多次流产手术或者怀过六胎以上的小孩的产妇，都属于高危险群，有必要在产前检查时加以仔细地判断。

植入性胎盘的发生率因近几十年剖宫产及堕胎概率的增加，而呈现大幅上升趋势。根据国外的统计，50年来约增加了10倍，目前的概率大约是每1000个生产就有1个。

植入性胎盘除了造成孕妇相当高的死亡率（约7%），也造成许多手术中或手术后的并发症，例如大量输血的危险、发生感染、输尿管与膀胱受伤等风险的增加。

■ 诊断重点

现在的产前检查，因为超声波的进步，有些较严重的穿入性及穿透性植入胎盘可以事先诊断，但仍有其局限。植入性胎盘的诊断重点包括：

❶ 胎盘中有不规则的窟窿，内有丰富的血流。

❷ 在彩色超声波的扫描下，除了可以见到血流极多外，流速也很快。

❸ 胎盘肥大。

❹ 母血唐氏症筛检中，胎儿蛋白可

能升高。

以上的特点或可帮助诊断出一些植入性胎盘，以作周详的准备，但最常见的仍然是到生产时才发现，此时整个医疗团队的通力合作就更显得重要。

■ "植入性胎盘"的处置方法

不论是阴道生产或剖宫生产，当宝宝出生后，植入性胎盘往往在娩出胎盘时发生大出血，所以临床上当医生发现胎盘不容易剥离时，必须有高度的警觉及准备，例如要有随时输血的准备、要安排麻醉科医生，甚至最后可能需要把子宫切除的手术准备。一般而言，医生会有以下两种方向的考虑：

❶ 如果不想再生小孩：子宫切除是最好、最安全的办法。

❷ 如果想保留子宫：仍有很多方法可以尝试，但都有其危险性，例如：

・将供应子宫血液循环的子宫动脉或髂内动脉结扎。

・将局部植入之处的胎盘剥下后加以缝合止血。

・切除该块植入部位正在出血的子宫壁并加以缝合。

・在胎盘取出后，将子宫前后壁暂时性地前后缝合。

・必要时不勉强剥离胎盘，暂时留下胎盘，等到日后萎缩后再处理。

■ 如何防范——减少剖宫产、人工流产

所幸近年来的治疗方法有很大的进步，严重的植入性胎盘，如果已事先知道，可以在产检时确定胎儿的肺部成熟后，就给予提早生产，在手术前先于髂内动脉置入汽球导管，在胎儿娩出后，经动脉导管施以汽球栓塞以减少出血；另外，手术也越见保守，必要时可在不用剖宫产的情况下摘除胎盘。凡此种种都可减少手术的并发症，但预防胜于治疗，减少剖宫产以及人工流产是当务之急。

胎儿窘迫有多危险

有一些产妇因为"胎儿窘迫"的原因而接受剖宫产，到底胎儿窘迫有多危险？原因为何？如何正确诊断？遇到胎儿窘迫一定要剖腹产吗？

■ 什么是"胎儿窘迫"

"胎儿窘迫"这个名词，是用来描述胎儿因为受到母亲及胎盘的影响，或是子宫因为受到不同的生理及病理变化，而产生"胎儿缺氧"及"酸血症"的症状，最后在胎儿心音监测器上产生心跳迟缓的征兆，称为"胎儿窘迫"。

在所有的产科急症中，产科医生最担心的就是胎儿窘迫，因为胎儿窘迫意味着胎盘输送给胎儿的血液或养分已经不足以胎儿维持生命，而且已经造成胎儿心跳下降，这绝对是急症中的急症，因此有必要给予适当处置。

■ "胎儿窘迫"的诊断方法

❶ 胎便：可借由人工破水发现有无

胎便。最近有几篇研究报告显示"人工破水"的优点，包括：可以缩短第一产程、出生后5分钟的新生儿评分（Apgar）分数较好、减少子宫收缩药的使用。但也有研究显示，人工破水较易产生胎儿变异性心搏迟缓现象，以及增加剖腹产概率。然而人工破水的最大优点是可以借由破水来发现有无胎便解出的现象。

羊水中有胎便，是否代表有胎儿窘迫？

这需要由胎便的浓度、羊水量的多寡（羊水量过多或过少都不好），以及胎心音有无下降来一起作判断。在整个怀孕时期，约有10%的机会，胎便会提早排出到羊水中。通常而言，怀孕34周前绝少会出现羊水有胎便的现象，到了怀孕40周则约有30%的机会，到过期妊娠，则约有50%的机会。虽有研究显示，羊水出现胎便，在整个胎儿窘迫的过程已经是晚期征兆，但是绝大部分胎便的出现并不代表胎儿真的有窘迫现象。也有研究显示，即使出现胎便吸入，但如果没有合并胎儿窘迫，则此胎便吸入并不会造成严重的后遗症。

胎便的浓稠度反映出胎儿窘迫的严重性：

胎便的严重程度可分三级：

第一级（轻度）：是指羊水有浅黄绿色胎便沾染，常见于过期妊娠，对于胎儿预后没有影响。

第二级（中度）：胎便沾染程度介于第一级和第三级之间。

第三级（重度）：是指羊水宛如黏稠碗豆浓汤的状况，若遇到此种情况，通常意味着胎儿已有窘迫现象，不仅胎儿易有酸血症，一有变异性心搏迟缓现象，剖腹产机会也会提高。因此若在破水时见到第二或第三等级胎便黏稠度，产科医生和孕妈妈都应提高警觉心。

注意！孕妈妈在待产时，如果羊水的状况逐步由清澈变成绿色黏稠状，就应该要小心是否有胎儿窘迫的问题，必须小心应对。

❷ 胎儿心音监测器是诊断胎儿窘迫的主要工具。胎儿心音监测器可以说是诊断胎儿窘迫最主要的工具，因为胎儿在面临严重窘迫或频临死亡时，心跳会出现变化，若生产过程中连续监测胎儿心音，则

✚ 什么是胎便？什么是新生儿评分

胎便的组成包括75%的水分、一些黏液蛋白、多糖类以及一些酵素。在怀孕10周后，胎儿肠道就会有胎便产生。

新生儿评分（Apgar）分数是评估新生儿出生后1分钟、5分钟的活动力，新生儿评分（Apgar）满分为10分；7～10分代表新生儿状况良好，仅需抽吸鼻咽部的黏液以维持呼吸道通畅；4～6分就要马上清除新生儿的呼吸道，给予氧气并密切观察；4分以下则代表新生儿极度危险，需立刻急救。

> ✚ **间歇监测or连续监测**
>
> 目前对于高危险妊娠（包括子宫内生长迟滞、早期子宫收缩、羊水中含胎便、产妇合并有严重系统性疾病、使用无痛分娩麻醉等）应该使用连续性胎儿心音监测已没有争议。而对于一般孕妇，到底是否须连续使用胎儿心音监测，仍一直有争议。在英国，有些医院会在孕妇刚待产时做所谓的AT，如果这个测试是正常的，则在待产过程中发生胎儿窘迫的机会只有1.4%；如果AT测试是异常的，在待产过程中发生胎儿窘迫的机会则高达40%。

可以有机会提早侦测到胎儿是否面临窘迫状况。

目前对于出现胎儿心跳迟缓的处理原则，若是属于情况极不好的，则应该在90分钟之内让胎儿生出。

❸ 胎儿头皮采血：胎儿头皮采血＋胎心音监测，可诊断胎儿窘迫。虽然胎心音监测对于胎儿窘迫有很高的敏感度，但是由于特异性低，而且不同的医生对于同一份胎心音监测的报告也常有不同的的意见，因此美国的国家卫生研究院及英国的皇家妇产科医学会对于胎心音监测的看法是只能用来作为筛检的工具，而不能拿来作为诊断的工具。

英国皇家妇产科医学会也建议运用胎儿头皮采血来辅佐胎心音监测，来诊断胎儿窘迫。胎儿头皮采血的作用在于，第一，可用来确定或否定胎心音监测诊断胎儿窘迫；第二，当胎儿窘迫出现时，可以得知胎儿血中的pH值；第三，当胎儿头皮采血认为没有胎儿窘迫时，能使产科医生和孕妇知道胎儿目前是安全的，可以继续待产。

曾有一段时间，产科医生认为如果羊水出现胎便，就应该做常规胎儿头皮采血，但现在已经被证明这个举动是多余的，因为只要胎心音正常，单纯羊水出现胎便并不需要做胎儿头皮采血。但要注意的是，胎儿头皮采血就算是正常，也不能保证没有胎便吸入的问题，而且大部分已有吸入胎便的胎儿并不会表现出酸血症。

❹ 含氧监测器。在早年，含氧监测器并不流行，主要是因为机器敏感度不好，造成产科医生的不信赖。现今由于电子科技的进步，含氧监测器敏感度及准确度比以往好很多，只要将监测器的感应器

> ✚ **胎儿头皮采血的限制**
>
> 胎儿头皮采血仍有一些限制，例如子宫颈未开，或是子宫颈开小于3厘米，则这个技术就无法操作，这时则可以考虑做胎儿头皮刺激测验（SST）或是胎儿声音刺激测验（FAST）。有研究显示，若是胎儿的SST正常，则酸血症的机会很小。

摆在胎儿脸颊，运用735/829纳米波长监测，就可以监测胎儿血中含氧量。在德国及法国的研究发现，如果胎儿含氧量小于30%，则有80%的敏感度及100%的特异性来诊断胎儿酸血症。

■ 胎儿窘迫，自然生或剖宫生

在产房，遇到胎儿窘迫时，产科医生会作适当的评估。如果孕妈妈即将生产且胎儿窘迫属于轻度，小儿科的设备也很好，原则上自然生产即可。但若胎儿窘迫发生于待产早期，且属于严重型，那么产科医生多半会建议剖宫生产。

目前，对于胎儿窘迫并没有一致的诊断标准，每位产科医生最大的任务是正确地找出真正已有窘迫的胎儿，予以适当及适时的处理；而对于有轻度窘迫的胎儿，则予以密切的监控。所有的前提是剖宫产率不会因此而提升。而产妇们在听到自己的胎儿有窘迫现象时，都应该和产科医生配合，以使自己的宝宝平安出生。

胎儿脐带绕颈怎么办

■ 认识脐带

脐带，就像是胎儿的生命线，它是从胎儿的肚脐延伸到胎盘的一条带状物，大概在受孕后5周左右开始形成，外观因羊膜披覆而稍呈灰白色，直径是0.8～2厘米不等，长度为30～100厘米（平均是55厘米）。

脐带内原有4条血管，但右侧的脐静脉在胎儿发育的早期就消失了，因此平时所见到的脐带内含3条血管，包含了2条动脉和1条静脉，担任养分输送和废物排出的重要工作。脐带的血管有一个特征，就是它们大概在妊娠28周时就会开始呈现螺旋状扭曲，造成血管的实际长度大于脐带的长度，而让脐带的表面呈现结节状，或称之为"假结"。脐带血管的螺旋状型态对血管有保护作用，若胎儿的脐带血管缠绕得不够，会增加胎儿的不良预后，包括胎便染色、早产和胎儿窘迫。脐带周围还有一层很厚的胶质保护着。

■ 胎儿脐带绕颈很常见

脐带经常会缠绕住胎儿身体的一部分，尤其是颈部，此时就称为"脐带绕颈"。除了颈部之外，上肢、下肢、肩膀等各部位的缠绕都可以见到。一般而言，脐带缠绕脖子1圈者占总生产数的20%～30%；缠绕2圈者占总生产数的2.5%～5%；缠绕3圈者则占0.2%～0.5%；缠绕4圈以上者则微乎其微。此外，妊娠周数较小时，脐带绕颈的概率亦较小，随着周数增加，脐带绕颈的比率也随之变大。例如，妊娠20周时脐带绕颈的概率有5.8%，到了42周时则增加到近30%的比率。

脐带绕颈较常发生于脐带过长及胎儿活动力较大的情形下。一般而言，脐带长度短于30厘米称为"脐带过短"，通常较易造成胎儿不良的预后，包括胎儿生长限制、先天畸形、待产时的胎儿心搏窘迫和两倍的胎儿死亡率。脐带长度大于70厘米则称为"脐带过长"，常与母体有全身性疾病、脐带脱垂或脐带缠绕胎儿身体有关。脐带长度会被羊水量和胎儿活动力所影响。羊水量多的脐带较长，胎儿活动力大的脐带亦较长。此外，遗传在脐带的长度方面扮演了某种角色，常可见前一胎脐带太长的，第二胎也会发生同样情形的占9%。

■ 脐带绕颈的合并症

幸运的是，脐带绕颈虽然概率很高，但绝大部分都能安然无恙。由于脐带周围的胶质保护，在还没有进入产程时，很少发生问题。但无可讳言的，脐带绕颈的宝宝在生产时，较易造成一些产科合并症。当产程进行、胎儿下降时，子宫收缩可能会压迫到脐带的血管，造成胎儿心跳减速，直到收缩暂停为止。据统计，20%脐带绕颈的胎儿在待产过程中，有中等到严重程度的胎心减速，造成脐动脉的酸碱度下降，因此在待产时，须有胎儿心搏及宫缩的监视器来监测。一旦在待产过程中发现胎儿心跳异常，经过处理后仍无法恢复正常，医生会根据当时进展的情形，必要时采取紧急剖宫生产的方式，尽快让胎儿出生。

■ 脐带绕颈可由超声波诊断

脐带绕颈可经由超声波正确地诊断出来。如果用一般2D的超声波，诊断率为33.3%，但如果用彩色血流的方法来检测，则其诊断率为78.9%，3D及4D超声波则可达将近100%的诊断率。

此外，一次的超声波没有看到脐带绕颈，并不能保证将来不会有绕颈的情形，也许不久后胎儿的一个翻滚，脐带就缠绕上脖子了；相对地，这一次超声波看到了脐带绕颈，亦可能在胎儿的下一个动作时滑开。

■ 孕妈妈应当注意胎动

如果诊断有脐带绕颈的情形，孕妈妈就应该注意宝宝的胎动状况，如有胎动减少的情形就应尽快就医，接受胎盘功能的检查，以确保胎儿的健康。

胎动如果太频繁，亦会造成脐带形成所谓的"真结"，意即脐带打了一个死结。据统计，真结的发生率大概占总生产数的1.1%，尤其单一羊膜的双胞胎较易发生。真结可能造成静脉血滞留、静脉管壁血栓和胎儿缺氧，造成胎儿死亡或罹患神经系统的疾病。在6%的死产胎儿身上可以见到真结的发生。

■ 如何知道宝宝胎动是否正常

胎动和胎儿状态的好坏有很大的关系，而怎样的胎动次数才代表胎儿的状况还不错呢？以下是一个最简单的方法：从感觉得到胎动时开始，每天要计数胎动2~3次，每次大约花30~60分钟注意一下，只要在一个小时内有超过3次以上的胎动就算正常。如果一个小时内没有超过3次的胎动，或是在12个小时内，在没有仔细数的情形下，没有感受到胎动，可能代表胎儿有一些问题，要赶快找产科医生处理。

第十一章 胎宝宝第10个月

胎儿脐带绕颈，是怀孕时常常见到的一种现象，但在产前很少会造成胎死腹中或神经系统损伤的情形，只要宝宝的活动正常，并不需要特别的紧张与担心。生产方式以自然生产为主，除非遇到胎儿心搏监测出现窘迫的现象而无法矫正时，才会采取剖宫生产的方法。没有人会单纯因脐带绕颈而直接剖宫产，只要医生能随时处理，宝宝的健康应该不会受到影响。

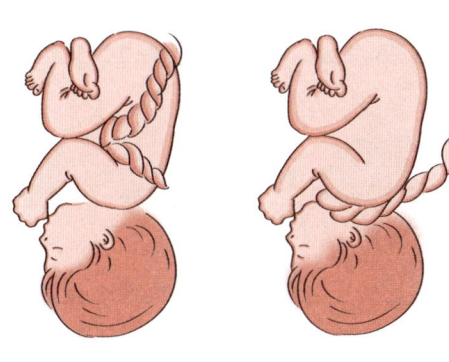

脐带缠绕

急产无法预知状况

■ 案例1

有一名产妇家就住在离医院几百米处，怀的是第二胎，当时觉得有一点产兆，但因为对自己很有自信，认为不会这么快就生，护士请她留下待产她也不肯，就这样返家，没想到回家洗澡洗到一半感到剧烈阵痛，破水之后也来不及送往医院就在家里生了，产下孩子才由救护车送往医院。

■ 案例2

有一名产妇阵痛后送到产房，因为急产措手不及，产出时孩子差点掉到地上，所幸医师与护士把宝宝接住了，才没造成伤害。

看了以上两个案例之后，可以想象当时的情况有多么危急，一般孕妇在家中出现阵痛产兆时，通常都还有一段时间才会生产，甚至有些妈妈会先洗个澡，计算一下阵痛的频率，再去医院待产。所谓急产的定义，就是从阵痛（有产兆），到娩出胎儿小于3个小时即可称之。产妇若曾经有急产经验，千万不要轻忽产兆的预警信息。通常对初产妇而言，若一个小时内的子宫颈开口变化超过5厘米就算急产，若为经产妇一小时内超过10厘米也算。发生急产的高危险群像是经产妇（生过越多胎，产道越松弛）、早产儿、胎儿体重较轻较小、有过急产病史者、胎头下降太快、子宫颈闭锁不全（容易有早产现象）、低龄孕妈妈，都是属于要防范的族群。且经产妇多于初产妇，不过，虽然说经产妇相较于初产妇发生急产的概率更高，但也有少许的初产妇发生急产的状况，因此若孕妈妈属于高危险人群都要留意。

虽然说急产无法预防，不过对于某些妈妈而言，造成急产的原因仍然有规律可循，以下特别提出说明，如果要预防急产，妈妈们也要先有一些基本观念：

❶ 经产妇、前一胎急产者：经产妇相较起初产妇急产概率高一些。此外，若前一胎急产，那么下一胎的可能性也会提

高，因为两胎的体重或许差不多，有些医生在快生产之前，会用内诊的方式来确认妈妈的骨盆大小，但多数属于经验法则，经验若比较不足其误差大的情况就较容易发生，因此实际上要评断的话，可能还是以B超的方式评估胎儿体重再作判断会较为客观些。

❷ 曾经接受过不孕症治疗：某些试管婴儿，因为多胞胎比例较高，早产机会较高，若碰到早产，因胎儿不大，较容易碰到急产，不过多胞胎因胎位不正机会大，故早些准备剖宫产，就不一定会碰到急产，除非刚好碰到住院待产前就有产兆的状况。

❸ 胎儿生长迟缓：这样的胎儿体重较轻、较小，不过如果胎儿真的有生长迟缓状况，很少会有急产状况，可能碰上其他征兆，如羊水过少、或妊娠高血压综合征等，而会事先提早有催生的动作，或者在待产时转为剖宫产开刀，因此碰到概率不高。

❹ 使用前列腺催生：主要作用是让子宫颈软化，让子宫收缩力变强、较密，若胎儿不大，有可能让胎儿更快生出来，因此有急产的可能性，且第二胎的概率又大于第一胎。催生后一般会用监视器监视子宫情况，不会让妈妈乱跑，因此医院会掌控状况，且药量会由轻慢慢加重，不过感受性是因人而异，有些人体内感受性很强，可能一点点药量就会感觉很痛。

■ 急产对妈妈和宝宝的危险性

在没有作好准备的情况下就生产，可能会对妈妈和胎儿本身造成一些伤害，以下针对急产的危险性提出说明：

妈妈部分：

❶ 产道裂伤。一般妈妈生产时，子宫颈开口会慢慢扩张，且配合生产速度；若急产时子宫颈扩张不及，此时胎儿娩出，就容易造成产道裂伤的状况。

❷ 产后出血。因为急产时子宫收缩力相对较强，且子宫肌肉会变得弹性疲乏、松弛，因此产后的收缩能力会变差，产后出血的比例相对提高。

宝宝部分：

❶ 容易受伤。有时候妈妈一送到产房就看到胎头，在这种情况下，会因产痛而导致妈妈不自主地用力，因此小孩很可能就会顺势滑（飞）出来，一不小心就会让宝宝摔到地上而受伤。有时候胎儿的头要适应产道才会娩出，但急产速度太快，也可能出现胎儿颅内出血的状况。

❷ 脐带感染。如果已经来不及到医院生产，自行在家接生的话，若使用未经消毒的剪刀、器具，则可能造成脐带感染。

❸ 容易失温。如果是出生在家里，因为缺乏产后照顾，且宝宝的体积小、温度下降快，如果没有做好保暖工作的话，很可能造成胎儿失温。

❹ 乙型链球菌感染。妈妈本身若产前检验有乙型链球菌感染，那么待产的时候就应该打抗生素，但急产状况下，抗生素的发

挥效果撑不到作用最高值，甚或是根本来不及施打，所以胎儿可能有感染之虞。

■ 不可不知的急产必知要点

接近预产期时，千万要事先作好万全的准备，不仅可较安心面对生产的突发状况，若真的发生急产也可知道如何应对。

Tip1 不要落单

临近预产期最好避免产妇一个人单独在家或出门，也应准备好产检医院的联络电话，以及准备好除了配偶以外紧急联络人的联络方式。备好生产包。

Tip2 留意产兆

真正了解产兆，并了解自己身体变化是非常重要的，以下再次说明阵痛、破水、落红重要产兆的变化，若产妇出现了产兆，就应尽速前往医院。

阵痛：可区别真阵痛与假阵痛，真阵痛的话频率规律（约5～7分钟一次，甚或是10分钟出现3次），且疼痛感越来越增强、密集，也不会因为改变姿势而减轻疼痛，甚至有些人会出现腰酸、便意的感觉。

破水：大量的不明液体从阴道口流出，如同尿失禁，但很明显并非在解尿。

落红：子宫颈开，混合黏液的出血分泌物，流出的血量量多量少不一定。

若有破水状况则务必尽速到医院，只要有怀疑还是到医院评估较保险，若评估后子宫颈没开也没有破水，则不表示一定不会急产，或许隔了4～5个小时后才出现急产。准妈妈们千万不要凭自己之前生产的经验来判断多久后才会生，宁可去医院检查，否则有些急产状况一有产兆后，胎儿冲下来的速度会变得很快，更可能导致胎儿受伤。

Tip3 足月去催生

针对怕急产而一到足月就催生的必要性，如果确实有医疗上的需要再去，否则催生药可能剂量越用越高，但子宫颈扩张的进展仍然变化不大，甚至毫无进展，那么催生可能会徒劳无功。

急产的临床发生率约为2%～3%，因此准妈妈也不要过度担心或紧张，生产前保持平常心，也不要因为怕胎儿太小让自己猛吃，因为胎儿太大反而更可能造成难产，或者产后身材较难回复。妇产科医师的观点认为，不怕剖宫产，只怕难产。面对急产高危险族群的妈妈们来说，建议不要对自己的直觉太有自信，如果一有产兆，就要快点去医院评估，若有突发状况也务必保持冷静，寻求医院的专业协助，才是上策。

配合产程，分娩OK

了解产程，或许不能免除所有待产的危险，但是绝对有助于产程的顺利与疼痛的降低。诚恳呼吁每位即将待产的妈妈，尽量将这个产前工作准备好，受益的不仅是自己，还有亲爱的腹中宝宝哦！

■ 什么是产兆？

产兆的出现，代表"离生产不远了"！但是真正的生产时间，仍需要专业人员内诊后，才能确定。生产的征兆包括：

① 破水。要赶紧到医院！热热的羊水从阴道流下来，呈淡黄色，如果有胎便，会呈浅绿或深绿。大多数产妇会在阵痛后破水，但也有不痛先破的，称为"早期破水"。在家破水时，应在车子后座"侧卧"到院，以减少羊水大量流出、脐带脱垂的危险。破水后要尽早生出宝宝以免感染，所以一有怀疑就要到医院由医生诊断。

孕期小于37周的破水，则称为"早产性早期破水"，破水的周数越小，问题越复杂，一般35周以后破水不再安胎，宁可早点生出来。

② 见红。代表近几天快生了！子宫颈开始打开时，会有微血管破裂出血，混合子宫颈黏液排出，这就是俗称的"见红"。在见红数天内，大多数产妇会进入真正的产痛；不过也有人生产到一半时才见红。

看到见红时不要急，先观察疼痛的状况，如果不太痛，只是代表快生了，通常不会马上生，可以观察，但如伴有规则阵痛、阴道严重压迫感或大痛、破水，就需要赶紧到医院。

此外，见红应当不要与"异常出血"混淆：

• 如果流血量多如月经或更多：小心是产前出血，而非见红；

• 若血流如水、稀而淡红：小心是见红混合破水。

这两种情况不论周数大小，都要赶紧到医院，确定安胎与否。

③ 产痛。一般而言，生"第一胎"（初产妇）比生"第二胎以上"（经产妇）要慢、子宫颈也开得比较慢，所以两种情形的入院标准不一样。少数也有初产妇生得比其他经产妇快的例子，甚至同一位妈妈，第二胎反而生得比第一胎慢，这多半与每胎不同的运动量、孩子大小有关。如果产妇曾经不幸于20周以上催生或流产，那么这次要算是第二胎，一定要先让医护人员知道，以免超过预期速度而生产过急。

每一位产妇对痛的感觉差异很大，同样强度的子宫收缩，有人只觉小腹绷紧、微痛，有人则觉得整个腹部很痛，也有人是感到腰背酸痛。唯一差别不大的地方，是胎儿快生出、头部压到阴道下1/3时，挤压介于宝宝的头与妈妈骨盆间的肌肉，通常都使妈妈感到阴道很痛！

④ 便意感。当胎头压迫直肠、肛门，会造成类似想排便的冲动，或阴道口有东西快掉出来的感觉。这种冲动往往使身体无法控制地想大便出来，痛到分不出"排便"与"排出胎儿"的感觉，导致有些妈妈生在厕所。

因此，待产中如发生便意感时，不要急着上厕所，如人在家中，只要有阵痛，不管强弱，都应该赶紧到院检查。如果人在医院，要先请护士或医生先内诊，确认不是胎头下降后才再上厕所。大多数医院在母亲待产后半段，会请妈妈在床上用便盆解大小便，以免措手不及。

■ 出现产兆后入院，医生请您回家等？

怀孕晚期应随身携带医保卡与孕妇手册，检查上头的预产期与检验资料是否填写详细，不足处请产检诊间人员帮忙填齐。任何产兆发生，紧急情况下需要有随身资料，医护人员才能立即判断处理方式（是要安胎？催生？需到小儿科待命？）。

此外，要先有心理准备，产兆出现后，有可能跑医院多次却不符住院标准，因为产程如果尚未进入活动期，有可能是假阵痛，不宜住院；或尚在准备期，进展非常缓慢。家住得较远的人，可以与第一线医务人员商量需要过多久再来，或视情况提前住院。

如果真的白跑多次，也别因此干脆回家等久一些，拖延下次到医院检查进度的时间不太妥当，因为：

❶ 产妇无法自己知道产程真正的进展，宁可多跑几趟检查，也不要太晚到院；

❷ 产程多半越后面越快速，耽误一下会措手不及；

❸ 产痛时妈妈很难分辨胎动与子宫收缩，定期到院可顺便检查胎心音，才能及早发现胎儿状况。

■ 待产标准

要判断生产进度、住院待产标准达到与否，主要方式是经由"内诊"，这也是到医院必作的检查。内诊可得知子宫颈口打开的程度，以及胎头下降程度。内诊时，医护人员会触摸产妇子宫颈打开与变薄的状态，打开为1指（等于开2厘米），全开为5指（等于10厘米）。

变薄的程度，则以估计0～100%为参考，50%指变薄一半，100%为薄到极端。初产妇子宫颈通常先变薄70%～80%，才会明显打开；经产妇则子宫颈一边变薄、一边打开。

胎头下降程度，是医护人员触摸胎头顶端与妈妈骨盆坐骨棘的相对位置，胎头顶端降到坐骨棘相同深度定为0，依内到外分为－4厘米到＋4厘米，＋4厘米通常代表胎头已经撑满阴道内口、快要生出来了。

■ 入院之初的准备工作

为使生产干净、顺利，只要来得及，有的医院会请产妇脱去内衣裤、换上待产装、擦去化妆品及指甲油、退去手镯项链。其他特殊处理包括：灌肠（排出宿便以方便生产，避免生产时大便一道排出）、剃去阴毛（大多只剃大阴唇下半，方便伤口清洁与缝合）。此外，产妇可能遇到需要在待产中导尿的状况，因产程过长时，膀胱被压迫肿胀而无涨尿感或解尿困难，为了保护膀胱与不影响胎头下降，会用细管子导出小便。人工破水，需要使用真空吸引器时，也会先导尿。

■ 自然生产的产程

自然生产简分成两大部分：生宝宝的第一产程、第二产程及生胎盘的第三产程。第一、第二产程具体见下表。

三大产程

分期	第一产程	第二产程	第三产程
过程	生宝宝		娩出胎盘
	规则产痛开始后到子宫颈全开	子宫颈全开后到胎儿娩出	胎儿娩出后到胎盘娩出
初产妇	平均10~12小时	应小于2小时（无痛分娩小于3小时）	平均5~10分钟，小于30分钟都属于正常
经产妇	平均6~8小时	应小于1小时（无痛分娩小于2小时）	

第一、第二产程（生宝宝）

分期	第一产程		第二产程
	（1）子宫颈准备期	（2）子宫颈活动期	
子宫收缩程度	规则产痛渐密，每5分或每3分一次	密集收缩，每1~2分钟左右收缩一次	
产妇感觉	以子宫收缩痛为主	收缩痛+胎头压迫产道痛+便意感	收缩痛+胎头压迫产道痛+便意感；不自主想向下用力；
子宫颈扩张程度	打开3~4厘米、渐薄	打开3~4厘米→全开（10厘米）	全开→胎儿娩出
胎头下降程度	缓慢降到约+1~+2	快速下降到+2~+3	胎头在阴道口+4~胎儿生出
胎儿姿势	胎头固定在骨盆，颈部蜷曲向内，逐渐内转	胎头随着产程会逐渐内转→脸部转向产妇阴道中线（朝产妇屁股方向最标准）	头生出时脸部朝向下、颈部向上渐伸展、脸部再转回原来的方向
建议产妇姿势	胎心音正常时，以产妇舒服为准。可平躺、左右侧躺、床头摇高略蹲坐等。胎心音不正常时通常须左侧躺	平躺或床头摇高略蹲坐，使胎头缓和下降。胎心音不正常时通常须左侧躺	等到子宫颈全开，产妇才能正式向下用力生出胎儿！此时平躺、床头摇高、双腿跨开，准备用力推出宝宝

(续表)

建议呼吸法	华尔兹法	小狗喘气法	两次用力法
目的	放松全身肌肉节省体力、分散疼痛注意力；此法其实就是较慢较深的深呼吸	子宫颈尚未全开前，过早且不当地向下用力，胎儿会下降太快，伤到子宫颈造成裂伤、大出血或肿胀打不开，使产程无法顺利进展	在产痛发生时把握时机向下用力，只有此时用力效果最好；做无痛分娩的产妇万一没有痛感，需配合医护人员口令。若产妇用力效果不佳，医生会请助手帮忙推肚子
吸气	目光对准一个定点注视，每次开始痛时，像跳华尔兹一样开始数3拍，深吸气2~3秒（1~2~3~）	每次疼痛开始，先深吸气2~3秒（1~2~3~）	先深吸口气（1~2~3~4~5~）、憋气（1-2-3-4-5-6-7-8-9-）、向下推出胎儿，如解大便般腹部出力，一口气越长越好
呼气	深吐气2~3秒（1~2~3~）；反复循环，至该次产痛结束	浅哈气法，像小狗喘气般，每0.5秒轻哈气一次呵、呼、嘘、嘻都可（呵、呵、呵、呵、呵、呵、），如此您就比较不会向下用力；反复循环此法，至该次产痛结束	快速吐气完，赶快再进入下一次吸气用力，每次疼痛至少连续用力两循环。在胎头快生出时，医生会要您不要太用力，免得会阴裂开太严重；快娩出肩膀时，要暂时放松哈气稍缓用力（小狗喘气法），等医生抓好宝宝身体；羊水有胎便者，用吸球吸出胎儿口腔异物，再娩出肩膀、身体
两次疼痛间	疼痛变轻时，以平常呼吸休息	疼痛变轻时，改深呼吸休息。阴道开始痛时以华尔兹法渡过	
产妇应避免	·肌肉紧绷过度，太快耗光力气 ·焦虑过→"换气过度症候群"（心跳加速、心悸出汗，感觉呼吸不到空气，更加快呼吸，二氧化碳排出过多，四肢肌肉僵硬、嘴唇手脚指针刺麻木、头晕、晕倒。越紧张越恶化，形成恶性循环）	·床头摇太高 ·过早用力→胎儿下降太快会伤到子宫颈 ·肌肉紧绷过度，太快耗光力气 ·焦虑过度→"换气过度综合征"	·尖叫：使产妇没有足够力量用力，因此务必闭口忍住，别在最后关头功亏一篑 ·惊慌：如不把握时机用力，反而过度慌乱，则宝宝很难顺利生出 ·焦虑过度→"换气过度症候群"

(续表)

陪伴者可以做的事	事前商量好是否要做无痛分娩；提醒产妇正确的呼吸法；用吸管定期给产妇喝一点温水或一点易消化食物；加油鼓励的话；帮产妇按摩绷紧的四肢腰背；扶产妇解尿；帮产妇询问医护人员内诊的进展；先预习产程须知，万一需要剖宫可以顺利与医生讨论帮忙产妇决定。其实，仅仅只是陪伴，产妇就会得到力量	陪伴者勿随产妇情绪惊慌，鼓励产妇照医护人员指示用力；不要干涉医护人员决定，以免影响待产安全；压力太大时，站远些，喘口气

第三产程（生胎盘）

医生会视情形让胎盘自然生出，如无自然剥离现象，医生可能会用手稍微帮忙揉压腹部，有助胎盘剥离，因为此时伤口还在出血，有时不宜久等。

有少数产妇会发生胎盘黏连（黏生性胎盘、嵌入性胎盘、植入性胎盘）的状况，无法剥离。不严重的黏连，可以用手伸入子宫内帮助胎盘剥离，不得已时会施行子宫刮除术，试着刮去黏连的胎盘。若黏连太严重，产妇血流不止会有生命危险，万不得已时需切除子宫以止血，这种情况多与曾经做过子宫手术或前置胎盘等有关，到达子宫切除阶段是很罕见的，产妇不必太担心，有概念即可。

Q1：是否需要切开会阴

A1： 因人而异，体形越小、组织越紧，比较需要。我国的初产妇骨盆不如西方人宽，阴道口肌肉多半比较结实，较会挡住胎头，多半导致较深且复杂的裂伤。

有经验的医生多半只做小小的会阴切开，可以帮助使其伤口裂得整齐些，有利缝合的完美与伤口愈合。如果发生肩式难产或胎儿过大时，才不得不向下切入直肠肛门方向，使胎儿可以安全生出。切开会阴之前，都会先打上一些局部麻醉，减少切开与裂伤的疼痛。至于经产妇，许多人只需要切开一丁点（约1～2厘米）就足够，其余让伤口依胎儿生产状况自然延伸。

Q2：何时需要紧急剖宫产

A2： 待产中有一些状况是非"临时"开刀不可的，所以产妇及家属应先和医生建立互信，如果有任何疑虑，生产之前多读数据、多问清楚，才不会事后产生质疑、不悦或纠纷。

临时剖宫最常碰到的是"产程进展不顺利"，甚至生到五指全开，都可能因胎头不下降而剖宫，产妇痛了大半天后再经历开刀的恐惧，往往有两头空的挫折，也容易迁怒医生为何事先没有诊断出来她会"难产"。

其实，待产好生与否，牵涉到子宫收缩效率、子宫颈变薄顺利与否、母亲骨盆大小形状、脂肪层（软组织）厚度、胎儿头部或体重大小、胎头下降的

第十一章 胎宝宝第10个月

表三 剖腹生产的适应证

原因分类	适应证
为了母子	胎头骨盆比例不对称、催生失败、孕妇严重外伤、骨盆变形狭窄可能危及母子
为了母亲	母亲疾病：子痫症、严重子痫前症、超过零期的子宫颈癌、严重心肺疾病等
为了母亲	子宫曾手术：传统式剖腹手术、曾经子宫破裂、子宫肌肉层之肌肉瘤切除、因子宫颈闭锁不全接受永久性缝合
为了母亲	产道阻塞：子宫肌肉瘤、卵巢囊肿
为了胎儿	胎心音监测有警讯出现，显示胎儿窘迫：严重心跳过慢、心跳缺乏变异性（基线过平）、迟发性心搏减速、持续性心搏减速
为了胎儿	脐带脱垂
为了胎儿	极低体重儿，预估<1500克
为了胎儿	胎位不正：臀位、横位、额产式、面产式
为了胎儿	多胞胎：双胞胎（尤其第一个胎儿胎位不正）、三胞胎以上
为了胎儿	胎儿畸形：水脑、造骨不全症、腹裂、背部长瘤等
为了胎儿	母亲疾病危及胎儿：阴部泡疹菜花发作、免疫型血小板减少（紫斑病）严重者、孕妇突然死亡
为了胎盘	前置胎盘、胎盘早期剥离（包括待产当中大出血）

方向好坏等因素且互相影响，使得结果难以预期。而一般除非明显的不可能自然生，也不可能只看到一种负面因素就要剖宫，使得许多产妇必须经历这样辛苦的考验。

总之，最常见的剖腹产适应证，包括"胎头骨盆比例不对称""胎位不正""胎儿窘迫""前胎剖腹产"等，原因大多根据四大方向——为了母子、为了胎儿、为了母亲、为了胎盘。

■ **回到产后病房，准妈妈"升格"为妈妈**

回到产后病房的感觉就很轻松了，准妈妈已经"升格"为妈妈，常常在这里可以听到长辈与新手父母看着新生儿笑得合不拢嘴的场面。

自然产后可以直接进食，除了生化汤不要马上喝之外（因为会影响到子宫收缩），其他食物都没有限制。妈妈通常也会很幸福地抱着孩子尝试喂母奶，全家人都洋溢在新生命降临的喜悦中。

就医护人员的观点来说，产后的恢复期反而要特别注意，尤其是产后大出血的情形。所以产后2小时内，医护人员会随时观察妈妈的生命征象、伤口或是排尿情形。

认识剖宫产的准备与流程

■ 何谓剖宫产

剖宫产是指经由切开腹部及子宫的方式将胎儿娩出，其目的是因特定适应证之下，为保护胎儿及母亲安全，必须选择的生产方式。

■ 需要选择剖宫产的情况

剖宫产包括紧急性及已知必须且预约的剖宫产：

❶ 紧急性剖宫产：是指在妊娠中、后期或是产程进行中，产妇或胎儿因突发的紧急情况，例如：出血、产程迟滞、产妇有严重内科疾病、胎儿脐带脱垂、胎儿窘迫等。

❷ 预约剖宫产：是指分娩前就已经知道阴道生产是不可行的，进而采取剖宫生产，例如：曾动过子宫手术、胎位不正、产道有肿瘤阻塞、产道狭窄、多胞胎、活动性生殖器疱病毒之感染等。符合以上条件的孕妈妈，妇产科医生会建议选择剖腹产的生产方式。

以下就是预约剖宫产的流程。

■ 剖宫产手术前准备

一旦确定了生产方式应为剖宫产，就应该了解手术前应该作哪些准备：

❶ 预定剖宫产的前一天：

先到住院服务中心报到。然而通常会有准爸妈不解，为什么要前一天住院？因为凡是正规手术都要一再确认手术方式、一再提醒注意事项及预先防范各种可能的突变状况。例如：若有严重贫血，可以先备血或输血；若有心电图异常，可事先会诊心脏内科或麻醉科再次评估等。

↓

完成生命征象、身高、体重测量、尿液及抽血检验。

↓

至病房完成病历问诊、填写同意书（包括手术及麻醉同意书）、核对身份、安排胎儿监视器装置（为了解胎儿心跳和母亲子宫收缩之情况）。

↓

告知手术前须知，例如：勿配戴饰物、勿涂指甲油及化妆（为观察是否有发绀情形）、勿配戴活动假牙和隐形眼镜（为避免麻醉后误吞之危险及视力受到影响）、需禁食（包括开水）8小时（以免麻醉后引起呕吐不适，造成吸入性肺炎）。

❷ 手术当天：

建立一条静脉点滴管道是必要的，可以用来补充体液电解质及方便给药。因此，准爸妈们应与医护人员配合，将降低生产时的危险性。

■ 剖宫生产流程

期待已久的日子终于到来，小宝贝就要呱呱坠地了，但准爸妈仍然不免会对即将面临的手术过程感到忧心，在此，就先来熟悉一下手术当天及剖腹生产的流程。

❶ 手术当天的前置作业：

医护人员会陪同待产妇及家属至产房，在等候诊室会再次核对身份及病历。

第十一章 胎宝宝第10个月

↓

进入手术室，进行麻醉，一般是采取半身麻醉（包括硬脊膜外及脊髓麻醉法）。

↓

进行皮肤准备及放置导尿管。皮肤准备指的是剃除体毛，范围是乳房下沿着腋中腺至大腿上段及会阴部，目的是为避免毛发上的细菌掉落到已切开的伤口，造成照护不方便；而放置导尿管，是为避免麻醉后尿道括约肌松弛，造成小便失禁或术后无法解尿的不便，同时亦做为术后排出尿量监测之用。

❷ 重头戏上场——剖宫手术：

先将皮肤划开，进入皮下组织脂肪层，层层切开。

↓

再将筋膜及白线剪开，剥开腹直肌，打开腹膜，剪开子宫浆膜层。

↓

将子宫肌肉层切开，胎儿及胎盘被娩出。

↓

最后再层层缝合起来，贴上透气纸胶带及覆盖纱布就完成了。

↓

在情况稳定后的同时，新生宝宝也初步清整评估完成，就会抱给辛苦的妈妈仔细瞧一瞧和亲一亲。完成剖宫产后，产妇就会被送至恢复室观察，而小宝宝也会被送至婴儿室观察。观察约1~2小时后且生命征象稳定，就可回病房休息啰！

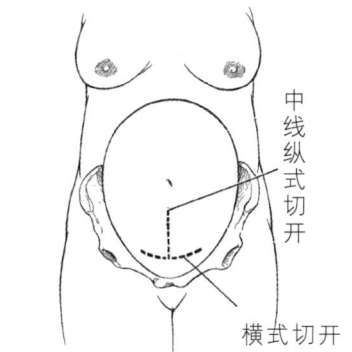

表皮切开方式

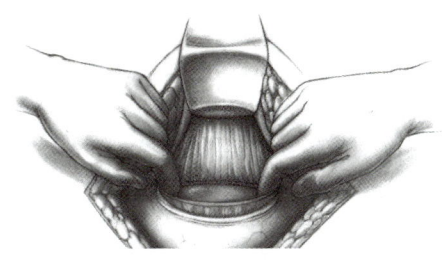

子宫体下段横切

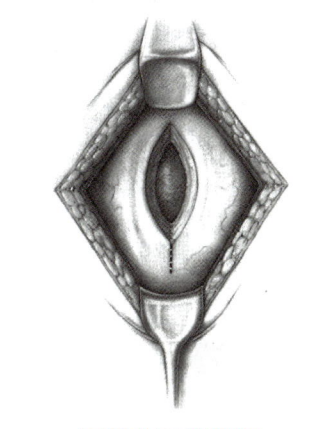

子宫体下段纵切

■ 剖宫产的产后照顾

❶ 子宫复旧。子宫复旧是指子宫的位置和大小恢复到未怀孕时的正常状况的过程。在刚生产完的时候，子宫底的高度大约位于肚脐上方1厘米，接着每天下降1~2厘米，在产后第10天左右，子宫进入

骨盆腔而无法触摸到。评估子宫底高度时，要先将膀胱排空（胀满的膀胱会防碍子宫的收缩及子宫底高度的判断），测量时产妇平躺床上。

评估结果：

- 子宫底呈坚实状态：表示子宫收缩良好。

- 若子宫底是松软或无力：表示子宫收缩差，此时要协助产妇子宫按摩，甚至依医嘱给予子宫收缩药，以预防产后出血的危险。

提醒：子宫复旧过程中的子宫收缩痛，即产后痛，若造成不适时，亦可依医嘱给予止痛剂。

❷ 恶露。产后子宫内蜕膜剥落，经阴道排出体外的分泌物即是恶露。依其外观及内容物，可分成三个阶段：红恶露、浆性恶露及白恶露。

- 红恶露：出现的时间是产后1～3天，深红色，含有小血块、黏膜、蜕膜碎片，有轻微血腥味。

- 浆性恶露：出现在产后3～7天，粉红色至棕色，较水性，无味。

- 白恶露：出现的时间，可能在产后第7天～3周，甚至6周不等，乳白色或无色，无味或轻微的霉味。一般产妇在产后最初几天的恶露量大约是少量至中量，一旦从红恶露转变为浆性恶露或白恶露，就表示恶露量已逐渐减少中。剖宫产的恶露会比自然生产来得少，因为在手术过程中，已经清除了较多组织碎物的缘故。

注意：若是产后的恶露量过多、有大血块、持续时间过长或合并有发烧、腹痛时，需立刻回医院求诊。

❸ 伤口照顾。手术完成后，伤口会用纱布及透气纸胶带覆盖，加压止血及保护伤口，于24小时后以优碘完成第一次换药及检查伤口。手术后第3天，就可以只要用透气纸胶覆盖黏贴伤口。返家一周内，保持伤口清洁干燥，勿淋湿，且不需涂抹药物，若伤口周围皮肤有红、肿、热、痛，甚至渗出血及分泌物时，要尽快回医院求诊。

一般而言，产妇返家一周后要回诊，医生检查伤口若正常，便可开始淋浴。每次淋浴后，伤口一样要轻轻擦拭清洁干燥，再更换透气纸胶。纸胶的作用，能预防疤痕增生，需贴3～6个月，爱美的妈妈们，千万不可偷懒哦！

❹ 排尿及排便的改变。产妇在生产后会出现利尿现象，以排除怀孕中储存于体内的液体，故有大量尿液排出，且留置尿管在产后第二天将拔除，所以要小心产后排尿的状况，以免尿液潴留而增加尿路感染的概率。

此外，因为产后突然的腹压减轻、腹肌松弛、肠蠕动慢、伤口疼痛、进食量减少等，许多产妇会延后或不敢排便，因而造成便秘和胀气现象。故为防止便秘发生，新妈妈应当尽早下床活动、多喝开水，适当地摄取蔬菜、水果，以补充足够的纤维素。若是便秘情况严重者，医生也会适时给予软便剂、肛门栓剂或灌肠辅助。

❺ 产后清洁。产妇在生产后容易出

汗，应当注意清洁，尤其有伤口及母乳哺喂者，必要时，可请护理人员或家属协助在床上擦澡，且每次如厕后，要记得施行会阴冲洗。

❻ 活动与休息。手术后，在充分的休息及睡眠之后，应尽早下床活动，可促使全身各部位的功能恢复正常，直到恢复体力。

❼ 产后营养摄取。剖腹产当天，因为是术后观察期及麻醉药物尚为消退，只宜少量沾水；第二天在稳定情况下，即可恢复饮食。良好的营养状态，除了可以促进产妇维持健康之外，更可增加人体抵抗力、预防感染发生，并增进产后恢复能力。而且产后饮食最好是含高蛋白质、维生素及矿物质，以促进伤口愈合，且应进食足量的纤维素，以防止便秘发生。

生产是喜悦的！选择合适的生产方式将胎儿顺利娩出，是所有准爸妈及医护人员所期望的。因此，非常希望即将接受剖腹产之准爸妈在阅读完本篇文章之后，可以更了解剖宫产手术前、中、后应该注意及配合之事项，如此将少一分恐惧，多一点喜悦，并且带着愉快的心情迎接新生命的到来。

分娩必然痛吗

人们都知道阵痛是分娩的前兆，但专家们统计后发现，有10%的产妇分娩前没有疼痛的感觉。医生们没有找到很有说服力的阵痛的机理，反而发现，疼痛的强度与子宫收缩的强度不成比例，而产痛的程度却和产妇精神紧张的程度成正比，精神越紧张，疼得越厉害。于是有人得出这样的结论：害怕是产痛的根源，特别是初产妇，对分娩有很多猜测、忧虑甚至恐惧。他们的忧虑是多种多样的，如害怕发生难产，怕孩子出现意外，怕产痛、怕出血……英国产科专家格·迪里德表明，精神最不紧张的产妇，感到的疼痛最轻。也就是说，如果产妇精神不紧张，那她就不感到害怕。疼痛是一种感觉，对于相同的刺激因素，因个体的敏感程度、耐受能力等差别不同，所感觉到的疼痛的强度也不同。实际上，分娩是一种自然的生理过程，自古以来，绝大多数分娩活动都是正常顺利的。在现代医疗条件及良好的生产监护下，产妇应该是更乐观的。家属和医护人员对产妇要给予足够的宽慰，打消产妇的恐惧，增添她的希望和快乐。

在产前，孕妇要练习深呼吸、浅呼吸、短促呼吸及憋气等方法。在宫口开到4厘米以后，在宫缩时，产妇可在吸气时鼓起肚子，呼气时瘪下肚子。呼吸及腹部动作越慢越好。在宫缩过去以后，产妇要骤放松。在胎儿即将娩出时，要听从医生的命令，努力配合，避免产道损伤。

在一些情况下，医生给产妇注射杜冷丁等药物，使产妇平静、舒服地迎接宝宝的降生。

认识产科麻醉

不管是否有过生产的经验，大多数准妈妈一想象生产的过程，就会认为"生产过程应该是很痛苦的吧！"在从前妇产科学不发达的年代里，无论自然生或剖宫产，准妈妈都必须忍受相当的风险和痛苦；如今有了麻醉科技的帮忙，已可大大减少生产的痛苦。这里就来谈一谈和产科有关的麻醉。

■ 局部麻醉

❶ 剪会阴时使用。采用自然生产的产妇，在胎儿快产出前，妇产科医生为避免产妇会阴撕裂伤，多半会进行局部会阴切开术。在剪开会阴之前，会在孕妈妈的会阴部位注射局部麻醉剂，将局部小神经麻醉而达到止痛的目的，如此也有助于在胎儿娩出后，减少缝合会阴时的痛苦。麻药注射约1个小时以后，感觉就会慢慢恢复。

❷ 局麻不会对产妇或胎儿造成不良影响。局部麻醉只会将痛觉止住，并不会造成运动方面的障碍，产妇仍然可以清楚地感到医生的触碰动作，但是痛觉会大大地减少。局部麻醉很少会对产妇或是胎儿造成不良的影响。

■ 脊髓麻醉（半身麻醉）

脊髓麻醉就是一般简称的"半身麻醉"，麻醉的进行方式是以细针，从下后背处进入脊椎关节间的位置，将药物注入脊椎末端的空腔内，达到麻醉下半身脊髓神经的作用。

❶ 意识清楚，下半身失去感觉与运动能力，多用于剖宫生产。在这种麻醉方式的进行下，产妇上半身仍然有清楚的意识，也能够自行呼吸，但是身体的下半身则会完全失去感觉与运动的能力，所以下半身就无法动弹，因此简称半身麻醉。在这段麻醉期间内，需要以导尿管来协助产妇排尿。麻醉完成后4～6个小时，产妇脚部的知觉才会慢慢恢复。这种麻醉多用于妇产科的剖宫生产。

❷ 对产妇的心肺功能影响较小，不会抑制胎儿呼吸。半身麻醉的好处，是对产妇的心肺功能影响较小，同时药量只集中在产妇下半身，较不容易经由血流而进入胎儿，比较不会引起胎儿呼吸的抑制。

❸ 并发症。半身麻醉后常见的并发症有（下述的无痛分娩也有此并发症）：头痛、皮肤瘙痒、尿液滞留、恶心、呕吐等，其他如低血压、局部麻醉剂毒性、演变成全脊髓麻醉等则较少见。产妇接受这种麻醉法时，医护人员都会特别留意可能的并发症，作好处理与防范。

■ 硬膜外腔麻醉（无痛分娩）

❶ 减低产痛，不影响运动神经的功能。我们常听到的"无痛分娩"，所采用的就是"硬膜外腔麻醉"。麻醉的过程和脊髓麻醉类似，但是会于硬脊膜外腔置入一条极细的塑料管子，当产妇疼痛时，即可经由此细管，将药液注入硬脊膜外腔，达到止痛的效果。麻醉可以阻断痛觉的传导，减低产妇在生产时的疼痛感，但却不影响运动神经的

功能,所以产妇的四肢还是可以自由移动,只是因子宫收缩而造成肚子疼痛的感觉不再明显。麻醉的效果和打入的药物种类和剂量有关,无论是自然生产时想要进行无痛分娩或是剖腹生产前后的麻醉止痛,都可以采用这种麻醉方式。

❷ 安全性高,但有些情况仍不适合。正确的施行脊髓麻醉或是硬膜外腔麻醉,因为使用的药物量较少,而且产妇仍然能够保持意识清醒与呼吸的自主性,所以对于产妇及胎儿而言,其安全性均较全身麻醉为高。但是孕妈妈如果有以下的情况,例如:背部入针部位有感染、凝血机能异常、血压过低、低容积性休克等状况,就不适合做脊髓麻醉或是硬膜外腔麻醉。

❸ 无痛分娩不会造成腰酸背痛后遗症。当医护人员建议孕妈妈施行无痛分娩时,最常遇到的拒绝原因是害怕背痛,因为很多孕妈妈认为无痛分娩是把药物打入"龙骨"(脊柱),会造成日后腰酸背痛等后遗症,事实上这真是让麻醉背了污名。孕妈妈于产后会腰酸背痛的成因和怀孕过程有绝对的关系,孕妈妈本身体重的控制、怀孕时日常生活姿势的保持,才是造成产后腰酸背痛的主因,和半身麻醉是无关的。

■ 全身麻醉

❶ 适用于紧急剖宫产。全身麻醉是以静脉注射或是让口鼻吸入药物,使麻醉药物到达脑部作用,直接阻断全身的知觉,病人自行呼吸的能力一定会受到影响,所以必须经由呼吸器或是人工的辅助来帮助病患呼吸。全身麻醉法并不常用在一般常规的剖宫生产,因为麻醉药物会经由胎盘而影响到胎儿,但是在某些紧急情况,有必要施行紧急剖宫生产时,还是必须用到。

❷ 有吸入性肺炎的危险情况。全身麻醉对产妇及胎儿都会有影响。对产妇本身最可能产生的影响是吸入性肺炎。由于孕妈妈的胃部排空速度会比还未怀孕时慢许多,加上分娩期间身心压力都增大,麻醉后也容易呕吐,若不幸吸入这些呕吐的胃容物,就会引起严重的吸入性肺炎。麻醉后如果以气管插管来辅助妈妈呼吸,会有助于减少并发吸入性肺炎的机会。

❸ 必须尽快将胎儿娩出。由于全身麻醉方式,麻醉药物会经由胎盘而到达胎儿的血液循环,因此也很有可能把胎儿一起都麻醉了。因而在孕妈妈全身麻醉后,妇产科医生们会于最短的时间内将胎儿娩出,尽量降低麻药进入胎儿体内的数量。

选择适当的麻醉方式,可以有效地减少产妇生产时的痛苦,并能缩短产程、提高生产的质量,让整个生产过程比较没有压力及痛苦,能够很平顺地度过。

认识"器械辅助阴道生产"

胎儿卡住了,需要使用产钳或真空吸引器来帮忙?这会让许多产妇却步,因为担心会对胎儿头部造成伤害!其实不必担心,当然是在有必要时才使用的。医生会在适当的时机下施行,帮助胎儿顺利娩出,而您也应该了解"器械辅助阴道生产"的使用时机与可能并发症！

■ "器械辅助阴道生产"能避免不必要的剖宫产

生产的方式可以分为两种——阴道生产和剖宫生产。当阴道生产无法顺利达成，或是经由阴道生产可能对产妇或宝宝造成危险或伤害时，就必须考虑采取剖宫生产。当今国内的剖宫生产率高居不下。世界卫生组织建议的剖宫产率是10%～15%，美国的剖宫产率约为1/4，台湾近年来的剖腹生产率则高达1/3，内地有些地方更高达30%～40%。

在降低剖宫生产率方面，器械辅助阴道生产扮演了一个重要的角色。所谓器械辅助阴道生产，是指经由产钳或真空吸引器的辅助，将宝宝从阴道分娩出来。

■ 胎头卡住了产钳来帮忙

根据文献记载，凭借器械的帮助将宝宝生出来，早在公元16世纪就有医生开始尝试。当时剖宫生产和麻醉的技术尚未发达，但是产妇借由阴道生产并非每次都能十分顺利，有时胎头卡在阴道口不上不下，险象环生！当时一位英国医生彼特·钱伯伦（Peter Chamberlen）利用一对铁钳子夹住胎头，借由其扭转和牵引，帮助宝宝生出，解决了很多生产时的困难，这是最早的产钳生产。产钳经过时间的推移改良，发展出各种不同的种类和形式，根据胎头在骨盆腔内的高低位置，大致可分成高位产钳、中位产钳、低位产钳、骨盆出口处使用的产钳、辅助臀位生产的产钳等，其中高位产钳的危险性较高，现在已经被剖宫生产所取代。

■ 产钳的使用时机

并非每一次宝宝生不出来时，都适合使用产钳辅助生产。使用产钳之前，必须确定子宫颈口已经全开、破水、膀胱已完全排空、胎头已经固定在骨盆腔内、没有胎头骨盆大小不对称的问题，而且胎头的高低位置都能充分掌握的情况下才能进行。

此外，如果产妇用力过久，已经疲惫无力，或是第二产程（子宫颈口全开到宝宝娩出的这段时间）过长、胎心音开始出现不好的变化、脐带脱垂或受到压迫、怀疑胎盘早期剥离、有胎儿窘迫的危险性时，都可以借由产钳的帮助尽快将宝宝生出来，以减少产妇的痛苦，和缩短胎儿缺氧窘迫的时间。

■ 产钳可能造成的并发症

使用产钳辅助生产可能造成的并发症，可分为母亲和宝宝两方面：

❶ 母亲方面：包括产道裂伤、伤害到阴部的神经及骨盆底的肌肉组织而造成大小便失禁、会阴出血感染等。

❷ 宝宝方面：包括胎头受力的部位造成颜面受损、头皮下血肿、颅内出血等。

■ "真空吸引器"逐渐取代"产钳"

产钳的使用必须经过技术的训练和经验的累积，由于困难度比起真空吸引器辅助生产较高，有渐渐被真空吸引器取代的趋势。

文献上最早记载的真空吸引辅助生产，是1840年代由辛普森（Simpson）所创，他利用一个帽状物套在宝宝的头上，并借由真空吸引的负压帮助，将胎头牵引出来。早期的真空吸引器多为圆形金属帽的结构，但其较容易在生产时造成胎头裂伤、头皮下血肿及颅内出血，现在已渐渐被软性塑料帽所取代。

由真空吸引辅助产出的胎儿，头顶容易留下一个凸起的头皮肿块，称之为"产瘤"，一般在出生后一星期左右会慢慢消失，不会对宝宝造成影响。

■ "真空吸引器"&"产钳"比一比

真空吸引器辅助生产的使用时机与产钳生产大致相同，上述的产钳生产并发症也都有可能发生，但真空吸引器不占产妇骨盆的空间，较少造成骨盆腔肌肉和神经的伤害；但对于臀位生产，则真空吸引器完全无用武之地。

文献上对两种器械辅助阴道生产的比较，发现真空吸引辅助生产造成的产妇骨盆伤害、失血量，比产钳辅助生产少；但造成胎头皮下血肿、新生儿黄疸、新生儿视网膜出血的概率则较高。

器械辅助阴道生产必须慎选产妇和宝宝的条件，在适当的时机下施行，如果评估无法借由器械辅助阴道顺利生产，则必须采取剖腹生产，以确保产妇和宝宝的安全。

用产钳、真空吸引器助产好吗

适当的使用产钳或真空吸引器，乃是为了达到母子均安的一种有效又安全的技术。因此产钳及真空吸引器是设计来加速取出胎儿的器具。但准爸妈们对此种器械辅助阴道生产却有着很多疑虑。

Q1：何时是适当的使用时机？

A1：在阴道生产过程中，任何会威胁母亲或胎儿的状态，若是将胎儿娩出就能解除，就是使用产钳或真空吸引器的时机。因此产钳或真空吸引器称为"器械辅助阴道生产"。使用的适应证包括：

❶ 胎儿的适应证：脐带脱垂、胎盘过早剥离，以及令人不安的胎心率减速形态（疑似胎儿窘迫症）。

❷ 产妇的适应证：心脏病、肺部外伤或窘迫、分娩中感染、力竭或第二产程延长。

Q2：有哪些使用的先决条件？

A2：要成功地应用产钳或真空吸引器，至少须有六项先决条件：

❶ 胎头必须固定（进入产位）：若是在胎头到达骨盆前就置入，常常会造成胎头广大的血肿和铸形。

❷ 胎儿必须以头顶为先露部位。

❸ 必须精确地知道胎头的位置才能放置。

❹ 放置前，子宫颈必须全开，太早放置可能会导致子宫颈及阴道严重裂伤。

❺ 使用前必须先破水，才能紧紧地抓住头。

❻ 胎头的大小须和骨盆相对称，如果胎头一直下不来（骨盆入口或中骨盆太狭窄），就是剖腹产的适应证，不宜勉强使用产钳或真空吸引器。

Q3：真空吸引器比产钳好？

A3： 真空吸引器理论上优于产钳之处，包括避免把一个占据空间的不锈钢叶片放在胎头上，而且不像产钳那样需要精确的放置，能够旋转胎头，而不侵害母亲的产道组织，而且在拉扯时，影响胎儿的颅内压比较少。因此目前大部分的医师都会优先使用真空吸引器。

Q4：何时不能使用真空吸引器？

A4： 真空吸引器使用的禁忌证包括：面产式或其他非顶产式、极端早产（胎儿过小）、胎儿凝血异常、胎儿最近做过头皮血液采样，或巨婴症。

Q5：使用真空吸引器有哪些注意事项？

A5： 有以下三点注意事项：

❶ 负压上升不宜太快。

❷ 拉扯时应同时配合产妇用力（排出力），每次拉动时，应伴有胎儿下降的进展。

❸ 若使用时罩杯爆开3次以上，则不建议再持续使用真空吸引器，并建议应立刻施行剖腹产。

Q6：真空吸引器容易造成哪些合并症？

A6： 使用真空吸引器常见的合并症包括：头皮撕裂和淤青、帽状腱膜下血肿、头部血肿、颅内出血、新生儿黄疸、结膜下出血、锁骨骨折、肩难产、脑神经伤害、臂神经丛伤害、视网膜出血及胎儿死亡。

产钳及真空吸引器的使用是生产时不可或缺的利器，适当地使用能减少产妇及胎儿在生产时的危险，及生产所造成的后遗症；但使用不当，也容易造成合并症，因此在使用的时机上需要恰当的拿捏。

加压助产的利与弊

当产妇太过疲惫、无法配合阵痛用力娩出胎儿时，有些医护人员会在产妇子宫顶部帮忙推，这称为"加压助产"，或可加速胎儿娩出，减少剖腹产的机会，但也可能产生并发症。究竟"加压助产"好还是不好？

■ 加压助产的定义

"加压助产"指第二产程中，母亲已筋疲力尽、无法出力，由医护人员在子宫最顶部稳定加压，使胎头娩出的行为。

■ 正确的使用方法

加压助产的使用原则，在子宫收缩时，应以单手温柔但稳定有力地推向母亲骨盆的脊椎方向，因此压力是向母体纵的方向，避免直接向下压向母体脊椎，如此会造成对下腹腔静脉的压迫，产生母体低血压。间断性突然用力下压及松手，最易造成胎儿和母体的伤害，所以必须感受子宫的硬度、持续性加压。

第十一章 胎宝宝第10个月

✚ 加压助产实例

某产妇首次怀孕，产前检查正常，估计胎儿重3000克。第一产程（由产痛始至子宫颈口全开时间）尚且顺利，但子宫颈口全开已超过1小时，她已筋疲力尽。医生请她在子宫收缩时用力向下推，希望尽快将胎儿娩出，但她力不从心，于是请产房专任护理师在子宫顶部配合产痛加压助产，终于将胎儿娩出，外阴部虽然为三度（肛门括约肌断裂）裂伤，但避免了剖宫生产。

■ 加压助产的并发症

加压助产可能造成许多不良后果，包括：

❶ 在母体方面：腹部淤伤和疼痛、增加外阴和肛门括约肌裂伤、子宫破裂、子宫内翻、低血压、呼吸窘迫、肝脏破裂、肋骨骨折，甚至羊水栓塞亦有可能。

❷ 在胎儿方面：神经受伤、骨折、心跳改变、缺氧、呼吸窘迫、脑内出血等。文献上至少有报告使用真空吸引及加压助产造成帽状腱膜（胎儿头皮下）出血、休克，但迄今仍无太多的研究，许多结果仍属推测。此外，当胎儿过大和肩难产时，应避免使用加压助产，以免发生臂神经丛拉伤和骨折等伤害。

■ 其他替代方法

由于加压助产可能会产生一些并发症，因此当第二产程产妇筋疲力尽时，可考虑的方法还有：

❶ 当第二产程延长，如没有胎心异常，特别是在脊髓膜外麻醉时可考虑等待，再多一点时间，胎头常会下降。

❷ 会阴太厚时，切开会阴可助胎头下降，然而对此尚有争议。

❸ 试用真空吸引或产钳，但非强拉。

加压助产对极疲惫的母体极有用，并可减少剖宫产。温柔有力、持续地加压，不会造成母子的伤害，而在胎头快出来时停止施压，亦可避免会阴和肛门括约肌之撕裂。

医疗上的工作都有利有弊，需要了解其优劣点，小心谨慎处理，希望更能增进母子的健康。

催生，不用怕

■ 生不下来，催生来帮忙

所谓"催生"，就字面上的意思来看，就是催促生产，因为产妇的子宫没有自发性的收缩，或收缩强度及频率较差，妇产科医生觉得有需要帮忙子宫收缩，也就是用药物帮忙把孩子生下来，这就叫"催生"。

催生药物的使用原则如下：

❶ 先让子宫颈软化：在待产过程中，子宫颈必须软化、变软，然后慢慢地张开，就是从子宫颈紧闭到开1厘米、2厘米、3厘米……10厘米，所以，医生首先会用让子宫颈软化的药物，例如前列腺素（PGE1、PGE2）。

❷ 再加强子宫收缩：等到子宫颈软化以后，再使用催产素（Oxytocin，中文名：醋酸催产素，又名缩宫素），调控有效的剂量来刺激子宫作规则性及够强度的收缩，子宫颈就会跟着慢慢地张开，胎儿的头就会跟着慢慢地下降。

■ 催生≠引产

❶ 催生的适用状况。"催生"是被动的状况。就是在待产中子宫已有收缩，但是频率及强度仍然不够，为了能让子宫能作有效的收缩频率及强度、减少待产的时间及产妇的不适，于是在产妇及胎儿稳定的情况下，加入能使子宫颈松软的药物，或加上催生的药物（oxytocin）来帮助产程的进行，以减少产程迟滞的发生。

❷ 引产的适用状况。"引产"是主动的状况。当怀孕周数已超过预产期（大于40周且小于42周），子宫仍无自发性的收缩时，就需要引产。临床上，妇产科医生在精确怀孕周数后，一般不建议孕妇怀孕到超过42周，因为过了42周，羊水产生减少、胎盘功能减退，以及容易有胎便产生；所以在过了40周之后，在没有自发性子宫收缩之产兆的前提下，会安排孕妇入产房待产室接受引产。之后如上面催生所述，会依医生的专业判断，加入如PGE1、PGE2让子宫颈松软，同时加入催产素让子宫产生规律有效地收缩，以便让胎儿顺利的经由阴道生产。

❸ 两者常被混为一谈。虽然"催生"和"引产"有不同的定义，但实际上常混为一谈，一般人常说"过了预产期还没有动静，赶快到医院'催生'"，但正确的说法应该是"引产"才对。然而不论是引产或催生，终究是希望早一点让小宝宝顺利地生产下来。

■ 何时需要催生

❶ 已经有自发性产兆，但是子宫颈紧闭或成熟度不佳，或子宫收缩强度及频率不佳时，可考虑加入子宫颈松软药物及帮助子宫收缩的药物来催生。

❷ 超过37周后，有破水产生，但无规则宫缩时。

❸ 安胎过程中（小于37周），有无

➕ 提前引产好吗

当产妇没有达到上述引产的6个条件，同时也未达到40周预产期时，如果只是出自产妇个人因素希望能提前生产，或者期望胎儿能在9月1日前（入学学年度分界）提前出生等，临床偶尔会有此种案例接受提前引产。然而因为子宫颈尚未成熟、胎儿胎头尚未下降到骨盆腔，因此便有可能需要较长的时间来引产，2～3天甚至3天还引不出来的情形并不少见。这些案例最后常造成剖宫生产机会增加，因此，临床上并不建议提前引产。

法抑制的发炎迹象（如破水一段时间）时就要催生。

何时需要引产

引产的先决条件，必须在"无前置胎盘""无胎盘剥离前兆"的前提下才能执行：

❶ 当怀孕周数超过40周且未超过42周。

❷ 胎盘功能检查有不明原因的异常变化。

❸ 腹中胎儿生长迟滞（超声波体重小3周以上），但预估体重超过2500克。

❹ 胎儿体重较大（尤其是妈妈患有妊娠糖尿病），但预估体重不超过4000克。

❺ 孕妇有轻度、中度的"子痫前症"。

❻ 胎死腹中。

需要引产时应当机立断

在孕妈妈及胎儿健康的状况下，只要不超过42周，原则上并没有一定要何时引产。准妈妈在产检的追踪频率上，一定都了解，在36周之后，妇产科医生会要求准妈妈一星期来门诊一次，除了血压、体重、小便的检查外，腹围的大小、胎儿心音的监测、了解胎动的情形及胎盘功能的检查，便显得更加重要。

一旦符合上述的引产时机，便应当机立断接受引产。举例来说，当孕妇有妊娠子痫前症时（高血压、蛋白尿、下肢水肿），胎儿生长会迟缓甚至死亡，母亲会有脑血管破裂、肾脏衰竭的危险，因此确定诊断、及早引产是非常重要的。

该催生而没有立即催生，会有何后果

当待产过程中如果产程进行不顺利，或是收缩频率及强度不够时，医生便会依据专业判断，来选择追加催生药物帮忙；如果收缩强度及频率都够时，而产程仍然持续迟滞，便很有可能是骨盆腔狭窄或胎儿过大等因素，此时便应当机立断，改以剖宫来生产。

如果应该用催生来帮忙产程进行，却迟迟没有催生，便很可能导致产程持续迟滞不前，如果此时没有持续监测胎儿心率变化，很可能有突发的胎儿窘迫而没有发现。

毕竟待产及生产过程，是整个怀孕过程中最危险的时候，在安全、平稳、有效率的产程进行下，减少待产的时间及不适，才是正确的催生因应之道。民间常听说，医生可以控制生产时间，其实主要是医生凭借着专业的经验及有效地使用催生药物来帮忙罢了！

催生剂使用过量的危险性

临床上常用的催生剂的半衰期很短，因此需要靠点滴静脉注射，持续不断地注入待产妇的血液里，但是为了能调控到最佳的收缩状态，必须精确地随孕妇子宫收缩的情形来调整点滴的滴速，以达到最佳的子宫收缩状态，并减少产程过长的不适及保障胎儿的安全。

因此在使用催生药时，如果过量使用，会造成子宫收缩过强及过密，有子宫破裂的危险。同时因子宫收缩过密，胎儿接收的氧气不足（子宫收缩时，子宫血管

同样收缩，胎儿处于暂时缺氧状态，等子宫松弛时，便又恢复供氧），容易造成胎儿窘迫而死亡。

■ 为何许多产妇及家属怕催生

传统观念中，常有"催生会比较痛"或"怕伤到小孩"等错误的观念流传。实际上，如果有了以上提到的正确催生或引产的观念后，应不难了解医生在催生药的使用时机上，是经过审慎评估的，以期能在安全的情况下，帮忙产妇做最有效的产程进展，以减少过长的产程造成的不适感及胎儿窘迫的情形发生。

催生在自然生产的待产过程中，占有很重要的角色，产妇不用担心自己是否需要催生，因为即使需要催生，此时医生的角色就如同站在产妇旁边帮产妇加油的丈夫一样，一同为产妇加油打气，让产妇能够产程顺利、母子均安。

妈妈生小孩，是上天赋与妈妈崇高的本能及使命，生产过程的疼痛，更是每位妈妈都必经的历练，经历了此般努力的过程，会更加珍惜来之不易的小宝宝。

巨婴宝宝怎么生

■ 巨婴的定义

要判断宝宝的体重是否正常，需要配合妊娠周数及新生儿体重分布曲线来计算。基本上，在曲线10%～90%之间的范围，都属于"对妊娠年龄而言体重适中"的一群；体重低于10%者，属于"对妊娠年龄而言体重过小"；体重高于90%者，则称为"对妊娠年龄而言体重过大"。具体来说，如果出生体重超过4000克，就属于医学定义的"巨婴"；而出生体重低于2500克，则属于"低出生体重"的一群。

医学上对"巨婴"的定义，并不是很一致，一般认为出生体重超过4000克的婴儿就可以称为是巨婴，但也有一些机构组织有不同的标准，例如美国妇产科学院就定在4500克以上。Boulet等人提出一个"巨婴"分级系统：第一级为胎儿体重4000～4499克，第二级为4500～4999克，第三级为超过5000克。根据吉尼斯世界纪录的记载，世界上体重最重的新生儿是1955年在意大利出生的一名婴儿，当时他的体重是12.24千克。

■ 为何胎儿会长成巨婴

可能形成巨婴的危险因子包括：

- 孕妈妈患有糖尿病：这是因为母体血糖过高会导致胎儿血糖同时过高，也会刺激胎儿胰岛素分泌过多，因而加速胎儿的成长。

- 爸妈都长得很高壮：肥胖孕妈妈易生下巨婴，尤其怀孕前BMI超过30者（注：BMI＝体重（千克）÷身高的平方（m^2））。

- 怀孕期体重增加过多。
- 怀男宝宝。
- 过期生产。
- 高龄产妇。
- 前胎生过4000克以上的婴儿。

- 多胎次。
- 种族因子：例如西班牙裔的孕妇。
- 遗传基因的先天因素。

■ 巨婴对孕妈妈及胎儿的不良影响

① 在胎儿方面：

怀巨婴的难产概率较高，生产时产道的挤压在所难免，肩位难产更是挥之不去的梦魇。专家指出，胎儿体重过重容易造成生产的伤害（占3%～7%），包括：肩位难产（9.2%～24%）、臂神经丛损伤（1%～4%）、死亡（0.4%）等。

妊娠糖尿病孕妈妈生下的巨婴，易有低血糖、血小板过多、电解质不正常、黄疸、高胆红素血症、呼吸窘迫综合征。一般要尽快经口喂食，而且必须频繁地追踪巨婴的血糖值；若经口喂食后血糖值仍然偏低，则必须立刻注射葡萄糖点滴。

② 在孕妈妈方面：

因产程延迟的受罪、增加产道的挤压创伤、剖宫产的可能性增加，会提高手术的伤害性，以及生产后可能因子宫肌肉收缩无力而导致产妇大出血。

■ 如何诊断巨婴

要诊断胎儿是否为巨婴是很困难的，目前仍然没有很好的方式可以在产前正确地预测出胎儿的体重，一定要等出生后磅了体重才知道是不是巨婴。临床上有三个主要评估的方法：

① 孕妈妈的评估： 生过巨婴的妈妈，下一胎怀巨婴的可能性增加。

② 临床的评估： 孕妈妈肚子触诊（Leopold手法）和测量宫底高度。

③ 超声波的测量： 超声波可以估计胎儿体重但并非完全精确，当胎儿体重4000克，超声波的误差可以高达15%～20%。测量胎儿腹围是一个很好的方式，根据研究，生产前2周内若胎儿腹围大于35厘米，可预测93%体重超过4000克的巨婴。其他方法包括测量胎儿软组织、脸颊厚度。

■ 巨婴怎么生才好

胎儿若过大，就会增加生产过程的困难度、伤害性与危险性，剖腹生产的机会也增高。有人建议糖尿病孕妇所怀胎儿体重估计超过4000克或4250克时，非糖尿病孕妇所怀胎儿体重估计超过4500克时，就采取剖宫生产。然而因为超音波无法精准计算胎儿体重，因此多数的医生都会让孕妈妈试行阴道生产，不过肩难产、臂神经丛受伤的可能性就会在生产过程中出现。

至于提早引产巨婴并不能改善结果，而且有增加剖腹产的可能性。产科医生应熟悉处理肩难产的各种方法，除非必要，不要使用器械性阴道生产（例如：产钳、真空吸引），宁可改用剖宫生产。

■ 如何预防巨婴

孕妈妈必须按时进行产检，以超声波持续追踪胎儿体重。

在怀孕24～28周时作妊娠糖尿病筛检。确定是妊娠糖尿病的孕妈妈，建议先接受营养师的饮食控制及规律运动。营养师会提供正确的饮食控制方式，在不影响胎儿生长的情况下，控制热量的摄取，尤其淀粉类和甜食的摄取比例必须降低，如果血糖控制不好，则需住院接受胰岛素注射。

要合理控制体重：怀孕过程体重以增加12～16千克为宜（依怀孕前胖瘦不同，胖者增加7千克、瘦者增加18千克都算合理），且20周以前以增加1～3千克为限，28周之后再以每星期0.4千克的幅度增加。

产科医生有必要提醒准妈妈们，新生儿的"体重比赛"是没有意义的，只要是在适当体重范围内的婴儿，日后的成长曲线并不会受到出生时体重的影响。换言之，较胖的宝宝不见得一路领先，较瘦的宝宝也不见得一路落后，而且体重和智商也没有正相关。

巨婴的发生率并不高，4000克以上的发生率为5.3%，4500克以上的发生率为0.4%，但是伤害与危险性却很高。因此控制胎儿体重是孕妈妈与医生共同的责任。孕妈妈该做的是摄取均衡的营养，将体重控制在合理范围，并避免不良生活习惯，以及作好产前检查，避免生下巨婴或低体重婴儿，才是最要紧的。

高龄产妇与一般产妇的差异

❶ 年纪较大，体力不如一般产妇佳。

❷ 年纪较大，容易有内科疾病（如高血压、心脏病、糖尿病等），产生合并慢性病的概率较高，如妊娠高血压综合征、子痫前症、妊娠糖尿病等。

❸ 胎盘剥离、前置胎盘的可能性增加，易造成怀孕中、后期的出血。

❹ 胎儿的染色体异常增加，导致胎儿畸型的概率相对提高。

❺ 流产、早产、胎儿过小、胎儿过大、胎位不正、多胞胎，甚至胎死腹中的概率相对提高。

❻ 子宫颈较坚韧、开口较慢，造成产程过长、产程迟滞的概率增高。

■ 高龄产妇剖宫生产比较安全

高龄产妇不一定需要剖宫生产！只是高龄产妇剖宫产生产的概率较一般产妇高。因为高龄产妇有妊娠高血压、妊娠毒血症、产程过长、早产、胎位不正的概率较高，相较之下剖腹生产的概率自然提高。若无特殊症状，配合例行产检，高龄产妇不一定要剖宫生产，还是可以选择自然生产。

过期妊娠的危害

过期妊娠容易造成羊水减少、胎儿缺氧、肩难产或者其他生产过程伤害，对产妇也可能造成难产、产道裂伤、产后出血等并发症。此外，过期妊娠的围产期（指怀孕28周到产后一周这一分娩前后的重要时期）死亡率及并发症，明显高出正常足月怀孕的5～7倍，因此，值得注意。

■ 何谓过期妊娠

一般来说，正常怀孕的周数是从最

后一次月经算起，在38～42周之间。所谓"过期妊娠"，是指怀孕周数超过预产期2周以上，也就是42周仍未有阵痛、分娩的征兆时，就称为"过期妊娠"，其发生率约为10%。

注：预产期的计算方法是，最后一次月经来的第一天的日期：月份加9，日期加7，就是预产期。

为什么过了预产期还不生

过期妊娠的病因，至今仍然不清楚，大至有以下原因：

❶ 临床发现，胎儿脑下垂体及肾上腺发育不良时，常会发生过期妊娠，尤其是无脑儿病例。

❷ 人类胎盘硫酸酵素缺乏而导致胎盘功能不良也有相关。

❸ 孕妈妈内分泌功能紊乱、甲状腺功能低下、新陈代谢异常、服用维生素E过多、胎儿发育异常、胎头骨盆不对称等，都可能引起过期妊娠。

❹ 第一胎发生过期妊娠的女性，怀第二胎时可能再次发生。

❺ 年龄较大的初产妇，发生过期妊娠的比例也较大，不过，过期妊娠与胎次及产妇体重的增加无明显联系。

过期妊娠的不良影响

根据国外医学统计指出，过期妊娠的胎儿围产期死亡率及并发症明显高出正常足月怀孕约5～7倍，值得引起注意。准妈妈们应当对此有所认识。

❶ 对孕妈妈的影响。过期妊娠约有70%的胎儿会继续发育成长，可能造成体重超过4000克的巨婴，容易造成产程延长、难产、产道严重裂伤、产后子宫收缩不良而引起产后大出血。此外，胎盘功能退化也容易引起羊水减少、妊娠高血压综合征。

❷ 对胎儿的影响。过期妊娠会使胎儿围产期死亡率增加，尤其是并发症容易发生在生产过程和出生后不久时。医学报告指出，怀孕40周出生的胎儿，围产期死亡率为千分之一点五，而怀孕到44周，则围产期死亡率会增加到千分之六点九。常见的并发症有：

• 羊水减少：羊水在40周后，每周会减少33%，过期越久减少越多。羊水减少会使胎儿活动减少，孕妈妈可以明显感觉到胎动减少。

• 胎盘功能退化：过期妊娠容易发生胎盘功能退化现象。胎盘功能退化，会使供应给胎儿的氧气和营养减少，容易造成胎儿生长迟滞、胎儿慢性缺氧及羊水胎便染色。此外，胎儿心跳变异性会发生异常，甚至出现胎儿心跳速率下降的现象。

• 胎儿窒息和吸入胎便：过期妊娠的胎儿中，约有15%～20%的羊水中会出现胎便，在生产过程中发生胎儿窒息和吸入胎便的概率很高，可能会造成胎儿呼吸窘迫、肺部发炎及感染等并发症。

• 胎儿过度成熟症：过期妊娠的胎儿通常可见皮肤皱折增加、皮下脂肪减少、缺乏胎脂、毛发多、指甲长、外观像是小老人。这类过熟胎儿容易在出生前发生胎死腹中的情况，或出生后因脱水、贫血、低血糖、酸中毒、肺部感染等而夭折。

• 胎儿体重过重：过期妊娠的胎儿约有70%会继续发育成长，形成巨婴症的发生率是足月怀孕的5倍。由于胎儿过大、头颅变硬、两肩变宽，在生产过程中，很容易导致产程进展缓慢、肩难产、分娩创伤（如锁骨骨折）、颅内出血、新生儿窒息等情况。

■ 过期妊娠的处置方式

有时候孕妈妈无法确定最后一次月经日期，又没有作规则的产检，医生会考虑作羊膜穿刺检查，看一看羊水是否有染胎便，并且作羊水生化检查，看一看胎儿的肺部是否成熟，以决定生产时机。

妊娠一旦过期，应当严密注意胎儿在子宫内的情况，注意胎儿有无缺氧的危险。对于仍不适合引产者，应当作胎儿生理活动评估，以得知胎儿健康状况。如果子宫颈已经成熟或有妊娠并发症，会危及胎儿时，则应当考虑引产。如果引产失败或在引产过程中，出现明显的胎心音窘迫现象，就应该改为剖腹生产，以确保母子平安。

■ 注意胎儿在子宫内的健康状况

过期妊娠最值得注意的是胎盘功能退化，因为无法提供胎儿足够的氧气和养分，胎儿随时可能因缺氧而面临死亡的威胁。幸好，有一些方法，可以评估胎儿在子宫内的健康状况：

❶ 数胎动。这是最简单的方法，如果胎盘功能退化，胎儿会因慢性缺氧而减少胎动。如果胎儿12小时内的胎动次数少于10次，孕妈妈应当迅速到医院作进一步检查。

❷ 以胎儿心跳监视器监测胎儿心跳变化，注意是否有异常。

❸ 超声波检查。详细检查胎位、羊水量、胎盘、胎儿体重、胎动及胎儿身体张力，并配合"胎儿心跳监视器非压力试验"，合称为"胎儿生理活动检查"（Biophysical profile）。如果有异常，表示有胎儿窘迫或缺氧的可能性很高，应当考虑以最佳途径，尽速分娩。

待产及生产时，适度给予准妈妈氧气及点滴补充水分，对胎儿有帮助。

医生的"私房话"

■ 没那么痛

影视剧里的女人们都在以各种方式渲染分娩的痛苦，让毫无经验的准妈妈们感到更加恐惧。其实那是演员秀出来的痛苦。产科医生告诫即将进产房的产妇：不要喊，那没用。而且，也没那么痛。"不要喊"是为了节省体力，而"没那么痛"是实话。

■ 身体的自尊

许多女性分娩怕的不单单是痛，而是生产时身体的自尊。一旦解开这个心结，分娩的可怕程度马上减半。其实真正上了产床最多30分钟，那个让你感觉有心理障碍的姿势并没有多长时间。所以，不要为分娩时的不雅而选择剖宫产。生命诞生的一刻是很美妙的。

■ 恐惧侧切

有讹传绝大部分产妇在分娩过程中要被侧切，其实，如果孩子不是太大，产妇又积极与医生合作，侧切完全可以避免。

■ 要自信

产痛是一种很奇怪的痛，在孩子出生的那一刹那，一秒前感受到的所有不适都被一种巨大的幸福感取代。信心真的很重要，你要这样告诉自己：我完全能够自己生！

■ 医生喜欢什么样的产妇

从职业道德的角度上讲，帮助所有的产妇顺利地完成生育任务是每个产科医生的责任。但是，从医生的临床经验来看，确实有些产妇更好合作。以下是顺利完成生产的产妇的特征，准妈妈们可以有所借鉴。

■ 与医生好好配合

要想漂亮地完成生育任务，就要好好地与医生合作。因为在生产过程中，产妇看不到宝宝出生前后的具体情况，必须依赖医生的指导，才知道什么时候开始用力，什么时候应该稍作控制。最近几年侧切率的升高也是基于这个原因，与不听医生指导失去控制后造成的撕裂相比，侧切的伤口更好处理也更容易愈合。

■ 懂得放松情绪和身体

生产过程顺利的产妇很懂得如何放松，那些极度缺乏自信的产妇浑身较劲，这也是生产过程延长的重要原因。最好参加产前培训，学习呼吸技巧，帮助自己在产房里放松下来。

分娩前产妇吃点什么

医生过去都希望产妇分娩时不要进食或是喝饮料，以免临时需要全身麻醉进行剖腹时不方便。但是，现在还是建议分娩中的妇女进食少量容易消化的食物。

❶ 早一点儿进食。在分娩初期进食以储存能量。

❷ 进食次数多一点儿。以小吃代替正餐（少量多餐或吃零食）。

❸ 吃高热量食物。分娩初期，尽量往肚子里填些复合碳水化合物（谷类、面食）；分娩晚期，小口吃或喝一些简单的碳水化合物，如水果、果汁、蜂蜜等。

❹ 吃容易消化的食物，避免脂肪太多或是油炸、油腻的食物。

❺ 尽量多喝水。分娩初期，每小时补充至少240毫升水分。

药膳食疗

西瓜蜜

用料：西瓜1个，蜂蜜100克。

做法：西瓜洗净，从瓜蒂开口，将瓜瓢搅成汤水，加入蜂蜜搅匀，用原盖封严，两小时后可食。

功效：可治咽炎、喉炎、大便秘结。

西瓜鸡

用料：当年嫩鸡1只，料酒、味精、葱段、姜片、盐、白糖各适量。

做法：嫩鸡洗净，切块，加入料酒、味精、葱段、姜片、盐、白糖拌匀。取西瓜一个挖出瓜瓢，将鸡肉放入，添水没肉，盖口，置瓷盆内，入锅蒸熟。

功效：可清热滋补。

西瓜豆

用料：西瓜1个，红豆50克。

做法：西瓜洗净，从蒂处打开一盖，取出部分瓜瓢，其余搅成汤，拣出西瓜子，放入红豆，加火盖锅煮至豆熟烂，吃豆喝汤。

功效：可利尿消肿。

翠衣糖片

用料：厚西瓜皮300克，白糖、葱丝、姜末、盐各适量。

做法：厚西瓜皮洗净，削去外硬皮，切片，撒白糖，加葱丝、姜末、盐，放入瓷盆，加水一杯，上笼蒸熟，凉后撒上香油即可。

功效：可清热解暑，生津止渴，利尿导湿。

胎教课堂
Taijiao Ketang

分娩期的心理变化

分娩不仅是妊娠的生理终结，而且是一个心身事件——产妇的包括身体和精神的一种伴随着不安的期待的体验。人的一生中几乎没有其他的事件能像分娩一样带有那么多秘密和各种各样的意义。

关于分娩的心理研究指出，产妇产出孩子的过程，不同的个体有不同的心理过程，产妇必须最终产出体内的婴儿。临产前，产妇的依赖性增加，被动性加强，行为相对幼稚化，过多地要求别人关心自己，主观感觉异常的体验明显增多，对体内胎儿活动尤其关注。多数初产妇没有分娩的经验，对微小的变化过于焦虑与担忧，胆小及怕孤独。对即将来临的分娩感到紧张及恐惧不安，害怕分娩疼痛，害怕胎儿出生缺陷，害怕暴露身体，害怕分娩时失去控制，害怕宫颈不扩张或扩张费时，害怕阴道试产失败后改为剖宫产，害怕分娩时产道裂伤或胎儿损伤，少数产妇害怕生女孩而受歧视。其中主要的心理机制是对自己如何耐受产痛的揣测。

孕晚期分娩心理的压力，影响着胎儿个性的发育。

产后的心理变化

临产前胎盘类固醇如雌激素、孕激素的释放达到最高值，肾上腺皮质激素、甲状腺素也有不同程度的增加，孕妇表现情绪兴奋紧张。分娩后，胎儿、胎盘排出体外，胎盘类固醇突然迅速撤退，可导致神经介质5-羟色胺的合成减少，并有β-内啡肽、儿茶酚胺、多巴胺、产后垂体及甲状腺功能的改变，从而影响高级脑活动。另个，产妇经过妊娠分娩，机体疲惫，分娩带来的疼痛与不适、产前产后的并发症、难产、滞产、手术产导致其躯体和心理应激增强。

因此，产褥期妇女情感处于更脆弱阶段，特别是产后1周情绪变化更为明显，心理处于严重不稳定状态。对婴儿的期待，对即将承担的母亲角色的不适应，有关照料婴儿的一切事情都需从头学起等，对产妇造成心理压力，导致情绪紊乱、抑郁、焦虑、人际关系的敏感，甚至形成了心理障碍，导致产后抑郁症的发生。产后的情绪紊乱与遗传因素及产妇的个性特征相关。如有家族抑郁症病史的产妇，产后抑郁的发病率高。产后抑郁亦多见于以自我为中心、成熟度不够、敏感、情绪不稳定，好强求全、固执、保守、社交能力不良、内倾性格等个性特点的产妇中。

中医论分娩

■ 产要

凡孕妇临月，忽然腹痛，或作或止，或一二日，或二三日，胎水少来，但腹痛不密者，名曰"弄胎"，非当产也。又有一月前或半月前忽然腹痛如欲产而不产者，名曰"试月"，亦非产也。凡此腹痛，无论胎水来与不来，俱不妨事，但当宽心候时可也。若果欲生，则痛极连腰，乃将产也。盖肾击于腰，胞击于肾故耳。又试捏产母手中指，本节跳动，即当产也。此时儿逼产门，谷道挺进，水血俱下，方可坐草试汤，瓜熟蒂悬，此乃正产之候也。

产妇腹痛未甚，且须宽心行动，以便儿身舒转。如腰腹痛甚，有产之兆，既当正身仰卧，或起坐舒伸，务宜安静从容。

待儿转身向下，其产必须而且易，最不宜可为惊扰入手，以致产妇气怯，胞破浆干，使儿转身不易，则必有难产之患。

产妇初觉欲生，便须惜力调养，不可用力妄施，恐致临产乏力。若男方转身而用力太早，则多致横逆。须待顺而临门，一逼自下。若时候未到，用力徒然。

临产，房中不宜多人喧嚷惊慌。宜闭户，静以待生。

将产时，宜食调软白粥，勿令饥渴，以乏气力。亦不宜食硬冷难化之物，恐产时乏力，以致脾虚不能消化，则产后有伤食之病。

产妇产室，当使温凉得宜。若产在春夏，宜避阳邪风是也；产在秋冬，宜避阴邪寒是也。故于盛暑之时，亦不可冲风取凉，以犯外邪；又不宜热甚，致令产母头疼面赤；亦不宜人众，若热气熏蒸，亦致前患。其或有热极烦渴而血晕血溢者，亦可少与凉水，暂以解之。然亦不可多用。若冬末春初，余寒尚盛，产室不可无火。务令下体和暖，衣被亦当温厚，庶不为寒气所侵，可免胎寒血滞难产之患。且产后胎元既落，气血俱去，乘虚感邪，此时极易，故不可不慎。

凡富贵之家过于安逸者，每多气血壅滞，常致胎元不能转动。此于未产之先，亦须常为运动，庶使气血流畅，胎易转则产亦易矣。是所当预为留意者。

妊娠将产，不可詹卜詹卜：即"占卜"。问神。如巫觋之徒，哄吓谋利，妄言凶险，祷神祇保，产妇闻之，致生疑俱。夫忧虑则气结滞而不顺，多致难产，所宜戒也。

产时胞浆未下，但只稳守无防。若胞浆破后，一二时辰不生，即当服催生等药，如脱花煎、滑胎煎或益母丸之类。盖浆乃养儿之生，浆干不产，必其胎元无力；愈迟则愈干，力必愈乏。所以速宜催之。

产妇，与酒不可多而致醉。凡产前醉则乏力而四肢不用；产后酒多，恐饮入血分四肢，致后日有动血及四肢无力、髓骨酸痛之患。

〔明〕张介宾：《景岳全书》卷39《妇人规下》

临盆

产妇临盆，必须听其自然，弗宜催逼。安其神志，勿使惊慌，直待花熟蒂圆，自当落矣。所以凡用稳婆，必须择老成忠厚者，预先嘱之。及至临盆，务令从容镇静，不得用法催逼。余尝见有稳婆忙冗性急者，恐顾此失彼，因而勉强试汤，分之掐之，逼之使下，多致头身未顺，而手足先出，或横或倒，为害不小。若未有紧阵，不可令其动手。切记！切记！又或有声息不顺，及双胎未下之类，但宜稳密安慰，不可使产母闻之，恐惊则气散，愈难生息。又尝见有奸诡之妇，故为哼讶之声；或轻事重报，以显己能，以图酬谢，因致产妇惊疑，害尤非细，极当慎也。

《立斋医按》载一稳婆云："止有一女，于分娩时，适当巡街侍御行牌取我视其内室分娩。女为此惊吓，未产而死。后见侍

第十一章　胎宝宝第10个月

御更以威颜分付，迨视产母，胎虽顺而头偏在一边。此时若以手人推正，可保顺生；因畏其威，不敢施手，但回禀云：此是天生天化，非人力所能。因是子母俱不能救。"由此观之，可见产时当用静镇自然，而一毫惊恐疑畏有不可使混于其间者。

〔明〕张介宾：《景岳全书》卷39《妇人规下》

■ 临产将护

凡欲产时，特忌多人瞻视，惟得三二人在傍。待总产讫，乃可告语诸人也。若人众看视，无不难产。

凡产妇，第一不得匆匆忙怕，傍人极须稳审，皆不得预缓预急，及忧悒，忧悒则难产。

〔明〕孙思邈：《千金要方》2卷《产难》

母亲的分娩情绪与胎教

对于分娩，不少妇女感到恐惧，犹如大难临头，烦躁不安。分娩前大声呻吟，甚至惊慌，无所适从，这种情绪既容易消耗体力，造成宫缩无力，产程延长，也对胎儿的情绪造成刺激。

其实生育过程几乎是每位女性的本能，是一种十分正常的自然生理过程，是每位母亲终身难忘的幸福时刻。

胎儿在母亲肚子里已9个多月了，由一个微小的细胞发育成3000多克的成熟胎儿，他不可能永远生活在母亲的子宫内，他要勇敢地穿越母亲的产道投奔到外面精采的世界里。所谓"瓜熟蒂落"就是这个道理。

在分娩过程中，子宫一阵阵收缩、产道才能一点点地张开，孩子才能由此生下来。

在这个过程中，母体产道产生的阻力和子宫收缩帮助胎儿前进的动力相互作用，给产妇带来一些不适，这是十分自然的现象，不用害怕、紧张。产妇坚强的承受能力与勇敢的个性，也会传递给婴儿，是胎儿性格形成的最早期的教育。

产妇此时心中应尽量做到心理放松，全身就会放松，配合医生的指导，为孩子的顺利出生创造条件。

养育经典·胎教圣经

准爸爸必读
Zhunbaba Bidu

待产时最依赖的人

当预产期越来越逼近,安妮与丈夫大伟讨论到一个问题:"大伟到底要不要进产房陪产?"安妮很希望能有大伟在身旁陪产,所以在产检时,安妮就向医生提出这样的需求,医生也表示只要安妮生产时没有特别的问题发生,而且丈夫也参加了产前教育课程,就可以让丈夫陪伴安妮进产房生产。问到安妮为什么会希望大伟陪产时,安妮表示:"孩子是我们两人的,我觉得如果能够一起迎接孩子,应该更有意义,而且我比较不会害怕。"因此从待产到生产,大伟一直在安妮身旁陪伴、照顾她。

"产痛刚开始时不太会痛,我还能上下床走走,但是后来越来越痛时,真的很不舒服,我一直告诉老公,我的腰好像快要断掉了,他就一直帮我按摩。"问到安妮被按摩的感觉如何时,她表示:"刚开始真的觉得按摩后会比较舒服,可是越到后来,子宫颈口快全开时,我就觉得宫缩痛到快要死掉一样,反而很不希望他碰我,我还把他的手推开呢!现在想想,他那么努力,我却不领情,真的不好意思!"的确,多半的待产妇在子宫颈口开7、8厘米后,会不喜欢别人碰触她的身体,包括按摩,但在之前若给予腰部及腹部的按摩,多数的待产妇都会觉得比较舒服!

除此之外,安妮还说破水后子宫一收缩,孩子的心跳就变慢了,她自己一直躺着,也看不到监测器中胎儿的心跳次数,后来是丈夫发现了,赶快去找护士小姐。"那天生产的人好多,护士小姐忙得很,没办法只照顾我一个人;可是有大伟随时在身边,只照顾我一个人,发生什么事,他都可以帮我解决或反映给护士小姐。"看来,大伟陪伴待产时真的很细心。

"他还提醒我怎么呼吸,把妈妈教室的资料都带去,不过,我老公也说,虽然练习过,但看我那么不舒服,也不知道该怎么办,还好护士小姐都会再教我们,所以他很快就进入状态,可以帮我喊口令,也会拍拍我的身体,叫我没有宫缩时尽量不要用力,放松身体的肌肉。有他提醒我就真的比较放松,可以在子宫没有收缩时休息一下。"

爱、被爱与生产的力量

除了这些照顾的功能以外,安妮还特别提到:"快要生的时候,护士小姐先把我推进产房里,大伟是换了衣服才进去,刚进去时,只有我自己一个人,虽然护士小姐在旁边走来走去,可是我又痛又难过,觉得好孤单好无助!直到他进来跟

第十一章 胎宝宝第10个月

我说要加油,我们的宝宝就要生下来了,还帮我擦汗,一直握着我的手在旁边守着我,那种感觉就像自己在最无助的时候,找到一个可以支撑的力量。"安妮边说着生产时的感受边红着眼眶:"现在想想那种感觉真的很好,很谢谢他一直陪我,也看到我为了生孩子所付出的努力跟辛苦,虽然很痛,但觉得一切都很值得,是一种爱与被爱的感觉。"

安妮似乎又想到重要的事情:"对了!除了可以照顾跟支持我以外,我觉得他进来陪我生产最重要的一件事情是,他参与到孩子的出生,孩子生下后,医生把孩子抱高让我看了一下,后来护士小姐把小孩护理好之后也抱来给我看,可是我是近视眼,看得不是很清楚,但我先生就看得很清楚了,因为我们第一次到婴儿室看孩子时,我还在找,但我先生就指给我看小宝宝在哪里,我问他他怎么记得?每个小孩看起来都差不多,他就说孩子生下来就一直看着,所以印象很深刻。那时候,我们两个人手一直都牵在一起,真的觉得自己很幸福。"

问到安妮除了很幸福的感觉外,对于两个人一起参与迎接孩子到来的这个时刻,是否还有别的想法?安妮笑着说:"我肯定他很爱我跟孩子,从他这么用心照顾我,又特别记得孩子长相这件事,我就可以感受到,我想他将来会是一个很爱孩子的好爸爸,甚至已经可以想象他陪着孩子在玩耍的画面。"

产后尚未出院的安妮,谈到这些生产过程的点点滴滴,不见她脸上倦容,只见到充满幸福的表情,可见安妮对这次从怀孕到生产的经历相当满意,因为她肯定了丈夫对她与孩子的爱。

相信对每个怀孕、生产的妇女而言,丈夫的角色是无法被取代的,她们在生理状况与健康上需要有人细心的照顾,而丈夫是最亲密的人,也是生活在一起的人,最清楚知道妻子的需要,而且妻子也能将感受直接表达出来,不需要担心医护人员或其他照顾人员能否接受她的要求,同时丈夫也是在待产时最能提供持续照顾的人。另外在情感上,妻子也依赖丈夫,因为丈夫是与自己最亲密的人,也是孩子的父亲,在家庭成员中有母亲与孩子,做父亲的又怎么可以处在这时间与空间以外呢?

因此,提醒准爸爸妈妈们,夫妻应当在怀孕时就彼此沟通、协调,让两人形成共识:"共同怀孕、共同生产",让这样难能可贵的经验,成为家庭中共有的温馨回忆!

因为她需要我

问到大伟决定全程陪产的关键是什么?他笑着说:"老婆大人决定的,其实我们从开始怀孕就讨论到这个问题,有的人叫我千万别进去,可是也有同事把他在产房中陪着老婆生下孩子,一起抱孩子的心情说给我听。我回去都跟我老婆说,后来她就问我的意思。说句实在话,我很想陪她生产,可是也会有点怕,后来她就跟我撒娇说,生孩子的时候她会很需要我陪她,而且又是我们第一个孩子,于是我就决定进产房。"看来大伟是位尊重老婆的好男人,而且他听懂了妻子希望他陪伴生产的心愿。

陪产前要做功课

大伟在陪产安妮待产时，总是体贴地帮忙擦汗、按摩、倒水，协助妻子在床上用便盆，在产痛时也会喊着口令让妻子配合着呼吸跟放松，看得出他的用心照顾。有护士夸他时，大伟认真地表示："我可是做过功课的，我老婆告诉我医院办的妈妈教室的上课时间我都记下来，除非真的有重要的事，不然我都陪着来，所以妈妈教室我也跟着上了几次。上课时就会说到女人在待产、生产的时候会有哪些不舒服，老婆也会跟我讲她需要什么，比如说要喝水、上厕所，而且她会一直喊腰酸，产房的护士也教我怎么帮她按摩，我就帮她按摩腰。反正待产那段时间就是只能等呀，等子宫颈口开了才能用力嘛！所以我尽量帮她，让她比较舒服就是了。"大伟一边说着，一边把手放在腰上比画着。

"最重要的是，我上了拉梅兹的课程，但是好像没有临场感，反正照着书本做就是了。到她待产时，真的像书上说的，那种痛是一阵一阵地来，而且越来越强！不过我真的会跟着她紧张，虽然记得书上写的，但临场却不太会用，后来护士小姐又教我们一次，我就懂了。反正把握原则，痛的时候呼吸快一点，不痛的时候呼吸就放慢，而且肌肉要放松，我就是照着做，一看她不痛了，就赶快拍拍她，提醒她不要用力了，还帮她按摩脚和手呢！"大伟一边说着一边手舞足蹈，似乎又回到妻子生产时的情境。

好奇地问到大伟怎么会知道安妮痛不痛？大伟骄傲地说："看那个监测器呀！护士在我老婆身上绑了两个东西，我问护士那是什么？她说一个是听小孩心跳的，另一个是监测子宫收缩。后来我看那个记录纸，每次我老婆痛的时候，图形就会上来，我就知道了！后来护士也教我把手放在我老婆的肚子上，肚皮变硬了就是在宫缩，变软了就是宫缩停了，反正只要她不宫缩、不痛时，就赶紧提醒她放松就是了！"看来，大伟真的是位用心的好丈夫。

令人心疼又兴奋的一刻

谈到孩子出生的情况时，大伟情绪激动地说："当医生把我老婆换到产台时，我的心跳突然变得好快，一方面很兴奋快要看到孩子，一方面又很心疼老婆，我觉得她整个脸都变了，看到她很痛苦还要拼命用力的样子，我却不知道我能做什么，就只能拉着她的手，对她说：'加油！我们的孩子快生了！'然后在心中默祷着，期待能母子平安。"说到这里，他的双眼湿润："当孩子生下来的时候，我听到了他的哭声，心情感动到极点！我看到医生手上抱着一个手脚挥舞、光溜溜的小男生，我就一直握着我老婆的手，对她说生了！生了！后来，护士小姐把孩子抱来给我们看，还让我老婆喂母奶，你知道吗！看着我的孩子躺在老婆的怀中，而我抱着我老婆，另一手摸着孩子，那种感觉到现在都还很强烈，真的很兴奋，实在是……难以形容！"

的确，当大伟进到产房时，他就把握住与安妮一起迎接孩子到来的时机。"我觉得这种感觉真的比人在外面等还好，我们待产时，我就看到护士小姐抱小孩出来时，外面等的几个爸爸都站起来，后来一听护士小姐喊的名字不是自己老婆的又坐下来。我都不用猜，因为我要在产房里陪着孩子出生。"

爱与感激胜过恐惧

虽然与妻子一起迎接孩子是个难得而又美好的经验，但是，面对生产时血淋淋的情形，难道大伟真的不在意也不受影响吗？大伟有些腼腆地说："说真的，我也不敢看，总觉得血淋淋的画面很可怕！不过，我老婆生的时候，我也没有看到什么呀！因为她身上会盖上一些消毒过的布单，我看不到她的下半身。"

问到大伟，现在很流行丈夫带摄影机拍下生产过程，为什么他们没有准备呢？大伟笑着说："我们觉得不需要，我也庆幸自己没带进去，你看我老婆生产时的样子，跟她平常形象真的差很多，再说那时候她真的很需要我帮忙，虽然我不能帮她痛、帮她生，但我总可以帮忙擦汗、喊喊用力的口令，帮她加油打气。至于拍录像带，我自己觉得不需要，血淋淋的画面不用记太久，倒是在生完后我们三个人一起的画面，应该帮我们拍下来，那个画面对我们家来说真的很重要。"

大伟的这个建议真的很不错，一般人看到孩子从产道生下来的画面，感受并不见得好，但全家一起的画面则是温馨又幸福。

或许是陪产经验让大伟感受到安妮生产时的辛苦，对于陪老婆生产是否恐惧，大伟有他自己的看法："不要想太多，只要想到老婆辛苦卖力地帮我生孩子，我就觉得感动又感激，爱她都来不及了！所以从她生完后，看到她跟孩子，我都想抱一抱！"说完时，大伟调皮地笑着。

情感加温的好时机

目前的社会与医疗单位越来越能接受丈夫进产房陪伴生产的要求，许多夫妻产检时就会关心地问妇产科医生，丈夫能否陪伴生产？因为他们希望能共同经历这样的时刻，加上媒体、相关书籍与信息传播的发达，对于生产过程也多有了解，心理上已有所准备，不再像以往所担心的丈夫会在产房昏倒。

不过，妻子期待丈夫陪产，最主要的原因莫过于能陪她度过这段最痛苦的生产历程，如果丈夫能给予足够的照顾、在身旁陪伴、给她安慰与安全感，妻子生产过程的身心状况会更加平顺。因此，做丈夫的就得多做功课啦！让自己的功能发挥，毕竟"丈夫与爸爸"的这两个角色都是医护人员所无法替代的。最后，告诉爸爸们一个公开的小秘密，陪产会让夫妻的情感加温哦！因为在那段时间里你与她同甘共苦，你温暖的大手给了她生产的力量！

Chapter 12
新宝宝养育是胎教的延续

新生儿的发育
Xinshenger De Fayu

第一个月男孩体格发育指标

项目	年龄组	下限值	中间值	上限值
身高	2周	50.4厘米	52.3厘米	54.3厘米
	1月	52.8厘米	54.7厘米	56.7厘米
体重	2周	3.2千克	3.8千克	4.3千克
	1月	3.9千克	4.5千克	5.1千克
头围	1月	约为37.9厘米		
胸围	1月	约为37.6厘米		
囟门	1月	为1.5～2厘米		

第一个月女孩体格发育指标

项目	年龄组	下限值	中间值	上限值
身高	2周	49.6厘米	51.5厘米	53.4厘米
	1月	51.7厘米	53.7厘米	55.6厘米
体重	2周	3.1千克	3.6千克	4.1千克
	1月	3.6千克	4.2千克	4.8千克
头围	1月	约为37.1厘米		
胸围	1月	约为36.9厘米		
囟门	1月	约为1.5～2厘米		

"体格发育"中的发育指标，根据宝宝发育的不同时期有相应指标的呈现，大致包括：身高、体重、头围、胸围、囟门、牙齿的发育六部分内容。

新生儿发育状况

■ 呼吸

新生儿从出生的那一声啼哭开始，即开始建立了自主呼吸，但较浅表且不规则，频率较快，一般40～60次/分，早产儿可达60次/分以上。新生儿以腹式呼吸为主，易出现呼吸节律不齐或深浅交替。观察新生儿的呼吸变化，要在新生儿安静的情况下，观察其胸、腹部起伏情况，每一次起伏即是一次呼吸。注意观察胸廓两侧的呼吸运动是否对称；呼吸是否急促、费力，有无呼吸暂停；口周皮肤的颜色有无青紫。

■ 体重

孩子生长发育，体重是非常重要的指标。对于出生体重的评价是不是合适，一定要结合孩子孕周来一起评价。临床上叫做"适于胎龄"，意思就是说孩子出生的体重跟胎龄应该是相吻合的。体重小的孩子确实不容易养。但体重达到、超过4000克以上的"巨大儿"，属于高危孩子。大部分"巨大儿"的母亲都是能找到一些病因，比如妊娠糖尿病，母亲糖尿病生出的巨大儿，别看他体重很大，其实发育是不成熟的，他的血糖的代谢会有很大的问题。这样的孩子出生后的24小时内经常容易出现低血糖，低血糖对新生儿来说是非常严重的问题，如果低血糖不及时得到处理，持续的时间过长直接影响身体健康。在医院里对"巨大儿"会监测血糖，比如出生半小时提前喂奶、糖水，这样能够避免低血糖并时常检查他的血糖水平。

另外，别看"巨大儿"的体格很大，但是实际上他的器官发育是不成熟的，一般来说，糖尿病母亲生出的孩子，孕周相当于小两周，比如孩子是40周生的，可能发育的水平就是38周，如果是38周就相当于早产的水平。所以这样的孩子，尽管是足月，也会出现像早产儿一样的问题。4000克以上的孩子也有一少部分孩子没有其他的问题。

体重小的原因有两个：一是早产。没到日子，体重也不可能长到正常体重。还有一个是有身体的疾病因素，出生的体重不到2500克，这个孩子叫"足月小样儿"。因此孩子的体重不能太大，也不能太小。

宝宝出生体重增减平均值

出生月数	体重增减（平均值）
1～2周	−稍微降低
第3个月	+30克/日
第3～6个月	+20克/日
第6个月～周岁	+10克/日

■ 脐带

新生儿脐带在离肚脐1～2厘米处被结扎。

■ 前囟

前囟是新生儿头顶的柔软部位，是头颅骨尚未连接的间隙。前囟要到宝宝2岁左右时才闭合。宝宝的头皮覆盖着这个间隙，它虽然十分坚韧，但是千万不要让宝宝的前囟受重压。不必对前囟做特别的

第十二章　新宝宝养育是胎教的延续

照顾，但是，如果一旦发现覆盖其上的头皮绷紧或出现隆起（膨胀凸出），或在前囟部位出现不正常的萎陷（异常的凹陷）时，就应立刻请医生诊查。

■ 皮肤

新生儿的皮肤也许会被白色的脂质所覆盖。有些宝宝胎脂遍布他们的脸部和身体，而另一些宝宝只分布于他们的脸部和手。医院对于胎脂的处理方法各不相同。有的医院予以保留，因为胎脂提供了一道抵抗轻度皮肤感染的天然屏障；而另一些医院则在宝宝娩出后就细心地将胎脂清除掉。目前人们普遍认为不必清除胎脂，这不仅因为胎脂具有保护的特性，而且也因为它在2~3天之内就自然地被皮肤所吸收。但是，如果在宝宝皮肤的皱褶内有大量胎脂堆积并可能引起刺激时，就应把它擦拭干净。

■ 体温

新生儿的正常体温在36~37℃之间，但新生儿的体温中枢功能尚不完善，体温不易稳定，受外界温度环境的影响体温变化较大，新生儿的皮下脂肪较薄，体表面积相对较大，容易散热。因此，要对新生儿注意保暖。尤其在冬季，室内温度保持在18~22℃为宜，如果室温过低则容易引起硬肿症。

■ 视觉

新生儿一出生就有视觉能力，34周早产儿与足月儿有相同的视力，父母的目光和宝宝相对视是表达爱的重要方式。眼睛看东西的过程能刺激大脑的发育，人类学习的知识85%是通过视觉而得来的。

■ 听觉

新生儿的听觉是很敏感的。如果你用一个小塑料盒装一些黄豆，在宝宝睡醒状态下，距宝宝耳边约10厘米处轻轻摇动，宝宝的头会转向小盒的方向，有的宝宝还能用眼睛寻找声源，直到看见盒子为止。如果用温柔的呼唤作为刺激，在宝宝的耳边轻轻地说一些话，那么，宝宝会转向说话的一侧，如换到另一侧呼唤，也会产生相同的结果。新生儿喜欢听母亲的声音，这声音会使宝宝感到亲切，不喜欢听过响的声音和噪声。如果在耳边听到过响的声音或噪声，宝宝的头会转到相反的方向，甚至用哭声来抗议这种干扰。

为了使宝宝发展听力，母亲在喂奶或护理时，只要宝宝醒着，就要随时随地和他说话，用亲切的语声和宝宝交谈，还可以给宝宝播放优美的音乐，摇动有柔和响声的玩具，给予听觉刺激。

■ 触觉

新生儿从生命的一开始就已有触觉。习惯于被包裹在子宫内的宝宝，出生后自然喜欢紧贴着身体的温暖环境。当你抱起宝宝时，他们喜欢紧贴着你的身体，依偎着你。当宝宝哭时，父母抱起他，并且轻轻拍拍他们，这一过程充分体现了满足新生儿触觉安慰的需要。新生儿对不同的温度、湿度、物体的质地和疼痛都有触觉感受能力。就是说他们有冷热和疼痛的感觉，喜欢接触质地柔软的物体。嘴唇和手是触觉最灵敏的部位。触觉是宝宝安慰自己、认识世界以及和外界交流的主要方式。

味觉和嗅觉

新生儿有良好的味觉，从出生后就能精细地辨别食物的滋味。给出生后只有一天的新生儿喝不同浓度的糖水，发现他们对比较甜的糖水吸吮力强，吸吮快，所以喝得多，而对比较淡的糖水喝得少。对咸的、酸的或苦的液体有不愉快的表情，如喝酸橘子水时会皱起眉头。

新生儿还能认识和区别不同的气味。当他开始闻到一种气味时，有心率加快、活动量改变的反应，并能转过头朝向气味发出的方向，这是新生儿对这种气味有兴趣的表现。

新生儿特殊的生理现象

新生儿不同于一般宝宝，也有着自身不同于一般宝宝的特点，父母亲最好能将这些生理特征和其他的疾病征兆区别开来，以便更好地照料宝宝。

体重减轻

新生儿出生后2～3天，由于皮肤上胎脂的吸收、排尿、体内胎粪的排出及皮肤失水，以及刚出生的新生儿吸吮能力弱、吃奶少，体重非但不增，反而出现暂时性下降。在出生后3～5天体重下降有时可达出生体重的6%～9%，在出生后7～11天恢复到出生时的体重，这称为生理性体重下降。如果体重下降超过出生体重的30%以上，或在出生后第13～15天仍未恢复到出生时的体重，这是不正常的现象，说明有某些疾病，如新生儿肺炎、新生儿败血症及腹泻或母乳不足等，应作进一步检查。

黄疸

新生儿出生后的皮肤为粉红色，生后2～3天时，细心的父母会发现宝宝的皮肤发黄，有的眼睛白眼珠（巩膜）也发黄，第4～5天明显，8～12天后自然消退。宝宝除皮肤发黄外，全身情况良好，无病态，医学上叫做生理性黄疸。

生理性黄疸的表现是：宝宝吃奶很好，哭声响亮，不发热，大便呈黄色，4～6天时黄疸明显，在出生后第8～12天消退，如果是早产儿可以在出生后第3周消退。

一半的足月儿，还有50%、60%以上的早产儿都要经历过黄疸的过程，这是一个很普遍的现象。绝大部分孩子是属于生理性黄疸，其中有一少部分孩子是病理性黄疸。

头部血肿

新生儿头颅血肿是头经产道娩出时受挤压，位于骨膜下的血管受损伤出血所形成的，多于出生时或出生后数小时出现，数日后更明显。其表现为血肿发生在骨膜下，不超过骨缝，局部肤色正常，有波动感，消退时间至少需2～4周。此症多无明显不良后果，如果头颅血肿过大，可引起新生儿贫血或胆红素血症，即出现黄疸，此时应作相应处理。

■ 乳房肿胀

新生儿出生以后数日内，可见乳房肿大，在3～5天内可挤出水样分泌物，继之为乳汁样，与初乳相似，乳量少至数滴，多可达20毫升，如经过化验，在乳汁中含有白细胞和初乳小体，这叫做新生儿泌乳。

这种现象是因为来自脑垂体前叶的催乳激素刺激肿大的乳腺而引起的泌乳，这也是新生儿常见的一种生理状况，这时千万不要挤压乳房，以免损伤、感染，引起乳腺炎。

■ 尿红

新生儿出生后2～5天，有的父母发现宝宝尿血，很紧张，到处求医问药。其实，宝宝并没有尿血，这是因为宝宝出水多而入水少，导致尿量少，尿液浓缩，含有较多的尿酸盐结晶而使尿液呈红色。父母应保证每日供给宝宝足够的水分，如两次喂奶间喂些温开水或葡萄糖水，一般持续数天可自行消失。如果36小时后无尿，应立即诊治。

新生宝宝的观察重点

■ 眼睛

❶ 婴儿黑眼珠充血：此为产程挤压所导致的常见现象，会自行消退。

❷ 鼻泪管阻塞：新生儿鼻泪管下1/3段尚未发育完全，泪水无法流出鼻泪管，因而积在眼眶内形成眼屎。此现象在1岁内会自行好转。建议妈妈可在宝宝鼻子两边由上往下按摩，以促进鼻泪管的发育。

■ 舌苔

舌苔并不会影响宝宝食欲，妈妈不必特别用纱布清除，可以喝奶后让宝宝喝点开水，通常3个月后会逐渐改善。需要注意的是，肠胃消化功能较差的宝宝，舌苔会比较厚，而且会持续存在。

■ 皮肤

❶ 脱皮。几乎所有宝宝都会发生脱皮现象，不论是轻微的脱屑症状，或较严重的如蛇脱皮，只要宝宝能吃能睡，都是正常的现象；若合并水泡或红肿等症状，应尽快就医。

❷ 脓疱疹。婴儿皮肤敏感又脆弱，照顾上要特别小心，例如脓疱疹，一旦弄破很容易引发细菌感染。此时为宝宝洗澡，用中性的沐浴用品较适宜。

❸ 湿疹。脸部湿疹引起搔痒，常会让宝宝把脸抓得像小花猫。建议使用温水为宝宝洗澡，并请教医生配些外用药膏治疗。

❹ 脂溢性皮炎。出生后1～4个月内，宝宝眉毛、耳朵后以及头皮上会出现一些黄色油性的分泌物，干了之后呈现皮块状，类似酥油皮般地黏在皮肤上，此为暂时性现象，约4、5个月后会痊愈。轻微的脂溢性皮炎可以不予理会，也不可以用肥皂将其清洗掉，因为

越刺激皮肤，会分泌得越多。清洗时，只要以温水清洗即可；分泌较多而结块者（通常发生在头部），可用婴儿油将块状油脂润软后，再轻轻地剥下；严重者则需请教医生进行处置。

■ 病理性黄疸

生理黄疸的出现不能太早，如果生下来24小时以内就出现，肯定有其他的原因。一般生理性黄疸都是出生第2、第3天才开始出现，在第5天到1周的时候是最黄的，黄疸指数不超过12毫克。早产儿的范围可更宽一点，早产儿可以到15毫克，过了1周以后会开始逐渐降下来，到2周应该完全退掉。如果超过这样的范围，出现过早或者太高了，或者持久不退，或者退了以后又出来，这种就不属于生理性黄疸，这种就需要医生的治疗。

只有极少数的孩子会超出这个范围。出现的原因，比如溶血、炎症，这种肯定是需要治疗。如果是生理性黄疸，出现得早，水平也不是太高，可给孩子吃一些药，如中药三黄汤、茵栀黄，吃这些药的目的是增加代谢，吃后症状可能会减轻一些，但药吃完之后孩子会拉稀。西药苯巴比妥，这是抗癫痫药，它能够促进肝脏代谢胆固醇的能力，短时间内吃一点这样的药可以减轻黄疸。喝糖水行不行？这没有太多的科学依据，没有说葡萄糖增加以后孩子黄疸就会减轻。还有一部分孩子的黄疸与喂养量不足有关系，喂养不足会造成胎便排不出去，或者排出去太慢，其实增加喂奶、喂糖水，目的是加快胎便的排出。

黄疸最大的危害，就是血液里黄疸素通过血液传输到全身各处，最关键的是会传到脑里去。到脑子里面去以后，形成一个病叫"疸红素脑病"。黄疸如果进展非常迅速，例如足月的孩子，出生24小时疸黄素超过15毫克以上，第二天疸黄素就超过20毫克以上，第三天甚至能超过25毫克，越高的水平疸黄素越容易到达大脑去。一旦出现了疸黄素脑病就是不可逆的。在黄疸短时期内增高过程当中，如果孩子反应不好，吃奶明显减少，嗜睡，能睡4、5小时都不醒，身体软了，一些正常的反射也做不出来，问题就非常严重了。临床常用"蓝光治疗"。通过蓝光照以后增加肾脏排泄。

新生儿的包裹

新生儿时期的保暖很重要，特别是在寒冷的冬天，不仅要注意室外、室内温度等，还要将新生儿包裹好。为达到保暖良好的效果，衣被应柔软、轻、暖，并应选用纯棉细软浅色质料的内衣。冬季，可将内衣和薄绒衣或薄棉袄套在一起穿。放置尿布时，将柔软吸水性强的尿布叠成长条形给宝宝骑好（注意尿布向上反折时不能过脐部），再将一块方尿布对折成三角形垫好，塑料薄膜则在尿布的最外边，然后将上衣展平，再用包被包裹。因季节和室温不同，包裹的方法

第十二章 新宝宝养育是胎教的延续

也应不同。冬季室温较低时，可用被子的一角绕宝宝头围成半圆形帽状；如果室温能达到20℃左右则不必围头，可将包被一角下折，使宝宝头、上肢露在外面。包被包裹松紧要适度，包被外面不要用布带紧束捆绑。捆绑过紧不利于新生儿四肢自由活动，影响生长发育。

新生儿上下肢自然的状态是屈曲状，下肢屈曲略外展的体位还可以防止髋关节脱位。

有的母亲怕宝宝冷，整天捂盖得又厚又严或给宝宝穿得过于厚实，这对宝宝的健康不利。

给宝宝穿得过多，盖被过厚，甚至戴上棉帽子，这样可造成"宝宝闷热综合征"。一方面会造成宝宝机体缺氧；另一方面可使体内丧失大量水分，出现不同程度的脱水症状。由于宝宝大脑发育尚未完全成熟，体温调节能力差，当体内大量失水后可致脱水热，体温可高达40℃。这些情况均可造成新生儿神经系统及内脏器官的损害，表现为大汗淋漓、高热、神志不清、双眼凝视、拒食、惊厥、面色青灰、皮肤干燥、大便稀薄而恶臭，严重时可致

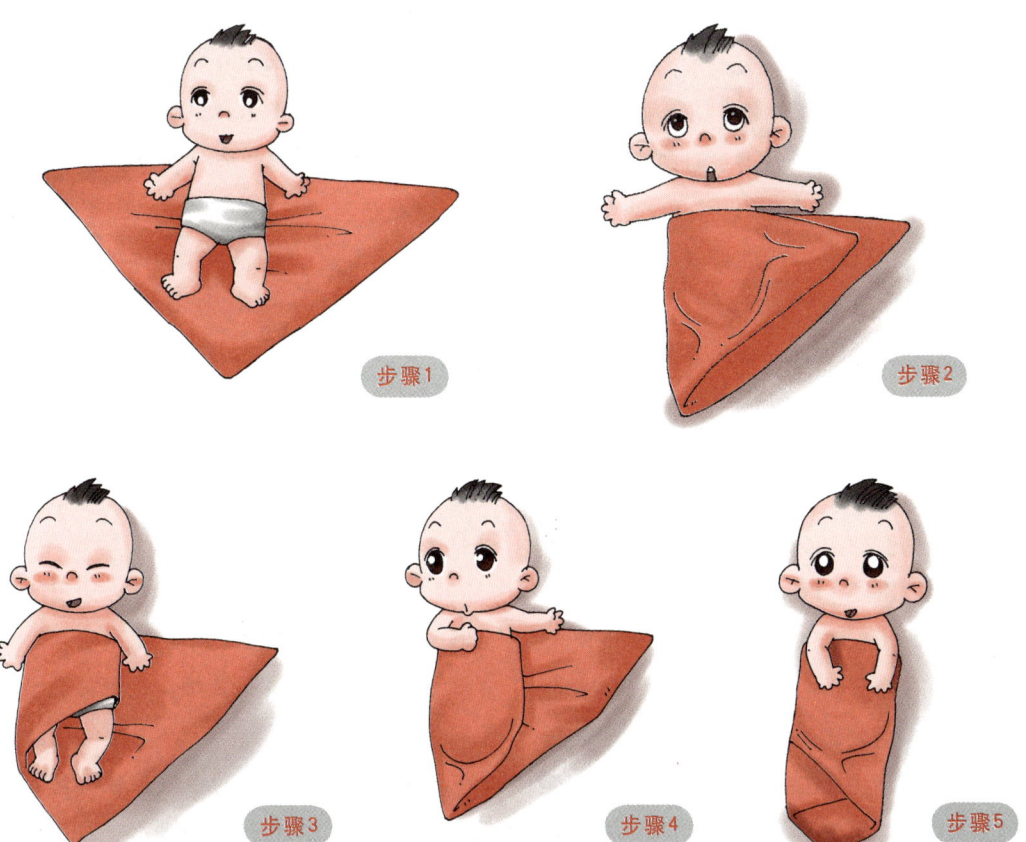

新生儿包裹方式

新生儿死亡。

宝宝被褥与衣服,应随气温的变化而增减。因为新生儿抵抗力较较低,不分季节,不分室内外,捂盖太多、太严实,很容易发生感冒。

新生儿的喂养
Xinshenger De Weiyang

给新生儿早开奶

喂奶过晚对新生儿健康不利。一般说来,喂奶晚的新生儿黄疸较重,有的还会发生低血糖,而低血糖能引起大脑持续性损害,尤其是体重轻、不足月的新生儿更容易发生低血糖症。有的新生儿因喂奶过晚还会发生脱水热。因此,现在普遍主张母亲尽早给新生儿喂奶。

世界卫生组织专家认为,新生儿出生后应立即吃母乳或起码在2小时以内吃母乳。理由是,初乳是新生儿最适宜的食物,因为初乳含有新生儿所需要的高度浓缩的营养素和预防多种传染病的物质。此外,由于母乳分泌受神经、内分泌调节,新生儿吸吮母亲乳头,可以引起母乳神经反射,促使乳汁分泌和子宫复原,减少产后出血,对哺乳和恢复产妇健康都有利。许多中外心理学家研究发现,新生儿在出生后20~30分钟吮吸能力最强,如果未能得到吸吮刺激,将会影响以后的吸吮能力,而且新生儿在出生后一小时是敏感时期,是建立母婴相互依赖感情的最佳时间。

结论是,早喂奶还可以预防小儿低血糖的发生和减轻生理性体重下降的程度。所以,只要产妇情况正常,分娩后即可让新生儿试吮母亲的乳头,让宝宝尽早地学会吃奶和吃到母乳,这对母婴都很有利。

母乳喂养的方法

给宝宝喂哺母乳并不是一个简单的过程,母亲要注意掌握一些方法以便更好地喂养宝宝。

❶ 宝宝出生后1~2小时内,母亲就要作好抱婴准备。

❷ 掌握正确的哺乳姿势。让宝宝把乳头乳晕的部分含在口中,宝宝吃起来更香甜。宝宝吃奶姿势正确,也可防止出现乳头皲裂。

❸ 纯母乳喂养的宝宝,除母乳外不添加任何食品,包括不用喂水,宝宝什么时候饿了什么时候吃。纯母乳喂哺最好坚持6个月。

❹ 宝宝出生后头几个小时和头几天要多吸吮母乳，以达到促进乳汁分泌的目的。宝宝饥饿时或母亲感到乳胀时，可随时喂哺，哺乳间隔是由宝宝和母亲的感觉决定的，这也叫按需哺乳。

宝宝出生后2～7天内，喂奶次数频繁，以后通常每日喂8～12次，当宝宝睡眠时间较长或母亲感到乳胀时，可叫醒宝宝随时喂哺。

喂奶时间和喂奶间隔

一般来说，每次喂奶15～20分钟就可以了，最多不超过30分钟。母亲将奶头和乳晕全部塞进宝宝嘴里，宝宝的嘴唇、齿龈和舌的吸吮运动，能使奶液从乳晕内的乳腺管中流出。一半以上的奶液在开始喂奶的5分钟就吸到了，8～10分钟吸空一侧乳房，这时再换吸另一侧乳房。让两个乳房每次喂奶时先后交替，这样可刺激产生更多的奶水。喂哺新生儿，因产妇奶液还少，且母婴均处于学习阶段，喂的次数可多些，时间可以相应缩短一些。

新生宝宝喂奶的时间间隔和次数应根据宝宝的饥饿情况来定，也就是说宝宝饿了就要喂。若不到时间宝宝还不饿就喂，宝宝消化不了，容易造成腹泻；也不能长时间不喂。一般白天每3～4小时喂一次，夜间可6～7小时喂一次，一天喂5～7次，夜里若宝宝不醒也可不喂，尽量让宝宝休息。刚出生的宝宝因为胃的容量小，所以喂奶的次数须多一些，随着年龄增长，喂奶的次数会减少，一般出生后2周左右才能按需要自然形成定时喂养。要注意，不要宝宝一哭就用喂奶来哄宝宝，因为宝宝哭的原因有很多，应查找原因。如果喂奶次数过多或每次喂奶时间过长才能满足宝宝的需要，很可能是因为奶水分泌不够，应及早咨询医生寻找原因。

另外在喂奶过程中应注意，要让宝宝安静地吃奶，避免宝宝受惊吓，也不要在宝宝吃奶时与之戏闹，以防止呛咳。每次喂完奶后应将宝宝抱直，轻拍宝宝背部使宝宝打出嗝儿来，以防止溢奶。

怎样判断宝宝吃饱

母亲对宝宝是否吃饱了很是关心，由于我们无法直接知道宝宝是否吃饱了，因此可以下列方面来进行判断：

❶ 喂奶前乳房丰满，喂奶后乳房较柔软。

❷ 喂奶时可听见吞咽声（连续几次到十几次）。

❸ 母亲有下乳的感觉。

❹ 尿布24小时湿6次及6次以上。

❺ 宝宝大便软，呈金黄色、糊状，每天2～4次。

❻ 在两次喂奶之间，宝宝很满足、安静。

❼ 宝宝体重平均每天增长18～30克或每周增加125～210克。

吐奶与溢奶

■ 婴儿容易吐奶（溢奶）的原因

① 食量大，但胃容量小。

② 胃较浅：容满食物时很容易因身体的扭动使腹压增加而溢出来。

③ 胃与食道交界处较松弛：食道与胃交界处（贲门）有一括约肌，功能在于防止胃内容物反向流入食道内，而婴幼儿此肌肉的发育并不完全。

食物多为流质：流质食物在胃中较固体食物容易返流出来。

■ 如何预防

① 少量多餐。

② 每次喂奶中及喂奶后，把宝宝抱直排气。

③ 喂奶时勿让宝宝吸食太急，中间应暂停片刻。

④ 奶瓶嘴孔应适中，因孔洞太小吸吮较费力，空气容易由嘴角处吸入口腔再吞入胃中；奶嘴孔洞太大，奶水会淹住咽喉，很容易呛到。

⑤ 喂食后勿马上平躺，上半身应抱直并轻拍背部（妈妈手呈杯状）。若要躺下时，要将宝宝上半身放高，并采取右侧卧（因为食物流经胃部是由左向右）。

⑥ 喂食后避免宝宝激动或任意摇动。

乳头较短平怎么办

乳头虽然是奶水的出口，不过妈妈可别以为乳头较短、平或是凹陷，宝宝就喝不到奶了。因为婴儿并不是借由吸乳头喝到奶水，而是吸吮乳晕、乳房，再从乳头得到奶水。不过乳头可以帮助婴儿确定要含住的乳房部位，所以也有其重要性。

一般来说，在婴儿的吸吮之下，短或平的乳头也会被拉长。这是因为乳头有伸展性。如果妈妈的乳头有良好的伸展性，那么即便乳头短、平，在宝宝的吸吮下，也会逐渐伸展并且变长。检查乳头是否有好的伸展性的办法是：轻轻地将乳头拉出来，如果乳头可以被拉出来，那么它的伸展性是好的，如果要拉出乳头的时候，乳头却反而陷进去，那么就代表乳头的伸展性不好，并且是乳头凹陷。

不建议妈妈使用假乳头，一来这不是妈妈的乳头，容易使宝宝产生混淆，导致宝宝不肯吸吮妈妈的乳房，再者，放假乳头在乳房上让宝宝吸吮母乳，宝宝容易吸进空气，而且又有消毒不干净的疑虑。

乳头过大怎么办

如果妈妈的乳头较大，对宝宝来说，可能无法整个含住妈妈的乳房，所以在喂宝宝的时候，不要强迫宝宝含住整个乳晕，可以橄榄球姿式喂宝宝，这样才能看得见宝宝含住乳房的状况，确认宝宝有无吸到奶水。这里提到的"橄榄球姿式"就是把宝宝夹在胳膊下面（与哺乳乳房同侧的胳膊），就像夹着一个橄榄球一样。也有一些妈妈采用让宝宝直接趴在身上喝奶

第十二章　新宝宝养育是胎教的延续

日，宝宝就会模仿妈妈张大嘴的动作。等到宝宝逐渐长大之后，嘴巴也变大了，就较容易整个含住妈妈的乳头与乳晕。

乳头大的妈妈，刚开始哺乳会比较辛苦，但随着宝宝长大，问题会迎刃而解。最好的方式就是及早哺乳，让宝宝在吸第一口母乳时就认识妈妈的乳房。

奶胀可频繁喂奶

产后妈妈通常会面临胀奶情形，这是因为乳房中充满了奶水，另外，乳房中的结缔组织也会增加血量与水分，使得妈妈胀奶。轻微的胀奶并不会影响妈妈喂母乳，甚至只要妈妈持续地喂奶，胀奶的情形也会改善。在宝宝第一个月时，妈妈一天约需喂10~12次母乳，反过来，如果妈妈没有将奶水移出乳房，那么乳房有可能变得十分肿胀，且又硬又痛。

改善输乳管阻塞

输乳管阻塞的原因可能是婴儿吸奶的方式不对，或是妈妈乳房某一部分的奶水蓄积，所以妈妈应多以不同的方式喂奶，除了一般常见的摇篮法、躺喂、橄榄球姿式等喂法，只要任何婴儿可以吸到奶水的姿势都可以，但最重要的是要确定喂奶的姿势正确，这样一来，乳房中每一个部位的奶水都可以被排出。其实，让宝宝的下腭对着妈妈的乳房肿胀处哺乳，也是许多

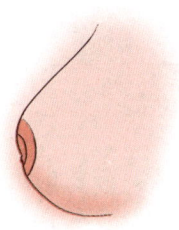

凹陷：乳头陷入乳晕。在怀孕中将乳晕部分的皮肤上下、左右拉，揪出里面的乳头，做乳管疏通护理，就能让婴儿吸到母乳

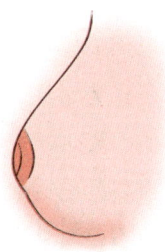

扁平：从乳晕部分到乳头没有长度，呈扁平的状态。在怀孕时要比平时更持续地多做乳管疏通术，使乳头和乳晕部分变得柔软，婴儿就能顺利吸吮

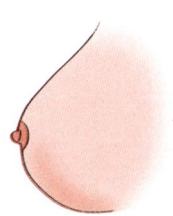

太小：乳头太小，婴儿无法用舌头含住乳头来吸吮。怀孕中以乳管疏通术按摩乳头，使乳头变大。靠着妈妈的努力和婴儿的熟悉，就能成功哺乳

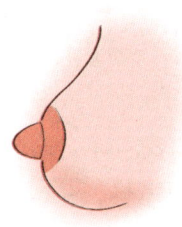

太大：太大的乳头可能使婴儿的嘴巴含不住，怀孕中应该搓揉使其变软。即使太大的乳头，如果变软也能顺利吸吮

有问题的乳头

的方法。哺乳时可以将乳房压平一点再放入宝宝嘴巴，并且鼓励宝宝张大嘴，喂奶前妈妈可以张大嘴跟宝宝示意。假以时

妈妈疏解胀奶的小秘方。

另外，要多以肿胀的那一侧喂母乳。在喂奶之前，可先热敷肿胀的乳房，帮助疏通乳腺，让奶水较容易流出来。如果很痛，喂完奶之后，再以冷敷来镇痛。除此外，也可以多按摩乳房。

乳腺炎要及时治疗

如果有乳腺炎，务必先要将奶水挤出来，否则感染现象不会好转，而且妈妈有可能就此停止出奶。感染乳腺炎的乳房，仍然可以直接哺喂宝宝，但妈妈若担心发炎状况会影响宝宝，可以先用手或机器将奶水挤出，用奶瓶喂哺。若是一侧乳房有乳腺炎，可用未感染的那一侧直接喂奶。

得了乳腺炎的妈妈，除了要将奶水挤出来之外，医生也会给予抗生素以及止痛、退烧药加以治疗，而服用这些药物的妈妈仍可继续喂奶，因为这些药物几乎不会对婴儿产生影响。但如果婴儿发生嗜睡、起红疹或不吃奶的现象，就须留意是否是药物造成的影响。

至于脓肿，只有在乳腺炎未加以治疗后才会产生，这时候通常必须将乳房切开将里面的脓引流出来。不过脓肿极少发生，即便妈妈不处理乳腺炎，乳房一般可能就此停止出奶，而不会再发展成脓肿。

另外提醒妈妈，不要穿着过于紧绷的胸罩，因为钢丝可能会压迫到乳腺，也不利奶水的分泌与排出。

乳头酸痛破皮怎么办

不少妈妈会有乳头酸痛、破皮的现象，喂母奶是否会疼痛是因人而异，因为每个妈妈的耐痛度不同。不过，即便一开始喂奶会有些许疼痛感，只要喂的姿势正确，疼痛感是会消失的。如果疼痛感一直存在，就表示妈妈的喂法或是姿势错误。乳头破皮也是一样，在正确的喂姿之下，妈妈的乳头是不会破的，因为婴儿是同时含住乳头与乳晕吸吮母乳，而不是直接吸吮乳头。假使乳头已破皮，将乳汁涂在伤口处可有助好转。

乳汁不足怎么办

产后缺乳是指产妇在产后2～10天内没有乳汁分泌和分泌乳量过少，或者在产褥期、哺乳期内乳汁正行之际，乳汁分泌减少或全无，不够喂哺婴儿的，统称为"缺乳"，又称"乳汁不行"。本病分虚、实两端，虚者因素来自体虚，或产后营养缺乏，气血亏虚，乳汁化生不足而乳少；实者因肝郁气滞，气机不畅，乳络不通，乳汁不行而乳少或无乳。

由于乳汁过少或无乳的最明显表现为新生儿生长停滞及体重减轻。因此，不仅给婴儿的生长、发育造成影响，而且也会给家庭带来各种困难和麻烦，故对产后缺乳要积极进行有效的防治。

气血亏虚的产妇表现为新产之后乳汁甚少或全无，乳汁清稀，乳房柔软无胀感，面色无华，头晕目眩，心悸怔忡，神疲食少，舌淡、少苔，脉细弱。可用鲫鱼汤、猪蹄汤等，有补血生精、生乳通络功能；肝郁气滞的产妇表现为产后乳少而浓稠或乳汁不通，乳房胀满而痛，舌苔薄黄，脉弦细。可伴有微热、胸胁胀痛、胃脘胀闷、食欲不振。可食鸡粥、山药羹、红枣糯米粥、芝麻糊等，有健脾开胃、补血生乳作用。

妈妈缺乳的饮食调理

❶ 鲇鱼1条（重300～400克），鸡蛋4个。将鲇鱼去内脏洗净，置锅内，加水700～800毫升，用大火煮沸后，改用小火，将鸡蛋打入鱼汤中，稍候片刻，继续用大火煮至鲇鱼熟透，吃鲇鱼、鸡蛋，喝汤，日服2次，一般3～4天见效。

❷ 蹄筋350克，鸡脯肉50克，鸡蛋清3只，料酒、盐、葱末、淀粉、植物油各适量。将蹄筋切成段，加水烧开片刻后，捞起备用，鸡脯肉去筋放在肉皮上，敲成细茸，放入碗中用水化开，加料酒、盐、淀粉和蛋清等调成薄浆。锅内加入油，烧熟后放入蹄筋和调味料，待入味后，将鸡茸浆徐徐倒入，浇上葱油。适用于产后亏损所致乳汁缺乏。

❸ 生姜500克，猪脚2只，甜醋1000毫升。将生姜刮去皮切块，猪脚切块，两者同醋煮熟。分数日食完，煮好后若放置1～2周再食，则生乳效果更佳。

❹ 莴苣子100克，糯米、粳米各50克，甘草25克。将4味加水1200毫升（3大碗），煎汁取700毫升。去渣分3次温服，1～2剂即可见效。对产后脾胃虚弱所致的血虚乳少、乳无汁有特效。

❺ 虾米30克，粳米100克。将虾米用温水浸泡半小时，与粳米煮粥，每日早晚温热服食。适用于肾精不足所致的乳汁不通。

❻ 豆腐5块，丝瓜250克，香菇25克，猪前蹄1只。先煮猪前蹄、香菇，加盐、姜调味，待肉熟后，放入丝瓜、豆腐同煮食用。1日内分次吃完，有生乳之效。

❼ 芝麻酱100克，鸡蛋4个，小海米、葱丝、味精各适量，盐少许。先用水将芝麻酱调成稀糊状，然后打入鸡蛋，加适量水搅匀，再加入调料，置锅内蒸熟即可。将蒸熟的羹1次食用。每日2次，一般3日见效。适用于产后气血虚弱所致乳汁不足，乳无汁。

❽ 人参、生黄芪各30克，当归60克，麦冬15克，木通、桔梗各9克，七孔猪蹄2个（去爪壳）。水煎服，1日2次，有生乳之效。

❾ 红衣花生、玉米渣、大米各100克。将玉米渣，花生加水煮至五成熟，加入大米，再加适量水，以小火熬成原粥，随口味加糖服，有补血生乳之效。

❿ 木瓜500克，生姜30克，米醋500克。煲至熟烂，分次吃，以利于吸收，有补血生乳之效。

喂食婴儿配方奶粉注意事项

以婴儿配方奶粉喂食宝宝时,需要记住以下注意事项:

❶ 冲泡奶粉前要先洗手。

❷ 使用前要将喂食器皿彻底清洁干净。

❸ 温不温奶瓶均可,但是要选定一种方式不要轻易改变。

❹ 冲奶粉要按说明书的比例,不要随意增加奶粉的浓度。

❺ 加热奶瓶前,要先拿掉瓶嘴及瓶盖。

❻ 120毫升的奶瓶在微波炉中以强波加热时,时间不要超过30秒,240毫升的奶瓶则不要超过45秒。

❼ 加热后,盖好瓶盖及瓶嘴,并将瓶子反复倒转8~10次,不要摇奶瓶。

❽ 将加热过的奶水滴一些在手腕背面测试温度,不烫也不凉的温度就正合适,因那个部位比手腕内侧更敏感。

❾ 别强迫宝宝将奶水喝完。

❿ 过期的配方奶粉不要给宝宝喝。

别用微波炉加热玻璃奶瓶,因为可能会破裂或爆炸。

喂食后倒掉剩余的奶水。

变硬或没有弹性的瓶嘴就别再使用。

人工喂养要注意补充鱼肝油

由于人工喂养提供的营养不能满足宝宝的营养需求,所以应在出生后2周就开始补充鱼肝油和钙剂。鱼肝油中含有丰富的维生素A、D。开始时可每日一次,每次2滴,如食欲、大小便正常,可逐渐增至每日2次,每次2~3滴。同时,还应适量补充钙剂。但要注意,补钙的同时要补鱼肝油,否则钙不能很好地被吸收。

什么是混合喂养

母乳量不足,需要吃奶粉补充时,叫做混合喂养。

混合喂养有以下2种方式:

❶ 每次哺乳时,先喂5分钟或10分钟母乳,然后再用人工营养品来补充不足部分。

❷ 根据乳汁的分泌情况,每天用母乳喂3次,其余3次或4次用人工营养品来喂。

混合喂养时,如果想长期用母乳来喂养,最好采取第一种方法。因为每天用母乳喂,不足部分用人工营养品补充的方法可相对保证母乳的长期分泌。

第一种方法比较适用于母乳不足而有哺乳时间的妈妈。

第二种方法适用于无哺乳时间的妈妈。

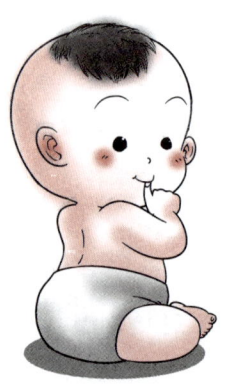

第十二章　新宝宝养育是胎教的延续

新生儿早期教育
Xinshenger Zaoqijiaoyu

新生儿视力与运动能力发育

■ 视觉能力的培养

虽然新生儿的视力有限，但半个月左右就可以分清明和暗了，所以在房间里挂上五彩缤纷的花鸟、可爱的小动物图画或装饰品，对宝宝而言都有刺激的作用。黄色、蓝色和绿色等天然的颜色对宝宝具有安抚作用，鲜明的基本色可让房间充满活力，在摇床上或换尿布的小床上方悬挂色彩明亮而会舞动的小物体，可提高宝宝的注意力和观察力。

■ 运动能力的培养

新生儿脑发育和运动有密切关系。首先是双手的运动。手的动作是由大脑支配的，同时大脑的发育又随双手的活动而有所进展。宝宝出生后父母应注意其双手活动能力的训练，应让宝宝的双手可以自由活动，而不要将其紧紧地包裹起来。

给新生儿选择玩具

新生儿好像不会玩玩具，其实，玩具对新生儿来说，并不意味着玩，而是接收对视觉、听觉、触觉等的刺激。新生儿可以通过看玩具的颜色、形状、听玩具发出的声音，摸玩具的软硬等，向大脑输送各种刺激信号，促进脑功能的发育。

■ 能看能听的色彩玩具

玩具颜色要鲜艳，最好以红、黄、蓝三原色为基本色调，并且能发出悦耳的声音，同时造型也要精美。这种能同时刺激宝宝视觉与听觉的玩具，对宝宝的智力发展十分有益。彩色气球、吹气塑料玩具比较适用于新生儿。

■ 体积较大的填充玩具

父母可以为宝宝选购一些造型简单、手感柔软温暖、体积较大的绒布或棉布制品充填玩具，如绒布熊、绒布狗等，放在宝宝的小床里，这会给他们一种温暖和安全感。

延续新生儿的音乐感觉

专家强调："始自胎儿的胎教并不以分娩而结束，还必须与婴儿的早期教育相连贯，这样才不会使胎教前功尽弃。"

从孩子出生到3~4个月，是一个可利用的重要时期。如果在这时期内让孩子继续听胎教音乐，可以逐渐培养孩子对音乐的兴趣，巩固胎教成果。不然的话，胎教期间好不容易形成的对音乐的感受就可能会消失。

胎教与早教的衔接

胎儿离开母体独立生活,胎教时期即告结束。经过胎儿期各种人为干预刺激训练,使胎儿具有良好的感觉器官功能和活动能力,为早期教育打下了基础,如果出生后即停止了训练,胎教的效果就会逐渐地消退乃至消失,因此要重视将胎教和早期教育衔接起来。

唐代诗人元稹说:"未生胎教,即生保教。"

人的生命,实际上应该分为胎儿期、儿童期、青年期、成年期、老年期五大阶段,是一个连续的过程。从胎儿期至学龄前期,又需要经过各个不同时期。

胎儿期至学龄前期所经历的各个时期

时期名称	时间
胎儿期	266日
新生儿期	出生后~28日
婴儿期	1个月~12个月
幼儿期	12个月~3岁
学龄前期	3岁~7岁

在上述不同时期内,其神经和心理发展水平是不一样的。但是,胎教和早教的方法、内容基本上是一致的,都是一种"信息刺激",刺激发展其感觉器官。如发展其听觉,以培养对事物反应的敏感性;发展其视觉,以培养对事物的观察能力;发展其嗅觉、味觉的辨别能力,发展其动作协调、敏捷,以培养心灵手巧等。总之,这些均为早期智力开发的内容。只因胎儿的生活环境特殊,胎教必须通过母体来间接地实施而已。

新生儿素质训练

■ 俯床抬头

目标:训练头、颈部肌肉。

玩法:宝宝吃奶前,俯卧在床上,两手放在头两侧,扶宝宝头部至中线,用玩具逗引宝宝抬头片刻,边练习边说"小宝宝抬抬头",同时用手轻轻地抚摸宝宝的背部,使宝宝感到舒适愉快,背部肌肉放松。

注意:可选择一些宝宝喜欢的玩具作为逗引宝宝的辅助用品。

■ 手指按摩

目标:刺激宝宝的神经末梢,有助于宝宝的大脑发育及手指灵巧,同时增进母子感情,让宝宝获得安全感。

玩法:妈妈在给宝宝喂奶时,可以用一只手托住宝宝,用另外一只手轻轻地按摩宝宝的手指头。

注意:按摩同时可以和宝宝有眼神或声音上的交流,是增进母子情感的好时机。

■ 触觉

目标:增加宝宝与亲人间的情感交流,同时发展宝宝的触觉。

玩法:妈妈要经常和宝宝亲切地说

第十二章 新宝宝养育是胎教的延续

话，向他露出微笑，一边说话一边抚摸他的小手、小脚、小指（趾）头、手掌、手背、手腕，这就是在和宝宝游戏了，宝宝会很开心。

注意：对于刚刚出生的宝宝来说，只要宝宝醒着，妈妈就要陪在宝宝身边照顾他，和他交流。

■ 听铃声

目标：训练宝宝的听力。

准备材料：小铃

玩法：将小铃放在宝宝的一侧摇晃，节奏时快时慢，音时大时小，不让宝宝看到小铃，让宝宝用眼睛寻找声源。

注意：注意铃声音量不要过于强烈。

■ 说悄悄话

目标：经常给予宝宝听觉刺激，能够为宝宝储存语言信息，为日后的发音作准备。

玩法：宝宝醒来时，妈妈用柔和的语言问候他，比如："宝宝，早上好。宝宝真高兴，睡得好香啊！"妈妈在给宝宝喂奶时，还可让宝宝听听音乐或给宝宝哼一些儿歌。在宝宝快要入睡时，轻轻地吟唱摇篮曲。

注意：该游戏可以在宝宝出生15天开始进行。